大学研究型课程
专业系列教材

新闻学类

新闻评论研究导引

王蕾 编著

南京大学出版社

图书在版编目(CIP)数据

新闻评论研究导引 / 王蕾编著. ——南京：南京大学出版社，2015.9
大学研究型课程专业系列教材. 新闻学类
ISBN 978-7-305-15049-4

Ⅰ.①新… Ⅱ.①王… Ⅲ.①评论性新闻—高等学校—教材 Ⅳ.①G210

中国版本图书馆 CIP 数据核字(2015)第 080142 号

出版发行	南京大学出版社
社　　址	南京市汉口路 22 号　　邮　编　210093
出 版 人	金鑫荣
丛 书 名	大学研究型课程专业系列教材·新闻学类
书　　名	新闻评论研究导引
编　　著	王蕾
责任编辑	朱丽　王抗战　　　编辑热线　025-83592123
照　　排	南京南琳图文制作有限公司
印　　刷	宜兴市盛世文化印刷有限公司
开　　本	787×960　1/16　印张 19.5　字数 393 千
版　　次	2015 年 9 月第 1 版　2015 年 9 月第 1 次印刷
	ISBN 978-7-305-15049-4
定　　价	43.00 元

网址：http://www.njupco.com
官方微博：http://weibo.com/njupco
官方微信号：njupress
销售咨询热线：(025) 83594756

＊版权所有，侵权必究
＊凡购买南大版图书，如有印装质量问题，请与所购图书销售部门联系调换

序

丁和根

中国的新闻学研究已走过近百年的历史,其间虽历经曲折,但学术之脉薪继火传,至今已蔚为大观。在此过程中,新闻学教材也起着不可替代的关键作用。它一方面是学校进行新闻教育和学生培养的基本手段和工具,对新闻专业学生的知识教育和专业技能培养具有支撑作用,另一方面又承载着新闻传媒领域新思想、新观念和新技能的知识化以及专业知识系统化的重任。近百年来,在新闻学教材编写过程中,许多先驱者筚路蓝缕,呕心沥血,做了不少开创性的工作。特别是改革开放后的三十多年中,新闻学教材编写更是百花齐放,不仅数量大大增加,内容也有了极大的丰富,与整个新闻传播业的发展形成有机呼应。

当然,在新闻学教材大量涌现的同时,人们也发现其中存在一些不容忽视的问题。最常见的问题是教材的体例结构大同小异,不同系列教材之间在内容上似曾相识,同一系列教材中的内容交叉重复现象也较为普遍。另一个问题是,新闻学传统的三大板块,无论是历史新闻学、理论新闻学还是应用新闻学,都是侧重于知识和技能的系统化,而激发学生积极参与教学和深入思考问题的特点则比较淡漠。这在以实践操作为主要培养目标的高校或许是情有可原的,而对于承担着为社会培育高层次、创新型新闻人才重任的研究型大学来说,应该说是有所不足的。如何让学生在吸取专业知识的同时,充分调动起他们学习的积极性和主动性,在知其然时也知其所以然,让新闻专业的学生更有问题意识和创造意识,具有更宽广的视野和更深入的专业认知,就成为新闻学教材建设难以回避的问题。尝试在解决这样的问题上做出努力,正是本套教材编写的初衷和主旨。

本套教材是南京大学推出的"大学研究型课程专业系列教材"的有机组成部分，它受到周宪教授几年前率先主编的"中国语言文学类"系列教材的启发，因而在编写理念和教学理念上既保持了新闻学专业的特色，也与那套教材一样强调了"研究型课程"一些共通的特点，这些特点主要是以下三个方面。

首先是对研究性的强调。研究性主要体现在：第一，突出教材本身的问题型结构和理路。传统教材的通史通论型结构，因照顾到知识的系统性和全面性，往往对特定学科的核心或前沿问题关注不够。这样对学生训练偏重于全面掌握知识却忽略了问题意识（主要是发现问题和解决问题的意识及其能力）的培养。而研究型教材则以问题为核心来架构，每章或每个单元以一个相对独立的重要问题为中心来设计。这样可以改变过去教材单纯的历史线索或逻辑结构的束缚。因此，不再强调知识面面俱到，也不强调学习平均用力，而是聚焦于本学科的重要问题，强化学术研究上的问题意识。这种问题结构使教材更具弹性和灵活性。对编者来说，可以根据学科知识的发展不断修订增删，进而改变过去教材编写的误区，即受制于结构很难修订，不得不推倒重来。对教师来说，以问题为中心的结构框架，也可以为他们富有个性的授课留有充分的空间和自由，教师可以根据自己的知识结构和研究特长作相应的调整。第二，注重学生思维方式的训练和研究能力的培养。这套教材以典范性研究论文为主干，因此选文凸现了如何发展和确定问题、如何研究问题、如何采集相关资料、如何思考和分析问题、如何得出科学的结论等。每章都有一个导论，每篇范文都有具体的分析和概括，还附有延伸阅读以及思考题，这些设计都在强化问题意识这一主旨，这有助于改变传统教材只注重知识性而忽略研究性的倾向。

其次是对范例性的强调。依据美国科学哲学家库恩的研究，科学知识的范式要素之一是所谓研究范例，也就是特定学科发展史上重要的、经典的研究案例。中国哲学史家冯友兰则指出，学术研究有"照着讲"和"接着讲"两种方式。前者是别人怎么说的，后者是从前人说到之处讲下去。把这两种看法结合起来，可以用来描述这套教材的范例性。就是通过研究典范的学习，首先学会"照着讲"，然后进一步发展出"接着讲"。因此，所谓范例性又主要体现在如下两个方面：第一，选文的经典性。即力求把特定问题及其研究领域中具有代表性和经典性的学术论文选出来，这些论文不但具有权威性，而且代表了一定时期特定问题的研究水平。经过对这样的选文的解读，可以让学生了解具体的问题史和研究成果。选文不但关注问题史，同时也注重当前的发展和前沿性，将最新成果吸纳进教材中。第二，范例性还指选文作为具体的研究个案，对教师来说，是绝佳的授课内容；对学生来说，是上好的学习范本。老师通过讲解让学生掌握特定文本的研究范例，学生通过研读，模仿和学会如何研究问题，如何写作学术论文。由此实现研究型教材的特定功能。

再次是对多元化的强调。传统教材有时为了突出编写者个人的学术观点，往往采用一家之说，而对其他各种观点的介绍评析不够。由于研究型教材采用选文与导言相结合的方式,因此可以实现教材内容、学术观点和研究方法的多元化,进而达到学术研究上的"视界融合"。多元化一方面体现在博采各家之说,尽显研究特定问题的思路或方法的多样性,形成了各家之说的对话性;另一方面,选文在学术论文的文体、方法和表述风格上也明显多样化,这有助于学生掌握多种阐释途径和写作方法,进而避免研究方法和写作上的"八股"文风。

以上概括无疑同样适用于本套"新闻学类"教材。当然,新闻学毕竟与文史哲等传统学科有所不同,在教材的编写中也要充分考虑到它们之间的差异性。这种差异性主要表现在以下两个方面。

其一,新闻学的学科发展史比较短暂,不像文史哲等传统学科那样源远流长,因而可选的经典范文就比较有限。在代表性与经典性之间,本套教材更强调的是代表性而非经典性。世界上没有一成不变的真理,任何观念都产生于特定的历史语境。从纵向上看,许多在当时有影响的学术观点,随着时代环境的变化,在今天看来或许已平淡无奇,或许还存在明显的不足,但它们代表的却是学术史链条上不可或缺的某些组成部分。从横向来看,对同一问题,人们也会有不同的认知。这种不同或来自于不同的理论视角,或来自于不同的方法运用,但它们对更为完整地认识一个事物都有裨益。对于有价值的多元化的观点和方法,只要有一定的代表性,我们便采取兼收并蓄的态度,以期更好地利用过往的研究财富,为今后的知识创新增添有益的动力。

其二,由于新闻学是一个新兴的应用性学科,它与文史哲等基础学科不同的地方还在于它一定要理论联系实际,因而本套教材特别强调了实践应用性。一是选题的提出和讨论特别强调现实性,以增加教材内容与新闻传播现实的粘合度。二是在业务性课程教材的编写方法上做出适当调整,增加了案例分析的环节。三是在选文之后的问题思考和研究设计部分,更注重结合当下正在进行中的新闻传播变革来设计思考题和研究方案。

学术研究需要凝聚朝气蓬勃的学术力量,发挥专业团队的集体智慧。近三年多来,为了保证本套教材的顺利推进,南京大学新闻传播学院的诸多同仁以及部分校外学者,群策群力、共襄斯举,为了共同的目标,大家本着严谨求实的学风,不囿于成见,立意于创新,在各自所负责的教材中充分表现出自己的学术个性。在此,谨向他们表示深深的敬意!本套教材能够顺利付梓出版,还有赖于南京大学出版社的鼎力支持以及项目负责人和各位责任编辑的辛勤劳动,特别是金鑫荣社长,出版此套教材的创意来自于他,在编著过程中,经常加以敦促和鼓励的也是他,没有他的关心和支持,也就没有这套书的今天。此外,我们也要向本套教材中所有被征引文献资料的著作者一并致以深切的谢意!

以"研究性"作为教材编写的突出特点,这只是一个初步的试验。我们知道,在这条道路上需要探索的地方还很多,因而热忱期待来自各方有识之士的指教。

2015 年 3 月于南京大学

目 录

第一章 新闻评论的概念和特点 ... 1
- 导论 ... 1
- 选文 ... 2
  - 认识新闻评论（节选）（符建湘） ... 2
  - 新闻评论的定义之争与研究路径整合（杜涛） ... 8
  - 新闻评论的作用（节选）（赵振宇） ... 15
- 研究与思考 ... 24
  - 延伸阅读 ... 24
  - 问题与思考 ... 24
  - 研究实践 ... 25

第二章 新闻评论的回顾和发展 ... 26
- 导论 ... 26
- 选文 ... 27
  - 古道新辙——现代新闻评论的发轫（节选）（郑思礼 郑宇） ... 27
  - 中国新闻评论的产生与发展（节选）（王兴华） ... 35
  - 论新闻评论发展趋势（尹汉生） ... 44
- 研究与思考 ... 48
  - 延伸阅读 ... 48
  - 问题与思考 ... 48
  - 研究实践 ... 48

第三章 新闻评论的分类和要素 ... 49
- 导论 ... 49
- 选文 ... 52
  - 新闻评论的分类（节选）（周永固） ... 52
  - 新闻评论的分类（节选）（丁法章） ... 58
  - 新闻评论的基本类型（节选）（李舒） ... 63
  - 要素及要素间的关系（节选）（王振业 胡平） ... 69
  - 论据和论点的统一（节选）（秦珪 胡文龙） ... 74

研究与思考 · · · · · · 78
　　　延伸阅读 · · · · · · 78
　　　问题与思考 · · · · · · 79
　　　研究实践 · · · · · · 79
第四章　报刊新闻评论 · · · · · · 80
　　导论 · · · · · · 80
　　选文 · · · · · · 83
　　　新闻评论写作的基本要求(节选)(叶春华　连金禾) · · · · · · 83
　　　报刊评论的形式(节选)(廖艳君) · · · · · · 86
　　　新闻述评的特点与写作要求(孙聚成) · · · · · · 92
　　　短评,别越位!(节选)(田望生) · · · · · · 96
　　　杂文的议论说理(节选)(李庚辰) · · · · · · 99
　　研究与思考 · · · · · · 103
　　　延伸阅读 · · · · · · 103
　　　问题与思考 · · · · · · 104
　　　案例分析 · · · · · · 104
　　　研究实践 · · · · · · 109
第五章　广播电视新闻评论 · · · · · · 110
　　导论 · · · · · · 110
　　选文 · · · · · · 112
　　　广播新闻评论的特点和要求(节选)(杨新敏) · · · · · · 112
　　　电视新闻评论的特点与制作要领(节选)(丁法章) · · · · · · 117
　　　广播、电视新闻的写作和制作(节选)(王振业) · · · · · · 120
　　研究与思考 · · · · · · 133
　　　延伸阅读 · · · · · · 133
　　　问题与思考 · · · · · · 134
　　　案例分析 · · · · · · 134
　　　研究实践 · · · · · · 139
第六章　网络言论 · · · · · · 140
　　导论 · · · · · · 140
　　选文 · · · · · · 142
　　　网络新闻评论兴起的背景与特点(节选)(殷俊　等) · · · · · · 142
　　　网络新闻评论的形态及功能(节选)(马少华) · · · · · · 150
　　　更快、更高、更有立场
　　　　——新媒体背景下的网络新闻评论写作(喻季欣　周文辉) · · · · · · 163

研究与思考 …… 166
　　　　延伸阅读 …… 166
　　　　问题与思考 …… 167
　　　　案例分析 …… 167
　　　　研究实践 …… 171

第七章　新闻评论的选题和立论 …… 172
　　导论 …… 172
　　选文 …… 174
　　　　新闻评论的选题(节选)(杨新敏) …… 174
　　　　选题就是对评论价值的判断(节选)(曹林) …… 179
　　　　刻意求新
　　　　　　——新闻评论的立意(范荣康) …… 181
　　　　新闻评论的"立意"(张骏德) …… 186
　　　　立论的方法(节选)(王兴华) …… 190
　　研究与思考 …… 196
　　　　延伸阅读 …… 196
　　　　问题与思考 …… 196
　　　　案例分析 …… 196
　　　　研究实践 …… 200

第八章　新闻评论的论证方法 …… 201
　　导论 …… 201
　　选文 …… 204
　　　　评论的论证([美]约翰·赫尔顿　著　王泰玄　摘译) …… 204
　　　　比较说理(节选)(秦珪　胡文龙　涂光晋) …… 209
　　　　评论的逻辑(节选)(曹林) …… 214
　　　　关于比喻与类比论证的区别(节选)(马少华) …… 223
　　　　假设论证(节选)(赵振祥) …… 225
　　研究与思考 …… 228
　　　　延伸阅读 …… 228
　　　　问题与思考 …… 229
　　　　案例分析 …… 229
　　　　研究实践 …… 231

第九章　新闻评论的布局谋篇 …… 232
　　导论 …… 232

选文……234
　气韵与意蕴(节选)(薛中军)……234
　谋篇与布局(节选)(李法宝)……243
　经济新闻评论的谋篇结构(节选)(闻学)……251
　新闻评论的结构(节选)(周永固)……258
研究与思考……265
　延伸阅读……265
　问题与思考……266
　案例分析……266
　研究实践……268

第十章　新闻评论的语言与文采……269

导论……269
选文……270
　媒介新闻评论的语言(节选)(殷俊)……270
　新闻评论的语言(节选)(柳珊)……277
　语　言(节选)(李德民)……286
研究与思考……296
　延伸阅读……296
　问题与思考……297
　案例分析……297
　研究实践……299

第一章　新闻评论的概念和特点

导　论

在现代新闻事业发展中，新闻评论有着举足轻重的地位。无论是在报刊、广播、电视等传统媒体，还是在网络的新媒体语境下，新闻评论都是现代新闻事业中反映和引导舆论的重要手段。新闻报道是以记叙客观事实为主要特征，新闻评论则是根据事实进行说理和论证为特征的写作方式。长久以来，对于新闻评论的定义有很多不同的说法。

关于新闻评论的定义有以下说法。

《人民日报》原副总编辑范荣康先生这么认为："新闻评论是就当天或最近报道的新闻，或者虽未见诸报端但确有新闻意义的事实，所发表的具有政治倾向的，以广大读者为对象的评论文章。"

1987年秦珪、胡文龙出版的《新闻评论学》中对新闻评论的表述是："新闻评论属于议论文的范畴，它是现代各种新闻舆论工具普遍运用的社论（本台评论）、评论员文章、短评、编者按、专栏评论、述评等文章的总称。这些也就是通常所说的广义的政论。新闻评论针对现实生活中典型的新闻事件和群众普遍关心的重大问题，直接阐明编辑部或作者的立场和态度，反映舆论和引导舆论，从而影响读者（听众、观众）的思想和行动。"[①]

1996年3月出版的《中国新闻实用大辞典》对新闻评论作出这样的表述："新闻媒体或作者个人就新近发生的事件，当前社会生活中存在的现象或者思想倾向、公众普遍关注的问题等阐述自己观点、立场的新闻文体。"

在2002年出版的《新闻评论教程》中，丁法章先生给出的定义是："新闻评论是媒体编辑部或作者对最新发生的有价值的事件和有普遍意义的紧迫问题发议论、讲道理，有着鲜明针对性和引导性的一种新闻问题，是现代新闻传播工具经常采用的社论、评论、评论员文章、短评、编者按、专栏评论和述评等的总称，属于论说文的范畴。"[②]

对于新闻评论的定义各方说法也大致相同，简言之，新闻评论就是各类大众传播媒介针对现实生活中新近发生的、具有普遍意义的新闻事件和迫切需要解决的问题而发表议论，直接发表意见的问题或者节目形态。随着时代的变化和社会的进步，我

[①] 秦珪、胡文龙：《新闻评论学》，中国人民大学出版社，1987年。
[②] 丁法章：《新闻评论教程》，复旦大学出版社，2002年。

国民主进程的加快,人们对于身边发生事物的观念也呈现了愈加多样化的趋势。人们不仅关注政治经济等宏观的现象,还把很多的关注力投向了教育、法律、道德、就业等与生活息息相关的社会问题上。所以基于此,新闻评论也要随之发生变化,新闻评论的理论和实践都要与时俱进。

新闻评论在新闻宣传中占据着不可或缺的地位,是新闻媒介的灵魂和旗帜。新闻报道要做的是传达新闻事件的内容,而新闻评论则是要传递新闻事件的主题思想。新闻评论在新闻宣传中的地位和作用,是新闻传播客观规律的反映,并不是个人主观意志作用的结果。

跟一般的议论文不同的是,新闻评论的基本任务是以马克思主义、毛泽东思想和邓小平理论为指导,在理论和实践结合的基础上,宣传党的纲领路线和方针政策,从而推进我国现代化的进程。所以新闻评论具有很强的新闻性,新闻性决定了新闻评论的针对性和实效性,立论针对当前的热点新闻事件和问题发表意见,对现实问题做出及时的反应,从社会效益出发,把握合适的实际,对新闻事件做出合理的评论。

新闻评论有鲜明的政治性,通过新闻评论表明鲜明的政治立场,并且会注重选题的政治意义,从思想和理论的高度分析论述问题。此外新闻评论也有广泛的群众性,其面向广大受众,从群众的切身利益出发,反映群众的呼声和要求,并且吸引和鼓励群众关心、参与新闻评论工作。

选 文

认识新闻评论(节选)

符建湘

导言——

本文节选自符建湘著《新闻评论》,湖南大学出版社,2007年06月版,第2-10页。

作者符建湘(1954年7月—)教授,湖南湘潭人,中共党员,硕士生导师,主要研究方向为新闻实务。曾长期从事新闻出版的研究与教学工作。1982年任湖南大学校报编辑,1985年起担任湖南大学出版社文科编辑室主任及发行科科长。2004年担任湖南大学评建创优办公室副主任,全面主持本科教学评估材料与宣传工作。多年来主讲《新闻学概论》、《新闻评论学》等本科生课程,近年同时主讲《新闻评论研究》《舆论学》等研究生课程。

  选文从新闻评论的界定和新闻评论的形态两方面出发,探讨新闻评论的定义。选文中选取了本研究领域中学者对于新闻评论的不同观点,在不同观点的基础上,作者又得出自己对于新闻评论的定义。作者对于新闻评论的形态也有自己独到的见解,对新闻评论进行了区别和划分,并且阐释了新闻评论要与时俱进的特性。不过选文本身还是具有一定的时代性,成书之时新媒体的发展还没有如今的景象,对于新媒体中的新闻评论阐释欠缺。

新闻评论的界定

【案例】

粗暴侵犯中国主权的野蛮行径

  中国国际广播电台!各位听众,下面请听本台评论员张敏撰写的国际评论:粗暴侵犯中国主权的野蛮行径。

  5月7日夜(北京时间8日晨),以美国为首的北约悍然使用了校导队,从不同的角度袭击了中华人民共和国驻南斯拉夫联盟共和国大使馆,造成馆舍严重毁坏。迄今为止,已有3人死亡,1人失踪,20余人受伤。我们认为,这是北约粗暴侵犯中国主权的野蛮行径。

  北约的野蛮行径,在国际外交史上是罕见的,震惊了中国和全世界。中国政府和人民对这一粗暴侵犯中国的行径表示极大愤慨和严厉谴责,中国政府8日发表声明,对此提出最强烈的抗议,责令北约必须对它的野蛮行径承担全部责任。国际社会也对这种违背《联合国宣言》、肆意践踏《维也纳外交关系公约》和国际关系基本准则的行径予以强烈谴责,国际上反对战争的呼声空前高涨。北约打着制止"人道主义灾难"旗号,对南联盟进行持续45天的狂轰滥炸,事实上却制造了冷战结束以来最大的人道主义灾难,如今又对中国人民犯下了不可饶恕的罪行,这充分暴露了以美国为首的北约国家维护人权的虚伪性和霸权主义的野心。

  值得指出的是,北约一个多月来对南联盟的轰炸步步升级,现在竟然发展到对外交机构进行袭击,致使该地区局势进一步恶化,使科索沃危机进一步复杂化。

  中国从一开始就反对北约对南联盟的军事侵略,主张和平解决科索沃危机。我们强烈要求以美国为首的北约不要违背和平与发展的时代主流,立即停止对南联盟的侵略,回到政治解决科索沃危机的轨道上来。中国有句古话,叫做"多行不义必自毙",如果北约继续置全世界一切爱好和平的国家和人民的意志于不顾,继续一意孤行,到头来只能自食其果。

  各位听众,刚才播送的是本台评论:粗暴侵犯中国主权的野蛮行径,谢谢收听。

——中国国际广播电台 1999 年 5 月 8 日 作者:张敏等

新闻评论学是依托新闻评论而产生和发展起来的应用性极强的科学。据此,我们在研究新闻评论学的基本原理时,就必须在本源上寻找它研究的内核——新闻评论,并以此为线索,层层剥开新闻评论学的面纱,已达到把握它的目的。

什么是新闻评论呢?辛勤耕耘在新闻理论研究中的学者们对此有相当多的精彩描述,下面是一些比较典型、具有代表性的观点:

新闻评论属于议论文的范畴。它是各种新闻工具普遍运用的社论、评论员文章、短评、编者按、专栏评论、述评等文章的总称。

——胡文龙、秦珪

新闻评论是现代各种新闻载体中普遍运用的论证性新闻体裁或表现性形式。

——王振业

新闻评论是新闻媒体或作者个人就新近发生的事件、当前社会生活中存在的现象或思想倾向、公众普遍关注的问题等阐析自己观点、立场的新闻文体。

——穆广仁

新闻评论是就当前具有普遍意义的新闻事件和重大问题发议论、讲道理,有着鲜明针对性和指导意义的一种议论文体。

——丁法章

新闻评论,是报纸、广播等新闻舆论工具就当前重大问题、新闻事件发议论、作解释、提批评、谈意见、发号召的一种文学体裁,属于议论文范畴。

——姚文华

对新闻评论的界定还有很多,众说纷纭,百家争鸣,它说明了作者研究时的独特见解,也说明了站在不同角度去认识新闻评论也就有了认识上的差异。但归结到一点,这些界定都无疑是正确的和富于独创性的。

那么什么是新闻评论呢?

依托新闻事实。1999年4月开始,以美国为首的北约军事集团以"人道主义危机"为幌子,对前南联盟发动空前的大规模轰炸,首都贝尔格莱德和其他地区一切目标,包括平民居住区、医院、交通设施等非军事目标也遭到毁灭性的破坏。5月8日,轰炸进一步升级,美国竟违反国际公约,公然发射了两颗导弹,袭击了中国驻前南使馆。造成了中国外交人员、记者的无辜伤亡。这一强盗的行径,激起了中国人民的强烈愤慨,中国国际广播电台为此发表了一系列的新闻评论,这是其中的一篇。该文依托美军轰炸我驻前南使馆这一新闻事实发表义正词严的议论。

观点和立场。该篇文章从标题到结尾,自始至终旗帜鲜明亮出了自己的观点,表明了中国政府对这一事件的严正立场和中国人民的无比愤慨。

实效性。该新闻事件发生在5月8日凌晨,而电台在当天早晨的新闻播报中即作出了迅速的反应。

以事实为依据,以国际公约和全世界普遍认同的外交原则为准绳,有理、有利、有节,做到了以理服人,使人信服。具有不可辩驳性。

有阐述、有分析,有感情上的强烈色彩,又有理性的分析与批判,做到情理交融。

在对上述范文的分析中,我们归纳出新闻评论的构成要素:具有典型意义的新闻事实或社会现象;作者的立场和鲜明的观点;议论文的表现形态。

然而,随着新闻事业的发展与进步,其新闻理念、新闻的表现形态、新闻的体裁也在不断推陈出新。大量的广播电视新闻评论、网络新闻评论、新闻漫画等各种形式的出现,无疑对传统以纸媒体为载体的新闻评论提出了新的挑战,即不断地发展新闻评论的外延。正是基于这一点,王振业先生提出的"新闻评论是现代各种新闻载体普遍应用的论战性新闻体裁表现形式"的定义具有较宽的包容性。但该定义美中不足的是对作者观点的陈述又显欠缺,而鲜明的思想观点、强烈的倾向性,又恰恰是新闻评论与其他新闻体裁相区别的一个显著特征。

站在前人的肩膀上,我们不妨对新闻评论的定义作如下界定:新闻评论是指作者就具有典型意义的新闻事件或社会现象发表议论,表明自己立场的一切新闻作品表现形式的总称。

笔者之所以如此概括,其理由是:

在主体上,肯定了新闻评论的客观性和新闻性,把新闻评论与新闻及其他评论相区别开来,有利于在本质特征上对新闻评论的理解。

在内容上,进一步拓展新闻评论的领域,把政治的、经济的、外交的、文化教育的、国家事务、社会事务的一切现象都纳入到自己的视野,为新闻评论的生存与发展开辟了新的天地。

在形式上,把各种不同技术传播方式的新闻媒体的评论表现形态包括进来,这既有利于较准确地把握新闻评论的体裁,又有利于新闻评论的创新与发展。

新闻评论学,作为一门应用性、实践性很强的学科,它的任务就是运用各学科的综合知识和原理来研究新闻评论的运用、写作方法、写作规律和表现形态。它的研究还处在方兴未艾、百家争鸣、百花齐放的时代。富于开拓创新精神的社会环境,如火如荼的媒体竞争之战,时代和社会对新闻评论的呼唤,都使新闻评论获得了空前的发展空间,也使它与时俱进,不断推陈出新。可以断言,对新闻评论的认识,我们永远处在一种动态的过程中,需要不断地探索与追求。

新闻评论的形态

社会生活的多样性,决定了新闻评论的多样性与丰富性。只要是新闻传播媒体就当前的重大问题、新闻事件、社会现象发表意见、言论,表明态度和立场的议论性文章、谈话及其他形式,都可以认为是新闻评论,故新闻评论是一个相当广泛的概念。它和新闻报道一起,构成了新闻工作两个坚实的柱石。它们从两个方面共同担负起了新闻工作的职责。如果说,新闻报道是媒体成立的前提,是基础,它以新闻事件和人物为工具,表示着传媒的一种潜在的、无形的意见和思想倾向,那么作为新闻评论则以其强烈而昭彰的政治性、指导性、倾向性、说理性,直接传达着媒介的所有者、控制者的声音和意见,代表着编辑部的观点和立场。由此,纳入到新闻评论领域的题材是十分丰富的,大到党和国家的方针政策的贯彻落实,社会思潮的点评与引导,小到芸芸众生的柴米油盐都是新闻评论的对象。由此而导致了新闻评论类型的多样性。

在西方国家,通常把报纸的评论分成四种:① 社论:包括社论、统一社论、舆论、代论;② 专论:包括专论、来论、星期论文;③ 释论:包括大事分析、时事述评、述评;④ 短评:指分布在各种专栏内的各种小言论。

我国新闻界对新闻评论类型的划分有不同的方式,我们按照评论的内容、评论的规格、评论与新闻的关系来划分其类别。

根据评论的生活领域可以划分出:政治评论、经济评论、社会评论、军事评论、外交评论、思想评论、科技评论、文教评论、体育评论、国际评论、娱乐评论等。在这些评论的大类中,还可以分列出小类的评论。如政治评论,就有国内政治、国际政治之分。而经济评论则更广泛,工业、农业、商业、交通、文化产业、财贸税务等,常由于各报社、电台、电视台所设置的部门有所不同,其归属也各异。有的评论对象具有交叉性,它既可以是政治生活,也可以是社会生活,或者经济生活。比如贯彻落实党的方针路线政策时,涉及经济政策的内容就具有多重性。

以评论的形式和规格来划分:有社论、评论员文章、观察员文章、短评、述评、专栏评论、编后语、编者按等。按规格来划分是因为社论,包括编辑部文章,评论员文章,特约评论员、观察员文章与其他评论相比较,一是权威性较强,它通常代表同级党委和政府的声音,而不仅仅是媒介的立场,二是其作者地位的特殊性和权威性。毛泽东同志就曾经号召各级党委的主要负责人要为报纸写社论,他自己也身体力行,经常为《人民日报》、新华社写社论和评论员文章。在他的影响下,各级党委主要负责人或分管负责人通常都亲自撰写新闻评论。

按照评论与新闻报道的关系来划分:通常有"协奏式评论",即与新闻报道一起同时配发,如编后语、编者按、记者的话等;独奏式评论,以某已出现或存在的事件、社会现象为评论对象,进行议论,社论短评、杂文、新闻漫画就是这一形式最灵活的工具;还有一种比较特殊的评论形式,即在评论中提出某个新闻事件,然后进行评论。通常人们称之为"自拉自唱"式评论,通常以事实报道为依据,以评论和观点来驾驭新闻事实,有材料,有观点,有分析,把述与评有机结合起来,记者述评、新闻分析等就属于这类形式。

新闻评论还有其他一些分类方法,在此,我们不再展开讨论。

与时俱进的新闻评论

江泽民同志多次号召全党、全国的各项工作要与时俱进,以开拓、创新的精神推进社会主义建设事业。新闻评论也不例外,无论是对新闻评论的理论研究上,还是新闻评论的实践上，新闻界的同行对此都有着义不容辞的责任，这就是发展的新闻评论。

时代和新闻实践的要求

新闻评论是随着近代新闻事业发展而兴起的一门实践应用性学科。在其四百多年的发展历史进程中，由产生到发展，已经形成了一个庞大的体系，与新闻报道一起，对社会产生着广泛而深刻的影响，直至今天，还是一门充满着朝气、生机和机遇的科学，有着广泛的发展前景。

首先，从内容上来看，人类社会生活的多样性越来越明显。过去，新闻评论作为一种政治斗争的工具，在很大程度上是用以阐释媒体所有者的政治观点，批驳自己的政敌。而现在评论的这种功能虽然仍然存在，但更多的则表现为服务于人类的经济、文化、社会生活的各个层面，这种情形在新闻事业发展史上表现得尤为突出。自改革开放以后，全党、全国的各项工作的重心转移到以经济建设为中心，特别是党的十六大提出全面建设小康社会的宏伟目标以来，新闻评论的视点也逐渐集中到社会经济生活中来。分析我国近年来的新闻评论，其中经济生活的内容占了很大比例。另一方面，社会开放带来的思想观念多元化，也为新闻评论提供了广阔的天地。在各种价值观、人生观、审美观的大碰撞中，要实现正确的舆论引导，澄清模糊的认识，批判和抵制落后的、腐朽的精神糟粕，构建以"八荣八耻"为核心的道德文明体系，提倡健康向上的人类生活方式，就离不开新闻评论来弘扬先进的文化、先进的思想的功能。再者，中国正在走向民主化、法制化社会，在此进程中，新旧观念、新旧体制的转换，离不开新闻评论的正确引导。在社会生活的其他领域，如思想战线、文学艺术等呈现百花齐放、百家争鸣的态势，一方面这是历史发展的必然，是社会进步、民主化程度提高的表现，是时代的要求；但另一方面，鱼龙混杂、泥沙俱下，似是而非的东西又须澄清，实施正确的引导。这一切，都使我们的新闻评论获得了宽广的社会发展基础。

其次，从形式上来看。新闻评论从报纸的政论性问题发展过来，现在已为广大的媒体所普遍运用，广播、电视更是异军突起，开创了许多新闻评论的新的形式，深受群众喜爱。网络评论更是以其自由的、开放的思想言论，为新闻评论带来了无限活力。它摆脱了新闻评论主体的专业性，在评论的内容，评论文章的结构、语言、风格方面都出现了许多新的特征。现在又有人提出了第五传媒的概念——手机短信息，虽然它只处于萌芽状态，它的功能也仅局限在几十个字的表述上，但人们有理由相信，随着通讯技术的进步，新闻评论出现在手机上并非不可能。它们的出现，由于其传媒的技术先进性，势必同样会给新闻评论的形态带来新的观念和表现形式。

关注时代，在实践中发展新闻评论学

理论，是社会变革的前奏。离开理论指导的实践是盲目的实践，因此在我们学习、使用、发展新闻评论这一工具时，对新闻评论学的研究就显得尤为重要。

① 新闻评论学的学科性质和研究内容。新闻评论学是一门实践性很强的应用

型学科。它的主要任务就是以马克思主义、毛泽东思想为理论基础,高举邓小平理论的伟大旗帜,运用政治学、社会学、写作学、新闻学等学科的基本原理,研究和回答新闻评论的本质属性、社会功能,新闻评论的特点、写作规律、写作方法、创作形式等。探索新闻评论产生和发展的根本动因,以及新闻评论在新的社会环境、文化背景下的创新与发展,提升新闻评论队伍的水平,加强新闻评论队伍的管理与建设,继承无产阶级新闻评论的优良传统和西方新闻评论的精华等诸方面的问题,以促新闻评论的繁荣,使之更好地服务于社会发展与社会进步。

② 坚持正确的指导思想。新闻评论学的研究,必须坚持马列主义、毛泽东思想的基本原理。我们现在正进行着有中国特色的社会主义建设事业,特别要高举邓小平理论的旗帜,坚持"三个代表"的思想和科学的发展观,并运用到新闻评论的研究中,用以回答和阐述在新的历史条件下新闻评论这一特殊的社会活动现象,探索其新情况、新特点、新问题。我们不拘于一般的现成结论,而是在这个充满激情、富于创造精神的时代去开辟新闻评论的广阔领域。无论是新闻理论工作者,还是新闻工作者,都应当把发展新闻评论学当做自己的职责,以建立有中国特色的新闻评论学。

③ 坚持理论联系实践。理论是为实践而存在的,它来自实践的总结与精华,又必须回到实践中去接受检验、指导实践。新闻评论学是一门应用型学科,坚持理论联系实践就尤为重要。目前,我们面临最大的实践就是新闻媒体不断推出了新闻评论的新的内容、新的表现形态、新的表现手段。有的呈现出前所未有的特征,有的在新闻评论的写作与表现形式上已跳出了传统的新闻评论的框架,而且呈现出很强的生命力(这在广播、电视、网络传媒上表现得更为明显),所有这些都是实践向我们的理论研究提出的挑战与发展机遇。我们只有在实践中,才能获得理论研究的丰富的思想材料。在本书中,我们对目前活跃在新闻实践中的一些评论的新形态也展开了探讨,其目的也旨在回答实践中的问题。

新闻评论的定义之争与研究路径整合

杜 涛

导言——

本文选自《新闻界》,2013年第22期。

作者杜涛为中国青年政治学院讲师,博士。其研究方向为新闻业务、政治传播、国际传播。曾参与国家社科基金重大项目、重点项目研究课题,中央外宣办、教育部、国家食品药品监督局等委托课题多项。

本文考察了国内学者对新闻评论的"文体说"、"意见说"和"信息说"三种定义方式,认为新闻评论实质上是一种"三位一体"的存在,但其不同的定义方式有可能造成研究路径的差别。新闻评论研究应整合三种不同研究路径,吸收、借鉴不同研究取向的研究所得并加以深化,才能真正推动新闻评论研究的创新发展。

有学者曾考证了"新闻评论"这个词的来历,其并非来源于西方语言,而是本土化生成的词汇。一般情况下,中国学者所指的"新闻评论"与西方学者所指的"社论(Editorial)"或"观点(Opinion)"相对应,二者既有重合,也有不同,中国学者的"新闻评论"概念外延应在社论和观点之间。[①] 因此,新闻评论可说是一个有"中国特色"的新闻概念。从"新闻评论"的概念出发,有可能造成学者研究路径的差别。

一、新闻评论是一种"三位一体"的存在

国内学者对"新闻评论"的定义大致可分为三种,即"文体说"、"意见说"和"信息说"。本文选取一些学者有代表性的定义,依次进行分析。

(一)"文体说"定义分析

这种定义方法把新闻评论视为一种文体或表达形式。这种定义多从现实生活中新闻评论的表现及其类型着眼,是当前众多研究中较为主流的表述。参考下面一些有代表性的"文体说"定义:

1. 新闻评论是针对现实生活中新近发生的、具有普遍意义的新闻事件和迫切需要解决的问题而发议论、讲道理、直接发表意见的文体。它包括社论(本台评论)、评论员文章、短评、编者按语、专栏评论、述评、杂感随笔、广播评论、电视评论等体裁,是报刊、通讯社、广播、电视等新闻媒介的评论文章(或节目)的总称。[②]

2. 新闻评论,是媒体编辑部或作者对最新发生的有价值的新闻事件和有普遍意义的社会现象、热门话题,运用分析和综合的方法,就事论理,就实论虚,有着鲜明针对性和思想启迪性的一种新闻文体,是现代新闻传播工具报纸、广播、电视、网络经常采用的社论、评论、评论员文章、短评、编者按、专栏评论和述评等的总称,属于论说文的范畴。[③]

3. 新闻评论是社会各界借助新闻媒体发表各自意见的一种新闻文体。[④]

几种"文体说"定义,无论是把新闻评论作为一种新闻文体还是议论文体,无论对评论类型按体裁、节目形态等如何划分,其共同特点都是把新闻评论看作一种特殊的

[①] 张玉川:《新闻评论学》,四川大学出版社,2011年,第8页。
[②] 胡文龙、秦珪、涂光晋:《新闻评论教程》,中国人民大学出版社,1998年,第1页。
[③] 丁法章:《当代新闻评论教程》,复旦大学出版社,2012年,第18页。
[④] 王向东:《我给新闻评论重新下定义》,《传媒观察》,2005年第11期。

符号表达系统,以外在形式规定了新闻评论的存在,明确了新闻评论的外延。应当看到,"文体说"是目前新闻评论学界的主流观点,其定义为大多数专家学者所接受。一方面,从"文体说"定义出发,较容易吸纳新闻业界对于新闻评论写作的经验积累;另一方面,它可以很方便地与文艺学、写作学、语言学的知识相对接。

(二)"意见说"定义分析

这种定义方法是把新闻评论作为一种观点、看法及意见(甚至行动),强调了新闻评论的"内容"和"意义",即新闻评论究竟要"表达什么"。这种意见可以是评论者的个人见解,也可以是作为组织的大众传媒或其他社会组织(如政党、政府)借助大众传媒发表的意见。下面是从意见角度提出的定义:

1. 新闻为事实的客观记载,评论为基于事实而发表的意见。[1]
2. 新闻评论可作如下界说:新闻评论是借新闻传播的工具而作之新闻性、权威性、公益性的意见论述。[2]
3. 所谓新闻评论,是针对新近发生的重要事实、典型报道、公众普遍关心的重大问题,或人们思想中的突出问题,直接阐明编辑部或作者的意见和态度,从而反映舆论和引导舆论,并影响读者、听众、观众的思想和行动。[3]

这种定义方法抓住了新闻评论所要表达的内容,即"说了些什么",并把内容与社会传播系统结合起来,突出了新闻评论要在大众传播环境中实现自己的意义和价值。从"意见说"定义出发,较容易与社会舆论及政治变迁相结合,较方便与政治学、社会学的知识相对接。

(三)"信息说"定义分析

第三种定义方法是把新闻评论作为新闻信息的一种。这种定义方法从新闻评论提供对于事物的观点评价,或者主体对客体的主观看法入手,强调新闻评论是一种意见性信息,具备消除不确定性等作用。下面的定义着重从信息的视角进行定义:

1. 媒介新闻评论的定义,即:以媒介为载体,及时或适时针对变动的、对公众有知悉意义的事实发表的宣传性、意见性等主体化信息。[4]
2. 新闻评论是各种大众传播媒体普遍运用的、面向受众传播的有关新近(或正在发生的)事实的意见性信息。[5]
3. 评论是以大众传媒为载体、对具有新闻价值的事件所发表的意见性信息。[6]

这种定义借用了信息科学的研究成果,使新闻评论的阐述更为简洁和确切,也丰

---

[1] 林大椿:《新闻评论学》,台湾学生书局,1982年,第1页。
[2] 郭步陶:《评论作法》,复旦新闻学会,1936年,第1页。
[3] 王兴华:《新闻评论学》,浙江大学出版社,2003年,第2页。
[4] 殷俊等:《媒介新闻评论学》,四川大学出版社,2005年,第10页。
[5] 李法宝:《新闻评论:发现与表现》,中国传媒大学出版社,2005年,第3页。
[6] 庄洁:《金融危机时期中美财经媒体意见性信息的构架分析》,华东师范大学,2012年。

富了新闻评论的内涵。

为什么新闻评论会得出这样不同的定义归类？三种定义方法的异同点何在？

传播学者郭庆光认为，传播是社会信息的传递或社会信息系统的运行。① 而在人类的社会传播活动中，信息是符号和意义的"统一体"，符号是信息的外在形式或物质载体，而意义则是信息的精神内容。② 没有无符号的信息；也没有符号不传达某种意义的信息；信息的意义也只有在传播的过程中才能体现出来。

如果把信息、符号、意义的关系推演到新闻评论，可以对它做如下解读：首先，新闻评论是信息的一种，以"意见性信息"为研究对象是把新闻评论作为一种具体种类的信息，对这一"统一体"进行研究；其次，以"文体"为研究对象，是把新闻评论作为一种复杂的"符号系统"，即意见性信息的外在形式和物质载体来进行研究；再次，以"意见"作为研究对象，实质是在研究新闻评论的"精神内容"，显示了新闻评论所表达的意义之所在。笔者认为，新闻评论实质上是一种"三位一体"的存在：它既是"意见性信息"，又表现为一种"文体"，其精神内容是其所要传达的"意见"。三者共生共存，不可分割。没有无"文体"的"意见性信息"，也没有"文体"可以不表达特定"意见"。

第一，新闻评论是借助大众传媒传播的一种以意见性信息为主的新闻信息。这使它与以事实性信息为主的新闻报道以及普通的评论、议论信息区分开来。

第二，新闻评论的外在形式或物质载体是一种复杂的符号系统，其组成部分可以表现为不同的词汇、语句、段落及其连接，也可以表现为图像、声音或音像结合，其整体可以表现为一定的文体或节目形态。新闻评论对于不同的媒介形式有不同的表现：在报刊上，表现为一种议论文范畴内的文体形式；在广播上，表现为一种语音形式；在电视上，则表现为画面、语音和语言兼备的节目形式；在网络上，还可以以超链接等更新的形式存在。

第三，新闻评论的意义或精神内容就是它所传递的意见，属于特定认识主体的"主观认识"。由于认识主体的立场、观点、方法不同，反映的层次和侧面不同，可表现为感性经验、知性判断和理性综合。这种意见也必须经过传播的过程才有意义。新闻评论作为以意见性信息为主的新闻信息、作为复杂的符号系统（文体或节目形态）、作为表达意义的主体意见的这三者是三位一体、难分彼此的。

有多少个学派就有多少种定义。从这种意义上来说，三种定义方式有研究的着重点不同之分，却无正确错误之分。它们从不同角度和视野共同推进了新闻评论概念的丰富内涵。

---

① 郭庆光：《传播学教程》，中国人民大学出版社，1999年，第5页。
② 郭庆光：《传播学教程》，中国人民大学出版社，1999年，第42页。

二、定义之争有可能造成研究路径的重大差别

但是,这种定义之争却有可能造成新闻评论研究路径上的重要差别。一方面,一些学者通过把新闻评论作为文体、意见或信息进行深入研究,取得了丰硕的研究成果;另一方面,也有学者被一种定义所束缚,忽略了更全面意义上的研究。

(一) 关于新闻评论作为"文体"的研究

许多学者把新闻评论作为一种文体进行研究,重点关注其形式表现。如李良荣教授的《中国报纸文体发展概要》中分析了历史上评论文体的变化。在新闻史的发展中,报纸文体"经历了巨大的变化,经历了由浅入深、由简单到复杂的过程。这种变化看似是办报人主观意志的产物,实则深蕴着深刻的社会根源和历史根源。推动报纸文体变革的,不是单一的因素,而是诸方面因素的综合"。但报纸文体具有相对独立性,变化相对缓慢。①

在具体新闻评论文体研究方面,时评、社论、专栏文章等都是研究者关注的重点。以时评研究为例。陈栋在《解码新时评——中国新闻时评的新发展(1996—2006)》中的论述着眼于时评这一当今报刊网络评论中最具生机与活力的文体的发展历程,尤其是在第三次时评高潮中时评的产生和兴盛过程。作者认为新时评的产生、发展、繁荣及转折的大背景是改革开放,新时评的时代特征和个性内涵是公民写作。作者按照专题史模式,把新时评发展变化分为新时评专栏、新时评专版、大众报时评版、报网时评互动和权钱入侵、新时评坎坷转折五个阶段并详加论述。② 邓辉林的博士论文《新时期报纸时评运行规范研究》从规范的层面探讨了时评文体特点及写作规范。③

近年也有学者从语言学视角研究新闻评论文体,如董育宁的博士论文《新闻评论语篇的语言研究》从语言学视角对新闻评论的语境构成、形式结构、功能特征以及深层修辞机制进行论述。④ 此类研究在研究方法上对新闻评论的既有研究有较大拓展,但多是以新闻评论作为语言材料来研究语言学方面的内容。

(二) 关于新闻评论作为"意见"的研究

也有一些学者把新闻评论作为一种"意见",着重考察其所传递的内容及对社会产生的影响。许多媒体定期把本媒体的评论集结成册,如《人民日报》评论集、《南方都市报》评论集《热言时代》、《南方立场》等,为人们了解其新闻评论所表达的意见"立此存照"。王云红、姜军、彭德水的《思想原声:一百年来的思想激荡》一书编辑了101年间(1901—2001年)曾引起强烈社会反响或对社会起重要推进作用的社论和时评,

---

① 李良荣:《中国报纸文体发展概要》,福建人民出版社,2002年,第206页。
② 陈栋:《解码新时评——中国新闻时评的新发展(1996—2006)》,中国社会科学出版社,2010年。
③ 邓辉林:《新时期报纸时评运行规范研究——以发展传播学为视角》,华中科技大学,2010年。
④ 董育宁:《新闻评论语篇的语言研究》,复旦大学,2007年。

从中展现一个世纪中国社会意见曲折成长的经历，再现新闻评论思想交锋的历史。①

赵振宇教授所著《我们说了些什么？——一个新闻学教授的历史回眸》是一本以新闻评论"意见"为研究对象的专著。作者以纪实的方式，回顾了改革开放30年来中国民主进程中发生的重大变革、一代评论人的思考、典型的新闻事件以及媒体评论所产生的深远社会影响；更以自身的评论实践讲述了历史进程中评论者的思考与困惑的曲折思想发展过程，对思想的发展痕迹做出了"原生态"描述。②

从研究取向来看，许多研究主要通过新闻评论作品所传递的重要意见，分析其中所反映的政治权力和社会问题。其中不少研究以《人民日报》、《中国青年报》、《南方都市报》、央视评论类栏目、凤凰卫视评论类栏目等作为案例进行分析，定量、定性研究均为数不少。研究方法有内容分析、话语分析、历史文献分析、案例分析等。如南京大学李明的博士论文《中国社会主流意识形态的建构与变迁——以1949—2008年〈人民日报〉社论为例》以1949—2008年的《人民日报》社论为研究对象，采用内容分析法和观念史研究法，分析《人民日报》社论中主流意识形态的变迁与建构情况，从而推论出中国主流意识形态的整体变迁与建构趋势。③

(三) 关于新闻评论作为"意见性信息"的研究

从信息的角度研究新闻评论是一种独特新颖的视角。2005年殷俊的《媒介新闻评论学》和同年李法宝的《新闻评论：发现与表现》不约而同从信息视角出发，对新闻评论研究领域进行了深度开拓。殷俊论著在历史广度和媒介广度两个方面进行了深入拓展。在历史广度上，既对国内新闻评论历史进行了梳理，也对国外新闻评论的历史和现状进行了评述；在媒介广度上，既对传统媒体评论进行了研究，也对互联网、手机等新媒介给新闻评论带来的影响进行了研究。李法宝论著则在深度上进行了挖掘，从信息论入手，对新闻评论的受众地位给予了充分肯定。

从新闻评论作为意见性信息的视角来考察，不仅改变既往研究中的一些话语体系，而且会有一些新的发现。在新闻评论的功能上，有学者认为，新闻评论的主要功能是信息传播功能。信息传播中接收的主体是受众，因此要增强新闻评论的可读性，回归"受众本位"。④ 在性质上，有学者认为，意见性信息反映媒体的本质，提示和引导受众看待新闻的角度、采取的立场，达到影响舆论之目的。媒体地位的提升有赖于意见性信息的存在和传播。⑤ 在分类上，有学者把我国的意见传播分为宣传性的意

---

① 王云红、姜军、彭德水：《思想原声：一百年来的思想激荡》，光明日报出版社，2003年。
② 赵振宇：《我们说了些什么——一个新闻学教授的历史回眸》，武汉大学出版社，2009年。
③ 李明：《中国社会主流意识形态的建构与变迁——以1949—2008年〈人民日报〉社论为例》，南京大学，2012年。
④ 李法宝：《新闻评论：发现与表现》，中国传媒大学出版社，2005年。
⑤ 马岂停：《意见性信息——媒介竞争的重要手段》，《辽宁大学学报》，2010年第3期。

见传播、交流性的意见传播和批评性的意见传播。三者各有不同却又有交叉和关联。①

以上三种研究取向实质上指向同一研究对象,只是分别从不同层面对新闻评论的本体进行研究,积累了深厚的学术积淀,如以文艺学或写作学的范式来研究新闻评论的写作;以传播学范式来研究新闻评论的意义内容;以信息科学范式来研究新闻评论的信息内涵。但是,单一视角的研究有时难于把握新闻评论的全面特征和内容。很难想象一篇社会意义深远的评论,如《实践是检验真理的唯一标准》、《改革开放要有新突破》,可以仅从"文体"角度得以完全解读;也很难相信有了深邃的思想见解,就必定可以创作出新闻评论的佳作;从"意见性信息"视角进行的研究,则有可能人为割裂了新闻评论研究的历史资源,陷入"自说自话"的窘境。

三、本体研究路径亟待整合

研究路径的不同取向会在不同程度上影响研究的发展和进程。尽管学者们研究的是同一样东西,但研究入口的不同会导致研究视域的差别,进而可能造成研究中的局限和缺陷。

就"文体"研究来说,这种研究路径,可以吸收借鉴"新闻文体"研究和"议论文体"研究的成果作为研究资源,学界与业界积累了大量研究成果,成为当前新闻评论研究的主导方向和途径。但是在新闻评论诞生后的几百年来,由于新媒介的发展、社会的变迁和新闻界的创新努力,新闻评论的文体形式、节目形式甚至文本规范发生多次重大变化,呈现出不同的要求和表现。尤其在处于社会转型期的当代中国,各种意见形式快速变化。从杂文到时评,从博客到微博,意见形式、载体快速变化,各领风骚三五年。如果以文体作为研究对象,难免理论赶不上现实变化,在面对如"壹周立波秀"、"微言大义"之类的新闻评论新形式上会产生困惑;就评论实务来说,新闻评论表达意见这一共性远大于不同文体形式间的差异。如学者李法宝认为,"新闻评论文体分析法只是人们认识事物的一种手段,但是,一旦人们把它当作唯一的手段时,可能会给人们认识事物带来误区……一些人喜欢把研究精力花在不同新闻评论体裁细微的区别上,并常常为某一体裁的概念争论不休。但是,如果对新闻评论的整体驾驭能力不足,越是在新闻评论体裁的细枝末节上花费精力,那么,整个新闻评论写作就很容易僵化、死板,犯教条主义的错误"。②

就"意见"研究来说,各种社会组织和个人都试图利用大众传媒平台来影响新闻评论的内容,使社会意见市场出现复杂多变的状态,它的变化较之"文体"更繁复多变。这种研究路径有利于尽快跟上社会意见发展的节拍,有利于揭示新闻评论中所

---

① 谢金文:《新闻传媒中意见性信息传播初探——兼谈传播者的素养要求》,《新闻记者》,2005年第6期。
② 李法宝:《新闻评论:发现与表现》,中国传媒大学出版社,2005年,第223—224页。

蕴含的深刻的精神内容，但不利于形成研究的学理性和稳定性。另外，这种研究路径容易随社会政治、经济思想的变化而变化，使新闻评论研究受到强势社会势力的较多影响。

就"意见性信息"研究来说，其概念内涵较为全面，研究稳定性好。但信息科学本身是一门年轻的学问，如果无视以"文体"研究为主导的学界业界前人的大量学术积累，会使这一研究领域的承继性受到严重破坏。

笔者认为，研究新闻评论，应当把它作为"意见性信息"、"文体"和"意见"的"三位一体"诸方面共同纳入研究视野。研究者在对新闻评论的理论及其表达的研究中，应尝试从信息、文体、意见三个层面分析问题，做"整合式"的研究。如果某一层面的分析更具解释力，可以着重从该视角进行解读——无论把新闻评论作为"意见性信息"、"文体"还是"意见"，其所指都是新闻评论这一共同本体。

从"文体说"、"意见说"和"信息说"入手，学界业界积累了大量研究成果，这些成果一起构成新闻评论继续深入研究的基石，只有吸收、借鉴不同研究取向的研究积淀并加以深化，才能真正推动新闻评论研究的创新发展。

新闻评论的作用（节选）

赵振宇

导言——

本文今节选自赵振宇著《现代新闻评论》，武汉大学出版社，2005年版，第61－75页。

作者赵振宇(1949.4—)辽宁省人，满族。1982年毕业于湖北大学政治教育专业。现任华中科技大学新闻评论研究中心主任、新闻学院教授、博士生导师、新闻媒体研究所所长。曾任长江日报评论理论部主任、文化报总编辑，高级编辑。兼任武汉作协杂文创作委员会副主任、武汉市社会学会副会长、武汉市人民政府咨询委员会特邀高级研究员。在报社工作期间，有多篇作品获全国好新闻一等奖、湖北省好新闻一等奖、特等奖。2001年组建了全国高校的第一个新闻评论团，2005年招收首届新闻评论方向班，旨在为媒体培养新闻评论员和深度报道记者。出版多版著作，有多篇文章获全国及省级奖励，发表各类随笔、杂文三百余篇，出版杂文集《与灵魂对话》。

新闻评论的作用是毋庸置疑的，选文从四个方面阐释新闻评论的作用，其作用有宣传鼓动，配合中心工作；释疑解惑，研究社会问题；针砭时弊，促进社会进步；提供讲坛，增强公民参与意识。

我们说新闻评论重要,是因为它能够引导社会舆论,促进社会进步,对民众、对社会起着安定团结的作用。一般来说,新闻评论有着宣传鼓动、配合中心工作的作用;释疑解惑、研究社会问题的作用;针砭时弊、促进社会进步的作用;提供讲坛、增强公民参与意识的作用。

一、宣传鼓动,配合中心工作

新闻评论特别是一些党委机关报和一些重要媒体的新闻评论,要时刻传达上级领导的指示和意见,领会党政机关的思想和政策,这对于贯彻落实中央的精神,指导本地区的工作是有好处的。

2002年春节前,党中央牵挂着广大人民群众的冷暖,要求各地深入持久地开展扶贫济困活动,更好地为广大人民群众服务,更好地为最需要帮助的困难群众服务,在全社会形成扶贫济困的良好风尚。此刻,《人民日报》当即发表新闻评论《让"送温暖"蔚然成风》。评论说:"党中央的部署和要求,使人民群众感到温暖,感到振奋。在我们的社会里,人人都渴望自立,但终究会有一部分人由于种种原因不能自立,需要他人的扶助;谁都可能遇到这样那样的困难,需要得到别人的帮助。在祖国大家庭里,帮助人和被人帮助构成文明和谐的社会生活。正像一首歌所吟唱的——只要人人都献出一点爱,世界将变成美好的人间。"接着,评论描述了送温暖的各种方式,介绍了它的发展变化,阐述了送温暖的积极意义。最后,评论写道:"送温暖是党和政府的责任,也是每一个公民的义务。'兼相爱,交相利。'施爱于人,也利于自身。千千万万的群众已踊跃参与到'送温暖'的活动中来,在帮助别人的同时,也升华了自己的精神,获得了助人的愉悦,净化了社会风气。这是一件多么有意义的事情。"①

送温暖活动在中央布置和各地的落实下已经取得一些成效。但是,社会上有一种现象值得注意,这就是有的地方一方面给群众送钱送物,另一方面却在公款消费,挥霍浪费。于是,报纸上又连续发表评论文章《既要送温暖又要忌奢华》。文章指出:"各级领导应切实把'送温暖'活动当作转变作风的一项重要工作来抓,通过送温暖,使广大干部受到教育,最大限度地遏制奢华风气。'送温暖'活动,不仅是密切联系群众的时机,也是广大干部进行自我教育的契机。通过送温暖,深入了解基层群众的生产和生活状况,了解群众所思所想,了解群众对党和政府工作的意见和建议,从而认识到我们工作的成绩和不足,认识到还有一部分群众的温饱问题需要解决,需要我们更加努力工作,需要我们继续保持艰苦奋斗的作风。这是我们转变作风,做好工作的重要途径,也是检验党员干部心里有没有群众的标准之一。"②文章还希望各级党委和纪检监察部门,一方面要加强对"送温暖"工作的监督,另一方面也要坚决制止挥

---

① 《人民日报》,2002年2月6日。
② 《人民日报》,2002年2月8日。

霍、浪费等不正之风，把"送温暖"工作真正做到位。

中央在部署各项工作外，有时还发布一些文件和规定，通过组织全民学习来提高整个民族的思想道德和科学文化素质。为了让这些文件精神更好地贯彻落实，新闻传媒有时也需要撰写评论进行阐释。如2001年11月，中央发布《公民道德建设实施纲要》，为了配合宣传，《人民日报》连续刊发了十篇评论文章。这十篇评论文章的题目是：《爱国——首要的道德要求》《守法——必备的道德品质》《明礼——做人的起点》《诚信——道德建设的根本》《团结——高尚的道德品格》《友善——人际交往的道德规范》《勤俭——传统的美德》《自强——永无止境的道德追求》《敬业——道德规范在职业行为中的表现》和《奉献——崇高的道德境界》。通过这样系统有效的宣传，积极地促进了《公民道德建设实施纲要》在全国的贯彻落实。

类似这样的情况，还有每年全国和各地举行的"两会"，大都是需要配发一些评论的。还有中央和各地召开的各种重要会议，做出的重要决定，颁布的重要法律、法令以及重要的节日、假日、纪念日等，都需要根据不同的要求和不同的规格撰写不同的评论。

媒体的评论一般来说可分为两大类：一是指定题目评论；一是自选题目评论。对于宣传鼓动，配合中心工作的评论大都属于指定性评论。这一类评论在媒体中特别是在党委机关报和负担着传达领导机关精神的媒体中显得尤为重要。这是因为党报作为舆论宣传的主阵地，担负着传达党的路线、方针、政策和工作部署的任务。对大政方针尤为关注的党的各级干部和工作骨干群，构成了党报的基本读者群。作为党委机关报的言论之长，就在于其舆论导向的先声性、主导性和权威性。做好了指定题目，唱响主旋律，是显现党报言论优势的首要一环。对此，《北京日报》评论部主任康宏志深有体会："指定题目"必须不折不扣地完成。但要高质量地出色完成，关键在于充分发挥主观能动性。比如，吃透"两头"，既准确、全面地把握上面精神，又熟悉下情，了解群众的思想状况，有的放矢。再如，要敏于事、快速反应。他举例说明，1998年12月，为贯彻国务院批复精神，推行控制北京大气污染的紧急措施，《北京日报》推出特刊，评论部撰写了一篇社论，初稿近2 000字，题目和行文都显得一般化。根据市委领导的意见，他们立即精心推敲，另起炉灶，弃长从短，将篇幅压缩为560字，题目改为《言必行，行必果》。这篇社论言简意赅，凸现主题，也较为生动，"还京城蓝天，造福人民"的决心跃然纸上，见报后引起国内外广泛关注，收到了很好的社会效果。他们的体会是：只要在思想高度上重视"指定题目"，精心构思写作，就有望打好主动仗，收到预期的效果。指定性评论是媒体的一项常见的和重要的组成部分，只要用心下力气，将上级领导的意图与民众的要求结合起来，就一定可以写出受到领导肯定、广大民众欢迎的好评论。①

---

① 康宏志：《"指定题目"和"自选题目"都力求做得精彩》，《新闻战线》，2002年第7期。

二、释疑解惑,研究社会问题

我们的社会处在一个改革开放的发展进程之中。在这个进程中,我们的人民会遇到一些从前未曾遇到过的事情,他们有许许多多不明白、不清楚的疑惑需要有人给他们释疑解惑;发展的社会有许许多多的问题摆在我们面前需要研究,只有解决这些问题,我们的社会才能进步和更快的进步,新闻评论对此负有不可推卸的责任。

随着人民生活水平的提高,旅游成为人们生活中的一项重要内容。但是一些旅游区调高门票价,有的地方调价幅度还相当大;在一些旅游点,旅客买了门票入内之后,还得继续买票,游一处买一处,甚至多达七八处,人们对此颇有非议,于是有人写了《旅游门票提价当慎思》的评论文章。文章对我国旅游现状进行了分析,指出:"旅游业是一项文化事业,不同于从事物质产品生产的行业。旅游业当然要谋求经济效益,实行文明经营,热情周到服务,不可把赢利视为唯一的追求目标,更不可乱提价。人们游览祖国的名山胜迹,陶冶心灵,接受形象的爱国主义教育,心情愉悦。而旅游景点趁机变相高价勒索,大煞风景,使人游兴索然,于情于理都说不过去。"作者举出了国外的情况和我国如杭州市的一些情况,说明了适当收费和减少收费是可行的。"我国正在向世界旅游大国迈进。为了吸引游客,既需要更好地开发旅游资源,也需要营造一个文明的旅游环境,在各方面讲文明、讲道理,规范包括旅游收费在内的各项制度,让文明之风吹拂各个旅游区。其实,门票收入仅是旅游收入的很小部分,随着整个旅游业的发展,将带动其他许多行业的兴起,促进人们思想观念的转变和眼界的开阔,促使我们以更加稳健的步伐走向世界,由此带来的经济效益和社会效益,不知要比狭义的旅游收入大多少倍。仅仅在提高门票价格上打主意,无异于杀鸡取卵,最先受害的是游客,最终受害的可是当地的旅游业,摒弃各种不文明、不规范的经营行为,摒弃短期行为,在为游客创造舒心的旅游环境的同时,也使当地的旅游业健康发展起来。"

随着我国大学升学率的提高,现在有些技校校长不大开心,主要的困惑是生源不足。如上海高级技工学校原计划招收六百多名学生,最后只招四百多名。一个社会要发展,没有技工不成,特别是中高级技术工人的作用,是不可忽视的。如上海浦东磁悬浮列车第一根轨道的安装,就是由上海安装工程公司几位刚刚参加工作的青年技工挑的大梁。短短数十天内,他们不仅攻克了技术上的重重难关,排除了生产过程中的种种隐患,还设计出一套行之有效的操作程序,受到各方很高的评价。目前上海对这种操作技能强、综合素质高的中高级青年技工的需求,已超过了研究人员。据报道,我国高级技工只占技工总数的5%,而发达国家则是40%。

中高级技工为何"叫好不叫座"?有人写评论文章分析道:"只缘中高级技工还和'工'字连在一起。在一些家长看来,即使今后成了高级技师,还得和机器打交道。连续多年的学历热,使家长和学生们在教育选择上依然是'学历优先'没商量。轻视职业教育的旧观念,在社会上仍然普遍存在。高级技工严重短缺,已严重困扰中国企业发展,此事已引起国外关注。有消息说,日本有关机构正在筹划建立一个'日中技术人员交流中心',支持日本国内被企业淘汰的过剩中老年技术工人到中国企业重新就业。引进国外退休工人当'外援',当然并非上策。"有什么好办法呢?首先,要帮助部分家长转变择业观念,改变社会对技术工人的偏见。作者举出英国著名纺织工业城市曼彻斯特的经验来说明:"中高级技工后继乏人的问题,英国在十年前也遇到过,由于片面重视学历教育,忽视技术工人培养,造成曼彻斯特城市许多传统工业萎缩。怎么办? 从1993年始,英国重新重视职业教育,实施国家职业资格证书制度。该制度规定,拿到一级技术证书相当于初中毕业,二级证书相当于高中毕业,五级以上的根据情况分别相当于硕士、博士。这就是说,获八级证书的高级技术工人,社会地位和收入不低于博士。由于有了越来越多的优秀技工的支撑,曼彻斯特的许多传统工业又重新站了起来。"评论指出,政策导向很重要。现在用人方面的一个大误区,就是唯学历论。不仅表现在技工问题上,在干部的选拔使用上也有类似的情况。这不仅埋没了许多有真才实学的人才,也加剧了片面追求高学历的倾向,对经济和社会发展是不利的。在这里,需要向全社会呼吁,应提高技术工人的社会地位和收入,给高级技术工人以不同学历待遇,那种不合时宜的观念和政策应当认真改一改了。①

  武汉一市民因房屋拆迁问题,邀约他人到长江一桥西敞口处堵塞车行道,造成大桥交通堵塞达十余分钟,严重影响了大桥的交通秩序。武汉警方对此人依法予以刑事拘留。武汉市委机关报在刊发消息的当日配发评论:《依靠正常渠道解决问题》。评论写道:"有问题有困难,向各级党委与政府反映,这是公民的权利,也是对党和政府的信任。各级组织要积极实践'三个代表'重要思想,坚持'以人为本',大力发展经济,造福民生,维护群众的根本利益。对因为种种原因而产生影响群众利益的问题,有关责任部门应认真倾听,高度重视,负责地、务实地努力加以解决;对一时解决不了的问题,要一方面主动说明情况,疏通情绪,一方面积极创造解决问题的条件与时机。"解决问题要靠正确的方式方法。采取过激办法,通过不正常渠道,不考虑实际情况,只会使问题复杂化,不仅于事无补,有时可能事与愿违。评论最后指出:"我们应该看到,现在遇到的许多麻烦和问题说到底归因于发展不够。发展是硬道理,是解决一切问题的关键。当前我市正面临新一轮发展的大好机遇,我们每一个人包括那些期望解决问题和困难的人,都有责任与义务维护社会稳定。这是我们的根本利益所在,破解难题的希望所在。"②

  释疑解惑、研究社会问题是新闻评论的一项重要任务。在这个过程中,选择哪些问题作为选题才能说得清楚,才能有利于社会的发展和进步,这是很重要的,否则问

---

① 《人民日报》,2002年5月27日。
② 《长江日报》,2004年12月2日。

题不仅没有解决,反而引起人们心理的震荡,引起社会的不安定。这是新闻评论的写作者和组织者所要注意的。社会现象纷繁复杂,社会问题千奇百怪,哪些问题需要讨论,哪些问题可以讨论,哪些问题经过讨论可望解决,这一切,撰稿人和策划人都应有所掌握。如果只选择那些看起来有新意,登出来有读者,但就是无法解决或较快解决的问题做文章,对我们的社会和人民是不利的。吊起了群众的口味,又不能实现,时间长了便会失去群众,这对我们的传媒事业是不利的。

在问题的选择中,还要注意领导和群众之间的关系。一般来说,人民群众希望解决的问题也是各级领导机关希望解决的问题。选择了这样的问题做文章,就可能受到两方面的欢迎。如果只选择了一方面关注的话题做文章,在阐述时又没有顾及另一方面的实际,就有可能造成另一方面的被动或不满。虽然我们常说要以人民群众答应不答应、赞成不赞成、满意不满意作为我们的处事原则,但是,在实际工作中却要复杂得多,这是一切从事新闻评论写作和编辑工作的同志们所要注意的。选择那些领导和群众都关心,且又经过舆论宣传有可能较快解决的问题做评论,这是上策;尽量避免在领导和群众的矛盾中选题做文章,以免引起不必要的对立和加剧矛盾;同时也要避免因选题不妥而引起一部分人对另一部分人的不满,引起不必要的社会麻烦。

三、针砭时弊,促进社会进步

新闻评论作为一种舆论监督的工具,它以理论的深刻、意见的直接、态度的鲜明比消息报道更能有效地发挥对社会腐败、落后、陈旧、保守东西的批评和鞭策,它是我们实行社会监督的一个重要传播形式。

随着人们生活水平的提高,人们餐桌上的花色品种也越来越多,越来越丰富,这是一件好事情。但是,滥捕滥杀滥吃野生动物却成了一些人的"时尚",甚至有些地方把孔雀红烧入了菜! 中国野生动物保护协会曾做过一次调查,选择有广泛代表性的21个大、中城市,调查结果表明: 46.2%的城市居民吃过野生动物,49.8%的餐厅、41.7%的集贸市场和15.4%的副食商场在经营野生动物,还发现有53种野生动物惨遭杀戮,其中国家重点保护的14种,占被杀的野生动物的四分之一还多。"滥捕滥食野生动物当止"成为人们关心的一个重要话题。有人在评论中写道:

可曾知道,野生动物与人类共患性疾病有一百多种,从艾滋病、癌症、狂犬病到结核、病毒、鼠疫、炭疽、甲肝等,什么都有。人们吃牛羊猪肉要经过检疫才能上市,餐馆经营野生动物却是在偷偷摸摸中进行的,谁来检验?人类因吃野生动物染上疾病的不计其数。

现在,自然界平均每天有一种物种灭绝,人为造成物种灭绝的速度是其他原因的一千倍! 一种生物的生存往往要与其他十至三十种生物相联系。这是一个生态的链条,一种生物的灭绝会引起连锁反应。而野生动物急剧减少,必然危及人类生存。野生动物和我们,都是大自然一母所生,"本是同根生,相煎何太急"?制止滥捕滥杀滥吃野生动物,这是人类的当务之急,也是自然界的呼唤。①

滥捕滥杀滥吃野生动物的现象并没有因此而消失。在2003年的抗击"非典"的战斗中,有研究表明野生动物与传染"非典"病毒有联系,要求人们不得捕杀和餐食野生动物,广东等地还通过人民代表大会立法的形式,对其进行限制。

社会的进步与我们的领导机关、政府形象、干部素质关系极大,反腐倡廉,加强政府机构改革,加强党的组织建设和思想作风建设至关重要,这些都是新闻评论涉及的重要话题。如在我们的干部队伍中,"官本位"的思想和作风还常常存在,很有破坏力。因其壳太硬,其根太深,其弊甚烈,必须以重锤击之,于是有评论写道:"'官本位'是封建主义的思想残余。所谓'官本位',就是以官为本、以官为首、以官为准,而不是以民为本,以民为首,以人民群众的利益为最高利益。人们所熟悉所厌恶的'官僚主义',一个重要的思想根源就是'官本位'思想。'吏治的腐败是最大的腐败',在今天,防止'吏治腐败',从思想建设上说,一个重要任务就是克服'官本位'思想。"

"人民的利益、政权的性质、社会进步的趋势、历史变革所面临的形势,都和'官本位'思想格格不入。固守'官本位'思想,就会导致我们的政权变质、事业失败,或者坚持'官本位'者被历史淘汰。我们国家干部队伍的主流是好的,正因如此,我们才能够吸引、领导和组织人民群众取得举世瞩目的成就。这里提出的问题,不是对干部队伍进行评价,而是对干部队伍提出警示:不能因'主流'忽视支流,因成就忽视问题,因为过去的辉煌而小视未来的艰险。这不只因为干部队伍中存在的不良倾向发展下去后果严重,还因为我们的任务艰巨,形势严峻,需要更加强大的领导和驾驭力量,需要越来越多的顶天立地、大公无私的领导干部。如果我们对'官本位'思想掉以轻心,任其腐蚀干部队伍,任凭假公济私的腐败问题发展,我们的事业就有被毁的危险。"②

发展社会主义民主政治,建设社会主义政治文明是全面建设小康社会的重要目标,也是党的十六大提出的新任务。在政治文明的建设中,要特别加强对权力的制约和监督。建立结构合理、配置科学、程序严密、制约有效的权力运行机制,从决策和执行等环节加强对权力的监督,保证把人民赋予的权力真正用来为人民谋利益。重点加强对领导干部特别是主要领导干部的监督,加强对人、财、物管理和使用的监督。强化领导班子内部监督,完善重大事项和重要干部任免的决定程序。加强组织监督和民主监督,发挥舆论监督的作用。

2003年6月12日新华社发布消息,经中共中央批准,中央军委近日发布命令,免去石云生的海军司令员、杨怀庆海军政治委员职务。2003年6月19日出版的《外滩画报》发表本报编辑文章《建立官员问责制,推动政治文明进程》。评论说:"尽管新华社的消息里没有对这两位海军将领的免职原因予以说明,但人们普遍认为他们的

---

① 《人民日报》,2001年1月30日。
② 《人民日报》,2002年2月25日。

免职与不久前发生的海军361号潜艇沉没事件有关。如果把上次（4月20日）卫生部长张文康、北京市长张学农因抗SARS不力而被免职计算在内的话，这已经是在不到两个月的时间里，第二次对高官进行基于工作不力原因的免职。"

"这两次高官免职都引起了广泛的震动。它们标志着'问责制'将逐步在中国确立。按照以前的惯例，官员特别是高级官员，一般都是在本人出现诸如贪污腐败之类的案件或本人直接犯有重大错误，才会被免职。真正因为工作不力或者管辖内出现重大问题而被免职的非常少。可以说，以前的免职更多的是基于'动机论'，只要官员个人在动机上没有问题，即使在其管辖领域内出现了重大事故，一般也不大会被免职。而'问责制'强调的则是效果。在一个重大问题、事故、恶性事件发生之后，总要有相应的人来为它负责。当这个问题、事故、事件足够大的时候，涉及这个负责人的职务也应该相对应地足够高。"

文章指出："'问责制'是现代政治制度中的一个重要组成部分。'问责制'有利于砥砺官员，提高他们的责任心，从而提高他们为公众服务的态度和质量。'问责制'还有利于打破'能上不能下'的陋规，建立一种更直接、更有效的官员淘汰机制，提高官员质量，从而更大程度地保护公众利益。新的中央领导层在上任之初，就推出'问责制'，使中国政坛为之一振。我们希望这能成为中国建立现代政治文明的一个良好开端。"

我们相信，随着我国政治文明建设步伐的加快，新闻评论中关于针砭时弊，促进社会进步的文章将会越来越多，涉及的面将会越来越广，论述的问题将会越来越深刻。

四、提供讲坛，增强公民参与意识

发展社会主义民主政治，建设社会主义政治文明，是全面建设小康社会的重要目标。在这个建设过程中，最根本的是要把坚持党的领导、人民当家作主和依法治国有机统一起来。党的领导是人民当家作主和依法治国的根本保证，人民当家作主是社会主义民主政治的本质要求，依法治国是党领导人民治理国家的基本方略。共产党执政就是领导和支持人民当家作主，最广泛地动员和组织人民群众依法管理国家和社会事务，管理经济和文化事业，维护和实现人民群众的根本利益。利用新闻媒体发表自己的有形意见，是加强公民有序的政治参与。保证人民依法实行民主管理和民主监督的重要形式。现在，不少的媒体除了开辟社论、本报评论员、本报编辑部文章等栏目外，大都开辟了有群众广泛参与的评论栏目。这些栏目的开设，使群众有机会对发生在自己身边的事，或自己经历的事，或自己接触的事，或自己接受到的事进行评论，发表意见，这对于提高公民的参与意识是大有好处的。

1980年1月2日，群众参与性的栏目"今日谈"在《人民日报》头版问世。二十多年来，"今日谈"以其"短、新、快、实"的特点一直历久不衰，深受广大人民群众的喜爱。

作为一个资格很老的新闻评论栏目,"今日谈"取得成功最大的原因就在于它的群众性,全国人民的积极参与是其永葆青春活力的源泉。由于《人民日报》面对的是全国人民。再加上社会生活的丰富多彩,这就决定了"今日谈"选材的广泛性。大至国家大事,小至个人见闻,只要有价值都可以被人民群众拿来议论议论。

"今日谈"不仅代表人民说话,还组织人民自己说话。从工人、农民、战士、基层干部,到专家、学者、领导干部,纷纷在"今日谈"里各抒己见。"今日谈"是真正的"群言堂",在这里不分老幼尊卑,大家可以平等地交流思想、看法,这正是它最大的魅力所在。"今日谈"的文章从小处着手,以小见大,或者是大题小做,或者是小题大做。这些小事发生在群众的身边,具有真实性,又平易近人,很容易打动读者的心。而这些小事又不同于那些信手拈来的、鸡毛蒜皮的小事,而是站在全局的高度、时代的高度,从纷纭的大千世界和瞬息万变的事务中撷取出来的,最能引起读者兴趣、便于挑起话题或者宜于论证论点的事例。它将有限的篇幅和笔墨集中于一点上,力图在要害处展开议论,因此从微观上看,"今日谈"的每篇文章都有自己的内容和角度,"或为褒扬,或为针砭;或为倡导,或为劝勉;或为解惑,或为释疑;或为当头棒喝,或为醍醐灌顶,均能言人之所欲言,而且立论精当,居高声远,每每不同凡响";从宏观上看,选材上的多小事、切入上的角度,汇总起来,却又增强了"今日谈"总体上的分析问题、认识事物的全面性与视野的广阔性。(张璀、宁耕:《谈"今日谈"和群众性》,《新闻与写作》,2003年第1期)

除了《人民日报·今日谈》外,全国各地的媒体都开辟了一些类似的栏目,如《湖北日报》有个群众性栏目"大家谈",开栏至今已经24年。它侧重谈时事政治、思想道德、精神文明等方面的话题,篇幅千字左右,每周见报2—3篇,不少作品引起了社会反响,成为湖北新闻界比较有影响的专栏之一。

提供讲坛,增强公民的参与意识,这种意识表现在公民对改革开放和社会进步中存在的问题能够发表自己的意见上。改革是一个破旧立新的过程,在这个过程中,新旧碰撞,是非伴生,各种思潮相互激荡,各种矛盾与问题错综复杂。对难点、热点问题释疑解惑,为新生事物鸣锣开道,就成为言论的重要任务。2002年一季度,"大家谈"栏目选择现实中一些众说纷纭的问题,撰写、编发了《说"摆平"》、《说"成熟"》、《说"重名"》等8篇"说"系列言论。这些言论,都以论辩分析的方法,娓娓道来,如选拔干部,有的片面强调要"老练"、"成熟",并用绝对的观点来看待"成熟"。《说"成熟"》一文,既肯定用干部要看一定的"成熟"度,同时又分析道:人的为人处世,"成熟"与否在很大程度上是一种主观评价,不可能像衡量西瓜是否成熟那样有客观的标准,其"成熟"也是相对的;物理学家发现的"耗散结构理论"证明,绝对的所谓"成熟",恰恰是从有序走向无序的开端,就像熟透了的果子很快会腐烂一样,因此我们不宜用片面的、绝对的观点来看待人们为人处世的"成熟"。有些被视为"不成熟"的敢闯敢干、善于开拓者,或许正是我们这个时代所需要的人才,不宜以"不成熟"为由对他们考察一辈子而不加重用。

"大家谈"栏目把关注"大家"关心的问题、说"大家"想说的话、请"大家"来谈大家的事作为重要的编辑方针,使"大家谈"真正贴近群众、贴近生活。该栏目特别注重编者和读者的互动,即抓住社会关注、群众关心、富有思辨空间的热点、难点问题,展开讨论。这样,既有利于提高言论的影响力,又有利于引导舆论,指导实践。多年来,"大家谈"应读者要求,大胆策划,开展多次颇有影响的"互动式"讨论,收到较好效果。[1] 在第三届中国新闻名专栏的评选中,"大家谈"榜上有名。

政治体制改革的一项重要任务,就是要扩大公民的有序政治参与,尊重和保障人民充分发表意见的权利。媒体开设新闻评论栏目,为公民的这种参与提供了方便。随着网络媒体的迅速发展,随着我国加入世界贸易组织与各国人民的交往增多,人们看问题的视野将会越来越广阔,人们思考问题的角度也会越来越丰富,人们发表意见的趋向也会越来越多样,人们认识问题的层次将会越来越深刻。这一切都将有力地推动我们的社会进步,同时,也对新闻传媒开设新闻评论栏目提出了新的更高的要求:既要满足人民群众参政议政的需要,同时又要能正确予以引导,使公民在有序参与的轨道上充分行使自己的权利。这是一项积极而慎重的工作,需要有关方面相互配合,相互促进,同心协力,把这件好事做好。

研究与思考

=延伸阅读=

1. 殷俊、杨金秀:《改革开放 30 年与新闻评论发展》,《新闻知识》,2011 年第 11 期。
2. 胡文龙:《中国新闻评论发展研究》,中国人民大学出版社,2002 年版。
3. 范荣康:《新闻评论学》,人民日报出版社,1988 年版。
4. 赵振宇:《论新闻评论的根本特性》,《新闻大学》,2006 年第 1 期。

=问题与思考=

1. 什么是新闻评论?
2. 根据新闻评论的定义和对新闻报道的理解,对比二者的异同。

---

[1] 刘章西:《评析湖北日报言论专栏"大家谈"》,《新闻战线》,2003 年第 1 期。

3. 比较专家、学者对于新闻评论的不同定义,说明其优点与不足之处。

=研究实践=

1. 根据时下热点问题,写一篇1 000字左右的新闻评论。

第二章 新闻评论的回顾和发展

导 论

对于发生的事物发表相应的评论,是人类最古老的活动和行为之一,从远古时代开始就出现了人类的评论活动,但是新闻评论的开创以及发展也只是近现代的事情。古代的新闻评论是中国新闻评论的最早源头,先秦时代的典籍《国语》中就多提到,从尧舜时代开始,朝廷就设有史官:左史和右史。他们有明确的分工,分别记录君臣之间的应对和记载朝廷的一举一动,撰写大事记。跟现代所不同的是,他们有很大的自主权,记录的事实和言论,从不让皇帝审改。

中国新闻评论的发展大致分为四个时期:一、中国新闻评论的源头——古代论说文时期;二、中国新闻评论的出现与演变——报刊政论、时评时期;三、中国新闻评论的成熟——报刊新闻评论时期;四、中国新闻评论的扩展——新闻评论的多媒体发展时期。

中国的论说文已有2 000多年的历史,早从先秦,后至明清时期,中国不乏有名的论说名篇。《论语》、《孟子》、《谏逐客书》、《资治通鉴》等是古代论说文的代表作品。中国最早的报纸是《进奏院状》,它是出现于中国唐代的一种原始新闻传播媒介,是目前中国境内有确据可考的年代最早的传播媒介,也是全世界范围内出现得最早的报纸的雏形。由于进奏院状的存在,中国目前是世界新闻史学术界公认的最先有报纸的国家。它以传报来自朝廷方面的消息为主,由地方藩镇驻朝廷的进奏官负责向地方传发,它具有官报的性质,但还不是由中央政府统一审定发布的正式官报,它属于一种由官文书向正式官报转化过程中的原始状态的报纸。

我国近代史上第一份中文报刊《察世俗每月统计传》揭开了中国近代报刊的历史,其主要用于宣传宗教教义、宣扬伦理道德为主,基本上不具有新闻性。《东西洋考每月统记传》是外国人在中国境内出版的第一份中文近代报刊,不少评论直接触及中国当时的社会现实矛盾,使评论开始有了一定的现实性和针对性,而且还开设了固定的言论专栏。随之,掀起了国人办报的高潮,《循环日报》是第一批中国人自办报纸中影响最大的,其主编王韬是中国第一位报刊评论家,《弢园文录外编》是中国历史上第一本报刊政论文集,该报始创的报刊政论文体对近代报刊政论产生了深远影响。

王韬的政论继承和发展了我国古代论说文的传统,突破了当时桐城时文、八股程式的局限,强调文章是"载道之器",指出"文章所贵在乎记事述情",不应拘泥于章法,他的政论对报章文体的发展和政论文风的改观都起到了开拓和奠基的作用。梁启超是继王韬之后中国近代报刊最有影响的政论家,在他担任《时务报》总主笔期间撰写的政论曾风靡一时,以《时务报》政论文代表的报章文体,成为独树一帜的"时务文体"。梁启超于1898年创办《清议报》,开设了《国闻短评》专栏,所刊言论具有较强的时效性和针对性,为时事短评的出现奠定了基础。19世纪末20世纪初,报刊时评开始出现。时评是以议论时事为主的评论,最初专指时事短评,与政论相比,时评更注意新闻性,特别是时效性,因此更接近于今天的新闻评论。

五四运动前后报刊评论的舆论引导作用不断加强,体裁样式呈现出多样化的趋势,逐步出现通俗化趋势。1949—1957年国民经济恢复和建设时期,在评论的内容上,经济评论的比重明显增加;评论的议论方式上,解释性、阐述性、引导型评论明显增多。随之广播电视评论兴起,其评论时效性提高,形成其独特类型,相对于报刊评论是评论手段的创新。

网络言论的出现对传统新闻评论产生了一定的冲击,但也是对传统新闻评论功能的延伸和补充。随着科技的发展和传播媒介的进步更新,新闻评论的内涵越来越丰富,外延越来越大。新闻评论呈现融合化、个性化、开放化、专业化的发展趋势。

选 文

古道新辙
——现代新闻评论的发轫(节选)

郑思礼 郑宇

导言——

本文今节选自郑思礼、郑宇著《现代新闻评论分析与评价》,云南大学出版社,2009年,第41-50页。

郑思礼,1948年8月生人。教授,现任云南大学旅游文化学院文学与新闻系主任,新闻传播实验教学中心实验教师。承担《新闻评论学》等课程教学,1982年云南大学中文系毕业,获文学学士学位。著有论著《现代新闻报道:理解与表达》和《中国古代论辩案例》等,发表论文《旅游与传播的互动》等多篇。

选文对于新闻评论的发轫,进行了详细的阐述,条理清晰,且易于理解。并且文章引经据典,对于新闻评论的起源和发展描述更加形象和准确。开头引用屈原的词句作为引子,引出现代新闻评论的发轫,并且提出了现代新闻评论"发轫"的具体表现有哪些。选文整体分为三部分,分别从时代特征、新闻事业和文体演进描述了现代新闻评论的早期发展。社会民主进程的快速推进,随之而来的是民众争取出版言论自由,这为现代新闻评论的发展提供了社会条件;现代报业迅速发展,言论作为报纸的心脏和灵魂,随着现代报业的发展而长足进步;议论文体的深厚基础,文人论证的优良传统,为新闻评论的发展提供了成熟的文体形式。

"轫",古代车轮上的刹车片,"发轫"指拉开刹车片,车子开始启动。

屈原《离骚》中有句:"朝发轫于苍梧兮,夕余至乎县圃。"①意思是早上从苍梧出发,晚上到了县圃。如是,"发轫"就成为启动、开始、出发、开启的代名词。

对事物发表评论,是人类最古老的行为和活动之一,人类评论活动的开始应从极其远古的时候算起,然而,现代新闻评论的开创及发展,确乎是近现代的事,所谓"古道新辙"就是指某种古老事物的新变革和新发展。就现代新闻评论而言,这种"发轫"具体表现为:① 就它所处的时代来看,对新闻评论影响最大的时代特色是什么? ② 就它的新闻属性而言,这一时期新闻事业的总体状况与新闻评论的关系如何? ③ 从它的文体属性来看,古老的议论文体在"现代"和"新闻"的影响下发生了怎样的改变?

1. 社会民主进程快速推进,争取出版言论自由风起云涌

"现代新闻评论"是体现"现代主义"和"现代性"的报刊评论文体。所谓"现代性",应指自西方启蒙运动、文艺复兴以来,以"科学与理性"为代表的"现代主义"及其社会运动。

本章所讲的"现代新闻评论",除受"现代主义"的理念影响之外,还有其特定的时间概念——在以欧美为代表的西方,这段时间跨越英国工业革命、法国大革命和美国独立战争的200年左右,是西方传媒及报刊兴起及迅猛发展的时期;在东方的中国,指五四运动前后、从戊戌变法至抗日战争的100年左右,也是中国传媒及报刊兴起并大起大落的时期。

刘勰在《时序》篇道:"时运交移,质文代变,古今情理,如可言乎!"②在这里,刘勰明晰地指出,一种文体的发展、一种文风的演化、一种文笔的形成,首先得力于时代,是"时运交移",引起"质文代变"。就现代新闻评论的发展而言,时代因素显得格外突出和重要。现代新闻评论发轫之际,正是世界和中国发生剧烈变化的近现代风云时代——西方产业革命及中国五四运动。在这一历史时期,对现代新闻评论发展影响最大的是世界民主进程和出版言论自由的全球性活动。

1644年,英国思想家约翰·弥尔顿发表著名论文《论出版自由》。弥尔顿认为,真理是肯定的,真理是可以表达的,只要让真理参加自由而公开的斗争,真理本身就

---

① 中国社科院文学院研究所编:《中国文学史》,人民文学出版社,1962年,第90页。
② 刘勰:《文心雕龙·时序》,《四库全书新编》,延边人民出版社,2000年,第61页。

具有战胜其意见而存在下来的无可比拟的力量。美国传播学者施拉姆在《报刊的四种理论》一书中对《论出版自由》给予高度评价说:"在自由主义传统上写出了主张思想的自由的光辉论点。虽然这篇文章没有全面论述言论自由和出版自由的原则,但是在当时提出了反对集权主义控制的强有力的论点。"①与此同时,英国哲学家、自由主义理论奠基人约翰·洛克在《政府论》、《人类理智论》等名著中进一步阐发了人类自由民主的思想和理念,体现在言论自由方面的主要观点是:① 人与生俱来的四项权利是生命权、自由权、财产权和惩罚权。自由是一切权利的基础,但离开了思想、意愿、意志的自由就无所谓自由。只有能自由地说话或保持沉默,才算获得了言论或保持安静的自由。② 任何人都有通过语言表达自己思想的权力。③ 人们不能指望别人抛弃自己的观点和盲从于不可理解的权威,在不同见解中保持和平,对所有人都有益。

在法国,经过伏尔泰、孟德斯鸠发起的启蒙运动和法国大革命的洗礼,1789年8月26日,法国国民议会正式通过《人权宣言》。在"宣言"第11条中明确规定:"自由表达思想和意见乃是人类最宝贵的权力之一,因而,每个公民都有言论、著作和出版的自由,但在法律所规定的情况下,应对滥用此项自由承担责任。"这是人类历史上第一个确认出版自由的正式文本。

在德国,马克思通过《新莱茵报》的办报实践及其一系列著作明确指出:"没有出版自由,其他一切自由形式都是泡影。自由的一种形式制约着一种形式,正像身体的这一部分制约着另一部分一样,只要某一种自由出了问题,整个自由都成问题。"②1851年,马克思在与琼斯合写的一篇文章中说:"发表意见的自由是一切自由中最神圣的,因为它是一切自由的基础。"③关于言论出版自由,恩格斯的表述更为清楚明晰,他说:"每个人都可以不经国家事先许可、自由无阻地发表自己的意见,这就是出版自由。"④值得强调的是,马克思恩格斯所说的"意见",主要指对公共事务及社会政治的评论,特别是揭露批评性言论。

在美国,1735年,我们在本章导言中提到的汉密尔顿为新闻和言论自由奔走呼号,提出"每个公民都有陈述非可非议的真相的自由"。美国第三任总统、《独立宣言》的起草者托马斯·杰斐逊进一步认为,我们的第一个目标是为人们打开所有通往真理的道路,迄今为止,能找到的最佳办法是新闻自由。言论出版自由与政府的秩序是一致的,正派的政府不会被言论打倒,我们绝不能限制出版自由。杰斐逊要求宪法应该包括一个声明,即联邦政府永远不限制报纸发表任何它们愿意发表的东西,也不减

---

① [美]韦尔伯·施拉姆:《报刊的四种理论》,新华出版社,1980年,第51页。
② 《马克思恩格斯全集》,第1卷第94页。
③ 《马克思恩格斯全集》英文版,第11卷573页,转引自陈力丹《精神交往论》,开明出版社,1993年,第391页。
④ 《马克思恩格斯全集》,第1卷第695页。

轻出版商对所发表的错误事实应承担的责任。对诽谤不必恐惧,说实话就不是诽谤,即便是纯粹的诽谤,也自有人民作出公正判断。杰斐逊关于报纸的名言是:"宁要没有政府的报纸,不要没有报纸的政府。"在宪政建设方面,杰斐逊在起草《独立宣言》之后最大的贡献是,促成国会于1789年通过10条"宪法修正案",其中第一条就是,国会不得制定关于下列事项的法律:确立宗教或禁止宗教信仰的自由、剥夺人民言论或出版的自由、剥夺人民和平集会及政府请愿的自由。这就是赫赫有名的"宪法第一修正案"。

让我们将目光转向东方古老的中国。戊戌变法之始,即便是腐朽至极的满清王朝,也曾打算开启言禁,允许民间自由办报、倡导言论自由。1898年(光绪二十四年),光绪在给工部尚书孙家鼐的批复中说:"所著论说,总以昌明大义、决去壅蔽为要义。不必拘牵忌讳、至多窒碍。泰西律制,向有报律一门。应由康有为详细译出,参以中国情况,定为报律。"①其后不久,百日维新失败,光绪皇帝自身难保,康有为出走海外,满清王朝许诺的"新闻自由"遂成历史笑柄。

辛亥革命胜利,孙中山先生指出:"案言论自由,各国宪法所重。善从恶改,古人以国常师。"在孙中山主持制定的《中华民国临时约法》中,明确规定:"人民有言论、著作、刊行及集会、结社之自由。"其他各地军政府对此亦有明文规定,比如,四川大汉军政府《独立协定》中规定:"巡警署不许干涉报馆议论。"尽管上述"宪法"、"协定"并未真正得以实行,可是,人家至少在字面上有所表述,敢于规定"新闻及言论自由",明确规定"巡警署不得干涉报馆言论",联系不久前发生的某公安局警察包围某报社一案,令人啼笑皆非。

在19世纪与20世纪交替的中国,力主民主宪政、弘扬言论自由的还有王韬、郑观应、梁启超、章太炎等。

王韬认为,办报要"指陈时事,无所忌讳","言之者无罪,闻之者足戒"。郑观应认为:"日报与议院,公认如秉炬,亦泰西民政之枢纽也。"梁启超认为:"西人恒有言曰:'言论自由、出版自由为一切自由之保障。'诚此两自由苟失坠,则行政之权限事不能立,国民之权限万不能完也。"章太炎认为:"言论自由,出版自由,文明国法律皆然。"若"钳制舆论",是"自处卫巫之地,为诸公监谤"。②

章太炎所说的"自处卫巫之地,为诸公监谤",典出《国语·召公谏厉王弭谤》,由此上溯,可发现中国最早的、关于言论自由的故事出在周代,早在三千年以前,召公就对专制暴君周厉王说过:"防民之口,甚于防川。乡壅必溃,伤人必多。是故为川者导之使决,为民者宣之使言。"可是,周厉王听不进去,三年之后,被中国历史上第一次人民起义赶下台,流放到彘地。这是中国历史上唯一的、具有民主性质的人民起义,与

---

① 徐培汀、裘正义编:《中国新闻传播学说史》,重庆出版社,1994年,第208页。
② 徐培汀等:《中国新闻传播学史》,重庆出版社,1994年,第261页。

其后历代"农民起义"的性质大不相同。前者开创了中国历史上少见的"共和新政",汉语"共和"一词即由此出;后者不过是改朝换代的符码,用项羽的话说,是"彼可取而代之也"。用民间话说,是换汤不换药,正因为如此,周召公倡导的"为民者宣之使言"的言论自由,终成空话。

辛弃疾有句词道:"青山遮不住,毕竟东流去。"尽管历代专制政治无不以扼杀人民言论出版自由为强权统治的手段,然而,民主进程却不以某些人意志为转移地滚滚向前,争取言论自由、争取出版自由的浪潮一浪高过一浪。现代新闻评论凭借这狂飙突进的热风激浪,渐渐生成渐渐发展,如前所言,新闻评论立足于"言论",没有言论自由的保障,现代新闻评论便失去立足的根基。

2. 报业迅猛发展,言论荣登榜首

在上述西方 200 年与中国百年的现代时段里,新闻事业以"大江东去"的冲击波席卷全球,其中,报纸为现代新闻事业的第一媒体。时下,联合国新闻委员会公布的四大传媒是报刊、广播、电视和网络,手机作为"第五媒体"正渗入传媒世界并亟待认可。当我们回溯现代新闻评论发轫时,报纸之外的四种传媒尚未诞生或力量微弱,缘此,报纸是新闻评论最有力的载体,而在早期报纸中,绝大多数将评论(言论)置于最重要的位置,称之为"首席文字"。

在 19 世纪的欧洲,人们这样描述报纸:"报纸,她从不睡眠。在世界各地,都有她的信使。她的官员,与军队并肩前进。她的力量,无时不有、无处不在。"[①]说到报纸与评论的关系,《美国大百科全书》说:"19 世纪新闻业的一个显著特点是出现了一代反映公众舆论的社论主笔,他们的影响往往抵得上甚至超过了政界的领导人物。这些大主编们卓有成效把一个声名狼藉的职业提高到庄严和独立的崭新水准。"[②]

两段话形象地勾勒出早期报纸与早期新闻评论的关系,然而,报纸行业的从业者,包括记者和主笔,何以被称为"声名狼藉的职业"呢? 这与早期报业的经营理念和运作模式有关,早期的小报,多报道市井小道消息,记者被称为"访员";担任评论的主笔常论述些市井琐事,被称为"摇鹅毛笔的人"。随着报业的现代化进程,这种状况才有所改变。美国著名新闻评论家康拉德·芬克说:

18 世纪,北美大陆评论撰稿人的先驱者拿起了鹅毛笔,为一场即将到来的革命开始推波助澜和摇旗呐喊。

1831 年,《美洲铁路日报》开始对铁路经营进行评论——于是,出版业这个新行当诞生了,并自此通过其评论推动着美国工商业的不断变革。

1925 年,《纽约人》杂志带着其令人眼花缭乱和耳目一新的老辣评论和社会分析问世了,由此改变了美国人的衣食住行和言谈举止。从我们这些早期情况可以表明,

---

① 李瞻:《世界新闻史》,转引自《中国新闻传播学说史》,第 105 页。
② 《美国大百科全书》"新闻"条,1977 年。

实际上,你可以通过自己在社论、评论及专栏中的所言所论,对美国生活方式的方方面面加以改变。你能使其变得更好,也可以使其变得更坏。①

19世纪末至20世纪初,也是中国报业日新月异的发展时期。对新闻评论的发展,多数报业家表示支持意见。《万国公报》主笔范祎说:

> 杂志报章者,社会之公共教科书也。杂志报章之记者,社会之公共教员也。无论上流、中流、下流以及种种之社会,其知识之一般,大都取资于杂志报章者居多。一纸飞行,万众承认。若夫主持舆论,阐发政见,评议时局,常足为一国前途之导向方针也,砥柱也,皆杂志报章之天职也。②

当然,也有一些报纸在言论方面畏首畏尾,如1872年开办的上海《申报》。该报认为:"吾愿世上之新闻纸者,慎无品评时事,臧否人物,以撄当世之怒,以取禁止之羞。岂不彼此有益,各行其是哉!"③

《申报》没有时评,标榜"客观报道"。辛亥革命时,该报发出一条重要新闻——民军占领的汉阳,已被冯国璋率领的清军攻克了。消息发出后,很多人包围了《申报》报馆,大呼"造谣",把玻璃窗都砸了。由此可见民心民意之所向。《申报》不敢得罪当局,却得罪了民众。相比之下,《时报》、《民立报》等在报新闻时配发了评论,大大增加了报纸的说服力和吸引力。

世界报业的发展及对其新闻评论的重视,使现代新闻评论得到优厚的资源配置(资金、人力等)和社会认同(公众的支持、媒介市场的反应等)。这是现代新闻评论早期发展的又一重要因素。

3. 议论文体之老树新芽,文人论证之旷世奇葩

现代新闻评论的问题归属于议论文,这是最古老的文体之一,也是最成熟最完备的文体之一。刘勰在《文心雕龙·论说》篇中道:"论也者,弥纶群言,而研精一理者也。"对游说论辩的强大影响力,刘勰叹道:"一人之辩,重于九鼎之宝;三寸之舌,强于百万之师,六印磊落以佩,五都隐赈而封。"(刘勰《文心雕龙》,见《四库全书新编》,第42页,延边人民出版社,2008年版)刘勰著《文心雕龙》时,中国议论文的发展尚未到达高峰。刘勰之后,以韩柳欧苏为代表的唐宋八大家把议论文体发展到一个前所未有的高度。其后的明清议论散文,上接唐宋八大家之余绪,下开现代白话议论文之先河,如桐城派的"章句、义理、考据"之说,为今天的议论文写作设定了三个重要坐标。现代新闻评论从中国、从世界传统深远的议论文体中汲取营养,这就为自身的发展奠定了深厚而坚实的文体基础。

"文人论证"是中国古代议论文的重要内容之一,其悠久传统可从春秋战国的诸

---

① [美]康拉德·芬克著,柳珊等译:《冲击力:新闻评论写作教程》,新华出版社,2002年,第3页。
② 范祎:《万国公报第二百册之祝辞》,转引自《中国新闻传播学说史》,重庆出版社,1994年,第117页。
③ 1873年7月20日,《申报》之《论各国新报》。

子百家算起，经汉魏唐宋直至清末民国。如果说，李斯的《谏逐客书》、诸葛亮的前后《出师表》可视为政治家论证的佳作，那么，自贾谊的《过秦论》起，文人论证的名篇佳作就没有间断过，直到王韬、郑观应主笔的《循环日报》，梁启超主笔的《时务报》，文人论证的优良传统不断发扬光大——从小众传播发展为大众传播，其影响力不可同日而语。

通过以上三个方面的简述，我们从时代特征、新闻事业和问题演进三个方面描述了现代新闻评论的早期发展，也就是本章标题中所说的"发轫"。

不难看出，近百年的新闻事业史，同时是现代新闻评论的发生史、发展史。尽管中国很早就有报纸（如唐代《邸报》、宋代《小报》），但这种"报纸"很难称之为Newspaper（新闻纸），充其量是一种情况简报，其内容"不外是宫廷动静、宫廷布告、进退命令以及大臣与地方长官疏状。选择其有用者，按原文照录，不加议论。凡有涉时政、臧否人物者，概不登载。"[①]

基于中国古代报纸的这种特点，中国报刊史专家戈公振认为："甲午之前，报纸罕言政事。"（戈公振：《中国报业史》，第21页，生活、读书、新知三联书店，1955年版）从这个角度说，在中国，能称之为"新闻评论"者，一定是现当代的产物。即便在欧美等西方国度，"新闻评论"也只是近200年即近现代的事物，在此之前的报刊评论，可称之为"报章评论"。现代新闻评论，随现代新闻事业的发展而肇始。

由是，我们可以对现代新闻评论的早期发展进行一番简要的梳理了：

发表议论是最古老的人类行为之一。伴随着现代新闻事业发展起来的新闻评论，在社会发展的现代化进程中发生了质的转变——从古典评论转向现代新闻评论。这种转变，首先从西方报界开始，继而延伸到中国报业。

1795年，约翰·沃尔特接手《泰晤士报》。在沃尔特两位得力主编托马斯·巴恩斯和约翰·德兰尼的帮助下，对《泰晤士报》进行了多方面的改革，其中最重要的改革均围绕社论进行，具体表现在：为了赢得独立自主的批评权，拒绝来自政府的津贴；聘用社外专家作为报纸社论或专栏评论的撰写人；强调新闻报道与新闻评论的区别，注重二者之间的分工合作；强化社论的影响力，不仅影响国内事务，还要影响国际事务；扩大评论范围，把广泛的社会生活纳入新闻评论的视野；巩固新闻评论作为报纸"首席文字"的地位，使社论成为代表报社喜怒哀乐的"表情"。在传媒市场竞争激烈的今天，坚持高品位的新闻报道和新闻评论，即使改版为四开版小报，依然不改初衷，每天发表高水准的社论。

普利策《世界报》是现代新闻评论发展的一座里程碑，它所体现的现代新闻评论的特点是多方面的，具体措施是：让新闻策划、社论写作与公共关系活动紧密结合起来，形成互动和双赢的态势；精心写作社论，让社论成为报纸的心脏和灵魂；新闻评论

---

① 管翼贤：《新闻学集成》，中华新闻学院，1943年，第39页。

要干预生活、干预政治,让评论成为社会的言论平台和大众喉舌;社论要揭露社会时弊、批判丑恶现象、履行社会责任,充当社会"麦田里的守望者";强调新闻评论的社会教化作用,让报纸成为民众每日的讲坛、每日的老师;创立世界第一所新闻学院,系统传授新闻理论、新闻业务技能包括新闻评论的写作技能;设立普利策新闻奖,其中专设优秀社论奖,通过典范的新闻评论作品,为社论和评论写作提供最新范例。

邹韬奋是中国著名的新闻全才,尤擅长新闻特写和新闻评论。他一生撰写并发表了千余篇新闻评论作品,包括社论、时评、小言论、短评、答读者来信、漫笔、杂感等,在理论和实践方面为中国现代新闻评论发展提供了宝贵经验。邹韬奋的新闻评论具有如下特点:敢于哀乐,缘事而发;以历史典故或文学故事为由头切入评论,旁征博引,游刃有余;力避佶屈聱牙的文字,倡导明显畅快的文风;细分评论文体,注重不同文体之间的细微差别。

1926年开始的《大公报》社论较完整地反映了中国报刊新闻评论的现代化转变,可以说,天津《大公报》评论是中国现代新闻评论的发轫。《大公报》评论的特点为:"昨天有新闻,今天出评论。"一般情况下,新闻评论发表时间离新闻报道发表时间不超过24小时;新闻评论要保持独立的媒介立场,新闻评论并非政客论政,是"文人论政";社论(社评)代表报社立言,以"我们"为议论角,不署作者个人的名字;主持社会正义,让新闻评论成为社会批判的武器;坚持深入浅出的语言表达,雅俗共赏的文笔文风。

鲁迅一生为报刊写作杂文评论600多篇,是现代中国最著名的新闻评论家之一,仅从新闻评论角度研讨鲁迅笔法,其特点是:对非事件新闻及社会现象所作的无时限专题评论;鞭辟入里的分析,高屋建瓴的评价,构成形神兼备的论说文;在没有言论自由的专制暴政下,以隐晦凝重的笔调表达炽热的感情和深沉的思想;就篇幅而言,多为短小精悍的投枪匕首式评论;旁征博引,钩沉古今,表现出深厚的学识功底和人文素质;洞明世事,练达人情,以老辣的眼光、尖刻的文笔评说世界。

现代新闻评论的开创及发展,确乎是近现代的事,所谓"古道新辙",就是指某种古老事物的新变革和新发展。现代新闻评论的发轫,主要由三方面因素构成:社会民主进程快速推进,争取出版言论自由风起云涌,为现代新闻评论发展提供了社会条件;报业迅猛发展,言论作为报纸的心脏和灵魂,随着现代报业发展而长足进步;议论文体的深厚基础,文人论政优良传统,为新闻评论发展提供了成熟的文体形式。

近百年的新闻事业史,同时是现代新闻评论的发生史、发展史。现代新闻评论,随现代新闻事业的发展而肇始。

中国新闻评论的产生与发展(节选)

王兴华

导言——

本文今节选自王兴华著《新闻评论学》,浙江大学出版社,2008年,第10-23页。

王兴华,浙江黄岩人,浙江大学新闻传播学院教授,曾兼任浙江大学宁波理工学院新闻系执行主任、法律与传媒分院副院长,浙江工业大学之江学院人文科学系主任,现为学院新闻传播学专业责任教授。长期从事新闻理论与实务、古典文学的教学和研究,已公开发表各种学术论文60多篇,出版专著《宣传学引论》(1994年)、《新闻评论学》(1998年)、合著《新闻学概论》(1995年)、《中国散文发展史》(1996年)、《范文正公选集译注》(1997年,台湾三民书局)等。参与编撰《古文鉴赏大辞典》等辞书七种。近年来涉及广告学理论研究,有《大众传播功能和广告真实性》、《宣传工作的一些理论问题》等论文选入《中国广告年鉴》等。主持国家教育部研究课题《新时期新闻人才培养模式与实践研究》,获国家级优秀教学成果二等奖、省级一等奖,享受国务院特殊津贴专家。

选文着重讲述中国新闻评论的产生和发展,从中国新闻评论的发端开始讲起,我国新闻评论的源头存在于古代的言论之中。到了19世纪70年代,中国出现了以政论为主的报刊评论,具有资产阶级观点的知识分子提出改良政治的主张,把办报作为宣传自己政治主张和推进改良运动的重要手段。甲午中日战争之后,开始从政论向新闻评论演变,改良派通过创办报刊来宣传自己的主张,同时也以报刊为阵地组织政治团体。最后一部分讲述新文化运动以后,马克思主义在中国传播,为中国最早的无产阶级报刊的出现提供了思想保障,新闻评论也进入了一个新的发展阶段。选文条理清晰,按照时间的顺序讲述中国新闻评论的发展,有理有据,观点鲜明。

一、新闻评论的发端

如果要追根溯源的话,我国新闻评论的最早源头,存在于古代的言论之中。我国古代官方十分重视言论工作。

我国先秦时代的典籍《国语》中多次提到,从传说中的尧舜时代(至少是从西周初年)开始,朝廷就设有两位史官:左史和右史。他们的分工很是明确:"左史记言","右史记事"。即左史的职责是记录君臣间的应对;右史记载朝廷的一举一动,撰写大事记。按照徐铸成老先生的说法,他们实际上是"官报记者",但所记的事实和言论,从不让皇帝审改。(徐铸成《新闻丛谈》,第143页,浙江人民出版社,1983年版)我们今天看到的古代史，主要就是靠这些"官报记者"记录下来的珍贵史料。

古人说，"六经皆史"，尤其是《春秋》以及《左传》、《战国策》等，全是当时的大事记。有些刚发生的大事，"官报记者"——史官就秉笔直书把它记载下来了。比如"赵盾弑其君"这个有名的故事，惨案刚发生，就如实地记了下来，而且大胆地加了一个"弑"字，以表明记者的鲜明态度。在《春秋》里，这一件大事就只记了这么一句话，到了《左传》就扩充为一篇详细的文字。《国语》则主要是以记言为主的。古代君臣的应对言论和重要的政府文告，很多保存在《国语》之中。

司马迁是我国西汉时期的伟大史学家、文学家。他的《史记》开创了我国通史体例的先河。《史记》虽然记载从传说中的皇帝到汉武帝时代三千多年的历史，但它略古详今，相当大的部分，是记载当时——汉武帝时代的史事。并且在12篇本纪、30篇世家和70篇列传的后面，大都加上了作者的评论："太史公曰"。"太史公曰"对历史的和当代的事件、人物加以直率的品评，虽然这些评论我们把它看成是"史评"，不能说它是新闻评论，但是司马迁的许多评论，是针对着当时汉武帝时代的现实生活的。司马迁的史评，为后世的史论，也为后世的时评——新闻评论开创了先例，树立了典范。

北宋司马光编写的《资治通鉴》，开编年史的先河，把千余年的历史，删繁就简，去伪存真，态度极为严正。写的虽是旧闻，着眼在"资治"。但他运用夹叙夹议的手法，在叙述到紧要处，写上一句"臣光曰"，加以评论，发挥了史论——旧闻评论的传统优点。

明末的王船山撰写《读通鉴论》，就《资治通鉴》所载的重要史事，逐条加以评论，每篇都有新见解，而又不是标新立异。另如王船山撰写的《宋论》等，都发挥了司马迁开创的史论——旧闻评论的优点。

清代蒲松龄的《聊斋志异》，虽然是古代文言短篇小说集，但里面记载的有些篇章，如关于地震、陨石等事，却是当时的新闻。书中写的大都是关于妖狐鬼怪的故事，但作者当时认为是真有其事的。《聊斋志异》的大多数篇章后面，也有作者的评论——"异史氏曰"，这也可以看作蒲松龄继承司马迁以后的史论传统的一种体现。

我们读近代许多著名新闻记者和报刊评论家如梁启超《饮冰室文集》、黄远生《远生遗著》和邵飘萍的北京特约通讯等作品，都可以看到，他们大抵都受到我国古代史论的极大影响，都接受了古代史论的优良传统，并加以发扬。

在我国，尽管早在唐朝开元年间（713—741年）就出现了被称为《邸报》的报纸，但这类报纸的内容即使在其较成熟的时期，也主要是一些皇帝的文告、臣子给皇上的奏章以及官吏的任免消息等，谈不上有新闻评论的体裁。

1815年，最早用中文刊行的报刊《察世俗每月统计传》，开始登载论说。1833年，最早在中国本土用中文刊行的《东西洋考每月统计传》，也登有少许言论。这两份报刊的发刊词和少量言论写作通俗易懂，但内容大都关于宗教方面的，还不能算是真正意义上的新闻评论。

新闻评论在我国报纸上地位的确立,应当是在19世纪六七十年代以后的事,尤其是1872年4月30日上海《申报》创刊并首倡社论以后。《申报》是我国迄今出版时间最长的中文报纸(1872—1949年),由英国商人安纳斯脱·美查等四人合资创办。《申报》创刊时,发表《本馆告白》,在所附的《申报馆条例》中,有一条说:

如有名言谠论,实有系乎国计民生、地利水源之类者,上关皇朝经济之需,下知小民稼穑之苦,附登新报,概不取酬。①

虽然说发表言论概不取酬云云,但《申报》要开辟言论栏目,首创社论,是明白无误的。但在20世纪初,1912年国人史量才接办《申报》以前,该报的影响并不大,许多言论大多是宣传宗教,宣传西方文明,无所论者。"九·一八"事变以后,1932年,史量才改组了报社领导班子,政治态度迅速转向进步,积极支持抗日运动,反对国民党的独裁统治,创办《申报月刊》,开辟文艺副刊《自由谈》等,极大地提高了《申报》的社会影响,引起了国民党反动派的恐慌。蒋介石亲自下令军统特务于1934年11月13日暗杀史量才于沪杭公路上。

二、以政论为主的报刊评论的兴起

以政论为主的报刊评论的兴起,在我国19世纪70年代以后。随着英法帝国主义对我国侵略活动的日益加剧,随着清朝统治的日益腐朽衰败,我国民族资产阶级开始觉醒并逐渐成长起来,一部分具有资产阶级观点的知识分子提出了一些改良政治的主张。他们开始把办报作为宣传自己的政治主张、扩大政治影响和推动改良运动发展的重要手段。从1873年起的20年里,他们先后创办了《昭文新报》、《述报》、《循环日报》等我国最早的一批现代化的报刊。这些资产阶级改良派办的报刊,都始终以政论为主要内容。

这一时期,王韬和他的密友郑观应的论说,可说是异军突起,独放异彩。《循环日报》是我国第一份以政论著称的报纸。该报于1874年2月4日在香港创刊,由王韬主编,中华印务总局出版。创刊不久,即在报首每天发《论说》一篇,鼓吹学习西方,宣传变法自强,开我国报刊重视政论的先河。

王韬(1828—1897年)是我国近代第一位报刊政论家,江苏吴县人。他从1874年起主持《循环日报》笔政十年。《循环日报》的论说,大都是王韬所写,后来辑集在《弢园文录外编》中的就有100多篇。这些政论文章,集中反映了中国资产阶级要求改革封建专制制度、发展资本主义的愿望。这些言论已开始摆脱"八股文"、"桐城派"的束缚,紧密联系当时社会的政治、经济问题,在政治上提出了明确的要求。在表现形式上,也从"代圣贤立言"、"托古论今"的程式,开始向现代的新闻评论转变。

---

① 戈公振:《中国报学史》,中国新闻出版社,1985年。

王韬在《弢园文录外编·自序》中说:"知文章所贵在乎记事述情,自抒胸臆,俾使人人知其命意之所在而一如我怀之所欲吐,斯即佳文。……鄙人作文窃秉斯旨,往往下笔不能自休;若于古文辞之门径则茫然未有所知,感谢不敏。曰外编者,因其中多言洋务,不欲入于集中也。"①

从中可知,王韬这些报刊评论文章的内容"多言洋务",表现方法是"记事述情,自抒胸臆",与"代圣贤立言"完全是两回事。他自知这些文章不是传统的古文,因此列入外编之中。

三、从政论向新闻评论的演变

从政论向新闻评论的演变,其时间大体是在1894年中日甲午战争之后的一段时间。由于清政府在中日甲午战争的惨败,我国面临着严重的外患,资产阶级改良运动有了进一步的发展。改良派的首领们都感到有必要组织政治团体,并通过创办报刊来宣传自己的主张,同时也以报刊为阵地来组织政治团体。为适应形势发展变化的需要,新闻文体尤其是报刊评论,也开始进入了一个变革、发展的新时期。

清末维新派主办的第一份报刊《中外纪闻》(初名《万国公报》),成为京师强学会的机关报,每次刊论说一篇。京师强学会被迫解散后,1896年1月20日强学会上海分会创办它的机关报《强学报》,政治色彩比《中外纪闻》更为鲜明,只出三期,即遭查封。1896年8月,维新派首领梁启超在上海创办《时务报》,成为维新派的重要言论机关报,该报每期卷首必发政论一二篇,大声疾呼非变法不足以图强。这一时期,陆续创办的比较有名的报刊,还有《苏报》(1896年)、《中外日报》(1898年)、《中国日报》(1900年),以及首倡"时评"的《时报》(1904年)等。

《时报》首倡的"时评"给新闻评论注入了勃勃生机,是新闻评论演变为独立新闻体裁的重要标志。该报发刊词所附的《时报发刊例》在其第一、第二、第三、第四条中,分别提出了本报论说"以公为主"、"以要为主"、"以适为主"的四方面的要求。(参见戈公振《中国报学史》,中国新闻出版社,1985年版)"时评"相当于现在报纸上的"短评"或"编后",它抓住当天报上的一则新闻,一事一议,题目具体,使报纸找到了一个新闻和评论相配合的好形式,推动了报业的业务改革。

这个时期的改良派报刊均以政论为其主要内容,尤其是梁启超的《时务报》,思想新颖,文笔犀利,有力地抨击了清朝腐朽政治,直接为变法运动服务。梁启超(1873—1929年),字卓如,号任公,是近代著名的资产阶级改良主义者,也是近代著名的报刊政论家。他在《时务报》第一册发表的《论报馆有益于国事》一文,是改良派办报思想的代表作,当时影响很大。梁启超说:"去塞求通,厥道非一,而报馆其导端也。无耳

---

① 《弢园文录外编》,1959年中华书局曾重新整理。此处引自《中国新闻史文集》,上海人民出版社,1987年。

目、无喉舌,是曰废疾。……其有助于耳目喉舌只用而起天下之废疾者,则报馆之谓也。"①梁启超在《时务报》发表的争论文章,如《变法通议》和《维新图说》等,实际上成了维新派的政治纲领。他的政论文章,气势磅礴,充满感情,浅显通俗,开创了报刊以政论取胜的一个时期的风气。梁启超在《时务报》和以后在《新民丛报》上发表的大量争论文章,这种以改良了的文言写作的文章,在文体上也有革新的意义,当时人称之为"时务体"或"新民体"。梁启超、严复、章太炎等都是这一时期我国报刊评论的开山祖。

《苏报》是一份日报,1896年6月在上海创刊。自1903年章士钊担任该报主笔以后,《苏报》成为资产阶级革命派的言论机关。当时革命家邹容写的宣传小册子《革命军》出版,章士钊发表《读〈革命军〉》一文,称颂它是"今日国民教育之第一教科书",接着又发表章太炎写的《革命军序》,把此书的发行说成是震撼人心的"雷霆之声"。随后又发表章太炎写的《康有为与觉罗君之关系》一文,驳斥康有为的保皇言论,讽刺光绪皇帝是"载湉小丑,未辨菽麦"等,于是得罪了清政府。清廷与租界当局勾结,立即查封了《苏报》馆,章太炎和邹容等五人被捕。这就是有名的"苏报案"。

章太炎是与梁启超齐名的中国近代报刊政论家,但两人政论的风格迥然不同。梁任公的时务文体热情洋溢、通俗易懂,章太炎的文章典雅古朴、艰涩难懂。章太炎刑满出狱之后,于1906年主持《民报》编务,在与梁启超的《新民丛报》的论战中充当主将,发表过58篇文章,成为"以文章排满的骁将"。

《苏报》发表《读〈革命军〉》一文时,以"来论"的形式代社论,署名"爱读革命军者",编者按指出"书内词意,本馆不担其责"。这当然是一种手法,但"来论"形式却有开创性的意义。

1905年,资产阶级革命派的各个革命团体,在孙中山的领导下,联合组成了中国同盟会,并创办了自己的言论总机关——《民报》。孙中山在为《民报》写的发刊词中,首次完整地提出了民族主义、民权主义、民生主义的"三民主义"和"举政治革命社会革命毕其功于一役"的革命主张。

《民报》从创刊号开始,就向保皇派机关报《新民丛报》挑战,指名批判康有为、梁启超的君主立宪谬论,《新民丛报》立即应战。《民报》第三期还发表《〈民报〉与〈新民丛报〉辩驳之纲领》,列举双方在12个问题上存在的根本分歧。这一场论战主要围绕三个大问题:即一、要不要用暴力推翻清王朝,进行民族革命?二、要不要进行民权革命,建立民主共和国?三、要不要实行土地国有、平均地权,进行社会革命?这一场论战持续了两年之久,最后以梁启超理屈词穷,《新民丛报》一蹶不振,不得不于1907年11月20日悄然停刊而告一段落。经过这场论战,资产阶级民主革命思想得到广泛的传播,孙中山的三民主义日益深入人心,从而为辛亥革命作了思想上和舆论上的

---

① 《中国新闻史文集》,上海人民出版社,1987年。

准备。

　　从 1905 年至 1911 年，资产阶级革命派在上海先后出版十几种报刊，其中影响较大的是于右任先后创办的《民呼日报》(1909 年 5 月)、《民吁日报》(1910 年 10 月)、《民立报》(1910 年 10 月)。民呼、民吁、民立三报因报名直书，又一脉相承，故有"竖三民"之称。《民呼日报》发刊词说："民呼日报者，炎黄子孙之人权宣言也。有世界而后有人民，有人民而后有政府。政府有保护人民之责，人民亦有监督政府之权。"该报因得罪了清政府，办了 92 天而停刊。《民吁日报》亦因得罪日本帝国主义而只办了 48 天。《民立报》(1910 年 10 月 11 日—1913 年 9 月 4 日)时间较长，其发刊词题为《中国万岁、民立万岁》，署名"骚心"，取屈原《离骚》爱国之心的意思，全文也模仿骚体写成，悲天悯人，如泣如诉。录其中一段云：

　　秋高马肥，记者当整顿全神以为国民效驰驱。使吾国民之义声驰于列国，使吾国民之愁声达于政府；使吾国民之亲爱声相接相近于散漫之同胞，而团体日固；使吾国民之叹息声日消日灭于恐慌之市面，而实业日昌。并修吾先圣先贤、闻人巨子自立之学说，以提倡吾国民自立之精神；搜吾军事实业、辟地殖民、英雄豪杰独立之历史，以培植吾国民独立之思想。重以世界之智识，世界之实业，世界之学理，以辅助吾国民进立于世界之眼光。此则记者之所深赖，而愿为同胞尽力驰驱于无已者也。虽然，未已矣。①

　　从这里可以看出于右任先生对于报刊记者社会责任的认识以及办报的指导思想。

　　于右任(1897—1964 年)，清末和民国初年著名的新闻活动家和政治家，陕西三原人。他的评论文章，感情充沛，词句瑰丽，文采丰赡，在当时读者中名噪一时。他有深厚的古典文学修养，把文学手法引进到评论范畴，把散文与议论文熔于一炉，浑成一体。这篇发刊词就是适例。于右任的评论风格，对我国后来的新闻评论讲究文学色彩，具有很大的影响。

　　鉴湖女侠秋瑾在上海创办《中国女报》月刊，以"开通风气，提倡女学，联感情，结团体，并为他日创设中国妇人协会之基础为宗旨"。《中国女报》发刊词为设立中国女报的宗旨"乃奔走呼号于我同胞诸姊妹"，在于发动妇女参加反清革命斗争。

　　值得一提的是还有湖北革命团体文学社的机关报——《大江报》。该报自詹大悲接任经理以后，抨击清廷，倡言民主革命，时评、短评都写得言辞激越。影响最大的是发表于 1911 年 7 月 26 日该报由黄侃写的短评《大乱者救中国之妙药也》。全文只有 211 个字，写得精练、悲愤。短评尖锐地指出：中国已病入膏肓，非有"极大之震动、极烈之改革"不能救中国。只有"大乱"(即革命)才是医治膏肓之症的"妙药"。由此，该报 8 月 1 日晚遭军警查封。两个月以后，辛亥革命在武昌爆发。

---

① 《中国新闻史文集》，上海人民出版社，1987 年。

辛亥革命以后,各种报纸都开始精心写作社论、短评,使社论、短评在具有强烈的新闻性、时效性方面,大大前进了一步。顺应政治形势的需要,一时报刊勃兴,言论激越高昂,撰稿者亦大都为当时政坛上的活跃人物,他们往往以撰写政论作为参与政治斗争的重要手段。像孙中山、宋教仁、陈天华、邹容、秋瑾、于右任等政论家,首先都是政治家,是鼓吹民主革命的革命家,然后才是利用报刊言论作为他们宣传主义、宣传思想的一种斗争工具。据方汉奇先生在《中国近代报刊史》中的统计,当时政论文章一般占到整个报刊篇幅的三分之一以上。政论的好坏和影响的大小,成为衡量报刊质量高低的一个重要标志。报刊在群众中的口碑,主要是通过它所发表的脍炙人口、动人心弦的杰出的政论文章建立起来的。

这时期是我国报刊言论从政论向新闻评论演变的黄金时代。从此,新闻评论已正式成为报纸的四大部件(新闻、评论、副刊、广告)之一,文字风格也从纯粹文言转变为半文半白,通俗易懂,写作表现形式也逐步成形,开创了我国新闻评论发展的新纪元。

四、新闻评论的发展

五四新文化运动以后,由于马克思主义的广泛传播和民主革命运动的不断深入,随之出现了我国最早的一批无产阶级报刊,新闻评论也进入了一个新的发展阶段。1915年陈独秀创办的《新青年》杂志,高举起"民主"、"科学"和文学革命的旗帜,发表了大量从现实生活出发、宣传民主和科学、批判孔孟之道、反对帝制和封建礼教的言论文章。俄国十月革命后,《新青年》开始介绍和宣传马克思主义,6卷5号编辑为马克思研究专号。1920年9月1日的第8卷1号起,该刊改组为中共上海发起小组机关刊物(《新青年》1919年冬从北京迁往上海)。

这时,在实际斗争中出现了以政论为中心,用来进行实际政治斗争的无产阶级报刊。这些报刊大多是各地共产主义小组创办的,其中影响最大的是陈独秀、李大钊在1918年创办的《每周评论》。《每周评论》是一份四开四版的政治性周刊,从创刊到1919年8月31日被北洋政府查封,共出37期。李大钊1916年曾受聘编辑北京《晨报副刊》,并开始为《新青年》杂志写稿。先后在《庶民的胜利》、《布尔什维主义的胜利》、《战后之世界潮流》,以及为反驳胡适《多研究些问题,少谈些主义》一文而写的《再论问题与主义》等,在这些著名论证中,宣传马克思主义,欢呼无产阶级的胜利。李大钊的政治评论,开始完全用白话来写作,站得高,分析深刻,语言又浅近通俗,许多短评、杂感更是一针见血,表现了很大的气魄和极强的战斗力,这对形成我国新闻评论简练、质朴而有表现力的语言风格,是有很大影响的。

《新青年》和《每周评论》把我国报刊评论推进到一个新的阶段,成为当时颇负盛名的革命民主主义的阵地和论坛。陈独秀、李大钊、鲁迅当时发表的许多著名的评论,已成为我国报刊评论史上光辉的篇章。

中国共产党早期的活动家除陈独秀、李大钊外,其他如蔡和森、瞿秋白、恽代英、萧楚女、邓中夏、毛泽东、周恩来等也都是卓越的宣传家和报刊评论家。他们开始自觉地运用辩证唯物主义、历史唯物主义的方法来从事言论写作,使报刊评论在内容和形式上均已与旧民主主义时期的报刊评论有了很大的不同。这一时期,以政论与新闻报道相结合的"述评"形式得到了普遍运用,"专论"、"代论"、"事论"等形式名目繁多,由《新青年》开创的"随感录"更成了广泛采用的形式,并由此形成了现代杂文这一个新文种。

20年代以后,在进步的新闻工作者当中,重视报刊言论以邹韬奋最为突出。邹韬奋(1895—1944年),是我国杰出的新闻出版家、报刊评论家。他从1926年10月接办《生活周刊》,担任主编,到1944年逝世,前后十几年当中,在先后主办的《生活周刊》、《大众生活》、《生活日报》等报刊中,亲自主持报刊的言论写作。他的《小言论》和《读者信箱》,对读者的影响十分深远。邹韬奋主张办报刊要以"民众的福利"为前提,做人民的喉舌;他重视小言论与读者来信,"以读者的利益为中心,以社会的改进为鹄的",竭思尽智,"为读者服务"。韬奋的小言论,最大的特点是"明显畅快"。他以一个朋友的姿态,平等地与人谈话,层层深入,鞭辟入里。所以,他的小言论也成了读者的好朋友,许多人都愿向他说心里话。这些对我国新闻评论尤其是小言论写作的影响,是不可低估的。

关于我国现代新闻评论的发展,不能不提到张季鸾和《大公报》以及抗日战争时期《新华日报》与《大公报》的论战。

1926年,张季鸾与吴鼎昌、胡政之合组新记公司,接办了《大公报》,担任总编辑,主持该报笔政15年,写了大量的新闻评论作品。张季鸾十分勤奋,每天晚上"看完大样写社论",使《大公报》几乎每天都有一篇社论。张季鸾是20年代至40年代初中国资产阶级最著名的报刊评论家。张季鸾1926年接办《大公报》时,标榜"不党、不卖、不私、不盲"八个字。① 报纸按资产阶级的办报方针来办,张季鸾的社评,吴鼎昌的政治学系背景,胡政之的经营管理,三位一体,确实把《大公报》办得独树一帜。《大公报》曾被美国密苏里大学新闻学院评选为1941年度最佳外国报纸。

张季鸾早期的新闻评论以"骂"出名。他曾在1926年到1927年间,先后为《大公报》写过三篇骂权贵的社评:一骂吴佩孚,二骂汪精卫,三骂蒋介石,通称"三骂"。如骂蒋介石的一篇,题目叫《蒋介石之人生观》(1927年12月2日),痛快淋漓,脍炙人口,可以说是张季鸾早期的代表作。

《蒋介石之人生观》是评价蒋介石同宋美龄的婚姻的。文章说:"离妻再娶,弃妾新婚,皆社会中之偶见,独蒋介石事,诟者最多,以其地位故也。然蒋犹不谨,前日特发一文,一则谓深信人生若无美满姻缘,一切皆无意味,再则谓确信自今结婚后,革命

---

① 《大公报·本社同人之旨趣》,《中国新闻史文集》,上海人民出版社,1987年。

工作必有进步，反翘其浅陋无识之言以炫社会。吾人至此，为国民道德计，诚不能不加以相当之批评，俾使天下青年知蒋氏人生观之谬误。"张季鸾抓住了蒋介石既要当婊子，又要立牌坊的卑劣表演，然后分析了何谓革命，何谓美满姻缘，指出革命必然有牺牲，命且不惜，何论妇人？前方将士英勇牺牲，达官贵人尽情行乐，古来如此。文章说："累累河边之骨，凄凄梦里之人！兵士殉生，将帅谈爱，人生不平，至此极矣。"

早期的张季鸾既反共、又反蒋，但从1929年以后逐步地走向"帮蒋"，有时是"小骂大帮忙"。至1936年西安事变时，发表的那篇著名的社评《给西安军界的公开信》，肉麻地吹捧蒋介石，公开地劝说张学良、杨虎城跪下求情。文章说："最要紧地你们要认识蒋先生是你们的救星，只有他能救这个危机，只有他能了解能原谅你们。你们赶快去见蒋先生谢罪吧！你们快把蒋先生抱住，大家同哭一场！这一哭，是中国民族的辛酸泪，是哭祖国的积弱，哭东北，哭冀东，哭绥远，哭多少年来在内忧外患中牺牲生命的同胞，你们要发誓，从此精诚团结，一致地拥护中国。你们如果这样悲悔了，蒋先生一定陪你们痛哭，安慰你们，因为他为国事受的辛酸，比你们大得多。"

张季鸾反共帮蒋，但他又是爱国的、抗日的。他的新闻评论独树一帜，痛快淋漓，鞭辟入里，概括凝练，云山雾障，有很强的感染力，这是应该肯定的。1991年9月2日，他的故乡陕西榆林各界曾集会纪念"报界宗师"张季鸾先生逝世50周年，公认张季鸾是著名爱国人士，中国近代新闻事业的重要开拓人之一。（见《新闻知识》杂志1991年第11期）

《新华日报》与《大公报》的论战，张季鸾在世时就已发生过。如1941年5月21日，《大公报》发表社评《为晋南作战事作一种呼吁》，污蔑八路军在中条山战役中"迄今尚未与友军协同作战"。周恩来当即写了《致大公报张季鸾王芸生两先生书》予以批驳。5月23日，张季鸾又在《大公报》上发表社评《读周恩来先生的信》，为自己辩护。张季鸾于1941年9月6日逝世后，《大公报》的"小骂大帮忙"仍一如既往，至解放战争时期，愈演愈烈。1945年11月20日，重庆版《大公报》发表社论《质中共》，把内战责任归于中国共产党，要共产党交出军队和解放区政权。第二天，《新华日报》发表社论《与〈大公报〉论国是》，根据事实驳斥了它的谬论，点出了它的"借大公之名，掩大私之实，借人民之名，掩权贵之实"的本质。1946年春天，正当东北民主联军对国民党军队展开斗争争夺东北之时，上海版《大公报》于4月16日发表社评《可耻的长春之战》，为国民党破坏停战协定、发动内战辩护，再次把内战责任推给中国共产党。4月18日《新华日报》发表社论《可耻的〈大公报〉社论》，指出《大公报》对国民党破坏两次停战协定不加批评，反借长春之战为题归罪于共产党和人民的做法，这是为国民党发动内战充当帮凶。

当然《大公报》也发表过大量的爱国的、坚决抗日的社评，刊载过许多揭露国民党暴行的新闻通讯，也发表过郭沫若的《甲申三百年祭》这样的好文章。《大公报》的社评，在中国新闻评论史的地位，是一种客观的存在，应该研究，可供借鉴。

综观我国近代报刊发展的历史,作为政治战线和思想战线重要舆论的报刊评论,我们可以得出三点看法:① 报刊言论,是伴随民主政治的产生而产生,伴随政治斗争的发展而发展,是不断地适应社会斗争和社会发展的需要,不断地从我国悠久的政论传统中汲取营养的必然结果。② 我国近现代各个时期的报刊言论,都是当时阶级斗争、政治斗争或与这种斗争相适应的思想斗争的产物,同时又反过来作用于这种斗争。③ 当社会发生大变化的时候,或者阶级斗争、政治斗争趋于复杂化、尖锐化的时候,往往是报刊言论最活跃,发展最迅速的时候,如同甲午战争以前维新派与保皇派的论战,20世纪初《民报》与《新民丛报》的论战,40年代《新华日报》与《大公报》的论战等,都是适例。总之,重视报刊言论,运用报刊言论进行整治斗争,这是我国近现代民主主义报刊一开始就形成的优良传统。

论新闻评论发展趋势

尹汉生

导言——

本文今节选自《求索》,2004年10月刊,作者尹汉生就职于湖南日报。

选文从三个方面阐释我国新闻评论的发展趋势,评论内容正从题材单一化向题材多样化方向发展,表现形式正从写作程式化向个性化方向发展,作者队伍正从作者职业化向作者大众化方向发展。文章选取1992年邓小平的南方谈话我国新闻评论转变的分界点,在邓小平发表南方谈话之前,我国的新闻评论,尤其是党报的评论在题材上特别偏好重大的政治问题,带有浓厚的政治色彩,党报党刊的言论也有较大的影响。1992年邓小平南方谈话之后,中国的新闻评论正在由题材单一化走向题材多样化,选题的面更广,评论内容更加丰富,所以也更加贴近广大读者口味的新闻评论越来越多了。

我国正处在经济转轨、社会转型的大变革、大发展时期。作为经济社会的变革与发展的直接反映,新闻评论也在急剧地变化和发展。由于这一变化与发展,许多从事党报评论工作的同行都感到工作难度越来越大了。为了求得对这一问题的正确认识,笔者近来从宏观视角上对新闻评论的发展变化进行了回顾、分析和思考。以1992年邓小平发表南方谈话为起点,新闻评论开始发生明显的变化。如果从一个比较大的时间范围来观察,可以发现新闻评论的发展变化呈现出一种明显的趋势,这一趋势又是与中国社会的发展变化紧密联系在一起的,因而具有极大的必然性。

一、评论内容正在从题材单一化向题材多样化方向发展

在邓小平发表南方谈话以前,新闻评论尤其是党报党刊的评论在题材上带有较为明显的单一化倾向,即特别偏好重大的政治问题,带有浓厚的政治色彩,文章发表后也往往能够产生重大政治影响。撇开政治上的是非不论,这里略举数例:"文革"前人民日报发表的"九评",1965年文汇报发表的《评新编历史剧〈海瑞罢官〉》,1966年人民日报发表的《横扫一切牛鬼蛇神》,1978年光明日报发表的《实践是检验真理的唯一标准》,1991年解放日报发表的"皇甫平"系列评论,等等,所评所论无一不是重大的政治问题,发表之后都曾产生重大的政治影响,不仅在当时产生了轰动效应,而且在十几年甚至几十年后仍然令人记忆犹新。

自从1992年邓小平发表南方谈话以后,能够产生轰动效应的新闻评论在不知不觉之间消失了。回顾一下近十三年来的中国新闻史,引发轰动效应的新闻评论可以说一篇也没有。从整体上看,新闻评论正在由题材单一化走向题材多样化,即选题的视野更加宽广了,评论的内容更加丰富了,带有浓厚政治色彩的新闻评论越来越少了,贴近广大读者口味的新闻评论越来越多了。如今风头正盛的"时评",就属于政治色彩相对淡薄、比较贴近大众口味的新闻评论。即使是党报党刊上发表的涉及重大政治问题的新闻评论,在措辞上也越来越平和了,过去那种慷慨激昂的论争腔调不见了,取而代之的是和风细雨的论述语调。

导致新闻评论发生上述变化的根本原因,在于我们党和国家在政治上发生的重大变革。党的十一届三中全会以前,政治运动此起彼伏,阶级斗争常抓不懈;党的十一届三中全会以后,尽管我们党在指导思想上已经把工作重心转移到经济建设上,但由于社会发展的惯性作用,党内和社会上对于某些重大的思想理论问题仍然争论不休,整个意识形态领域仍然是非不断。这些社会现实反映到相关的新闻评论上,必然是浓烈的政治色彩、尖锐的论争氛围。1992年初,邓小平发表了著名的南方谈话。这次"谈话"彻底澄清了许多重大的理论是非,一举结束了"姓社姓资"一类的政治论争,从而实现了全党全国人民在思想上政治上的大统一,开创了聚精会神搞建设、一心一意谋发展的新局面,我们国家从此进入平稳发展的新时期。与此相适应,新闻评论自然没有什么可以引发轰动效应的"政治文章"可做了,涉及经济社会发展乃至衣食住行等寻常话题的文章逐渐多起来了,评论题材的多样化于是成为不可逆转的大趋势。尤其是那些针对某一新闻事实的所谓"时评",更是空前地拓展了新闻评论的视野,极大地吸引了广大读者的眼球,成为评论领域独树一帜的新军。同过去相比,当今的新闻评论视野更加广阔、题材更加丰富,更加富于建设性和专业性,也更加贴近实际、贴近生活、贴近群众了。

二、表现形式正在从写作程式化向写作个性化方向发展

马克思主义哲学认为,形式是由内容决定的,是为内容服务的。评论文章的写作也是如此。一定的文章内容派生出一定的表现形式,不同的文章内容也需要不同的表现形式,有什么样的文章内容就会有什么样的表现形式。庄重严肃的政治评论,需要严谨大气的表现形式;准确严明的经济评论,需要朴素大方的表现形式;轻松宽泛的社会评论,需要自由活泼的表现形式。当然,评论内容与表现形式之间的这种对应关系只是相对的,我们不能将其绝对化。

既然文章的内容决定着文章的形式,那么,1992年以后新闻评论在内容上的发展变化,就必然要引起其表现形式的发展变化。因为题材上的单一化必然导致写作上的程式化,题材上的多样化必然要求写作上的个性化。此外,新闻评论在表现形式上由程式化向个性化的发展变化,也与社会政治空气和受众审美观念的发展变化有着密切的联系。

1992年以前,由于新闻评论的题材大多是严肃而重大的政治问题,由于政治空气经济处于高度紧张的状态之中,新闻评论工作者为了保证文章的安全稳妥、避免自身的政治风险,必然在语言表述上力求四平八稳,在谋篇布局时不惜千文一面。文革时期出现的"小报抄大报、大报抄梁效"的状况,就是此种心态及其结果的极端表现。表现形式上的程式化体现在文章结构上,就是为业内人士所熟知的"三段论"模式:第一,是什么?第二,为什么?第三,做什么?所谓"是什么",就是亮明文章的观点,提出某一目标或任务;所谓"为什么",就是阐释其意义或论证其正确性;所谓"做什么",就是指明达到某一目标或完成某项任务的具体途径。这里需要说明的是,"三段论"的文章结构并没有什么错误,但成为一种普遍的固定的模式就难免有些令人生厌了。

1992年以后,随着改革开放和市场经济不断向纵深发展,我国社会迅速进入转型时期和信息时代,全方位大容量的信息流无孔不入,人们获取信息的渠道空前扩大,人们的思想意识、价值观念及审美情趣都发生了巨大而深刻的变化,过去那种居高临下、单向灌输的空洞说教已没有市场,而平等对话、双向交流的传播形式则大受欢迎。这正是网络评论迅速兴起且影响剧增的根本原因。为适应媒体市场的这一变化,1992年以后的新闻评论,不仅在题材上日益多样化,在表现形式上也更加生动活泼了,评论写作的个性化色彩越来越明显。特别是电视评论,其节目主持人独具特色的语言风格和个人魅力,使电视评论赢得了较多的受众,产生了广泛的社会影响。此外,某些都市类报纸的评论也在逐渐兴起,其表现形式也具有鲜明的个性化色彩。在网络评论、电视评论异军突起、精彩纷呈的同时,党报党刊也在继续发挥着它们在评论方面的传统优势。近几年来,许多党报针对一些重大的思想理论问题发表的重头评论,不仅取得了较好的社会效果,在写作上也具有鲜明的个性。人民日报署名为"任仲平"的重头评论,可以说是这方面的典范之作,湖南日报近几年来的编辑部文

章,也产生了较好的社会反响。

三、作者队伍正在从作者职业化向作者大众化方向发展

1992年以前,由于新闻评论题材的单一化和政治化,新闻评论的写作具有极强的政治性和专业性,需要较高的政策水平和理论素养,因而其作者队伍完全是职业化的。那时报纸上的评论文章,基本上是"本报评论员"或"特约评论员"所为,业余作者所写的评论一是数量较少,二是作者经常是一些"老面孔",三是范围仅限于一些专栏言论。

1992年以后,随着社会主义民主政治建设的稳步推进,特别是党的十六大提出"健全民主制度,丰富民主形式,扩大公民有序的政治参与"的方针以后,各级各类媒体的新闻评论都出现了广开言路的可喜态势,广大新闻工作者的观念正在由"为民众说话"向"让民众说话"的方向转变,新闻评论的作者队伍也在由职业化向大众化的方向发展。时至今日,普通公民在媒体上发表言论,不仅已经成为人民群众有序参与民主政治的重要形式,而且也是党和政府了解民意、把握舆情的重要渠道。新闻评论作者队伍的大众化首先体现在网络评论上。众所周知,网络论坛是一个完全开放的系统。在网络论坛上,无论何种身份、性别、年龄的人,均可就某一新闻事实或社会现象自由地发表评论。近几年来,在以人民网、新华网为代表的众多网络媒体上,不时可以读到一些思想深刻、观点鲜明、文采飞扬的评论文章。随着互联网在全国范围内的迅猛发展,网络评论的社会影响与日俱增。当然,网络评论存在着一个加强管理、严格把关的问题。为了网络评论的健康发展,必须坚决删除那些不健康的言论,以免产生不良的社会影响。但我们不能因噎废食,须知言论自由是政治民主的基本前提,也是社会进步的重要体现。事实上,只要我们注意加强管理和引导,那些不健康的言论及其不良影响是完全可以得到控制的,比如人民网在这方面就做得很好。

新闻评论作者队伍的大众化同样体现在报纸、电视等媒体上。就报纸而言,新闻评论的作者队伍已经悄悄地突破"本报评论员"的局限,逐步扩大到社外文人及其他社会阶层。近两年来在全国报界兴起的"时评"热,其实质是广大报人为适应时代要求而改进评论报道的结果。比如沿海地区的解放日报、南方日报、大众日报等省级党报,以及内陆地区的都市类报纸,每星期都有两个至五个时评专版,其作者多是报社外面的,且来自四面八方和士农工商各个阶层。此外,报纸专栏言论的作者队伍也呈现出明显的大众化趋势。在电视媒体上,像"央视论坛"等电视节目,受邀嘉宾与节目主持人围绕一个新闻热点或社会问题各抒己见,实际上就是一种大众化的新闻评论节目。

综上所述,可见新闻评论在题材上的多样化、在写作上的个性化、在作者上的大众化,绝非一种偶然的暂时现象,而是一种必然的发展趋势,是我国社会变革与发展在新闻评论上的必然反映。可以说,正是社会生活的多样化导致了评论题材的多样

化,审美观念的多元化导致了表现形式的个性化,政治生活的民主化导致了作者队伍的大众化。因此,广大新闻评论工作者特别是党报评论工作者务必认清形势、解放思想、与时俱进、乘势而上,在坚持正确舆论导向的前提下,不遗余力地贯彻"三贴近"的方针,不失时机地改进和加强新闻评论。一是要放开视野,拓宽题材,寻求评论内容的多样化;二是要虚心学习,博采众长,力求表现形式的个性化;三是要尊重民意,广开言路,实现作者队伍的大众化。若能如此,则我们的新闻评论必将更具亲和力、吸引力和说服力、战斗力,从而更好地发挥反映民意、引导舆论的旗帜作用。

研究与思考

=延伸阅读=

1. 胡文龙,《中国新闻评论发展研究》,中国人民大学出版社,2002年版。
2. 曾建雄,《中国新闻评论发展史》,广西师范大学出版社,1996年版。
3. 强月新、刘莲莲:《新世纪以来国内新闻评论研究的回顾与展望》,《武汉大学学报》,2013年11月第6期。
4. 武怡华:《试析中国新闻评论的发展史》,《今传媒》,2014年第7期。

=问题与思考=

1. 列出三位我国资产阶级革命派报刊的著名政论家。
2. 评述邹韬奋的报刊言论活动及其贡献。
3. 评述张季鸾的报刊评论活动和主要经验。
4. 新闻评论的改革和发展趋势将会如何?

=研究实践=

1. 列出中国近现代新闻评论发展的大致脉络。
2. 基于互联网的发展、传播媒介的升级和丰富的现状,归纳出网络新闻评论的发展趋势。

第三章 新闻评论的分类和要素

导 论

在我们日常的阅读体验中,可以接触到多种多样的新闻评论。而新闻评论的重要地位和独特功能,正被越来越多的人所认识。一般来说,新闻评论都是按照一定的标准进行分类的,深入了解和把握这些分类情况,对我们掌握评论工作的规律,研究评论写作的具体规律和方法等研究实践都是具有重要的意义。但是,对于新闻评论的分类标准,从目前的情况而言,可谓众说纷纭。

不过,目前学界有关新闻评论的分类方式,总结起来,大致有以下几类常见的分类方法。

第一,这种分类是在新中国成立后很长一段时间内比较广泛运用的。当时新闻评论主要是作为报纸体裁运用和发展的,其分类体系是在报纸评论基础上形成的,主要有署名和不署名两个层次。第一层次,即署名评论,主要是以编辑部的名义发表的;第二层次主要是对不署名评论的再分类,包括社论、评论员文章、短评(部分)、编者按四种。

第二,以"新闻评论的形式"作为区分标准,西方国家的教科书将新闻评论分为了社论、专论、释论(大事分析、时事述评、评述)、短评(分散于各专业版)、杂志评论等;国内学者于宁、李德民则在《怎样写新闻评论》中,按评论的"形式与规格"将新闻评论细分为了社论、评论员文章、短评、编者按语、专栏评论、新闻述评、杂文等类型。① 两者在同一标准的分类略有差异。

第三,以"新闻评论对象的性质"作为区分标准,在这一标准下的分类结果大同小异,在此选取了周永固所著的《新闻评论学原理》一书中的分法为代表,新闻评论可以有政治新闻评论、经济新闻评论、社会新闻评论、军事新闻评论、国际新闻评论等类型之分。②

第四,以"大众传播媒介"作为区分标准,林大椿认为新闻评论可以区分为印刷媒体(包括社论、专论、释论及短评等)和电化媒介(包括广播评论和电视评论等)。③ 依照现有的媒介形式,可以对林大椿的分类再作补充,即现有的新闻评论可以分为报纸

---

① 于宁、李德民:《怎样写新闻评论》,中国新闻出版社,1988年,第20-28页。
② 周永固:《新闻评论学原理》,武汉大学出版社,1997年,第41-44页。
③ 丁法章:《新闻评论教程》,复旦大学出版社,2002年,第38-39页。

新闻评论(社论、编辑部文章、本报评论员、短评、编者按、编后等)、广播新闻评论(本台评论、本台评论员、本台短评、编后话、记者述评、署名短论等)、电视新闻评论、网络新闻评论。

第五,以"媒体新闻评论的稿件来源"作为区分标准,丁法章认为主要可以将新闻评论分成两大类:一是主要由新闻媒体编采人员撰写的新闻评论,它代表编辑部集体意见(尤其是社论、编辑部文章等大型、重型评论);二是在媒体上大量出现的由作者个人撰写的署名评论文章。前一类的新闻评论相对来说,具有更大的指导意义,不同于后一类的作者以个人身份撰写发表的署名评论。前一类新闻评论在选题和立论上都有较高的要求,一般都十分审慎、庄重,力求一字一句都能反映媒体的立场,进而代表党和政府在一个时期内的政策和方针,尤其是党报的社论,还代表同级党委的意见。后一类尽管也体现了编辑部的立场,但相对来说,它的郑重程度、立场观点、文章措辞要求比较宽松,是体现党的群众办报路线,发扬言论民主的比较好的一种形式,拥有广大的受众和具有无限的生命力。①

第六,以"评论与新闻的关系"作区分标准,可以将新闻评论分为以下三种:协奏式评论、独奏式评论、自拉自唱式评论。第一种评论是与一条或数条新闻密切配合与之同时见报的评论,就像是器乐演奏中的协奏一样;第二种评论与当日报纸上的新闻没有直接的关系,是独立地表明自己的看法或主张,或者对一些现象进行批判,如同演奏中独奏式的存在;第三种评论是包含了新闻的评论,无需伴奏,自拉自唱式。这是《人民日报》评论员于宁和李德民在《怎样写新闻评论》一书中提出来的,是具有独创性的一种分类方法,但是在实际操作中较难运用。②

以上几类分类标准是新闻评论中较为常见和认可的分类,在此基础上,部分学者还延伸出了其他独特的分类方式,丁法章就曾经在归纳总结了西方国家、我国台湾和大陆三个区域的新闻评论分类的基础上,提出了一个三分法,其中后两个分类与我们以上归纳的结果大同小异,另外一个分类是按主要性能来分,将新闻评论划分为了带有全面部署性的、带有说理启发性的、带有业务指导性的、带有政治鼓动性的这四类。这种分类与王民的八分法也有异曲同工之妙——解说型、辩论型、启发型、研判(研究判断)型、劝导型、褒贬型、纪念型、建议型。

台湾学者林大椿在其所著的《新闻评论学》一书中还提及了一种分类方式,即按照新闻评论的记者的身份而分,可以分为:撰写社论的主笔、撰写专论的专栏作家、撰写释论的编辑人或专家、撰写各类短评的批评家等。

目前,有些学者表示,尽管新闻评论可以分成几大类,但很难说它们之间有什么不可逾越的界限,不同的分类不一定相互排斥,有些是可以并存的。但王向东却略有

---

① 丁法章:《新闻评论教程》,复旦大学出版社,2011年第4版,第44—45页。
② 周胜林、贾亦凡:《新闻评论写作》,福建人民出版社,2001年,第43—44页。

异议，他在现有的关于新闻评论的分类方式中发现了不足之处，简而言之就是分类随意化、分析表面化和分量等级化，即现有的新闻评论的传统分类方式缺乏明确的界限，缺少严格的、内在的、可以操作的区分标准，还将新闻评论等级化，容易给人单一官方色彩的印象。在分析现有传统的分类方式后，他认为应当按照新闻评论问题本身的内在差别分类，从而将新闻评论简单明了地分为四大类：即政论、时评、杂文和述评。

相对于新闻评论分类的多样化，学界对于新闻评论的基本要素——论点、论据和论证的提法则相对统一。论点是新闻评论的观点，即简单的一句话概括自己的见解，是新闻评论的灵魂；论据是新闻评论的材料，用以证明支撑自己的见解，是新闻评论的基础；论证是用论据证明论点的过程，摆事实讲道理。论点是经过提炼浓缩而成的思想，它来源于对社会生活实际的长期观察和分析，新闻评论的论点力求科学准确、鲜明深刻，能够集中反映作者对某一事物或现象的基本见解，论点一般放置于新闻评论的开头位置，提出论点的方式一般有以下这几种：引经据典式、由事及理式、比较阐明式、设问引论式、直接提出式和解题释义式。[1] 论据可以分为事实论据和理论论据，它必须是真实可信、新鲜独到的，而常见的论证方式有立论和驳论。这三者是新闻评论缺一不可的要素，论点和论据是具体的，论证是逻辑抽象的。论点和论据都是作者从客观事实中思考提炼而出的，生活中论点是后于论据出现的，论点支配着论据又依赖于论据，论据从属于论点，但又是证明论点正确的事实和道理，论证则是介于论点和论据的桥梁，可以揭示两者间的逻辑联系，依托论证方式，运用和组织论据可以证明论点，让材料和观点有机统一，从而构成一篇具有完整说理体系的新闻评论。但是论证存在还需要两个前提条件：一是论点确切地概括评论对象的实质，本身具有真理性，二是论据充分，具备支持论点的基本条件。论点、论据、论证，三者缺一不可，否则新闻评论就失去了存在的可能。

---

[1] 高万祥、秦力：《议论文写作技巧》，四川文艺出版社，1989年8月，第35-38页。

选 文

新闻评论的分类(节选)

周永固

导言——

　　本文节选自周永固著《新闻评论学原理》，武汉大学出版社，1997年，第36-44页。

　　作者周永固1955年入北京大学中文系新闻专业学习，1958年随专业并入中国人民大学新闻系，毕业后长期从事新闻工作和新闻教学工作，对新闻评论写作做过深入的研究，并写作了大量的教材，如《新闻评论学原理》等。

　　选文在简要概括了西方国家和我国港台新闻单位对新闻评论的分类情况(包括社论、专论、释论、短评、杂志评论五类)后，着力讨论了我国大陆新闻单位对于新闻评论的分类情况，指出在新中国成立后，对新闻评论的分类，主要是根据评论内容的重要程度，按照评论的形式的规格等级进行分类的，也有些是按照评论形式的文体特点来分类的。作者周永固则按照新闻评论所依赖的媒介载体的不同对其进行分类，即报纸、通讯社、广播、电视四大类。随后在每个大类之下又按照评论内容的重要程度、评论形式的规格等级、评论形式的文体特点等方面进行了再次细分，将报纸新闻评论分为了10类，通讯社评论分为了3类，广播评论分为了7类，电视新闻评论分为了9类，并简要介绍了这些新闻评论分类的概念、规格等情况。随后，他还简要介绍了按照评论对象的不同性质进行分类的情况，他指出这种分类法是很有实际意义的，有利于编辑部各专业部门和专业报纸，按照各自的专业特点去研究评论写作的规律，而之前所讲的新闻单位常用分类中的每一种评论形式都是可以划归为这六类的。周永固强调，让读者对各种评论形式有一个全面的了解，并且了解它们的特点，对于以后我们选用规格适当的评论形式论述重要程度相当的问题，很有好处；对我们搭配使用多种评论形式，也很有好处。而读者和听众们了解这些分类情况，就容易分辨出评论的重要性和权威性。

　　我们翻阅报纸，或收听广播与电视，可以看到、听到多种多样的新闻评论，它们各有特点，并且有不同的名称。

　　这些众多的评论，一般来说，都是按照一定的标准进行分类的。我国大陆的新闻单位对新闻评论的分类比较复杂，而且报纸有报纸的分类，通讯社有通讯社的分类，广播电视有广播电视的分类。西方国家和我国港台地区的新闻单位，对新闻评论的分类则比较简单些。还有另外一种分类，是按照评论对象的不同性质进行划分的。我们了解评论的这些分类情况，对掌握评论工作的规律，对研究评论写作的具体规律和方法，以及选用恰当的评论形式都很有意义。

一、西方国家和我国港台新闻单位对评论的分类

西方国家和我国港台地区的新闻单位，通常将新闻评论分为五类：

1. 社论

社论是代表编辑部发言的重要评论形式。它也包括代论。代论是由个人署名代表编辑部发言的评论文章。

2. 专论

这是请专家学者对现实生活中某个问题发表意见的评论文章。它还包括来论、星期论文等。

3. 释论

就是解释性的评论，包括大事分析、时事述评和评述。它一般是分析形式，提出问题，剖析原因，揭示事物的本质和发展趋势，给读者以指导。

4. 短评

指篇幅短小的评论文章，一般由作者署名。

5. 杂志评论

指发表在时事杂志上的评论文章。

二、我国大陆新闻单位对新闻评论的分类

我国大陆新闻单位对新闻评论的分类，新中国成立后主要根据评论内容的重要程度，按照评论的形式的规格等级进行分类的，也有些是按照评论形式的文体特点来分类的。现在将报纸、通讯社、广播、电视评论的分类情况简介如下：

1. 报纸评论的分类

报纸一般将评论分为 10 类。

（1）编辑部文章　这是代表编辑部（党报编辑部文章同时代表同级党委）对国内外重大的现实问题或理论进行系统阐述的文章。它的内容含量大、理论性强、篇幅也比较长，比一般社论重要，但平时一般很少用。

（2）社论　这是报纸经常使用的指导性强的重要评论。它代表编辑部发言，及时评论当前政治、经济等方面的重大事件、重大问题，鲜明地表明编辑部的立场和主张。党报的社论同时代表同级党委发言，通过对重大事件或问题的评论，阐明党和国家的路线、方针、政策及工作方法，提出解决问题的意见和办法，启发群众，引导舆论，推动各项事业不断前进。

（3）本报评论员文章　它的重要性仅次于社论。它代表编辑部，根据党和国家的方针政策，对当前社会生活和实际工作中的某个方面的重要问题、重要事件进行分析和评论，指导工作，引导舆论。既可以单独发表，也可以和有关新闻报道同时发表。

（4）本报特约评论员文章　这是编辑部以外的作者撰写的评论，但是代表了编辑部的意见。它相当于近代报刊上的"代论"。现在人们将它归到评论员文章一类，其实，一些重要的特约评论员文章，比一般评论员文章重要得多。在政治形势急剧变化时期，报纸急需对一些重要问题发表评论。当编辑部还没有写出评论的时候，报社以外的作者已经写出来的，写的评论正好代表编辑部的意见。为了使这种评论发挥更大的作用，编辑部征得作者的同意，就可用"本报特约评论员"的名义发表。在粉碎"四人帮"以后的一段时间内，《人民日报》等中央报纸都发表了许多战斗性强的特约评论员文章，对肃清"四人帮"流毒、拨乱反正起了很重要的作用。这种形式在平常情况下用得不多。

（5）记者述评　这是一种有一定权威性的评论形式。报纸对当前某一个重要事件、重要问题发表意见，常用这种评论形式。记者述评一般由记者采写，它用评述结合的方式，及时分析当前形势，阐述重大事件的意义，揭示问题的本质，提出解决问题的意见，用以指导实际工作，引导社会舆论。

（6）短评　这是代表编辑部对实际工作中一些重要的具体问题发表的短篇评论，标有"短评"两个字的栏头，不署名。短评多配合新闻发表，也有单独发表的短评。现在单独发表的短评一般纳入专栏评论署名发表。

（7）编者按　该类又称按语，是编者对编发的新闻报道、文章、读者来信发表意见的一种简短的评论形式。放在正文前边的按语，对新闻报道或文章内容作简要的提示、评论，引起读者的重视，并受到启发。放在文中、文后的按语，多为批注式，针对某些具体问题，具体事情发表评论。

（8）编后　这是编者对有关的新闻报道或读者来信发表意见的一种短篇评论，标有"编后"两个字的栏头。它与短评相比，重要性差一些。过去编后不加标题，人们称它为文后编者按。现在编后多加标题，其写法和短评差不多，从形式上不好区别。过去编后不署名，现在有许多署名，并纳入专栏评论中。

（9）署名评论　这是作者署名发表的评论文章。众多的短篇署名评论，放在名目繁多的专栏中发表，因此称为专栏评论。这是一种具有广泛群众性的评论形式，很受广大读者欢迎。

还有一些署名评论，篇幅比较长，没有注明是评论，但是论述的问题是当前最需要回答的问题，这实际上就是新闻评论中的"专论"。还有一些文章，如一部分理论文章、工作杂谈及一部分记者来信、读者来信，从内容到形式都应归到评论文章中。

（10）杂文　这是一种文艺性政论，以针砭时弊为主，也歌颂先进事物，有比较强的形象性。杂文多发表在报纸副刊上，也经常在一些评论专栏中发表。

2. 通讯社评论的分类

通讯社一般将评论分为三类。

（1）评论　该类相当于报纸的社论。

（2）评论员文章　该类相当于报纸的评论员文章。

（3）记者述评　该类和报纸的记者述评属于同类。

3. 广播评论的分类

广播电台一般将评论分为七类。广播评论中的记者述评、广播谈话，主要是按文体特点分类的，其他各种不署名的评论，主要是按照评论问题的重要程度划分的，它们不同的名称表明了不同的规格等级。

（1）本台评论　这是广播电台规格最高的评论，相当于报纸的社论。通常用来评论重大的、具有普遍意义的新闻事件或全局性的重要问题。它直接表明了广播电台和党委的立场、态度，阐明党的路线、方针、政策，指出今后的方向和任务，提出解决问题的意见和主张。

（2）本台评论员评论　它的重要性仅次于本台评论，相当于报纸的评论员文章。它所评论的是人们普遍关心的现实生活和实际工作中某个方面的重要问题、重要事件，以及重大的工作成就、工作经验、某种值得提倡的工作方法等。

（3）记者述评　广播的记者述评，与报纸、通讯社的记者述评同属一类，具有相同的文体特点。但是在语言使用上，它要适应广播的特点，要尽量使用通俗化、口语化的语言。

记者述评由于它的文体特点，自成一类。它的规格等级，主要根据评论问题的重要性来定，一般而论，相当于本台评论员评论，有些则低于本台评论员评论，甚至相当于短评。

（4）广播谈话　这是广播独有的一种谈话体的评论形式。它的显著特点，就是用的谈话体。它用平易近人的态度、促膝谈心的方式，以及简练通俗的语言，深入浅出地分析问题、论述问题。有些重要的广播谈话，相当于本台评论，而一般则相当于评论员评论，或短评。

（5）本台短评　该类相当于报纸短评，是一种代表编辑部发表意见的短小精悍的评论形式，一般配合新闻发表。它抓住新闻报道中某个比较重要的具体问题或重要事情，发表意见，指导工作。

（6）编后话　该类相当于报纸的编后，是编者对有关报道进行简要评论的一种短小的评论形式。它对报道中反映的某个具体问题，例如对某个先进事物的事迹，给予简要的评论；或者提出解决问题的意见，或者提醒人们注意一些通常容易忽视的问题。

（7）署名评论　这是具有广泛群众性的一种短篇评论。它和报纸上的专栏评论属于同一个类型，写法差不多，只不过要求它的语言更为通俗易懂，更加口语化。

4. 电视评论的初步分类

电视评论起步较晚，人们对电视评论的形式正在探索之中。现在将电视常用的评论形式介绍如下：

（1）评论　该类相当于广播评论的本台评论。

（2）短评　该类相当于广播评论的本台短评。

（3）编后话　该类相当于广播评论的编后话。

（4）电视访谈　该类是记者就某个社会上的热点问题，或群众关心的问题，请某个方面的专家或权威人士发表意见，回答问题。采访的情况，用电视画面呈现出来。

（5）观察和思考　这是很有电视特色的评论，往往将评论的社会现象用画面呈现在电视观众面前，一步步地提出问题，引导观众深入思考，认识事物的本质或危害，再作简要的评论，得出结论。

（6）问题讨论　这是就某个社会热点问题或群众关心的问题，邀请几位专家或有关人士座谈讨论，大家畅所欲言，分析问题，发表意见，给观众以启示。它一般将讨论发言的情况，直接用电视图像呈现在观众面前。

（7）焦点访谈　这是针对社会上普遍关注的热点问题、焦点问题发表评论的电视评论形式。它一般通过现场采访，将评论的事件、事情、人物及有关人员用电视图像呈现出来，并请有关人士和不同阶层的群众发表看法。评论记者往往作简要的评论，得出结论并引导人们进一步去思考问题。这是一种反映社会问题、反映社会舆论的很好的电视评论形式，深受广大群众欢迎。

（8）电视政论片　这是密切配合当前工作，针对社会上普遍存在的思想认识问题发表评论的电视片。它既使用历史材料，也使用现实生活材料，来论证作者的思想观点。作者通过解说词分析事实，分析情况，发表评论，进行论证，从而给电视观众以启发教育。

（9）广而告之　这是一种短小的社会新闻电视评论。它往往用不多的画面将社会生活中一些不良的习惯、不文明的行为表现出来，提请注意，或给予批评。

以上简要介绍了新闻单位对新闻评论分类的情况。我们对各种评论形式有一个全面的了解，并且了解它们的特点，这对我们选用规格适当的评论形式论述重要程度相当的问题，很有好处；对我们搭配使用多种评论形式，也很有好处。读者和听众们了解这些分类情况，就容易分辨出评论的重要性和权威性。

三、按照评论对象的不同性质分类

国内外的一些评论研究者和评论工作者，还按照评论对象的不同性质进行了分类。但是他们的分类不完全相同，对每类的解释也不尽相同。多数根据评论对象的不同性质，将评论分为六大类：政治新闻评论、经济新闻评论、科教文新闻评论（包括教育、科技、文化、卫生、体育、文艺等方面的新闻评论）、社会新闻评论、国际新闻评论、军事新闻评论。我国大陆的分类则有思想评论，而没有社会新闻评论。这是因为我们长期以来特别重视思想政治工作，相对忽略社会新闻的缘故。实际上我们是将许多社会新闻划归政治新闻、法制新闻一边，从而将社会新闻评论划到政治评论、法制评论或思想评论之中。现在我国各新闻单位对社会新闻的报道越来越多，社会新闻评论也日益增多，因此社会新闻评论应该独立出来成为一类。思想评论则可以归到政治新闻评论、社会新闻评论或其他评论中去。当然它也可以独立存在，仍叫思想评论。

总之，我们的意见是将新闻评论分为六大类，现在分述如下：

1. 政治新闻评论

该类是评论政治问题的，也可以称为政论。现在政治评论这个概念比较大，指有关国家、政党和人民日常政治生活的评论，包括：国家工作、党的生活、外事活动、法制建设、工青妇工作、宗教政策、统一战线和华侨事务等方面。法制建设方面的评论也可以独立出来，叫法制评论或政法评论。写作政治新闻评论的目的，是宣传国家或政党的路线、方针、政策，促进民主与法制建设，教育广大人民群众正确处理各种矛盾，使全国人民团结起来，为实现四化大业而奋斗。

2. 经济新闻评论

该类是评论现实生活中关于经济政策、经济建设问题的。如落实各种经济政策、经济体制改革、工农业生产、财政金融、贸易税收、交通运输，以及经营管理、技术改造、提高经济效益等。它评论存在的问题，也评论先进的经验。评论的目的是解决存在的问题，推广先进的经验，推动经济政策的落实，推动经济建设事业不断向前发展。

3. 科教文新闻评论

该类是评论教育、科技、文化、卫生、体育、文艺等方面的事件和问题，以及落实党和国家有关方针政策的。它的任务就是通过评论促进教育、科技、文化、卫生、体育、文艺等各项事业的发展。重要的评论刊登在第一版上，一般的评论登在文教版或各专业版上。教育、科技、体育、卫生、文艺等方面的评论，也可以独立出来，叫做教育评论、科技评论、体育评论等。属于新闻评论的文艺评论，是一种狭义的文艺评论，它一般不评论某个作家、某部作品，而是评论文艺方面一些带有普遍意义的问题，特别是落实党和国家文艺政策的问题。

4. 社会新闻评论

这是关于社会新闻和社会问题的评论。从报道的社会新闻中经常反映出一些社会问题，从现实生活中也经常发现一些社会问题。它们包括人们生活、工作、婚姻等各个方面，有社会福利、社会就业与救济问题，有妇女儿童、婚姻家庭、社会道德、社会风气问题，有社会治安、社会犯罪问题等。对社会新闻和社会问题的评论，就落在了社会新闻评论的身上。

社会新闻评论的任务，就是帮助解决人们生活、工作等方面的问题，表扬好人好事好思想，批评错误的思想倾向和丑恶的社会现象，扬善抑恶，引导形成正确的社会舆论,促进社会安定,促进良好道德风尚的形成,直接推动精神文明和物质文明建设。

写作社会新闻评论,最重要的是善于从社会新闻和社会生活中发现有普遍意义的问题,特别是发现问题的苗头,做到及时评论,引起各方面的重视,促使各种社会问题早日解决。

5. 国际新闻评论

该类是评论国际形势和国际问题、国际事件的。特别重要的问题可以发表社论,比较重要的问题多用于"本报评论员文章"、"述评"、"短评"、"国际札记"等进行评论。

评论国际问题时,必须明辨是非,分清善恶,主持正义,实事求是地做出正确的评论。对错误的言论行动,要代表社会舆论,甚至世界舆论,作批判性的评论。在评论外交问题时,既要掌握外交政策,又要灵活运用斗争策略,同时还要符合有理有利有节的原则。

6. 军事新闻评论

该类是关于战争和国防建设以及军队生活、工作方面的评论。在战争时期,军事评论比较多。战时评论,要分清战争的性质,要分析军事形势,动员群众。和平时期的军事评论,主要评论部队建设方面以及干部、战士在训练、生活、思想等方面的问题,引导广大干部、战士为实现国防现代化而奋斗。评论作者在评论本国军事方面的问题时,要特别注意保守军事机密。

以上简要介绍了按照评论对象的不同性质进行分类的情况。前边讲的新闻单位常用分类中的每一种评论形式,如果按照评论对象的不同性质来划分,都可以分为这六类。在实际工作中使用这些概念时,一般都省去"新闻"两个字,简称为政治评论、经济评论、国际评论、体育评论等。这种分类是很有实际意义的,它有利于编辑部各专业部门和专业报纸,按照各自的专业特点去研究评论写作的规律。

总之,这些名目繁多的评论,既有它们的共同特点和规律,也有它们不同的特点和特殊规律,很值得我们进行深入的研究。

新闻评论的分类(节选)

丁法章

导言——

本文节选自丁法章著《新闻评论教程》,复旦大学出版社,2011年3月第四版,第39－43页。

作者丁法章,高级编辑。1940年生,江苏盐城人。毕业于复旦大学新闻系,曾在江西《赣中报》《江西日报》从事采编工作，在复旦大学新闻系任教，主讲《新闻评论》等课程，在《青年报》《新民晚报》担任总编辑长达15年之久，从事过文汇新民联合报业集团领导工作，并在上海担任过新闻工作者协会副主席和新闻学会会长等职位。编撰出版过《新闻写作》《新闻评论学》等书籍，新闻作品曾获中国新闻奖等奖项。他还获得过国务院突出贡献证书（终身享受政府特殊津贴），并被英国剑桥世界名人传记中心授予"20世纪杰出人才"荣誉证书。

文中丁法章归纳总结了大陆和台湾学者以及中外学者对于新闻评论的不同分类情况，并对这些分类作了分析评价，指出美国现有的广义的新闻评论分类方法过于宽泛，因而缺乏确切性；台湾学者林大椿提出的三种分法和王民提及的依照新闻评论的内容性质分为八种类型的分法，都是有些缺乏科学性的；而按照新闻评论所论及的领域而划分的分类却容易同各个领域的专业论文相混淆，而且对于研究不同类型的新闻评论写作没有很多实际意义；范荣康把新闻评论分成五大类：社论、本报评论员文章、短评、编后和编者按专栏评论。随后，丁法章结合自己的新闻实践，综合各家之长后，提出的新闻评论三分法，即按照新闻评论的主要性能、评述内容、表达方式三个标准来划分新闻评论的类型，丁法章结合历史实践着重对主要性能（包含带有全面部署性的、带有说理启发性的、带有业务指导性的和带有政治鼓动性的四类）和表达方式（有狭义、广义之分）两种分类进行了解释阐述，并举例帮助理解。

从不同的目的和标准出发，可以将新闻评论分成不同的种类，如同新闻可以区分成简讯、消息、谈话记、新闻公报和新闻特写，等等，通讯可以区分成人物通讯、事件通讯、工作通讯、风貌通讯等一样，新闻评论按其主要性能、评述内容和表达方式等不同，也可以划分成各种类型。

对于新闻评论的分类，大陆和台湾学者以及中外学者都各执一说，因而类别不尽相同。

在西方国家，一般把新闻评论分为社论、专论、释论（大事分析、时事述评、评述）、短评（分散于各专业版）和杂志评论；有的按内容涉及的领域，分为政治评论、军事评论、外交评论、文教评论等。在美国，有一种代表性的分法，即把新闻评论分为狭义和广义的两种。狭义的，主要指社论、短评、专栏评论；广义的，则把政治漫画、民意调查和读者投书都涵盖进去。这种分法显然不大可取，因为狭义的评论概念含混，而且很不完整；广义的评论，在我们这里，根本就不属于新闻评论。

在中国台湾，有两种代表性的分类：一是林大椿在《新闻评论学》一书中提出的三种分法，即：按评论记者身份而分，有撰写社论的主笔，有撰写专论的专栏作家，有撰写释论的编辑人或专家，有撰写各类短评的批评家；按大众传播媒体而分，可分为印刷媒体与电化媒体，而印刷媒体又可以分为社论、专论、释论及短评四种，电化媒体又可分为广播评论与电视评论；按新闻评论性质而分，则有军事新闻评论、国际新闻评论、政治新闻评论、社会新闻评论、文教新闻评论、经济新闻评论。另一位是王民,他在《新闻评论写作》一书中,把新闻评论分为八种类型:解说型、辩论型、启发型、研判(研究判断)型、劝导型、褒贬型、纪念型、建议型。很显然,这种分法,按不同的领域也好,按不同的类型也好,都很难说是科学的,而且对于研究评论写作没有多少实际意义。

在我们大陆,也有几种代表性的分类。

一是王振业,他根据内容与形式统一的原则,按内容的性质,将新闻评论分为五种,即提示性评论、立论性评论、驳论性评论、阐述性评论和解释性评论。并且认为,立论性评论和驳论性评论是基本的,其他都是属于派生形式,如立论性评论可以派生出提示性、解释性和阐述性评论,而驳论性评论只能派生出提示性评论与解释性评论。报纸新闻评论主要有:社论(编辑部文章)、本报评论员(评论、特约评论员)、短评、编者按、编后;广播新闻评论主要有:本台评论、本台评论员、本台短评、编后话、记者述评、署名短论等。他还认为,对于新闻评论的形式影响最大的是内容的性质,而不同性质的内容必然要求评论采取不同的说理态度和方法,必然带来结构、语言等一系列变化。①

二是于宁、王德民,他们提出了三种基本的分类法,即根据评论的内容分类;根据评论的形式与规格分类;根据评论与新闻的关系分类。按第一种分类法,新闻评论可分为政治评论、经济评论、法制评论、教育(科技、文化)评论、体育评论、军队工作与国防建设评论、外事工作评论、国际评论、社会问题评论。按第二种分类法,新闻评论大体可分为五大类:社论、本报评论员文章、短评、编者按和编后、专栏评论。按第三种分类法,新闻评论可以分为"协奏式评论"(即与一条或几条新闻密切配合并与之同时见报的评论)、"独奏式评论"(即与当日报纸上发表的新闻没有直接关系的评论,它独立地阐明一个观点、宣传一项主张或批评一个观点、抨击一种丑恶的现象)、"自拉自唱式评论"(即在评论中包含了新闻,或者说是包含了新闻的评论)。②

三是范荣康,他把新闻评论分成五大类:一是社论。属于这个类型,或者说由社论演变出来的,还有专论、代论、来论、编辑部文章等。二是本报评论员文章。属于这个类型的还有本报特约评论员文章,观察家文章、述评等。三是短评。其中又分不署名的短评和署名短评两种。四是编后和编者按。也有叫编者的话,编余漫笔,名称不一,性质相近。五是专栏评论。③

应该说,我们国内学者对新闻评论的几种分类,还是比较切合实际的,可取的。综合各家之长,笔者以为可以把新闻评论分成三大类。

---

① 王振业:《新闻评论写作》,北京广播学院出版社,1986年3月,第119页。
② 于宁、李德民:《怎样写新闻评论》,中国新闻出版社,1988年3月,第20-28页。
③ 范荣康:《新闻评论学》,人民日报出版社,1988年2月,第187页。

一、按其主要性能来分

1. 带有全面部署性的

通过对全局性的问题进行发言，及时传达党中央和各级政府的指示精神，阐述党和政府在某一时期或某一阶段的方针、政策，分析形势，部署任务，指出方向和道路，交代解决问题的指导思想和措施，对各行各业具有普遍的指导意义。譬如，《人民日报》发表的节庆社论，以及为党和政府召开的一些特别重要的会议撰写的社论，一般都属于这一类。

2. 带有说理启发性的

对党在各个不同时期、不同阶段的重大部署和重要工作，对具有普遍意义的新的典型和倾向性问题，主要从理论上和思想上来启发读者觉悟，提高人们的认识，文章有一定的理论色彩。《光明日报》1978年5月11日发表的开创全国思想解放运动之先河的特约评论员文章《实践是检验真理的唯一标准》，《人民日报》在党的十二届二中全会后发表的社论《四根擎天柱——论坚持四项基本原则的重大意义》，《解放报》1991年3月2日发表的皇甫平文章《改革开放要有新思路》等，统属于这种类型。这类评论常以思想评论、漫谈、杂感等署名文章的形式出现。

3. 带有业务指导性的

这类评论专业性较强，往往针对某条战线某一方面的具体工作进行指导，使从事某一领域具体工作的干部、群众有所遵循，有所鼓舞。如《人民日报》社论《要像重视节能一样重视节水》，颇具匠心地将节水问题这样一个专业性、业务性很强的内容，写得既有可读性，又有实用性，很有特色。报纸上就工业、农业、商业、文教、卫生等方面某一具体工作进行指导的评论均属于这一类。

4. 带有政治鼓动性的

一般指为配合重要纪念日、重要庆典、重大活动和外交礼节性而撰写的言论。这类评论虽然带有某种应景和应酬的性质，但是也可以进行一些重要问题的解释和说明，有些纪念日或礼节性的言论，很能说明我们在国内及国际某些问题上的态度及立场。1980年《人民日报》的国庆社论以短评的形式出现，给人一种全新的感觉，它不仅赞扬了国庆纪念活动的改革，并且表达了"四化需要改革，人民盼望改革"，"需要在政治、经济等方面进行许多大改大革，也需要在作风上、在社会风气方面进行很多改革"的愿望。文章的精华均集中地体现在它的标题上《于细微处见精神》，收到了海内外读者的一致好评。至于《人民日报》为香港回归祖国而撰写的社论《中华民族的百年盛事》，以及为建国50周年撰写的社论《祖国万岁》，就更是这方面的鼎力之作。

这四种性能的分类都是相对而言的，并不是绝对的，相互之间有着不可分割的联系，只不过各有侧重罢了。

二、按其评述内容来分

新闻评论可以分为政治评论、法制评论、思想评论、经济评论、文教评论(含教育、科技、体育、卫生等)、文艺评论、军事评论、外事工作评论、国际评论以及社会问题评论等。很显然,这是就主要评述对象来划分的,当然也是相比较而言的。

三、按其表达方式来分

作者身份和发表规格的不同,新闻评论可以区分成各式各样的品种。其中,经常采用的主要由采编人员撰写的、代表编辑部集体意见的评论有:社论(包括本报编辑部文章)、本报评论员文章(包括评论、特约评论员文章)、短评、编后、编者按以及述评等;主要由专家学者、业余通讯员和受众撰写的署名评论有:专论、思想评论、小言论(即微型评论)以及富有新闻性和文艺色彩的随感、杂文、文艺评论(包括书评、影评、剧评和对音乐、舞蹈、美术等的评论)。以上指的是狭义的评论。

如果从广义上来说,也可以将工作研究、采访札记、访问随笔、市场漫步以及夹叙夹议、以议为主的记者来信、读者来信、问题讨论、热点追踪等,列入评论文章的范畴。甚至有的将党和政府公告、宣言、声明、党和国家领导人的讲话、函电等,也归入报纸评论范畴内。

需要指出的是,尽管新闻评论可以分成几大类,但很难说它们之间有什么不可逾越的界限,不同的分类不一定相互排斥,有些是可以并存的。譬如同一篇评论,由于从不同的角度去看,常常冠之以不同的名称。

这里,还需要说明的是什么叫"政论",以及政论与新闻评论的关系问题。"政论"是个历史概念,在中国近代报刊史上,王韬主办的《循环日报》开创了文人论证的先例,从那时起,"政治性的论文"均被称作"政论"。它和政治密切相关,总是从一定阶级、政党和集团的利益出发,明确回答现实生活中的政治问题和其他社会问题,表明这样或那样的态度、见解和观点。

政论又可作狭义和广义两种解释。狭义政论,专指论述政治性问题的论说文。只要是直接评述现实的政治问题的论说文,不管其名称如何,如称"政治评论"、"社论"、"专论",甚至称"声明"、"宣言"、"电报",都属于狭义政论体裁概念。据粗略统计,《毛泽东选集》中共收 220 余篇文章,绝大多数是针对我国各个革命阶段的政治问题而作,但这些文章的形式竟多达三四十种。可见狭义政论的形式是相当繁多的。

广义政论包括的样式更多。凡是从政治角度论述社会生活中各种问题的论说文都可称之为广义政论。所谓政治角度,即从一定阶级的政治立场和观点、路线、策略、任务来观察、研究和论述。由此可见,我们一般所指的各种形式的新闻评论,不管是专门论述政治问题也好,以其他各种社会现象和社会问题作为评述对象也好,一般都可以归为政论的范围。但在目前,"政论"往往专指一部分政治性的评论,政论未必都是新闻评论。

代表编辑部意见的主要评论形式

一般来讲，媒体新闻评论从稿件来源来看，主要是这样两部分：一是主要由新闻媒体编采人员撰写的新闻评论，它代表编辑部集体意见（尤其是社论、编辑部文章等大型、重型评论），这类评论相对具有更大的指导意义，不同于作者以个人身份撰写发表的署名评论。所以，在选题和立论上，一般都十分审慎、庄重，力求一字一句都能反映媒体的立场，进而代表党和政府在一个时期内的政策和方针，尤其是党报的社论，还代表同级党委的意见。另外，在媒体上大量出现的是由作者个人撰写的署名评论，经过编审刊播在媒体上，尽管也体现了编辑部的立场，但相对说来，其郑重程度、立论观点、文章措词要求比较宽松，是体现党的群众办报（台、网）路线，发扬言论民主的较好形式，拥有广大的受众和具有无限的生命力。

新闻评论的基本类型（节选）

李　舒

导言——

选文节选自李舒著《新闻评论》，人民大学出版社，2013年，第108－148页。

作者李舒，是中国传媒大学新闻系副教授，硕士生导师。新闻传播学博士，政治学博士后。教育部考试中心全国自学考试命题专家。国家"马克思主义理论研究和建设工程"重点教材《新闻评论》编写专家，教育部全国自学考试统编教材《新闻评论写作》编写专家。参加过包括国家社会科学基金重大项目在内的6项省部级以上科研项目。出版专著《传播学方法论》，合著《新闻评论写作教程》、《广播电视新闻评论》等多部，发表学术论文20余篇。

选文中，作者认为新闻评论的分类问题目前是处于众说不一的状态，他首先抽丝剥茧地选出了几种常见的新闻评论的分类方式，包含西方国家的五类分法和狭广义分法，台湾学界的两种较极端的分类法（按内容涉及领域分和按论说手段、功能分），以及中国大陆新闻界和学术界的两层次分类体系（署名与不署名评论，和对不署名评论的再分类）。作者认为西方国家和中国台湾学界的分类法有些是不尽科学、合理的，有些是分类标准模糊不明确，在此基础上，他提出面对不同的分类，需要弄清情况，客观分析它们的成因（包括分类目的和标准），吸取科学、合理的内核，舍弃不科学和不合理之处，从而更利于建构科学的分类体系。随后，作者又详细阐述了新闻评论领域里的另外一种分类方式,即依照评论的目的和手段分为立论性评论、驳论性评论和释论性评论,以及这三种类型的概念、类别、地位以及适用的环境。

一、几种常见的新闻评论的分类

实践中,新闻评论也常常以各种"名目"出现。理论上,新闻评论究竟如何分类,中外学者的说法不尽相同。这里仅做一些概要的介绍和分析。

在西方国家,有的把新闻评论分为五类,每类又包括若干种,即社论、专论、释论(大事分析、时事评论)、短评(专业版评论)和杂志评论。还有一种很有代表性的分类方法,即将新闻评论分为狭义和广义两类,狭义的新闻评论指社论、短评、专栏评论,广义的则包括政治漫画、民意调查、读者投书等。

这些分类法都包含某些合理的内核,但又程度不同地背离了科学的分类原则。比如五类的划分在同一层次里并立了多项标准,难免因交叉重叠而混淆了各种类型之间的界限,各种类型评论之间就可能你中有我,我中有你,交错难分。又比如广狭义的分类法中,广义的解释显然以是否表达主观见解为依据,但这样一来,岂不是所有表达主观意见的表现形式都可以成为新闻评论吗?显然广义的理解无限扩大了新闻评论概念的外延。

台湾新闻界、学术界的分类也不一致,有人甚至认为新闻评论的分类无成规可循,没有公认的分类法。其中有两种分类比较极端,一种按内容涉及的领域,把新闻评论分为政治评论、军事评论、外交评论、经济评论、文教评论等。这样划分,社会生活中有多少领域就有多少评论类型,不仅不胜其"繁",而且容易与专业论文混同,对于研究新闻评论体裁的有关问题,掌握写作和运用新闻评论的规律也没多少实际意义。另外一种把评论分为解说型、辩论型、启发型、研判型、劝导型、褒贬型、纪念型、建议型,这种分类的标准本身就很不明确,解说、辩论、启发、研判、劝导、褒贬、纪念、建议等,究竟指论说手段还是论说功能,还是兼而有之?标准不明确,自然难以准确界定不同类型,分类也就失去了意义。

比较来说,中国大陆新闻界和学术界对新闻评论的分类较为一致。通常按媒体分为报刊评论、广播评论、电视评论、网络评论,中国新闻奖评论类奖项的评选就是在按媒体划分的基础上进行的。

此外,在新中国成立后很长一段时期内,新闻评论主要是作为报纸体裁运用和发展的,其分类体系是在报纸评论基础上形成的。这个分类体系包括两个层次:

第一层次分为署名评论和不署名评论。不署名的评论,其实就是以编辑部的名义发表意见和看法。党报和各级电台、电视台的有些社论(本台评论)和评论员文章,甚至是代表一级党组织或政府部门的看法。正因为这样,各新闻单位历来把不署名评论列为评论工作的重点。毛泽东同志强调党委要抓评论工作,主要指抓这类评论,尤其是其中的社论和评论员文章。署名评论中的署名,有的是个人署名,有的则是集体署名。

第二层次主要是对不署名评论的再分类,包括社论、评论员文章、短评(部分)、编者按四种。20世纪70年代后期,广播电台开始比较经常地播发自己的新闻评论,随后电视评论也逐渐增多。广播、电视评论的兴起,标志着新闻评论从报纸体裁转变为各种新闻媒介的共用体裁。不署名评论的各种类型,是按所论述的论题的重要程度划分的。它们的不同名称,首先意味着不同的评论规格。对于新闻媒体来说,准确掌握评论规格是一件不可掉以轻心的事情,因为这不仅反映了对于论题重要性的把握,而且关系到评论工作的组织原则。

当然,随着社会需求的变化和新闻改革的深入,无论是报纸还是广播、电视、网络,在评论领域里都不断有所创新、有所开拓。比如,报纸上的署名短评开始突破"轻量级"格局,出现了"人民论坛"这类"次重量级"评论,以及任仲平署名的重量级甚至超重量级评论;由个人署名的记者述评、时评大量出现,而社论、评论员文章也出现了个人署名,等等。广播、电视评论开始突破体裁的界限,不少与节目融汇在一起,或者栏目化、节目化。诸如此类的发展变化,势必会对既有分类体系提出挑战。

二、立论性评论及其地位

所谓立论性评论,指从正面直接提出自己的见解和主张,揭示出客观事物的本质和规律的评论类型。

这里的"立论性",是与"驳论性"相对应的概念。在我国传统文论中,论说文也称论辩文,一般分为两类:一为"论",指正面阐明自己的见解和主张,其主要作用在于"立";一为"辩",即刘勰所说的"驳议偏辨,各执己见"(《文心雕龙·议对》),也就是反驳别人的意见和主张,其主旨在于"破"。所以,凡是从正面直接提出自己对新闻事件、社会现象的见解和主张的评论,不论它属于哪种媒介、哪个规格或者署名与否,都可以称为立论性评论。以倡导为宗旨,以正面说理为主要手段,则是这类评论区别于其他评论的基本特点。

立论性评论历来是论坛的主角。在社会主义时期,这类评论的论述对象和运用范围十分广泛。20世纪80年代以来,立论性评论取得了引人注目的进展,出现了不少影响深远的作品:《光明日报》的特约评论员文章《实践是检验真理的唯一标准》,带动了一场对于促进全党和全国人民解放思想、端正思想路线具有深远的历史意义的讨论;《人民日报》的社论《回答一个问题》多侧面地论述"翻两番"的社会主义经济发展规划,从不同角度澄清了人们的疑惑,收到了统一思想、坚定信心的预期舆论效果;《中国青年报》1981年3月5日的社论《再论雷锋》,继18年前的《论雷锋》之后,紧密结合80年代的实际,重新阐述雷锋精神,有力地促进了全国学习雷锋的新热潮……改革开放30多年日益丰富多彩的社会生活为立论性评论提供了取之不尽的论题,在社会主义新农村建设，建立和健全社会主义市场经济体制，推进教育、科技和文化的发展，加强社会主义民主与法制建设等方面，都出现了一些具有较强思想性和理论色彩的优秀作品。正确而新颖的思想、理论，各个领域的重要成就和经验，优良的工作作风和工作方法，先进人物的业绩和精神风貌，良好的社会风尚和思想行为倾向，等等，是这类评论的重要论述对象。

立论性评论虽然取得了引人注目的进展，但与社会需求相比较，仍然存在着不容忽视的距离。且不说有多少富有生命力的新事物为评论视线所不及，没有得到健康社会舆论的支持和扶植，就是进入评论视野的新事物、新经验、新观念，论述起来也并不都是理直气壮、丰满有力、生动活泼、具有引人魅力的，结果往往"倡"而寡和、推而不广，并没能收到预期的舆论效果。对一些现象、问题的剖析和认识，也存在流于表面，不够全面中肯，难以引发举一反三的思考等问题。因此，繁荣立论性评论，扩大这类评论的视野，增强说服力和感染力，仍然是新闻评论工作的严峻课题。

三、驳论性评论及其地位

驳论性评论是指以违背当代社会发展主流、阻碍社会进步的事物和观念为批驳对象，通过批评、反驳、揭露、辨别是非，澄清认识，进而确立起自己的主张的评论文章。

就论说宗旨和论说手段的特殊性来说，驳论性评论与立论性评论判然有别，是两种相对应的评论类型。但是，相对应并不等于相对立、相排斥。在现实社会生活中，新旧并存，是非交错，正误粉陈，真善美和假恶丑共生，是相当普遍的现象。新事物、新观念、新秩序也总是在旧事物、旧观念、旧秩序的基地上萌发，在与之斗争的过程中曲折成长的。这样，新闻评论在倡导新事物、新观念的时候，就不能不同时扫除旧事物、旧观念。因此，驳论性评论与立论性评论尽管论说宗旨、论说手段不同，却经常并驾齐驱、相互配合，从不同角度为共同的舆论目标服务，它们的运用范围同样遍及社会生活的各个领域。

驳论性评论有悠久的文论传统，体现为古代文论中所说的"辩"。"何谓知言？"曰："诐辞知其所蔽，淫辞知其所陷，邪辞知其所离，遁辞知其所穷。"（《孟子·公孙丑上》）即通过论辩，识别片面、夸张、错误、闪烁其词之类言论的谬误。王充认为，驳论就是"论世间事，辩照然否，虚妄之言，伪饰之词，莫不证定。"（《论衡·超奇》）当代国内驳论性评论的锋芒，主要指向背离党和国家的基本路线和方针政策、损害人民群众根本利益以及阻碍社会进步的事物、现象和思想倾向。批评、反驳、揭露这一切的最终目的，不仅是否定、铲除它们，更重要的是通过明辨是非，帮助人们增强识别和抵制能力，从而为新事物、正确观念、良好秩序的形成，推广扫除障碍、开辟道路。所以，如果说立论性评论的主要使命，是为了新事物、正确观念和良好秩序催生助长，那么驳论性评论则是旧有的、错误的思想、行为的"掘墓人"，也是为新事物、正确观念和良好秩序开辟道路的"清道夫"。明确驳论性评论扮演着双重角色,肩负着双重使命,并自觉地付诸实践,是能动驾驭这类评论的前提。

改革开放以来的评论实践证明,任何成功的社会变革,几乎都离不开驳论性评论为其廓清道路;凡是成功的驳论性评论作品,也无不同时在破旧立新方面显现不可取代的舆论作用。《再也不要干"西水东调"式蠢事了》不就是在分析"一靠运动,二靠'大干'"的错误实质,指出如果把发展农业寄托在这上面,"我国的农业生产是永远没有指望的"之后,进而阐述了坚持从实际出发、实事求是的正确指导思想。在这里,驳论无疑起了为进一步贯彻一号文件精神扫清道路的作用。无数这类的例子表明,越是在变革发展的时期,驳论性评论越是拥有广阔的驰骋天地。

第一,要划清驳论性评论与揭丑文章、"大批判"评论之间的界限。

驳论性评论不仅存在着阶级和意识形态的分野,而且在品格上也有正邪高卑的区别。与堂堂正正的驳论性评论并存的,不是有"嬉皮士"式的揭丑文章,有曾经猖獗一时的"大批判"评论吗?前一类也许是"西风东渐"的产物;后一类虽是历史的秽物,但那种颠倒是非、混淆黑白,极尽人身攻击、无限上纲之能事的恶劣影响,并没有完全消除。划清与它们,尤其是"大批判"评论之间的界限,对于正确掌握和运用驳论性评论,发挥这类评论破旧立新、祛邪扶正的积极作用,无疑具有重要的意义。

最根本的一点,就是自觉坚持无产阶级的立场、观点和方法,以高度的社会责任感和实事求是的精神对待客观事物。除此之外,还具体表现在:第一,把着眼点放在面向广大群众头上,以帮助群众明辨是非、提高识别能力为主要目的,而不满足于单纯否定驳论对象。第二,主要针对敌论(包括错误的观点和丑恶的现象等)而不是论敌,也就是通常所说的"对事不对人",就是"对人"也主要着眼于"治病救人",促使其改弦更张。第三,开展有理有据的积极论争,坚持以理服人,即使对于敌人也不施行人身攻击。第四,讲究实事求是的科学分析,反对"无限上纲"。当下某些所谓的"论战",就是因为辩论的双方最终偏离了这一本质,把落脚点放在了否定敌论上,降低了评论的品格和舆论作用,甚至丧失了社会意义。

第二,驳论性评论中要正确区分和处理不同性质的矛盾。

驳论性评论的论题,都是现实社会矛盾的反映。而现实社会矛盾千姿百态、错综复杂,客观上存在着性质的不同。不仅论敌有敌、我、友之分,就是敌论也有对抗性和非对抗性的区别。陈旧的、落后的、不健康的事物,显然不能与丑恶的、腐败的、反动的东西同样对待。因此,正确区分矛盾的性质,就成了恰当运用驳论性频率的另一个重要前提。如果在这个问题上掉以轻心、不分青红皂白地"一锅煮",小则难以准确把握说理的分寸、态度和方法,大则可能因混淆矛盾性质而迷失方向。

个别提法尚且不无影响,那么搞错整个矛盾的性质,更是可想而知了。所以,正确区分矛盾的性质,关系到驳论性评论的成败得失,任何时候都大意不得。至于在评论中如何具体区分和处理不同性质的矛盾,则需要具体分析。

不过,面对改革开放时期错综复杂的社会现象,在矛盾性质的问题上,宁可谨慎些,适当留有余地,切勿把"弦"绷得太紧,尤其要注意防止重蹈"宁左勿右"、"无限上纲"的覆辙。

四、释论性评论及其类别

释论性评论就是以重大新闻事件、思想理论或方针政策为论述对象,以阐释、说明为主要论说手段,以帮助人们解惑释疑、正确认识和对待有关事物为论说目标的评论类型。这类评论,虽然也有明确的判断或论断,但以阐释为主,与主要述之于直接表明立场、观点的立论性评论和驳斥某种做法、认识的驳论性评论有明显的区别,它更多地侧重于阐明、解释,而不是证明自己的主观见解。在实践中,释论性评论既有署名评论,也有不署名评论。

释论性评论在我国新闻评论实践中处于特别重要的地位。在我国,新闻媒体是上层建筑的重要组成部分,新闻评论作为新闻媒介的政治旗帜,肩负着阐明党和政府的纲领、路线、决策、部署,以及方针、政策、法律、政令的重要使命。在改革开放特别是社会转型期,各个领域都处于急剧的发展变化之中,党和政府适应变化着的客观实际,不时调整和完善各项方针、政策,制定新的法律、条理,及时、准确地阐明、解释这一切,帮助广大干部群众正确理解其精神实质,提高贯彻执行的自觉性,并将其转化为具体的社会实践更是新闻评论的经常性任务。可以说,释论性评论是以指导社会实践、推动社会主义事业健康发展为宗旨的评论类型。

依据释论对象的性质,释论性评论的内容、规格、时机也有所不同,实践中释论性评论大致可以分为专题性释论和全局性释论两大类。

1. 专题性释论

专题性释论是指一篇专门阐释某一项或某一领域的具体方针政策的评论。

释论性评论通常首先要准确地概括释论对象的主要内容或性质意义。

有的时候还会根据方针政策贯彻执行过程中的实际情况,对已经阐释过的对象进行后续补充阐释,其目的在于引导人们注意某些重点,防止片面理解,排除可能出现的误解和干扰,加强和完善贯彻执行的措施、步骤和方法。因此一般比较重视分析贯彻执行情况,明确政策界限,突出阐述当前亟待解决的问题,在论说过程中也较注意调动驳论手段。

2. 全局性释论

全局性释论一般用于阐释党的纲领、路线,党和政府的重大决策、部署,以及重要会议的精神和决议。这类评论通常面向全党和全国人民,其精神普遍适用于各个领域、各个部门。论述全局性工作的评论虽然为数不多,但权威性强、影响力大,深受各级党政机关和干部、群众的重视,很多海外媒体也将其作为解读中国政治、经济、社会发展方向的重要途径,因此新闻媒体通常会全力以赴、悉心经营。

释论性评论的对象通常具有综合性和复杂性，不似时评的对象那般集中于某一个或某一类事件，因此常常会运用系列评论来完成对某一重大新闻事件、思想理论或方针政策的阐释。系列评论既可以有计划地作全面、深入的论述，又能够使文章短小精悍，避免长篇大论。但需要周密计划、合理安排，以保持整个系列的统一性和基本精神的一致性。比如北京奥运会结束后，《人民日报》发表了一组5篇评论员文章，主题分别为《一座伟大的历史丰碑》、《一次空前的友谊盛会》、《一笔丰富的精神遗产》、《一次重要的发展机遇》、《一次崭新的扬帆起航》，副题则以"北京奥运会成功的启示"统之。这组评论员文章系统、全面地阐述了北京奥运会对世界、对奥林匹克和对中国社会发展的重大影响，各组成部分分之则独立成篇，合之则完整、统一，堪称典型的系列释论性评论。"学习胡锦涛同志五四重要讲话"系列评论也是由《开创青年工作新局面的纲领性文献》、《坚持远大理想　创造人生辉煌》、《坚持刻苦学习　造就栋梁之材》、《坚持艰苦奋斗　创造优异成绩》、《坚持开拓创新　贡献聪明才智》、《坚持高尚品行　开创社会新风》等6篇共同完成了对该主题的阐释。

要素及要素间的关系（节选）

王振业　胡平

导言——

　　本文节选自王振业等合著的《新闻评论写作教程》，中国广播电视出版社，1996年8月第2次印刷，第147-153页。
　　作者王振业，原北京广播学院教授。福建石狮人，中共党员。1957年复旦大学新闻系本科毕业。同年分配到青海先后在青海日报社、新华社青海分社、共青团青海省委任记者、编辑和宣传部干事，任期从事农村报道和新闻评论撰写工作。1981年调北京广播学院任教。1992年评为教授。先后出版《新闻评论写作》、《新闻评论写作教程》、《广播电视新闻评论》(1991年获广中部优秀教材二等奖)等教材，发表论文若干篇，主编《广播新闻与电视新闻》高等教育自学考试大纲、教材和辅导书，参与《中外广播电视百科全书》、《广播电视词典》编纂工作，分别任编委、副主编。1993年起享受政府特殊津贴。现已退休。
　　选文首先指出一则完整的新闻评论需要具备论点、论据和论证三项要素，这些要素虽然带有局部的性质，却是掌握和运用新闻评论的基础。任何一则新闻评论，不论篇幅长短，都必须具备论点、论据和论证这三项构成因素，否则就不合乎论说体制，就不成其为新闻评论了。而新闻评论中，论点的表述准确、鲜明，论据必要、充分，论证恰当,能揭示论点与论据的必然联系,则是一篇优秀的新闻评论的应取之道,才能使新闻评论"显现出令人不能不信服、不能置若罔闻的雄辩的逻辑力量"。王振业和胡平在文章中也提及了在新闻评论实践中,常常出现一些仿佛三要素不全的现象,他们结合新闻评论的实际案例来论证了正确理解特殊的论说现象的重要性,文章认为任何一篇有存在价值的评论,都需要论据;至于具体论点或论断是否需要论据,则取决于论点或论断本身是否具有明白性,而不是作者是否掌握所需的论据。随后,在选文的第三部分,作者们重点论述了新闻评论的三要素之间相互依存、相互为用的逻辑关系,提醒读者必须要把三要素及其关系作为一个问题的两个方面来理解和对待。

  不论哪种媒介的新闻评论,也不论它以什么形式表现什么内容,都需要经历谋篇布局的过程,谋篇以"言之有物"为目标,侧重于内容构思;布局的主要目标是"言之有序",重点考虑表现形式和方法。而就具体运作程序说,则依次包括选题、立论,以及按照内容与形式统一的原则安排论点、选择论据和组织论证等环节。其中选题、立论属于整体构思;其余的属于要素部分,它们虽然带有局部的性质,却是掌握和运用新闻评论的基础。

  文章的要素,指一篇完整文章的必要构成因素,不同体裁的文章,有不同的构成因素,就像不同的建筑物需要不同的建筑材料一样。那么,一则完整的新闻评论,究竟需要具备哪些因素呢?

新闻评论的要素

  新闻评论属于论说文的范畴,它的要素实际上是论说文的要素,包括论点、论据、论证三项,但具体要求与一般论说文有所不同。

  任何一则新闻评论,不论篇幅长短,都必须具备这三项构成因素,否则就不合乎论说体制,就不成其为新闻评论。福建日报有篇题为《有些案件为什么长期处理不下去?》的社论,连同标点符号只有163字,全文如下:

今天本报又公布了两个重要案件,坏人受到揭露处理,这很好。

有些问题群众看得很清楚,干部也有很多议论,问题的性质已经非常明白,但是就是处理不下去,而且长期处理不下去。为什么?

一是自己屁股上有屎;

二是派性作怪;

三是软弱无能。

还有什么?也许还有其他原因,但主要是这三条。

你这个单位的问题长期处理不下去,是什么原因,算哪一条,不妨怒一怒。

  就是这么短的一篇社论,不也同样具备论点、论据、论证三要素吗?它的论点,就是对于标题所提出的问题的回答:有些问题已经弄清楚、性质已经确定的案件长期处理不下去,根子在于领导……。这个论点虽然没有直接表述出来,但十分确定,异常鲜明,是任何一个读者都能确切无误地理解的。论据则是社论列举的三个可能的原因,其中任何一个都足以说明为什么根子在领导,而不在别的什么地方,而贯穿于论点和论据之间的论证,则类似于形式逻辑所讲的或然论证;它通过论据提供可能的原因,要求有关单位的领导自己去"对号入座",是"麻雀虽小,五脏俱全",正因为三要素俱全,而且表达得相当干脆利落,所以文章虽短,却显现出令人不能不信服、不能置若罔闻的雄辩的逻辑力量。

反之,如果三要素不完备、不完善,那就不成其为评论,或者不是人们所能确切理解的评论。比如,没有形成明确的论点,等于没有表达自己对于事物的看法,当然说不上是评论;论点表述不准确、不鲜明,则可能导致歧义、引起误解,甚至陷于自相矛盾的境地。没有必要的论据,论点得不到证明或说明,则势必削弱以至丧失说服力,给人以强词夺理、强加于人的感觉;论据不充分或同论点榫卯不相应,也难以收到使人既知其然又知其所以然的说服效果。论证不恰当,不能揭示论点与论据的必然联系,其结果不是材料与观点分家,就是层次不清、逻辑混乱,当然也难以获得预期的说服效果。所以,对于新闻评论来说,三要素不仅不可或缺,而且必须力求完善。

正确理解特殊的论说现象

不过,在论说尤其在新闻评论实践中,常常出现一些仿佛三要素不全的现象。比如,有的融论点于论述之中,有的好像没有必要的论据,有的省略某些论证环节,等等。究竟怎样理解和对待这类现象?这里先就处理论据的特殊现象作些分析。

在报纸、广播和电视评论中,的确经常可以接触到某些好像没有论据,却又不影响人们准确理解的评论。例如:

《福建日报》的一篇社论,社论针对社会上流传的对打击经济犯罪政策的疑虑、误解以至于蓄意攻击,运用形象生动的比喻,作了深刻的论述和批判,文风活泼、清新,引人入胜。特予转载。

《人民日报》就转载《福建日报》的社论《论"老虎"与"苍蝇"》所加的"编者按",本身也是一则评论。这个"编者按"共四句话,其中第二、三句,既可以理解为说明为什么"特予转载"的理由,即论据;也可以理解为论点,分别对《福建日报》社论的内容和形式作肯定评价。但如果推敲一下:《人民日报》转载这篇社论,为什么非加这个按语不可?那就只能认为它主要是表述论点,而且是同社论有所不同的论点。《福建日报》的社论把社会上的"你们只打'苍蝇',不打'老虎'"的议论,统统称为"攻击";《人民日报》在按语中则把这种议论区分为"疑虑、误解以至蓄意攻击",这显然是为了纠正原社论缺乏具体分析的缺陷。然而,这么重要的论点却没有直接提供的论据,这是否意味着论据可有可无呢?当然不是。"编者按"是一种依附于其他文章的评论形式,它的论据其实存在于它所依附的文章中;如果没有特殊的需要,本身可以只作论断,而不必陈述论据。《人民日报》这个"编者按"的两个论点,就是以所转载的社论为论据的。人们只要认真读读这篇社论,就能理解"编者按"的论断,接受它对社论的评价,包括接受它对社论失误之处的矫正。所以,即使是"编者按"之类的评论,也同样需要论据,只是它不像那些可以独立存在的评论那样一定要在本文中陈述罢了。

那么,是不是任何论点或论断都非有论据不可呢?这也不能一概而论。如果论点本身具有明白性,或者已经被证明并已成为人们的共识,再用一大堆论据来证明或说明它,那岂止是累赘,而且是绝大的浪费。但是,如果一篇新闻评论所有的论点或论断都无需证明或说明,那等于通篇都是套话、废话,根本就没有存在的价值。因此,任何一篇有存在价值的评论,都需要论据;至于具体论点或论断是否需要论据,则取决于论点或论断本身是否具有明白性,而不是作者是否掌握所需的论据。如果该有的没有,那就不能说服人,就不能使人明白所以然;不该有的却絮絮叨叨、没完没了,则等于饶舌,同样惹人生厌。司马迁很懂得这个道理,他在《报任安书》中有一段话:

人固有一死,死有重于泰山,或轻于鸿毛,用之所趋异也。太上不辱先,其次不辱身……

"人固有一死",是一个论断;"死有重于泰山,或轻于鸿毛",又是一个论断,前一个论断——人总是要死,人人明白,无需证明或说明;后一个论断——死的价值不同,就不是人人都能明白、都能接受的了,所以司马迁在"太上不辱先"之下,一连列举了十条,说明在他看来什么样的死比泰山还重,什么样的死比鸿毛还轻。司马迁的轻重标准和我们当然不同,但它的另一个标准——哪里需要论据,哪里不需要,却是可以给我们以启发的。毛泽东同志在《为人民服务》一文中引用这段话,也是在后一个论断上发挥的,他说:

人总是要死的,但死的意义有不同。……为人民利益而死,就比泰山还重;替法西斯卖力,替剥削人们和压迫人民的人去死,就比鸿毛还轻,张思德同志是为人民的利益而死的,他的死是比泰山还要重的。

司马迁的论点在这里成了论据:毛泽东同志不仅据以阐述纪念张思德的意义,而且深入浅出地阐述了为人民服务的根本宗旨,这样根据论点或论断的需要灵活运用论据,是值得认真琢磨的。当然,灵活决非随心所欲、草率从事。那种在人们需要弄清楚所以然的地方语焉不详,而在尽人皆知的问题上却絮絮叨叨的做法,显然与灵活处理论据完全背道而驰。

至于与论点、论证有关的某些特殊现象,将在下面分别作必要的阐述。

要素间的关系

在新闻评论中,论点、论据、论证就像人体的中枢神经、血肉和骨骼一样。如果说论点是评论的中枢神经,那么论据、论证就如同评论的血肉和骨骼了。它们虽然各有不同的表现形态,处于不同的地位,具有不同的作用,却都是统一整体的有机组成部

分。因此,具体理解评论三要素的关系,需要着重注意以下三个层面:

首先,论点表达对事物的看法,论据提供支持论点的理由和事实。它们都是有形的存在,是可以确指的。而论证表现论点与论据之间的联系,它贯穿于整个论述过程,属于无形的存在。所以,人们构思评论,主要琢磨论点、论据和它们的固有联系;而检验评论作品,则通常以论点是否完备、论据是否充分、论证是否恰当为准绳。

其次,论点和论据虽然都是有形的,但它们的性质和作用却判然有别。论点表述对事物的主观看法,属于观念形态,具有一定的概括性和抽象性;论据不论是事实还是理由,都是处于评论作者之外的客观存在,而且都是具体甚至生动的。论点与论据既以各自的抽象性和具体性相互区别,又因之相互为用。明确这层关系,是恰当调动各种手段,得体地处理和表现论点和论据的前提条件。这对于在广播、电视评论中恰当地运用实况音响和图像尤为重要。实况音响和图像都具有直观性,拥有强大的再现能力;善于运用音响和图像表现论据,不仅可以支持论点,帮助人们理解抽象内容,而且可以增强评论的可听性和可视性。但是它们的作用也仅仅在于表现论据,假如用来表现论点那就非但不恰当,而且还可能混淆论点和论据的界限。有的广播、电视评论通篇只有别人怎么说,唯独没有评论作者自己对于事物的见解,从某种意义上说,就是过分依赖音响和图像的结果。

第三,三要素尽管有上述种种区别,但都是评论的必要构成因素。论点作为评论的中枢神经,固然处于支配地位,但也依赖于论据和论证;如果没有富于说服力的论据和恰当而严密的论证的支持,再中肯的论点也是苍白无力的。反之,论据一旦脱离论点,论证一旦背离论点和论据固有的逻辑联系,则不仅一切努力都无济于事,甚至还可能弄巧成拙,沦于"以叙代论"、前后矛盾,以至于诡辩的泥坑,某报曾经发表了一篇题为《共产主义理想是中华民族的精神支柱》的评论员文章。标题中的这个概括文章中心论点的判断,把"中华民族"和"共产主义理想"这两个时间和适用范围相去甚远的概念,不加分析地硬扯在一起,由于论点本身存在着严重的逻辑错误,作者为了自圆其说,在论述过程中甚至不惜"偷换概念",以"伟大的理想"取代"共产主义理想",结果越走越远,终至于堕入荒谬。有篇批评文章指出:

……文章提出和说明的是共产主义理想如何如何,但在整个论述过程中大量地说的却是"伟大的理想"如何如何,把"共产主义理想"与"伟大的理想"等量齐观,混为一谈。正因为如此,最初提出的"共产主义理想是中华民族的精神支柱"这一命题,在论述过程中变成了"伟大的理想是我们民族的精神支柱",并由此出发,断言:"在黑暗的旧中国,曾经有无数立志改革的仁人志士,为了伟大理想而英勇献身,艰苦奋斗"。人们不禁要问:黑暗的旧中国的"仁人志士",不是至少应该包括谭嗣同、康有为、梁启超以及孙中山等吗?他们无疑是具有伟大理想的,但他们的伟大理想能与共产主义理想同日而语吗?

这篇失败的评论员文章,从反面说明三要素相互依存、相互为用的关系,也是三要素关系的本质所在。忽视这一本质,片面强调或漠视某一要素,不是损害评论的品格、削弱评论的说服力,便是使评论不成其为评论。

明确三要素及其关系,这是一个问题的两个方面。三要素不全的评论,当然没有说服力,甚至不能称为评论;三要素俱全是不是就一定有说服力,就是好评论呢?那也未必,正如一个人五官完整未必就漂亮一样。如果不善于恰当处理它们之间的关系,论点形圆,论据形方,论证枘凿,怎能使人既知其然又知其所以然呢?又哪来说服力呢?所以,必须把要素及其关系作为一个问题的两个方面来理解和对待。

论据和论点的统一(节选)

秦珪 胡文龙

导言——

本文节选自秦珪、胡文龙所著的《新闻评论学》,中国人民大学出版社,1993年8月第6次印刷,第83-88页。

作者秦珪、胡文龙,系中国人民大学新闻学院教授,秦珪自50年代末至80年代末、胡文龙自50年代末至90年代末分别主讲新闻评论课程,秦珪和胡文龙合著的《新闻评论学》(1987年)是我国大陆最早出版且具有相当社会影响的新闻评论教材之一。胡文龙与涂光晋等合著了广播电视大学教材《新闻评论》(1997年),获北京市第五届哲学社会科学优秀成果二等奖;胡文龙、秦珪、涂光晋合著的《新闻评论教程》(1998年)是目前我国新闻院系本科生同类教材中广受好评并广为采用的一本;胡文龙主编,秦珪等参加撰写的《中国新闻评论发展研究》(2002年)是"九五"国家社科基金项目的结项成果。

选文着重探讨了新闻评论在选题、立论确定后的说理论述的基本方法和要求,研究阐释了论点、论据和论证等基本概念,并论证了论点和论据作为构成新闻评论的两个基本要素之间的逻辑联系,详细介绍了论据的四种形式和运用论据时应注意的两点要求,强调在新闻评论的说理论述过程中,应当正确处理好论据和论点的辩证关系,并做到论点和论据的有机统一。最后,作者提点读者也不可忽视新闻评论中的另一个要素,即论证,因为掌握论证的具体方式,也能有助于论据和论点的统一,增强说服力。

选题和立论确定以后,就可以进行说理论述,进入展开分析论证阶段。说理论述的基本方法和要求是:论据和论点的统一、具体分析、虚实结合、结构严密。

论据和论点的统一,是新闻评论说理论述的一条基本的也是最重要的原则和方法。毛泽东同志曾经不止一次地批评过做报告写文章时材料和观点相互割裂的做法。他说,把材料和观点割裂,讲材料的时候没有观点,讲观点的时候没有材料,材料和观点相互不联系,这是很坏的方法。一定要学会用材料说明自己的观点。

所谓材料和观点,对评论文章来说,也就是论据和论点。论据和论点统一,评论才具有说服人的力量。

为了阐述论据和论点的统一这一说理论述的原则和方法,需要研究并回答以下问题:什么是论据,什么是论点,为什么说论据和论点是构成新闻评论的基本要素;论据和论点究竟怎样统一,有哪些具体方法,为什么说两者的统一有助于增强新闻评论的说服力。

一、论据和论点是构成评论的基本要素

论据、论点、论证或表述,是构成新闻评论的要素。其中论据和论点是基本要素。在一篇评论中,论点是观点,是灵魂;论据是材料,是基础;论证则是揭示论据与论点之间的逻辑联系,使论点确立和得到阐明的过程和方法。如果缺少了论点和论据这两个基本要素,或者缺少两者之一,论证或者表述也就失掉依托和意义,也就不成其为评论了。一篇成功的评论,首先要做到论点准确、新颖、鲜明;论据真实、典型;同时,还要善于运用恰当的论证和表述,使论据和论点统一起来。

下面,试以《人民日报》评论员文章《"生材贵适用"》(1984年7月25日)为例,作些具体分析说明:

文章共分五个部分。第一部分提出全文的中心论点:领导班子对每个成员应当用其所长。就像一个乐队,要让每个队员演奏自己擅长的乐器,协调一致。第二段揭露矛盾,指出在新干部中的确有用非所长的现象。这里用了两个论据:有些学造船专业的同志分工管财贸,有些学焊接的去管农业。第三、四段进一步指明危害:用非所长使一些新干部变成了新外行,是对人才的浪费。这里还引用了清人顾嗣协的诗作为比喻性的论据:"骏马能历险,力田不如牛;坚车能载重,渡河不如舟。舍长以就短,智者难为谋;生材贵适用,慎勿多求。"最后一段引用了陈云同志的话作为权威性的论据。陈云同志在延安时期提出使用干部要"按照才干,按照需求,同时兼顾"。还说要"量才为主","用其长,不是用其短"。文章到这里自然就得出结论:对新干部要量才选用,用其所长。

可以看出,论据和论点是构成评论的基本要素。这篇文章共有四个论点,其中一个是中心论点,即全文的中心思想。为了证明上述观点,文章列举了四个论据。文章按照一定的逻辑联系来安排这些论点和论据:提出论题、揭露矛盾、指出危害、提出建议和办法。论点和论据丝丝入扣地结合起来,从而产生了较强的说服力。下面分别讲述评论的论据和论点。

（一）评论的论据

概括地说，论据就是用来阐明论点的材料，就是评论论点的依据，就是判断和推理的基础。它的作用在于形成论点、引发议论和说明论点。对新闻评论来说，思想、观点、论断的提出，只有当它被有力而充分的论据证明了的时候，方能使人信服。

什么可以做论据呢？

一是事实论据。即能够直接或间接证明论点的具有典型性的人和事。

二是理论论据。具体指经典作家所揭示的业经实践证实为人们所公认的有关结论、论段、原理、言论；已被证明的科学原理、定律以及为人们公认的格言、谚语等。

三是数字论据。作为统计数字，它不是具体的而是概括的事实，它不是单个的事例而是事实的总和。以此为论据，既简明扼要，又有说服力。

四是故事、典故论据。比喻论证常常引用故事、典故作为特殊意义的论据，有助于触发人们的联想，积极地去探寻内含的结论。

在运用论据时，有两点要注意：

第一点，论据要正确、真实、可靠，要具有典型性和科学性。论据缺乏顶多得不出结论而已，而论据不正确便会导致错误的结论。因此，无论是事实论据、理论论据、数字论据都要求真实无误。事实有出入，引文有误，数字不准确，都会直接影响论点的确立及其可信性和科学性。

第二点，写作的背景和读者对象是选择和运用论据时应当考虑的条件。好的评论要求作者挑选最有说服力的论据，用在最需要的地方，以发挥最大的功能。以恩格斯《论权威》这篇著名政论为例。此文旨在批驳工人运动中的无政府主义思潮。文中为了论证无论在有组织的社会生产活动中，还是在革命斗争的过程中，都要有一定的权威这一中心论点，作者针对工人读者这一对象反复列举了他们所熟悉的三个论据。一是以棉纱厂为例，说明每道工序都要服从蒸汽机的指挥，蒸汽机就是权威；二是以铁路为例，要服从时间这个权威；三是航船，服从船长的权威。然后再引申到革命斗争，进而提出革命乃是天下最有权威的东西这一论点。论据和论点紧紧结合在一起。由于论据具体形象，而且为工人们所切身感受，所以得出的论点不能不使人信服。

（二）评论的论点

论点，就是评论要告诉读者的见解、观点、论断、结论。一篇评论如果没有论点，那么也就取消了评论本身。

好的评论，应当能提出人人意中之所有，人人笔下之所无的见解。这样的文章才能使人感到有兴味。宋朝理学家周敦颐的《爱莲说》，文章很短，总共一百一十九个字，但观点比较新鲜。他说，陆地和水上开的花，可爱的很多。晋朝的陶渊明喜欢菊花；唐朝以来人们爱好牡丹，唯我更喜爱莲花。我独爱莲之出淤泥而不染，濯清涟而不妖，中通外直，不蔓不枝，香远益清，亭亭净植。文章主要是点明了这个观点：出淤泥而不染，濯清涟而不妖。作者这番话显然是有所指的。有的人喜欢菊花，逃避现实。有的人喜欢牡丹，追求富贵荣华。他却喜欢莲花。因为莲花虽然长在不干净的河水里，可是本身很干净，很清高。这反映了作者的独特观点。

邓小平同志1978年3月18日在全国科学大会开幕式上的讲话，有不少精辟的论点。诸如科学技术是生产力的论点，知识分子的大多数是无产阶级的一部分的论点，科学工作者是劳动者的论点，科学的未来在于青年的论点，等等。这些论点，都闪耀着思想的光辉，全面、准确、精辟地发挥了毛泽东思想，讲出了人人意中之所有，人人笔下之所无的话，或者是人们感到而又不敢说的一些见解。因此，他的讲话博得了全场一阵又一阵的长时间的热烈的鼓掌。

论点从何处来？评论的论点绝不是什么个人的灵感的产物，不是灵机一动凭空得来的。恰恰相反，准确、鲜明的论点，总是客观存在的反映，是作者围绕某一个论题，经过详细的调查研究，在占有大量材料的基础上，运用马克思主义的立场、观点和方法，经过反复的分析、综合、推理这样一个思维过程抽象和引申出来的。只有这样产生出来的论点，才无可辩驳，具有较强的针对性和鲜明性。

二、论据和论点怎样统一

首先，要坚持实事求是的原则。"实事"就是全面掌握材料，"求是"就是从占有的大量材料中研究事物的内部联系，掌握其规律。坚持了这条原则才能使理论和实践结合起来，也才能使论据和论点的统一建立在科学的基础之上。

其次，正确处理好论据和论点的辩证关系。评论的写作有两个阶段：一个是构思阶段，一个是表述阶段。这两个阶段，在处理论据和论点的关系上是不相同的。写作前的构思阶段，这时对待材料和论点的正确态度是材料在先，论点在后，从充分的材料中引申出论点。这个阶段，材料越多越好。这样，形成论点的把握才越充分，也便于从众多的材料中筛选出最能说明论点的典型论据。因为，凡是正确的论点并非简单地来自论据，而是萌发于比论据更为广泛更为全面的第一性和第二性材料的综合分析和艰苦思考的基础之上的。因此，材料越充分越全面，所形成的论点才能更加准确、鲜明。然而，由构思阶段进入了表述阶段，作者要把论点告诉读者、说服读者，自然要举出相应的材料作为论据。这时，在处理论据和论点关系上已经不同于构思阶段。表现为论点已经处在了统率地位，论点要统率论据，论据要为论点服务。因此，论据不在多而贵在精。作者所选用的论据应当是从已经占有的大量原始材料中精选出来的最能够说明论点的最典型最有说服力的材料。并且，力求置论据于论点的统帅之下，寓论点于论据的分析之中，使论据和论点恰当地融合起来。

写作过程，一般容易犯这样的毛病：构思阶段，材料掌握不多，勉强凑成几个论据，就动手写评论；写的时候，又把材料全堆上。这样写成的评论，论点不鲜明，论据不典型不充分，自己写着没劲，人家看了也没兴趣。正确的做法应该是，构思阶段，材料多多益善，以十当一；表述阶段，论据力求少而精，以一当十。如俗话所说："花香不在多","烂杏一斗,不如鲜桃一口"。只要正确处理论据和论点在不同阶段的不同关系,评论的论据和论点就能够较好地统一起来。

再次,掌握论证的具体方法,有助于论据和论点的统一,增强说服力。

(一) 例证

用事实作论据来证明论点,阐明道理。这是最常用的论证和说明的方法。事实胜于雄辩。用确凿的典型事实来印证某一个论点,最容易使人理解和信服。

(二) 引证

在说理论述中引用一些真实的事实,或引用那些被实践证明是正确的结论作为论据,来证明评论文章中所提出的某个论点的正确性,这就是评论写作中所常用的引证方法。

(三) 反证

反证就是通过对反面论点的否定来证明某一论点是正确的。为了证明某一论点的正确,通常是从正面加以论证,但必要时还是需要辅以反面的论证。这样做的好处是可以增强新闻评论的论辩性和说服力。

(附:关于具体的说理论证方法参见本书第八章的"新闻评论的论证方法"章节内容)

研究与思考

=延伸阅读=

1. 丁法章:《新闻评论教程》,复旦大学出版社,2002年版。
2. 邵华泽:《同研究生谈新闻评论》,人民日报出版社,2010年版。
3. 杨新敏:《报纸新闻评论的文体分类》,摘自《当代新闻评论学》,上海三联书店,2007年版。
4. 符建湘,杨青山:《新闻评论在当代的发展》,湖南大学出版社,2013年版。
5. 周胜林,贾亦凡:《分类编》,摘自《新闻评论写作》,福建人民出版社,2001年版。
6. 廖艳君:《新闻评论的类型》,摘自《新闻评论》,清华大学出版社,2010年版。
7. 霍华民:《论新闻评论学的"新三要素"》,《学术交流》,2012年第1期。

=问题与思考=

1. 常见的新闻评论的分类有哪些？请列举至少三种分类方式。
2. 新闻评论的要素是什么？试简述下要素之间的逻辑联系。
3. 如何才能在新闻评论的说理论述中做到论据与论点的统一呢？

=研究实践=

1. 在比较借鉴中外学者们对新闻采访的分类情况的基础上，挑选几篇自己读过的新闻评论文章进行分类实践，尝试发现现有分类中的缺陷之处。
2. 新闻评论三要素说由来已久，你认为随着当今时代的变化，这一说法还具有意义？请结合自己的阅读和理解，尝试更新下新闻评论的现代要素。

第四章 报刊新闻评论

导 论

　　新闻评论是一个大家庭式的存在,报刊新闻评论、广播新闻评论、电视新闻评论和网络新闻评论都是属于其中的一份子,而本章着重要介绍的是最早出现的一类新闻评论,即报刊新闻评论。现在,常见的报刊新闻评论类型有社论、评论员文章、短评、编者按、新闻述评、专栏评论、杂文等。

　　社论,通常被称为报社之论,是大型或重型的评论,它是代表媒体编辑部发表的对于重大问题的权威而慎重的评论。对于党的机关报而言,社论代表着编辑部,同时也在一定程度上代表着同级党委。所以,社论是代表新闻媒体的声音,是带有权威性和指导性的。编辑部借由社论,对国内外的政治、经济、思想、文化等领域中的重大问题,进行分析评论,从而表明编辑部的态度和立场。有时,编辑部也会通过社论这一形式来向大众直接阐述当前形势和党的方针、政策,及时传达党的精神,解除他们思想上的困惑,还会通过社论向大众发出号召,鼓动他们为某一任务的实现而共同努力。[1] 李法宝在其所著的《新闻评论:发现与表现(第二版)》一书中对社论的功能进行了概括,他指出,社论是"有真知灼见的学者所作的即席演讲",它能够给人们提供综合了新闻与议论两者的信息,并对当前的重要事件进行具体而清晰的分析解释,能够激励和教化大众,同时又能使他们在阅读社论的过程中得到文学的陶冶,从而丰富他们日后的谈资和文笔能力。社论还有一个不容忽视的功能,即舆论监督功能,它所陈述的事实、评论和判断,是来自于社会的、具有权威性的,必然会在某种程度上对大众的生活产生重要的影响力。[2] 丁法章也表示,社论体现了报纸的方向,党的各级机关常常会借由社论来对群众进行宣传教育,引导舆论和指导实践。鉴于社论的权威性和指导性,社论必须经由同级党委或有关部门审定才能发表,另外,社论必须面向广大的读者对象,其写作,无论是选题还是立论,都应十分慎重和庄重,尽量保证字字句句能够体现媒体的立场,和党和政府的政策和方针,即要有一定的思想水平和理论色彩,坚持少而精,又要能通俗生动。[3]

　　评论员文章是中型的评论,它反映了编辑部的观点和倾向,也具有一定的权威

---

[1] 杨新敏:《当代新闻评论学》,上海三联书店,2006年,第174页。
[2] 李法宝:《新闻评论:发现与表现》,中山大学出版社,2013年10月第2版,第226-227页。
[3] 丁法章:《新闻评论教程》,复旦大学出版社,2002年,第43页。

性。其发表的郑重程度和规格仅次于社论,编辑部估价某一新闻事实极为重大时,便以社论加以评论,反之则为评论员文章。一般说来,评论员文章可分为三类:评论员文章、特约评论员文章和观察家评论。第一种的评论员文章依据论述问题的重要和发表的郑重程度,又可作署名与不署名之分。不署名的评论员文章通常需要得到编辑部的同意才能发表,它具有一定的官方色彩,但又不完全代表官方,相较于社论,其灵活性较大,选题有开放性。特约评论员文章,从其名字中的"特约"二字就可窥见它的权威性、重要性和深刻性,它着重于事关全局的举足轻重的重大问题,专题性、理论性和政论性更强。观察家评论,一般用于时事评论,选题慎重,寓评论于观察之中,着重分析。① 评论员文章的论题比较重要,通常与有关的新闻报道同时发表,文章中的分析论证比较多,能起着推广典型、指导全局的作用。评论员文章在写作的过程中,需要选取恰当的论题,其范围和重要性要介于社论和短评之间;要能选准论点,要确定一个针对性最强的论点作为总论点;要能分析问题,解决问题,分析尽量简明扼要,论据以说透道理为标准。②

短评是小型的评论,它是指报纸上刊发的短小而精悍的评论文章,一般是密切配合当前形势和中心工作,一事一议或配发的评论。③ 短评一般依托新闻报道,只抓最敏感、最能引起大众关注和共鸣的那一点,予以独到的分析,因而颇具创意性。短评的篇幅一般较小,但论题具体,指导性和时效性都比较强。写作短评时,必须抓住最需要与其配写的问题和事件,然后针对具体问题提出解决问题的意见,做到就事说理,分析简明扼要。

编者按也是一种小型的评论,它是依附于新闻报道或文稿的新闻评论。④ 媒体通过编者按来说明情况,交代背景,介绍作者,或者总结报道中的中心思想,旨在对报道起到提示、评论、阐述和补充的作用,以加深大众对报道的理解。编者按根据其在新闻报道中的位置的不同可以分为文前、文中和文后三类按语。编者按的写作过程中,必须要注重联系实际问题,做到有的放矢,对于事件和问题予以评论要切中要害,立场和态度要旗帜分明。⑤

新闻述评,顾名思义,是新闻和评论的结合体,它是由记者在深入调查和认真研究社会问题的基础上,对某些典型的、有价值的事实所发表的意见和观点。它在报道新闻事实的同时,更为注重对新闻事实的分析和评论。新闻述评的特点可以归纳为评述结合,以评为本;述中有评,评中有述;由述而评,以评驭述。而新闻述评的最大特点在于它的夹叙夹议,把具体事实和抽象议论融为一体。虽兼顾叙述和议论,但新

---

① 杨新敏:《当代新闻评论学》,上海三联书店,2006年,第177页。
② 周永固:《新闻评论学原理》,武汉大学出版社,1997年,第292-300页。
③ 赵振宇:《现代新闻评论》,武汉大学出版社,2005年,第313页。
④ 杨新敏:《当代新闻评论学》,上海三联书店,2007年,第177页。
⑤ 周永固:《新闻评论学原理》,武汉大学出版社,1997年,第322-325页。

闻述评中的"述"和"评"的分量却是有所差异的,前者可能在篇幅上占据优势,但后者才是新闻述评中灵魂式的存在。新闻述评的写作者要具有冷静清晰的头脑,具有对事物本质的穿透力和作出分析判断说理的能力。写作过程中要选择较为新颖的论题,把握事实典型,使用充足有力的事实论据说明问题。在有效使用大量的事实材料的同时,学会灵活地运用多种论证方法,夹叙夹议,论证论点,就事说理,予以较为深刻的见解。[1]

专栏评论是在报纸相对固定的版面,特定专门栏目中发表的评论,主要是以个人名义发表的署名评论。[2] 它拥有着稳定性、开放性、时代性和公众性等特点,它全面参与和介入了大众的社会生活,有时会针对现实生活中所存在的问题,或正面赞扬一些先进的事物和经验,或严肃批评某些带有普遍性和倾向性的错误之处,针砭时弊,匡扶正气;有时会针对实际工作和思想作风中的错误思想、认识、观点,明辨是非,端正立场,引导大众;有时会针对生活中易被忽视的具体问题,提出建议和意见,防患于未然。要写好专栏评论,要学会深入实际,抓住具体的新事情和新问题,深入挖掘,在把握前者的基础上尝试提出深刻新颖的论点,再予以精辟有力的说理论证。专栏评论的语言在力求犀利的同时,也要追求生动活泼的效果。

杂文是一种文艺性比较强的评论。它同其他新闻评论一样,以议论说理为主,但是又具有较多的形象性,它可以较多地使用叙述和描写,以及一些形象化的语言,以达到生动形象地论述的目的。它短小精悍,形式灵活多变,语言机智泼辣,常用油墨、讽刺等方式,评论时事不留面子,兼顾深刻性、知识性和趣味性于一体。杂文虽然也赞扬先进事物,但却以针砭时弊为主,它一般针对现实生活中的一些坏现象和不良倾向发表评论,尖锐地揭示事物的本质,给以尖锐泼辣的讽刺,具有较强的战斗力。杂文的写作,通常选取具体、典型、新鲜的事物为论题,从而以小见大,提出深刻新颖的论点,进行具体分析,借助比喻和类比等多种方法来形象说理。杂文写作中还有一个比较重要的点,就是它的语言,要尽量要做到生动形象,幽默风趣,尖锐泼辣,既鲜明又含蓄,既严肃又亲切。[3]

了解和掌握各种新闻评论的特点和写作要求具有其实践意义。首先有助于我们在特定的情况下,得心应手地选择最恰当的新闻评论形式,其次有助于我们对各种新闻评论形式的配合运用,更好地发挥新闻评论的特长,再次有助于避免新闻评论形式单调的缺陷。

---

[1] 周永固:《新闻评论学原理》,武汉大学出版社,1997年,第304-310页。
[2] 贾奎林、张雪娜:《新闻评论应用教程》,北京大学出版社,2009年,第192-193页。
[3] 周永固:《新闻评论学原理》,武汉大学出版社,1997年,第350-355页。

选 文

新闻评论写作的基本要求(节选)

叶春华　连金禾

导言——

　　选文节选自叶春华、连金禾所著的《新闻采写编评》，复旦大学出版社，1998年2月第4版，第383-395页。

　　作者叶春华，1929年生，浙江省黄岩市人，1955年毕业于复旦大学新闻系后留校执教，曾任新闻系副系主任、新闻学院新闻系主任等职，后为新闻学院教授、上海市新闻学会常务理事。已出版著作有《新闻写作》、《报纸编辑》、《新闻学基础》（合作）等。

　　作者连金禾，1936年生，福建省龙岩市人。1960年毕业于复旦大学新闻系，后在解放日报当记者，曾被评为主任记者，曾任科教部主任。1987年与叶春华合著《新闻业务基础》，另编著出版《高寿名人谈养生》等。

　　选文中，作者根据自身看法，提出了新闻评论写作共通的三大基本要求：触及时事，旗帜鲜明；立意要新，寓意要深；条分缕析，微言大义。随后作者逐条分析解释了三个写作的基本要求的内在含义和存在的意义，并结合具体典型的新闻评论文章进行论证。作者认为，新闻评论必须针砭时弊，需要能够全面系统地作理论阐述，理清条理，做到立意和寓意的双重结合，作者也提醒新闻评论的写作者们必须要夯实自身的思想水平和理论水平，同时也要学会勤于动笔，多加锻炼，这样才能真正地写好新闻评论文章。

　　新闻评论品种多样，写作的具体要求会有许多不同，但它们都属新闻评论，一些基本的要求应该是相同的。根据我们的看法，共同性的基本要求有三：

　　1. 触及时事，旗帜鲜明——这是就选取题材而言的

　　新闻评论是以新闻命名、以新闻为基本特征的评论文体，因此，新闻评论的题材，首先要具有新闻性。就是说，它所评论的应是现实生活中新近发生的那些新事物，包括新问题、新动向等。一句话，要触及时事，从正反两方面触及时事。首先要触及时事，然后才有新的政策、思想、精神等的阐明和解释，然后再有对实际工作和生活的推动和指导。离开了这一条，新闻评论与一般的论说文，甚至古代的论说文，都没有什么两样。

就新闻评论的作者来说，最好你在文章中触及的时事，是你深有感触、深有体会，如骨鲠在喉，一吐为快，非发不可。就是说，要有感而发，是发自肺腑的心声。这样的新闻评论，不仅有新闻性，而且有真意。奉命作文，常常不足在这一点。虽然文中也有明显的意图和精神，但易流于空泛，缺少吸引读者和观众视听的真情实感。这也是当前有些读者和听众，偏爱个人署名的新闻评论的原因之一。

作为评论文章，总是要有立场、观点、赞成、反对什么，表扬、批评什么，旗帜鲜明，爱憎分明。我们的报纸是"党和人民的喉舌"，要"以正确的舆论引导人"，旗帜鲜明，爱憎分明，应该是，也首先是新闻评论的基本职责。

触及时事，旗帜鲜明，这是写好新闻评论的第一关，十分重要。（举例说明）《以市政建设大局为重》是发表在1985年12月30日《解放日报》一版的新闻评论文章，是一篇写得较好的新闻评论文章。

评论首先触及了时事——它是配合"西藏路三座人行立交桥，昨晚建成通行"而发的。它触及了市政建设中的两种截然不同的态度和行为——"以大局为重"，"讲风格"，"比贡献"；"不顾大局，雁过拔毛"，"闹不完的矛盾，扯不尽的皮"。因此，它具有鲜明的现实性和针对性。

紧接着，评论针对这两种现象作阐发，赞扬并提倡前者，批评并反对后者。它不是泛泛而谈，更不是无病呻吟。它立足于党和人民的立场，想党和人民之所想，急党和人民之所急，深感市政建设之艰难，号召全市各行各业、各单位各部门，都要以大局为重，相互协作，共同解决困难。真是鞭辟入里，旗帜鲜明。

我们在强调旗帜鲜明的时候，要十分注意准确性。新闻评论的观点，应该准确地体现马列主义的基本原理，准确地体现党的方针和政策，过之和不及，都有损于新闻评论的严肃性，有害于实际工作和实际生活。

2. 立意要新，寓意要深——这是就构思立意而言的

新闻姓"新"。新闻评论虽然是评论，但与新闻"沾亲带故"，同样要考虑新闻的"新"。即就一般论文的写作来说，也强调"意取尖新"。因此，立意要新，这应该是新闻评论写作的一个基本要求。

"意"，即是作者的思想或观点，是他从分析新闻现象中所得出来的看法和结论。新闻评论要发挥它的作用，必须要有"意"。一篇新闻评论没有"意"固然不行，即使有了"意"，但是"老生常谈"，甚至是"陈腔滥调"，那同样不行。

我们知道，"意"是被抽象上来的观点。我们的报纸和广播，每天都要刊登和播发许多有"意"的新闻评论。如果我们在写作时不强调"立意要新"的话，那么，好多新闻评论尽管文字不同，长短不同，形式不同，而它们的实质——"意"却是相同的，这岂不是在浪费时间和篇幅！报纸和广播怎么能充分地发挥指导实际工作和生活的作用呢？

当然，这里强调的"立意要新"，并不是要我们像捏橡皮泥那样来随心所欲变化

的。第一,它要靠选题取材这一关。就是说,在选择题材时你就要考虑到这一点,要选择有特色的题材即新鲜的题材。只有题材是有特色的、新鲜的,然后立意才能有特色、有新鲜感。第二,这要靠作者的眼力和水平。同样一个题材,有人立意新,有人立意旧,差别就在这里。立意旧的作者,常常不是由于不努力,而是"非不为也,是不能也"。因此,"立意要新",首先要求作者不断提高自己的思想水平和理论水平。

写作新闻评论,说"立意要新",固然重要,但还只是说到一个方面。因为一篇新闻评论,"意"是新的,但十分肤浅,只一照面,就味同嚼蜡了,当然是很欠缺的。因此,在强调"立意要新"的同时,再提出"寓意要深"的要求,应该说是比较全面的。

立意新,是解决"旧"的矛盾;寓意深,是解决"浅"的矛盾。"旧"与"浅"的"意",都应在克服之列。

寓意要深,这对作者的思想和理论水平的要求是很高的。就是说,它要求作者对新闻现象的观察,不只停留在表面上,而要深入到事物内部去,要透过现象看到本质。它不只要求"一层",而且要求"二层"、"三层"……,充分地揭示事物的本质意义。古人王尧说:"涉浅水者见虾,其颇深者察鱼鳖,其尤甚者观蛟龙。"其理是相通的。只有最充分地揭示新闻现象的本质意义,新闻评论包括新闻报道在内,才能最充分地发挥它们的作用。

3. 条分缕析,微言大义——这是就逻辑推理和文字表达而言的

新闻评论虽然不是理论文章,需要全面系统地作理论阐述,但仍然需要说理,通过对新闻现象的层层剖析,把蕴含在里面的道理说清为止。一篇好的新闻评论,总是结构严谨,条理清楚,层次分明的。只要题材好,立意新,理顺则文章成,新闻评论自然就具有了吸引人和说服人的魅力。条理不清楚主要是思路不清楚的反映。因此,解决的办法,仍然首先要在提高综合分析问题的能力上着手。

新闻评论是为新闻画龙点睛的文章,具有强烈的新闻性,因此,从篇章结构到文字表达,强调简洁明快,言简意赅。这是由新闻评论的职能和特点所决定的。即便是作为报纸的灵魂和旗帜的社论,也不例外。近几年来,几百字的短社论以及两三百字的各种类型的新闻评论的大量出现,说明这是得人心的改革,是受广大读者和听众欢迎的,实际效果也是很好的。

《一件新年礼物》就是一篇比较好的小型新闻评论,连标点在内不到400字,应该说是比较短的了,但短而好。

一是口子开得很小:开头只说"从报纸版面的一个角落,扫描到一条不起眼的消息"……;题目也只是"一件新年礼物"。但是,从一个"角落"里"扫描"出来的"一件新年礼物"中,却有一个严肃的问题——"如何多一点求实精神,少一点浮夸虚饰"。联系到当前社会生活中的一些不正之风,这真是一针见血!"微言"而透视出"大义",这是评论写作,特别是小评论写作的真经和法宝。

二是分析得比较细:第一段开头,提出一件事,即借题发挥的"题"。第二段就进

行分析了,有几个层次——第一句是就"应有之义"作分析;第二句紧接着从"却自有一番新意"中深入;在介绍了当前社会生活中存在的错字病句的背景后,从第五句开始,就逐步把问题提出来,并提到"为祖国语言文字的纯洁和健康付出心血"的高度,又深入了一层。第三段,作者的笔从"捉错治病"的本身跳出来,把它放到"文化环境"的大背景中来透视,最后落到主题上——"如何多一点求实精神,少一点浮夸虚饰",以小中见大作结。几个转折,步步深入,文字生动,很有说服力和感染力,这就叫"条分缕析"吧!

别看这是一篇小型新闻评论,它在选题取材、构思立意以及写作手法等方面,可以给我们以"诸多启发"(如果把题目改为"多一点求实精神,少一点浮夸虚饰",那将怎么样?……)

我们建议广大读者,多学习写作这类小型新闻评论;写得了这类小型新闻评论,写大中型的新闻评论,也是不难的了。

写好新闻评论,当然还有其他一些要求,如知识要丰富,语言要生动,等等,这是一般文章写作中的应有之义,这里就不赘述了。

最后要强调的是:写作和写好新闻评论,除了前面所说的一些条件和要求外,特别提倡动手,多动手。只有动手,才能真正学会写作;只有多动手,才能知道此中的甘苦,得到更多的锻炼,也才能促进进一步自学,学得明确,学得有效,把新闻评论写得更好。

报刊评论的形式(节选)

廖艳君

导言——

选文节选自廖艳君等编著的《新闻评论》,清华大学出版社2010年7月版,第116-128页。

作者廖艳君,是湖南大学新闻与传播学院博士后、副教授,现任湖南大学新闻与传播学院学术鉴定委员会委员,湖南省文化产业研究基地广播影视产业研究所所长,中国网络传播学会会员、中国高等院校电影电视学会成员。曾在湖南省长沙师范专科学校从事《阅读与写作》教学科研工作,2000年3月至今在湖南大学新闻与传播学院从事《现代汉语》、《中国文学》、《影视批评学》、《电视节目主持》和《广播电视节目策划》教学科研工作,主要作品有《新闻报道的语言学研究》、《新闻评论实训》等。

选文先给报刊新闻评论下了个定义,简要明了地概括了报刊评论现有的三种分类方法,随后重点就第三种分类方式进行介绍。作者按照报刊评论的体裁,将报刊评论分为了 6 类,即社论、评论员文章、短论、编者按、述评、时评,并分别对这 6 类报刊新闻评论进行概念界定,结合具体案例和学者言论对这些不同类型的报刊新闻评论的特点和具体写作要求提出了自己的见解,以帮助读者熟悉新闻评论的写作情况。

报刊评论是指报纸媒体所发表的各种评论形式的总称。它是针对现实生活中重大问题、新闻事件直接发表意见、阐明观点、表明态度的一种以说理为主的论说文体。

报刊评论,从评论论述的内容来分类,可分为政治评论、经济评论、体育评论、国际评论、社会评论、文化评论、教育评论和军事评论等;从评论论述的方式来分类,可分为解释型、表扬型、庆祝型、批驳型、建议型和纪念型等;从评论的体裁来分类,有社论、评论员文章、短论、编者按、述评、时评等。第三种分类方式是我们新闻工作中最常适用到的,以下从这一角度详细分析。

一、社论

1. 社论的定义

社论是报刊评论中最重要的一部分,是报纸的旗帜,体现了报纸的舆论导向,具有很强的政治性、政策性、权威性和指导性,代表编辑部对重大新闻时事、政策、问题的发言,阐明了报纸的观点、立场和主张,文风庄重、严谨、朴实和鲜明。"甘惜分在《新闻学大辞典》一书中对社论的定义作了进一步补充:(社论)集中反映并传播一定政党、社会政治集团或社会群众团体对当前重大事件和迫切问题的立场、观点、主张……政党机关报的社论一般代表同级党组织的意见。"

2. 社论的写作要求

报纸进入"厚报时代",言论版也得到扩充,作为报社主打招牌的社论也在发展中不断完善。总结历史,我们对新时期社论的写作提出了如下要求:

第一,选题上,做到舆论导向与贴近群众的统一。

社论代表了报纸的立场,需要提炼政治和思想上的鲜明观点,做好舆论引导,与此同时还要贴近实际、贴近生活、贴近群众。

第二,形式上,做到深入分析与言简意赅的统一。

社论因为其选题的重大,往往运用较长篇幅来深入分析和阐述。长期以来,社论都以长篇大论的面孔出现,体现报纸评论的重要性。随着人们生活节奏的加快,要求评论也要趋于精炼,社论要做到言简意赅。首先是长话短说,精简复杂冗长的句子;其次是内容要具体生动贴切,避免空洞无趣的坐而论道;最后,语言简洁明了,舍弃辞藻的堆砌。

第三,文风上,做到严肃庄重与个性文采的统一。

社论文风上要严肃而庄重,但不是板起脸来说话。风格就是作者思想和写作思想在文章中的构思、表现手法、语言运用上所展示的艺术特色和创作个性。根据社论题材选择的需要,社论可以写成不同的风格,但是一定要写得平易近人,可读性强些。

(案例:《人民日报》2008年8月8日社论《同一个世界 同一个梦想——热烈祝贺第29届夏季奥林匹克运动会开幕》省略)2008年北京奥运会是中华儿女百年奥运梦圆的盛会,这篇社论写在奥运会开幕式前,为这一人类的盛会奏响了序曲。文章以奥运精神"同一个世界 同一个梦想"为基调,首先,运用三个排比句展开论述,庄重大气而又热情洋溢。其次,作者围绕奥林匹克运动的历史变迁、奥林匹克来到中国的意义和奥林匹克精神的内核进行了精彩的论证,从历史和现实的角度,证明这一次的盛会,将是中国人民、世界人民共奏的伟大乐章。全篇社论言简意赅,文风大气活泼,读来意犹未尽,值得我们学习。

二、评论员文章

1. 评论员文章的定义

评论员文章是媒体内部仅次于社论的高规格评论,多论述国内外重要问题和行业、部门、地区的重要问题。作为"次重量级"评论,它在选题上更加广泛,论述上更加集中、深入,表达上更加自由,风格上也更加轻松活泼。评论员文章包括署名和不署名两类,运用起来更加灵活方便,此外,特约评论员文章和观察家评论也可纳入其中。

以《人民日报》"任仲平"署名评论员文章为例。比如获中国新闻奖的作品《在全面建设小康社会中充分发挥先锋模范作用》、《论孔繁森的时代意义》、《筑起我们新的长城——论抗击非典的伟大精神》等,虽然每篇多在6 000字左右,但条理清晰、结构分明,既表述严谨又生动活泼。武汉大学新闻学院强月新教授以任仲平文章为分析对象,指出"任仲平文章将党报的政治性、思想性和新闻性融为一体,以其独特的风格成为新闻评论的一道靓丽的风景线。"[①]当然,这也要归功于《人民日报》所拥有的优秀评论员队伍,他们以"任仲平"为名,所写文章选题广泛,意义深刻,深受读者好评。

2. 评论员文章的写作要求

不管是《人民日报》的"任仲平"评论员文章,还是《光明日报》评论员对全国哀悼日的解读(《光明日报》2008年5月20日《这一刻,我们的心被震撼》),我们看到,优秀的评论员文章在写作上要求:

(1) 题材更加宽泛,可以是对党和政府政策提出具体方向和重点的解读,也可以是对现实生活或者实际工作做出评价,还可以是灵活针对社会思想倾向问题的评论,针砭时弊。

(2) 集中论述,小角度切入,具有较高的权威性。

(3) 风格多样化,既有严肃庄重的风格,也有尖锐活泼的风格,赋予评论员文章

---

① 陈栋:《新闻评论从"意见平台"到"公民素质"——"新世纪第二届新闻评论高层论坛"综述》,载《今传媒》,2006年第5期。

更多新鲜自由的色彩。

三、短论

1. 短论的定义

短论,短小而精悍的评论。它开门见山、简洁明了,抓住一点进行扼要分析。短评有两种形式,一是配合新闻报道而刊出,对文章中的思想、观点表达编辑部的态度;二是独立发表,针对社会上某种思潮、现象和问题发言。

2. 短论的写作要求

短评的优势是"短、新、活",因此短评的写作也要基于上述要求。

第一,短小,就是指篇幅短小,语言精练。短论比长论有优势,用简短的句子就勾勒出基本的事实,迅速抓住事物的本质。因此,短论一般开门见山,直截了当,便于刊发,具有时效性。

第二,新鲜,是指时效性强,思想新奇,角度特别。由于短论有时配合新闻刊发,要求既源于新闻基本事实,又要高于新闻,深入挖掘其意义和价值,或者从一个全新的角度去评论,给读者以回味和启发。

第三,活泼,即形式活泼,风格多样。短论形式不拘一格,不论是体裁结构、分析说理还是语言风格,都可以灵活多样,既观点深刻,又留给读者思考的余地。

《人民日报》2008年4月21日的《爱国热情与国家利益》一短论,立意新颖,具有较强的时效性,对问题的分析入木三分,对爱国热情如何理性表达进行了探讨。本文以爱国为话题,深入分析爱之心可贵,但需要落到实处。面对国际社会对中国的人权非难,民间的爱国热情形成又一个高潮,如何正确引导爱国热情转化为大国理性,文章进行了深刻的讨论,最后得出结论,激情加理性才是爱国的正确态度。全篇短小精悍,文字简洁,开门见山地提出问题,然后层层深入论证,提出建设性的建议,引人深思。

四、编者按

1. 编者按的定义

编者按是一种依附于新闻报道和其他文稿的简短编者评论,通过画龙点睛的评论、批注或者说明的文字,发挥说明提示、建议点题或者针砭时弊的作用。编者按一般言简意赅、点到为止,讲究舆论分寸。编者按一般可分为:

第一,说明性按语。用于说明有关情况、交代有关背景、介绍作者身份等,以帮助读者更好地理解报道的内容。

第二,议论性按语。用于揭示文章的中心主题,以加深读者的理解;或者借题发挥、引申出深刻的意义,展现编者意见。

2. 编者按的写作要求

编者按依具体位置,还可以分为文前按语、文中按语和编后等。在写作时,要根据具体情况来选择适合的表达形式。在语言上,要注意有感而发的抒情和议论,或者运用建议性的文字。一般都是点到为止,文字精练。在写作手法上,不必拘泥于普通新闻的写实手法,可以借助文学的各种表现手法,用散文、抒情的笔法来灵活地表达态度和意见。

编者按:
"圆明园铜兽拍卖"已经超出了文物范畴,演变为一起媒体事件。在情绪日趋激昂的情境下,我们更需要倾听多样的声音。两位评论者的观点未必完全正确,但作为一家之言,则具有参考的价值。

(《新京报》2009年2月26日)

编者按的篇幅很短,往往寥寥数语就解释一个现象,或者揭示一个问题,或者点明一个事件的意义。在这篇说明性文前按语中,介绍了当期报纸所刊发的两篇评论文章的社会背景,这样的铺垫让读者阅读起来不至于显得突兀。

五、述评

1. 述评的定义

新闻述评是新闻评论的一种边缘体裁,既报道新闻事实,又对新闻事实进行评论,达到述评融合的境界。述评既要对新闻事实进行叙述交代,使受众了解有关事件本身的信息,又要对所叙述的事件加以议论、分析,表明作者对新闻事实的刊发。

2. 述评的写作要求

述评虽然是夹叙夹议,叙议结合,但"叙"与"议"的地位却并不相同,"叙"是为"议"服务的,"议"才是"叙"的目的。[①]

(《广州日报》2007年3月10日的《新闻述评:猝死背后》,内容省略)

这则评论从青少年猝死网吧事件出发,看到造成这一事件的原因不仅仅是网吧管理的不到位,而且在网络游戏的大肆侵占下,我们应该思考的是"疏"胜于"堵"的网络文化发展趋向。述评是由事明理,新闻事实的价值通过作者的叙议过程中揭示出来。由于叙议结合,新闻述评写作上更加灵活,风格上也不拘一格。

---

① 杨新敏:《新闻评论学》,苏州大学出版社,2007年,第217页。

六、时评

1. 时评的定义

时评广义上指时事评论,以其短小精悍、具体深刻、批判尖锐的风格,吸引广大受众参与到公共事务的管理中来,实现对公众知晓权和话语权的双重满足。如今国内外报刊争相效仿,纷纷设立各类时评专栏,密切配合新近发生的各种新闻事件和时事问题发表评论。

时评作为新闻媒体上一道最亮丽的风景线,为新闻评论注入了无限的生机和活力。例如,北京的《中国青年报》的《冰点时评》、《南方都市报》的《时评》、《北京晚报》的《新闻点点评》、《新快报》的《有网天天上》等。如今时评已成为各报抢占读者市场、树立"社会公器"形象的法宝。

2. 时评的写作要求

时评的写作要求主要表现为:

第一,选题上要表现问题的时新性。

反映问题的新鲜及时是时评要体现时效性的首要要求,特别是新近发生的事实往往成为时评评论的对象。许多报纸的时政评论栏目与新闻同步,以《南方都市报》为例,其新闻和评论的时间差基本控制在一两天之内。每天基本上都有一篇言论,其评论对象是同期本报的新闻,使新闻与评论互相深化,互相延伸,加重报道的分量,真正做到新闻和评论的同步。时评的目的不在于穿透历史的深远,而是对社会进行实时监测,及时地发出自己的声音。例如2008年的雪灾事件中,《南方都市报》与日常新闻报道同期刊登的还有大量的时评,如:《面对异常天气的思考》、《极端天气考验国民精神》、《雪灾中的生命韧性》等,鼓舞人民战胜雪灾的坚定决心。

第二,观点要尖锐深刻。

在时评的文章中,支持什么、反对什么要一目了然,观点明确深刻。批判是时评存在的意义所在,直截了当地说出真相,面对真问题,说出自己真实的良心判断,这是时评这一特有文体所承载的使命。相反,不痛不痒、缠上一层又一层裹脚布的"时评",带着镣铐跳舞的"时评",常常失去了时评的本来面目,变成可有可无的东西。针对这样的问题,叶匡政的《时评,正在成为一种脑残文体》,可谓向当下的时评热潮投了一颗巨石。

第三,篇幅短小精悍,语言轻松活泼。

时评一般就事论事展开论证,选题的范围明确,角度较小,不需要长篇大论地进行论证说明,反而言简意赅更容易出彩。此外,时评没有社论的严肃性,更多反映地是受众的声音和意见,语言也倾向于活泼生动、喜闻乐见。

(《人民日报》2007年11月21日人民时评《"华南虎事件"让谁蒙羞》,内容省略)

这是一篇紧密结合热点新闻时事的新闻评论,作者以犀利的笔触层层剖析"华南虎事件"的利益关系,文章具有时效性和现实性的特征。首先,在选题上就已经吸引了读者的目光,跳出热闹的"打虎"事件,探究其背后的责任主体。其次,它行文流畅,抽丝剥茧步步深入,由诚信的缺失看到公民权的理性申述再到对结果的追问。最后,文章在短小的篇幅中表达了作者的意见性评论,爱憎分明、余味深长,负有强烈的感染力。

新闻述评的特点与写作要求

孙聚成

导言——

选文是孙聚成发表在《军事记者》上的一篇文章《新闻述评的特点与写作要求》,2008年第10期。

作者孙聚成,是政治传播研究学者,中国人民大学新闻学博士,历任《中华儿女》杂志社编辑部副主任、《中国周刊》杂志社总编辑等职,获得首届中华优秀出版物奖。出版学术专著《信息力——新闻传播与国家发展》(人民出版社)等,主编《新闻发布与新闻发言人实务》(人民日报出版社)等大型新闻传播专业用书,编写教材《广播电视新闻基础知识》(中国国际广播出版社)、《中国和谐文化建设》(人民日报出版社)等。

选文从刘翔因伤退赛引发系列新闻述评,造成较大影响力的事实说开,引出了对于新闻述评的特点的论述,即新闻评述中"评"与"述"的逻辑联系。作者依照新闻述评的内容,将其分为了工作述评、形势述评、事件述评三类,并作了相应的解释。最后,作者着重指点了三个写好新闻述评的方法,提醒写作者们要锻炼自身的分析概括能力,在进行新闻述评写作前,要进行深入细致地采访,以获得第一手实事来支撑自己的分析。同时,也要能够把握好新闻述评的结构(吃透"是什么、为什么、怎么办"三方面的内容),在写作中不仅要报道新闻事实的来龙去脉,还要理清事实间的关系,把握新闻事实的整体情况,对事实的意义作出解释和说明,实现事理两者的相互交融,让"观点能闪烁出感性的光芒"。

2008年8月18日,鸟巢。站在田径跑道上的刘翔因伤退赛,留给世界一个孤独的背影。事件发生后,各大媒体在第一时间都推出了自己的新闻述评,及时报道事件并引导社会公众的情绪。如新华网推出的《人性庆典》、《刘翔因伤退赛依然是英雄》、《刘翔是人不是神》、《让我们给刘翔送上真情安慰》等一系列述评文章,让读者理解了奥运精神,理解了体育赛场上的拼搏与失败。

新闻述评为什么可以发挥这么大的影响力？这是由新闻述评的特点决定的。新闻述评是介于新闻和评论之间的一种融叙与议于一炉，合事与理为一体的新闻体裁，兼有新闻与评论两种作用；新闻述评不只报道新闻事实，还需要对事实进行必要的分析、解释；或者对某种形势、某个带普遍性的问题发表意见和看法。新闻述评可以及时剖析新闻事件，揭示事物或形势的特点、本质和趋向，用以指导实际工作，达到启发、引导受众的目的。记者在写好消息、通讯等体裁的基础上，应重视对新闻述评的研究与写作。

新闻述评的特点

1. 评述结合，以评为主

述评集新闻报道和评论的职能于一身，既及时报道新闻事实，反映现实生活的发展变化，又揭示新闻事实的本质和意义，指明事物的发展趋势。述评作为一种具有独特个性的新闻体裁，一般都要对新闻事实进行比较全面的、多角度的介绍，包括典型的具体事实、概括的情况以及必要的背景材料等，在叙述事实的同时进行议论。评述结合并不意味着评和述在篇幅或比重上的相等，它主要表现在兼有新闻报道和新闻评论的特点，具备两者的功能，同时它又是以评为主的。评述结合、以评为主，这就是说，述评的目的在于评，述是为评服务的；述是评的基础，评是述的目的。因此，就一篇述评来说，评多于述，或述多于评都是常见的现象，有时在叙述新闻事实的同时，已经包含了作者的倾向和分析，只要再加以画龙点睛的议论，就足以说明问题了。如2008年春天，新华社针对藏独分子破坏行为所发表的述评《暴力事件戳穿达赖集团"非暴力"谎言》，就很鲜明地把藏独的本质清楚地揭露出来。

2. 述中有评，评中有述

述评以事实为依据，这些事实来自现实生活，反映现实生活。述评的评，或者说它所讲的道理，就是在对这些事实进行分析的过程中加以阐明的。述和评的有机结合，体现了由个别到一般、由具体到抽象、由感性到理性的认识规律，易于被人们所理解。述评的评，并不是就事论事，而是为了弄清客观事物的本质和它所包含的带有普遍性的新经验、新问题。许多述评采取夹叙夹议的论述方式，述中有评，评中有述，可以从理论和实践的结合上，把握事物之间的共同规律并提出问题和解决问题。如2008年两会期间，新华社发表的系列述评《科学发展新征程》，就是很典型的叙述与评论的有机结合，在述与评中把各地贯彻科学发展观所取得的成就进行了概括，对如何深入贯彻科学发展观进行了展望。

3. 由述而评，以评统述

述评摆事实和讲道理兼而有之。它所讲的道理，是作者通过大量新闻事实进行分析而得出的结论。这也正是述评与某些推理性评论的区别。因此，述评更注重材料和观点的统一。述评中对新闻事实的叙述，有时多一些，有时少一些，但都服务于观点,或者说接受观点的统率。述评的作者要掌握大量的事实和各种背景材料,这样才能经过分析研究,得出正确的结论。但是,在述评中不可能也没有必要把所有的事实和材料都罗列出来。运用哪些新闻事实,哪些情况概括地叙述,哪些情况用具体的典型事例加以说明,都要服从于评,服从于作者阐明观点的需要。如新华社针对国家林业局拍卖野生动物狩猎权所发表的述评《枪杀野生动物,以"保护"之名?》,作者用了四个疑问来展开述评,疑问一:非得靠人们手中的枪来维持"生态平衡"吗?疑问二:就算是有必要用枪来解决"生态平衡"问题,有必要非得"变现"吗?疑问三:有必要"和国际接轨",发展狩猎产业吗?疑问四:为什么只允许有钱人猎捕以及如何做到有效监管?这样,作者就以评驭述,很准确地把假保护之名、行捕杀之实的真相披露出来。

新闻述评的类别

述评的应用范围十分广泛,其选题可以涉及社会生活的方方面面,反映人民群众普遍关心的问题。目前我国报纸、通讯社、广播、电视的述评,涵盖了社会生活的方方面面,从其内容来看,大致可分为以下几种类型:

1. 工作述评

工作述评,顾名思义是针对实际工作中的经验或问题进行评述。在我国社会主义现代化建设的进程中,各个领域各个行业的新情况、新经验、新问题层出不穷。人们不仅需要及时得到各种必需的信息,而且在他们对各种新闻事实进行思考的同时,也需要了解新闻媒介或记者的看法和主张,以便作出自己的判断,辨明是非和方向。对于社会生活中的一些"热点"或"难点"问题,更是如此。

2. 形势述评

形势述评是对国内外形势,包括政治、经济、文化以及其他领域形势的述评。它的内容所及,可以是全局的形势,也可以是某个特定地区或某一条战线在一个时期、一定阶段的形势。这类述评的特点是着眼于形势的变化和转折,着眼于群众普遍关心或需要引起群众注意的问题和动向,概括全貌,指明发展趋势,帮助读者开阔眼界,提高认识。

3. 事件述评

这类述评是根据记者直接调查和掌握的材料,对国内外发生的重要事件或某些影响较大的突发事件进行评述,它的特点主要是从具体的事件,联系到它产生的原因和背景,探索其性质和意义,或通过对材料的分析,澄清事实,说明真相。

怎样写好新闻述评

1. 把握新闻述评的结构

新闻述评无论写什么内容,首先要从结构入手,把握好"是什么、为什么、怎么办",吃透了,写好了,述评就具备了成功的基础。述评的这种写作方法可以把新闻事实的前前后后各个侧面囊括进去。但在具体写作中侧重点是不一样的："是什么"重在求细，翔实地占有大量事实和细节；"为什么"重在求深，深入地探求事实背后的真相；"怎么办"重在求实，给出解决问题的思路和办法。三个部分水乳交融，就可以把问题讲清楚，说明白。

2. 实现新闻述评的事理交融

新闻述评的优点在于，它不仅报道新闻事实的来龙去脉，而且对事实的意义做出解释和说明。所以，如果从内容上分析，一篇好的新闻述评一定包括新闻事实和评论两个部分。有的作者在采写述评的时候，要么把事实淹没在评论里，要么使精辟的评论被冗长的事实叙述所遮挡，难以吸引读者的眼球。因此说，采写述评一定要注意事理交融。

事理交融就是在述评中事实与观点相互依存，相互确认。新闻述评如何实现事理交融呢？首先，展示观点的建构过程。展示由事实到观点的分析推理过程，事实与观点才会在这一建构过程中达到统一。其次，公开而明确的因果关系表达。事实的叙述总是有明确观点指向的叙述，事实的安排也总是在一个公开的观点统率下的事实聚合。第三，让观点闪烁出感性的光芒。述评观点应具有现实性和大众化，抓住普通人的情感。

3. 提高综合判断能力

和事件性新闻、工作通讯等体裁相比，新闻述评对采写的要求更高。采写新闻述评不但要了解一个个的事实，而且要认识它们之间的关系，还需要对新闻事实有整体的把握。采写述评，记者要常常引述不同领域、各个层面权威人士的观点，常常概述不同的事例来分析其中的关系，探析事情的前因后果，预测形势的发展。这不但要求记者有高于别人的分析概括能力，还要求记者进行深入细致地采访，以第一手的事实来支撑自己的分析。有些述评之所以没有吸引力，除了因为作者本身缺乏积累外，还与没有独到的观点有关。

胡乔木同志1991年11月5日约见新华社负责同志时说过："培养名记者的一条重要方法是多写评论和述评"，"评论和述评是一种高层次的新闻报道"。可见，要做一个合格的新闻工作者，就必须锻炼和加强自己的素养，就应当懂一点新闻评论学，在阅读和写作新闻评论上孜孜以求，日有长进。新闻报道从感性向理性发展，从浅层向深层发展，从单个信息向密集信息发展，从客观性向科学性发展，是新世纪受众需求变化的必然趋势。新闻报道和评论的互相渗透，对记者和评论员都提出了更高的要求，我们应当努力提高自己，充实自己，以适应新时代的新要求。

短评,别越位!(节选)

田望生

导言——

　　选文节选自田望生所著的《新闻评论他说》,华文出版社,1999年,第192-196页。

　　作者田望生(1946—),安徽桐城人。主任编辑,根艺美术家。曾任《中国铁道建筑报》副总编辑、中国民间文艺家协会根雕艺术委员会副会长。主要著作有《新闻采编录》、《新闻标题探胜》等。

　　选文简述了短评的含义和规格,指出短评在评论标题,评述范围、规格及适应社会生活的广度等作战性能上都胜于其他的评论体裁,而它"在结构、内容安排以及行文语气等方面,都要求有集中,有限制,而不能随意发挥。"作者认为短评要力求简练,要将之提升到"文章尽境"的高度来认识,同时还要免于片面性。随后,作者引用清代桐城派文人刘大櫆的论说,总结出写作短评,力求简练,可以从"笔老"、"意真"、"辞切"、"理当"、"味淡"、"气蕴"、"品贵"和"神远而含藏不尽"八个方面去下工夫。作者还借用了林嗣环的鼓心和鼓边的比喻,提醒短评写作者们要注意处理好短评与新闻事实的"依托"和"超脱"的逻辑关系,学会利用衬托的手法来突出中心思想,而不是单纯地笔笔都直接写出中心思想。

一、短评的内涵

　　短评,顾名思义,是指一种篇幅短小,内容单一,分析扼要,使用方便的评论。由于它同配合新闻发表的评论员文章以及编者按和编后都属于配合性评论,编辑们在给这样的评论体裁安个什么栏目时,常常举棋不定,有的把短评当评论、评论员文章发,有的把短评当编后发,到底在什么位置合适,找不着北。其实,只要把握短评的特点和要求,它的位置是不会搞错的。

　　首先,从篇幅上讲,短评的字数一般在对开大报上以800字为宜,在四开小报上一般为500字以内,不要把它看成是社论、评论员文章的缩写。"言近而旨远,词约而意丰。"短评在结构、内容安排以及行文语气等方面,都要求有集中,有限制,而不能随意发挥。

二、短评短说

　　让短评短起来,有没有诀窍呢?有!用刘勰的话说,便是"芟繁剪秽",使文章"弛于负担",即免受浮词冗句所累；用鲁迅的话来说,便是"竭力将可有可无的字、句、段删去"。

　　文章究竟是短一点好,还是拉得长一点好？我想,短文章画龙而忘记点睛不行,而长文章,花许多笔墨只描写一只眼也不行。写短要不能长,写长要不能短。几十万字仍可以有余味,几百字也可以是啰嗦。因此,不能笼统地一概反对长文章,但就短评而言,还是短一点好。写短评,将那些不着边际的空话套话、故作卖弄的艳词丽句,以及用处不大的平庸材料挤掉,会使事实更突出,主题更集中,文峰更朴实,更接近人民大众。清代桐城派文人刘大櫆说得好,"文贵简。凡文笔老则简,意真则简,辞切则简,理当则简,韦丹则简,气蕴则简,品贵则简,神远而含藏不尽则简,故简为文章尽境。程子云：'立言贵含蓄意思,勿使无德者眩,知德者厌。'此语最属有味"。（刘大櫆《论文偶记》）

　　历代作家都强调文章要简练。但把"简"提到"文章尽境"的高度来认识,则是刘大櫆的创见。他深入地论述了这条极重要的写作美学原则,总结了一条带规律性的写作经验。他不仅明确地提出"简"的标准,划清了简练、简洁和简单、简古的界限,而且指明了达到"简"的境界的具体方法和主要途径。

　　这就是要从"笔老"、"意真"、"辞切"、"理当"、"味淡"、"气蕴"、"品贵"和"神远而含藏不尽"八个方面去下工夫。最后,他又借用程子之言,提出强调"简"要防止片面性,不要简而枯燥,简而困惑。

　　从浩繁的传世佳作中,可以看到写短文是我国一个悠久的优良传统。历史上的诸子及后来的文章大家,多是擅用短文撰写大事的高手。他们察一叶而知秋,见微末而知著。从一颦一笑、一举一动中,表述人物的思想和品格。《后汉书》中说："轻者重之端,小者大之源,故堤溃蚁孔,气泄针芒。是以明者慎微,知者识几。"他们从"差之毫厘,谬以千里"之说中,深谙小与大的辩证关系。

　　对短文中的一字一词、一句一段的作用,古人有很多精湛的论述。一句话的分量有多重,《抱朴子》里说："一言之善,重于千金。"《北史》中载："卿之一言,逾于十万之师。"《苛政猛于虎》可谓古时一篇精彩的政论,它生动形象而又深刻地揭露了封建社会统治阶级的残酷压榨、剥削人民的罪恶,但全文不足百字。《聊斋志异》全书488篇,500字以下的232篇,最短的一篇连标题标点只35字。每篇写人状物神奇,布局结构巧妙,造句凝练精粹,读过的人都为书中那短小精悍的故事所倾倒。

　　在评论体裁中,如果说社论、评论员文章是航空母舰,那么短评只能算作一艘随时都可以出击的鱼雷快艇,它在评论标题,评述范围、规格及适应社会生活的广度等作战性能上比社论、评论员文章这个庞然大物要灵活轻便得多。短评常常领会、融合现行政策,配合新闻报道就现实生活的某一方面的问题,表述编辑部或编辑个人的意见。

　　短评旨在评,而不着重论。短评写起来开门见山,舒卷自如,评其一点,不及其余,当然也不能像编者按、编后那样只有三言两语,短评字数太少就无法展开了。短评在写作手法上虽然也能借鉴传统笔法,如用杂文笔法去旁征博引,谈古论今,议论风生。但又不同于副刊上的杂文,它不是单纯的有感而发,而是紧扣着新闻事件去议论,引证也有一定的限度,不能海阔天空漫无边际的"说开去"。

三、短评的"托"与"脱"

写短评有一点是不可忽视的,因为它涉及撰写短评的最重要的原则和方法。

社论和评论员文章可以甩开具体新闻报道去发言。它有点像过去战争中的高射炮和机关枪,可以呼啦一下压过去,没有具体的目标,目的只是压住敌方火力,以掩护步兵冲锋或撤退。短评也不像编后那样不即不离,它是依托新闻与超脱新闻的辩证统一。

依托,指短评的由头和主要论据都来自报道所提供的新闻事实,防止空发议论,乱喊一气。但是,依托又绝不是报道的简单复述或内容梗概,而需要超脱,即通过事理结合,就实论虚,从报道中发现一种观点或倾向,加以论证,使读者从思想上、理论上获得新的启迪,得到新的提高。

做文章如何正确处理"托"与"脱"的关系,古人有很多生动的比喻。明代后期文人林嗣环在《与吴介兹》书中就运用敲鼓时鼓心与鼓边的关系比喻,说明写文章如何表现中心,表现基调这个问题。林嗣环说:"昆山张元长云:'作文如打鼓,边鼓虽要极多,中心却少不得几下。'予谓鼓心里,但少不得几下耳,却多打不得,以打鼓边左右时,其下下意都送到鼓心里去了也。今人之文,高者下下打边,呆者下下捶心,求其中边皆甜乌有哉!"

打鼓要使鼓声成韵,优美动听,不能下下打鼓心,甚至不能多打鼓心。因为全打鼓心或过多打鼓心,没有烘托,没有变化,必然会单调平直,缺乏含蓄隽永的韵味。鼓心的声音是主调,边鼓的声音是烘托这个主调的;看来是打边鼓,却下下都是为了表现主调。正因为有了边鼓的烘托映衬,主调才能表现得更好。写作短评也是这样,应该解决好中与边、主与副、托与脱的辩证关系。

凡是文章都要有一个中心思想,但写文章却不能笔笔都写这个中心思想,也需多方面的烘托映衬,需要旁敲侧击。高明的作者,写作时很少直接点明中心思想,却又处处紧扣中心。这样的文章,写得很生动,很丰富,中心思想虽很少甚至没有点到,反而表现得更为透彻,耐人寻味,发人深省。

同样,文章基调的表现也有一个多方烘托映衬,甚至反衬的问题。否则,基调就易于单调,反而不能给人以深切的感受。从古今成功之作中,我们可以看到,基调是雄豪,却不句句雄豪,反而更见雄豪之气;基调是欢快,也不句句欢快,却更见欢快之情。《红楼梦》第九十八回写林黛玉之死,基调是悲恨,却写了一笔远远传来的贾宝玉成亲的鼓乐之声,把这个悲恨的基调,衬托得更强烈深沉。这也说明了敲边鼓对于表现基调的重要作用。

总之,短评的观点从新闻报道中来,但经过提炼蒸馏,又高于报道;从实际中来,经过虚化,理性加重,而又高于实际。只要我们在写作中注意处理好"托"与"脱"的辩证关系,我们就能学会写短评。

杂文的议论说理(节选)

李庚辰

导言——

选文节选自李庚辰的《杂文写作》,长征出版社,1999年,第61-73页。

作者李庚辰(1941—),祖籍河南,为解放军报高级编辑,《长征论坛》主编,大校军衔,中国作家协会会员,中国新闻文化促进会常务理事,北京市杂文学会常务副会长,我国著名杂文家、评论家,享受政府特殊津贴的国家级专家。在四十多年的新闻和文学工作生涯中,文字涉猎甚为宽泛,及于诗歌、小说、散文、报告文学、新闻、通讯、评论等,作品《迫害狂江青》等被全国报刊广泛转载,并被选入《全国优秀通讯作品选》和《历史在这里沉思》等书;《有感于"卡玛罢宴"》、《"严肃处理"要严肃》等被《中国新文艺大系·杂文集》等多家书刊选载。

选文首先点明了议论说理之于杂文写作的重要性,他认为要学好杂文的议论说理,首要的是对一些思想理论、政策等的掌握,对群众生活的了解,在这些基本知识的保障之下,带着明确的现实针对性,展开杂文的议论说理,才是可取之道。随后,作者引经据典,主要论述了杂文的议论说理的方法,概括地说就是3点:摆事实,讲道理,学会就事论理;大中取小,小中见大,学会讲"小道理";寓理于形,情理并茂,学会形象地说理。

有位杂文习作者来信说,他对于自己不善于议论说理很是苦恼。其实,这是杂文习作中一个普遍性的问题,许多同志正是在议论说理上"搁"了"浅",以致使一些本来可以写好的题目半途而废了。

然而,杂文是非在议论说理上下工夫不可的。可以说,会不会议论说理,能不能以形象而透辟的道理,正确而严密的逻辑说服读者,是衡量一篇杂文思想深度和分量的主要尺码。

要搞好杂文的议论说理,首要和根本的,是学习和掌握马列主义的基本原理,站稳无产阶级立场,自觉运用马列主义的世界观、方法论剖析生活,知人论世。如果离开了这个根据,议论起来,就会力不从心,说不出道理,或者言不及义,甚至出现谬误。

当然,要搞好杂文的议论说理,还要深入领会党中央的路线、方针、政策,洞悉群众生活的实际情况,从而使自己的议论具有明确的现实针对性。

1. 摆事实,讲道理——杂文要就事论理

杂文不是空议论。它往往因事而发,将议论的具体事实摆出来,通过对具体事实的深入分析,引出正确的道理。这是杂文说理的基本方法。

为了摆事实,杂文要注重选好"由头"。所谓"由头"也就是写这篇杂文的事由,或者叫"从何说起"。"由头"往往是一篇杂文的发端,或者通篇议论的缘起。同时,它也往往是杂文形象的组成部分和杂文立论的出发点。一般来说,一篇杂文的成功,选题之后,选好"由头"是举足轻重的。"由头"选得好,不仅有助于杂文形象,更便于生发议论,使立论自然扎实。举例来说,唐弢的《小卒过河》,"由头"就选得很好。他抓住胡适"偶有几茎白发,心情微近中年,做了过河卒子,只能拼命向前"这首述怀诗作"由头",层层剖析,无情地揭批了胡适死心塌地地效忠其反动主子的丑态,预言他"过"的"河"将是"奈何",他将和他的主子一起完蛋。秦牧的《鬣狗的风格》选取"鬣狗"为议论的"由头"。那是怎样的一种动物呢?它的样子很猥琐,"远远跟在最凶猛的食肉兽,例如狮子之类后头,猛兽搏击嗜食了长颈鹿、斑马、羚羊之后,继续行进,鬣狗们一涌上前,嚼食那余下的尸体。它并不需要费什么劲,却同样吃到了肉。岂止吃肉而已呢!连骨头也要细细嚼碎,咽下肚子里去。而在狮豹之类搏击未就的时候,它就远远窥伺着,期待那一只只食草兽能够尽快溅血仆地,以便它也'能够一膏馋吻',它的'土狼算盘'可打得到家啦,真是又省力,又安全,又可以大吃一顿。"以这样猥琐形象的"鬣狗"作由头,鞭挞这一类"四人帮"的帮凶,真是神形兼备、恰到好处。它与唐弢选用"小卒"为"由头",有异曲同工之妙。张雨生的《砸碎黄金枷锁》(见《不惑集》)用巴尔扎克的小说《高老头》中的一句话"黄金的枷锁是最重的"作为由头,批评一切向钱看的思想,也十分恰当。李百臻的《"货"的故事》(见《不惑集》)由"货"字的原意以及《辞海》对"货"字的解释:"货"(4)"贿赂",纵谈古今,针砭了贪污受贿的丑行,于选用"由头"上,亦很见功夫。上述这些"由头"都与全文浑然一体。离开了这些"由头",也就没有了这些杂文。这都可以看作优秀的范例。

在许多情况下,"由头"也就是杂文摆事实,讲道理的"事实"。但是,光是这点事实还不够,为着把道理讲清楚、透彻,常要更多、更充分的事实作为议论的材料。这里,不仅有现实事实,有时还要有历史事实,不但有此时此地的事实,有时还要有彼时彼地的事实。事实胜于雄辩。在事实的基础上,再加以分析议论,就更能给人以启示。例如鲁迅在《论"赴难"和"逃难"》(《南腔北调集》)中,以《涛声》上有篇文章批评北平学生在日本侵略面前"即使不能赴难,最低最低的限度也应不逃难"为"由头",运用大量事实,对学生"逃难"的社会政治原因作了具体透彻的分析。文中讲到:段祺瑞执政时,北平学生仅仅为了请愿,就"死了一些'莘莘学子'",所得结果,只不过是"开追悼会";在国民党统治下,爱国学生也仅仅是搞了爱国请愿,就不仅惨遭镇压,"死掉的学生"还被污蔑成"可惜他们为几个卢布送了性命";反动当局为了"矫正"青年学生们爱国的"坏脾气",不惜"用诰谕、用刀枪、用书报、用锻炼、用逮捕、用拷问,直到去年请愿之徒,死的都是'自行失足落水'"。面对这样的政府,面对爱国有罪的现实,学生不逃而何?倘不逃,或"赤手空拳,骂贼而死",或"躲在屋里,以图幸免",这都是"于大局依然无补";你要与敌人斗争么?但是,你"藏一件护身的东西试试看,也会家破人亡"的;何况,"现在中国的兵警尚且不抵抗,大学生能抵抗么"?

由以上大量事实,作者生发议论:"施以狮虎式的教育,他们就能用爪牙,施以牛羊式的教育,他们到万分危急时还是会用一对可怜的角。然而我们所施的是什么式的教育呢,连小小的角也不能有,则大难临头,唯有兔子式的逃跑而已。自然,就是逃也不见得安稳,说都说不出哪里是安稳之处来,因为到处繁殖了猎狗……"

行文至此,也就彻底批倒了"应不逃难"的妄说。但先生并未止于此,他笔锋一转,进而深究一步,开掘出了更深更大的主题:"学生逃了以后,却应该想想此后怎样才可以不至于单是逃,脱出诗境,踏上实地上去。"也就是说,学生逃难,罪在当局。不改变政治现实,是难以挽救国家民族的危亡的。只有从根本上加以变革,国家民族才有生路。这种摆事实、讲道理的分析,事实铁证如山,道理无懈可击,必然字字千钧,句句金玉。这样的例子,在鲁迅的杂文中比比皆是。像《宣传与做戏》(《二心集》)中,先生一口气摆出一连串做戏似的宣传事实:"教育经费用光了,却还要开几个学堂,装装门面;全国的人们十之八九不识字,然而总得请几位博士,使他对西洋人去讲中国的精神文明;至今还是随便拷问,随便杀头,一面却总支撑维持着几个洋式的'模范监狱',给外国人看看。还有,离前敌很远的将军,他偏要大打电报,说要'为国捐躯'。连体操班也不愿意上的学生少爷,他偏要穿上军装,说是'灭此朝食'"。从对这一连串事实的分析中得出结论:"这普遍的做戏,却比真的做戏还要坏。"从而揭穿了国民党当局愚弄欺骗人民的反动丑恶本质。应当指出,摆事实,讲道理,也是其他议论文的要求。但是,比较起来,杂文所涉及的事实往往更具体,而且是从对具体实施的具体分析中形象而生动地阐明道理。在这一点上,它与一般的议论文主要把事实作为立论的依据,而依靠逻辑推理阐明道理,是有所不同的。

2. 大中取小,小中见大——杂文要讲"小道理"

鲁迅在《杂谈小品文》(《且介亭杂文二集》)中说:"讲小道理,或没道理,而又不是长篇的,才可谓之小品。"这里所谓的"小品"也就是指的杂文;所说的"小道理",也就是我们常说的具体道理,实在的道理;鲁迅所说的"没道理",则可理解为不是摆开架势讲抽象的大道理。其本意仍在于强调杂文要讲"小道理"。这所谓的"小道理"不是鸡毛蒜皮的俚论,也不是宵小不然的庸议,而是从"大"取出的"小",是透过它能够见到"大"的"小",是由这"小"能够悟出"大道理"的"小"。一言以蔽之:讲"小道理",这是杂文说理的重要特点之一。

以邓拓的《一个鸡蛋的家当》(《燕山夜话》)来说,文中引用《雪涛小说》中"一市人","偶一日,拾得一鸡卵",便幻想着"伏鸡乳之",生蛋变鸡,鸡又生鸡,用鸡卖钱,钱买母牛,卖牛得钱,用钱放债……"三年间,半千金得也"。通过对这个财迷发财梦的分析,指出"他的计划简直没有任何可靠的根据","用空想代替了现实"。这里所言者当然小,不过"一个鸡蛋",所见者却甚大,对于确定大政方针、制定建设计划的人不无关系。甚至可说其志在国家,意在苍生。它从大处着眼,小处讲起;大中取小,小中见大,诚然"望表而知里,扪毛而辨骨,睹一事于句中,反三隅于字外"。杜文远的《种花一得》(1989年12月28日《郑州晚报》),从他种的君子兰花长年浇水,带走了一些土,致使花盆里泥土越来越少,再也存不住足够的水分,那花的叶子就枯萎了的小事,联想到"在政治生活和文化生活中要长期保持和扩大与人民的联系,不断从人民那里吸取智慧、精神和力量"的重要性,同样取法乎此。尚弓的《爱鸟如何不俊豪》(见《京都札记》)则由"爱鸟"这一小事引申而论及生态平衡的大问题,也很得杂文说理的真谛。臧克家写的《两头热》(《不惑集》),通过"美国新诗运动中的中国热",想到"中国新诗坛上,兴起了一股外国'现代诗热',热得灼人,热得可怕",指出,"有些人不是吸其精华,而是啖其糟粕,人家丢弃的敝屣,我们捡起来奉如至宝,并大肆鼓吹,这也是一种精神污染。"从而得出了"取长补短"的结论。这不仅对于诗,对于我们的对外开放政策,同样是适用的。这种"小道理"唯其小,才具体实在,令人易于接受和信服;唯其接受和信服,才能生根发芽,触类旁通,由"小道理"省悟"大道理"——这就是杂文说理的独特和独到之处。

3. 寓理于形,情理并茂——杂文要形象地说理

形象地说理,这是杂文议论说理的又一重要特点,也是它区别于一般议论文的重要标志。前面讲过:没有形象性就没有杂文。这里可以说:不是形象地说理也就不是杂文的说理。杂文形象地说理,有两方面的含义:一是议论说理中要注意形象地勾勒描绘;一是要注意通过形象来议论说理。

议论说理中注意形象地勾勒描绘的,如鲁迅的《铲共大观》(《三闲集》)。文中讲到:"革命被头挂退的事很少有的,革命的完结,大概只由于投机者的潜入。也就是内里蛀空。""倘必须前面贴着'光明'和'出路'的包票,这才雄赳赳地去革命,那就不但不是革命者,简直连投机家都不如了。"这里,"革命被头挂退","内里蛀空",贴着"光明"与"出路"的包票,"雄赳赳地去革命"等,都勾勒得活灵活现,它比起干巴巴地讲大道理来,是一定会给人留下更为深刻的印象的。这样边说理,边"画像",就像连环画加说明词;又像放电影,有声有形,有情有理,如临其境,如见其人,大大加强了其道理的说服力和感染力。

通过形象议论说理的,如鲁迅先生的《二丑艺术》(《准风月谈》)。他用"身分比小丑高,而性格却比小丑坏"的"二丑"来类比国民党帮闲文人,指出:"二丑"们"有点上等人模样,也懂些琴棋书画,也来得行令猜谜,但倚靠的是权门,凌蔑的是百姓,有谁

被迫害过了,他又去吓唬一下,吆喝几声。不过他的态度又并不常常如此的,大抵一面又回过脸来,向台下的看客指出他公子的缺点,摇着头装起鬼脸道:'你看这家伙,这回可要倒楣喱!'"鲁迅用"二丑"形象,类比和议论国民党帮闲文人"忽而怨恨春天,忽而颂扬战争……但其间一定有时要慷慨激昂的表示对于国事的不满:这就是用出末一手来了"的"二丑"本质。像这样通过形象来议论说理的方法,与在议论说理中勾勒描绘形象一样,给人的感受和启发是生动真切而具体实在的。夏衍写的杂文《野草》(见《夏衍杂文随笔集》),就其将哲理寓于形象之中,通过形象讲道理来说,也是很有代表性的佳作。通观全篇,冠以篇名的"野草"便是这篇杂文的一个总体形象。由于确定了这一总体形象,以下的文章就好做了。我们看到,作者用绘画手法,先做了一番粗线条勾勒——他讲了一个小故事,说是科学家无法解剖坚固的盖骨,后来,把一些植物的种子放置其中,让它发芽,这些种子便以可怕的力量,将一切机械力所不能分开的骨骼分开了。由于这一勾勒,野草的形象就"活"了起来。在这里,作者引述的野草的力量也便在读者的心中打下了烙印。继而,作者又精雕细刻地将"被压在瓦砾和石块下面的一棵小草"的形象做了栩栩如生地描绘;它为着达成生之意志,不管压在它身上的石块如何重,石块的间隙如何狭,总要顽强不屈地透到地面上来,尽管曲曲折折,总归要掀翻阻碍它的石块!这是多么顽强的野草,又是多么执拗的野草!看起来纤弱,但由于自强不息,终于显现出了不可抗拒的生命力,成了战胜一切艰难险阻的胜利者。在这里,"野草"的形象苴壮了、挺拔了、丰满了,它所蕴含的寓意,它所体现的价值,它所展示的哲理,也都生动鲜明地显现到了读者面前;加之作者点石成金的议论发挥,全文讴歌"长期抗战"的"力"的主旨便愈益活灵活现了。这都是很好的形象化的议论。可以说,这种形象化的议论说理是杂文写作的基本要求,也是杂文作者必须牢牢掌握的"常规武器"。

研究与思考

=延伸阅读=

1. 赵振宇:《报纸评论的几种形式》,见《现代新闻评论》,武汉大学出版社,2005年版。
2. 秦珪,胡文龙:《下篇》,见《新闻评论学》,中国人民大学出版社,1993年版。
3. 康拉德·芬克:《冲击力:新闻评论写作教程》,新华出版社,2002年版。
4. 刘学义:《报纸新闻评论的转型》,《新闻大学》,2004年第4期。
5. 肖隆福:《台湾报纸新闻评论初探》,厦门大学,2006年版。

6. 刘新华:《论党报和大众化报纸社论的写作》,华中师范大学,2004年版。

=问题与思考=

1. 常见的报刊新闻评论有哪几类？它们各自的特点是什么？
2. 报刊新闻评论的写作有哪些要求？试分类型说明。
3. 在新媒体出现后,新闻评论的形式有什么变化？与先前的报刊新闻评论有何区别？

=案例分析=

案例阅读指导:

报刊新闻评论的类型众多,每一种类型都有着各自的特点、功能和不同的写作要求。受篇幅限制,以下仅选取了社论一篇来作为案例,以供学习者研读。这是一篇与时事相关的社论,当时正值日本政府宣布"购买"钓鱼岛及其附属的南小岛和北小岛,实施所谓"国有化"之时,《人民日报》作为党的喉舌,必须站出来针对这一事件发声。该社论选取了钓鱼岛的归属问题这一重要论题,继而提出了"中国钓鱼岛岂容他人肆意买卖"这一论点,指出日本政府的行径严重侵犯了中国的领土主权,表明了中国的立场和态度——坚决反对和强烈抗议日本的作为。在全文的中心论点提出以后,文章开始逐步分析论证,以典型的事实材料为论据(如钓鱼岛的最初发现者和长期管辖者是中国,而日本却是一直在觊觎着钓鱼岛的等史实),明确论证了钓鱼岛是中国的,日本无权肆意买卖。紧接着又罗列了多条事实表明"中国为维护钓鱼岛主权对日本开展了坚决斗争",论证日本肆意买卖钓鱼岛的行为其实是为了实现对中国领土的侵占,深刻揭示了日本一些势力对军国主义侵略罪责缺乏正确认识和深刻反省的根本问题。文章的最后在呼应中心论点的同时,再一次强调了中国的立场:"中国政府和人民维护领土主权的意志是坚定不移的,我们有决心、有能力维护国家领土主权。日本在钓鱼岛的任何图谋终将失败。"希望日本能终止肆意买卖钓鱼岛,侵占我国领土主权的错误行为。本文中心论点和各个分论点的紧密联系,分论点的层层递进,事实性论据和理论性论据的有效利用,分析透彻,论证有力,是一篇典型的社论,对于学习和今后的实践有着巨大的借鉴价值和意义。

中国钓鱼岛岂容他人肆意买卖

今年9月10日,日本政府宣布"购买"钓鱼岛及其附属的南小岛和北小岛,实施所谓"国有化"。日本政府的这一行径是对中国领土主权的严重侵犯,中国政府和人民对此表示坚决反对和强烈抗议。

一、钓鱼岛自古是中国的固有领土

（一）中国最早发现、命名并利用钓鱼岛

钓鱼岛及其附属岛屿（简称钓鱼岛）包括钓鱼岛、黄尾屿、赤尾屿、南小岛、北小岛等岛屿，自古以来就是中国的固有领土。早在 1403 年（明永乐元年）出版的《顺风相送》中就明确记载了"福建往琉球"航路上中国的岛屿"钓鱼屿"和"赤坎屿"，即今天的钓鱼岛、赤尾屿。

中国明清两代朝廷先后 24 次向琉球王国派遣册封使，留下大量《使琉球录》，较为详尽地记载了钓鱼岛地形地貌，并界定了赤尾屿以东是中国与琉球的分界线。1534 年（明嘉靖十三年）明朝册封使陈侃所著《使琉球录》是现存最早记载中国与琉球海上疆界的中国官方文献，明确记载了"过钓鱼屿，过黄毛屿，过赤屿，目不暇接，……见古米山，乃属琉球者。夷人鼓舞于舟，喜达于家。"意即琉球人乘船过了赤屿（即今赤尾屿），看到古米山（即今久米岛）后便认为到达琉球。这表明，钓鱼岛是中国的领土，而非琉球国土。

1719 年（清康熙五十八年）清朝册封副使徐葆光所著《中山传信录》明确记载：八重山是"琉球极西南属界"。从福建到琉球，"经花瓶屿、彭家山、钓鱼台、黄尾屿、赤尾屿，取姑米山（琉球西南方界上镇山）、马齿岛，入琉球那霸港。"这里所谓"界上镇山"，即琉球西南海上边界的主岛。当时琉球的权威学者程顺则在《指南广义》中对此也有相同论述，时间上还早于《中山传信录》。由此可见，当时中国和琉球对两国海上疆界和相关岛屿归属的认识十分清楚，且完全一致。

（二）中国对钓鱼岛进行了长期管辖

早在 14 世纪即明朝初年，中国海防将领张赫、吴祯便先后率兵在东南沿海巡海，驱赶倭寇，一直追击到"琉球大洋"，即琉球海沟。此时，钓鱼岛已成为中国抵御倭寇的海上前沿，被纳入中国的海防范围之内。

1561 年（明嘉靖四十年），明朝驻防东南沿海的最高将领胡宗宪与地理学家郑若曾编纂的《筹海图编》一书明确将钓鱼岛等岛屿编入"沿海山沙图"，纳入明朝的海防范围内。1605 年（明万历三十三年）徐必达等人绘制的《乾坤一统海防全图》及 1621 年（明天启元年）茅元仪绘制的中国海防图《武备志·海防二·福建沿海山沙图》，也将钓鱼岛等岛屿划入中国海疆之内。清朝沿袭了明朝的做法，继续将钓鱼岛等岛屿列入中国海防范围内。

1556 年（明嘉靖三十五年），郑舜功受明朝政府派遣赴日本考察撰写了《日本一鉴》。书中绘制的"沧海津镜"图中有钓鱼屿，并写道"钓鱼屿小东小屿也。"所谓"小东"，即当时台湾别称，说明当时中国已从地理角度认定钓鱼岛是台湾的附属岛屿。清代《台海使槎录》、《台湾府志》等官方文献还详细记载了对钓鱼岛的管辖情况。1871 年编写的《重纂福建通志》进而确定钓鱼岛隶属于台湾噶玛兰厅（即今宜兰县）。

（三）中外地图证明钓鱼岛历史上属于中国

1579年(明万历七年)中国册封使萧崇业所著《使琉球录》中的"琉球过海图"、1863年(清同治二年)的"大清壹统舆图"等,都明确载有钓鱼屿、黄尾屿、赤尾屿。

日本最早记载钓鱼岛的当属日本仙台学者林子平于1785年所著《三国通览图说》的"琉球三省并三十六岛之图",图中标绘了钓鱼岛等岛屿,并将其与中国大陆绘成一色,意指钓鱼岛为中国一部分。1876年日本陆军参谋局绘制的《大日本全图》、1873年日本出版的《琉球新志》所附《琉球诸岛全图》、1875年出版的《府县改正大日本全图》、1877年出版的《冲绳志》中有关冲绳的地图等,均不含钓鱼岛。

1744年来华的法国人、耶稣会士蒋友仁(Michel Benot)受清政府委托,于1767年绘制出《坤舆全图》。该图在中国沿海部分,用闽南话发音注明了钓鱼岛。1811年英国出版的《最新中国地图》明确钓鱼岛为中国领土。1877年,英国海军编制的《中国东海沿海自香港至辽东湾海图》,将钓鱼岛看作台湾的附属岛屿,与日本西南诸岛截然区分开。该图在其后的国际交往中被广泛应用。

由此可见,中国至迟在十五世纪初就已发现钓鱼岛,并将其作为台湾的附属岛屿进行管辖。包括日本在内的国际社会对这一事实是承认的。这说明钓鱼岛绝非"无主地",日方所谓依据"先占"原则取得钓鱼岛"主权"的说辞纯属欲盖弥彰的历史谎言,不值一驳。

二、日本窃取中国钓鱼岛非法无效

(一)日本染指钓鱼岛始于十九世纪末

1879年日本吞并琉球后,立即把扩张的触角伸向中国的钓鱼岛。1884年日本人古贺辰四郎声称首次登上钓鱼岛,发现该岛为"无人岛"。1885年9月至11月,日本政府曾三次派人秘密上岛调查,认为这些"无人岛"与《中山传信录》记载的钓鱼台、黄尾屿、赤尾屿等应属同一岛屿,已为清国册封使船所悉,且各附以名称,作为琉球航海之目标。

1885年至1893年,冲绳县当局先后三次上书日本政府,申请将钓鱼岛、黄尾屿、赤尾屿划归冲绳县管辖并建立国家标桩。当时中国国内对日本的上述举动作出了反应。1885年9月6日(清光绪十一年七月二十八日)中国《申报》指出:"台湾东北边之海岛,近有日本人悬日旗于其上,大有占据之势。"日本政府对此不得不有所顾忌。日本外务大臣井上馨在致内务大臣山县有朋的信函中认为,"此刻若有公然建立国标等举措,必遭清国疑忌,故当前宜仅限于实地调查及详细报告其港湾形状、有无可待日后开发之土地物产等,而建国标及着手开发等,可待他日见机而作。"因此日本政府当时未批准冲绳县当局上述申请。这些事实在《日本外交文书》中均有明确记载。这说明,当时日本政府虽然开始觊觎钓鱼岛,但完全清楚这些岛屿属于中国,因顾忌中国的反应,不敢轻举妄动。

(二)日本利用甲午战争非法窃取钓鱼岛

1894年7月,日本发动甲午战争。同年11月底,日本军队占领中国旅顺口,清政府败局已定。在此背景下,同年12月27日日本内务大臣野村靖致函外务大臣陆奥宗光称:关于"久场岛(即黄尾屿)、鱼钓岛(即钓鱼岛)建立所辖标桩事宜","今昔形势已殊,有望提交内阁会议重议此事如附件,特先与您商议"。1895年1月11日,陆奥宗光回函表示支持。1月14日,日本内阁秘密通过决议,将钓鱼岛等岛屿划归冲绳县所辖。实际上,当时日本政府既未在钓鱼岛等岛屿上建立任何国家标桩,也未在日本天皇关于冲绳地理范围的敕令中载明钓鱼岛等岛屿。同年4月17日,中国被迫与日本签订不平等的《马关条约》,将台湾全岛及所有附属各岛屿割让给日本,包括钓鱼岛。日本从此时起至1945年战败投降,对包括钓鱼岛在内的台湾实行了50年殖民统治。

(三)第二次世界大战后钓鱼岛回归中国

1943年12月1日,中、美、英三国发布《开罗宣言》,明确规定:"日本所窃取于中国之领土,例如东北四省、台湾、澎湖群岛等,归还中华民国。其他日本以武力或贪欲所攫取之土地,亦务将日本驱逐出境。"1945年7月,中、美、英发布《波茨坦公告》(同年8月苏联加入),其第八条规定:"《开罗宣言》之条件必将实施,而日本之主权必将限于本州、北海道、九州、四国及吾人所决定之其他小岛。"1945年8月15日,日本政府宣布接受《波茨坦公告》,无条件投降。9月2日,日本政府在《日本投降书》第一条及第六条中均宣示"承担忠诚履行《波茨坦公告》各项规定之义务"。据此,钓鱼岛作为台湾的附属岛屿与台湾一并归还中国。

(四)美国与日本对钓鱼岛进行私相授受法理不容

1951年9月8日,美国及一些国家在排除中国的情况下,与日本缔结了《旧金山和约》,规定北纬29度以南的西南诸岛等交由联合国托管,而以美国作为唯一的施政当局。同年9月18日,周恩来外长代表中国政府郑重声明,《旧金山和约》由于没有中华人民共和国参加准备、拟制和签订,中国政府认为是非法的、无效的,因而是绝对不能承认的。而且,该和约所确定的交由美国托管的西南诸岛并不包括钓鱼岛。1953年12月25日,琉球列岛美国民政府发布《琉球列岛的地理界限》(第27号布告),擅自扩大美国的托管范围,将中国领土钓鱼岛裹挟其中。美国的这一做法没有任何法律依据。

1971年6月17日,美国与日本签署了《关于琉球诸岛及大东诸岛的协定》(又称"归还冲绳协定"),将琉球诸岛和钓鱼岛的"施政权""归还"日本。对此,中国政府和人民以及海外华侨华人表示了强烈反对。中国外交部发表严正声明,强烈谴责美、日两国政府公然把中国领土钓鱼岛划入"归还区域",指出"这是对中国领土主权的明目张胆的侵犯。中国人民绝对不能容忍!"

对此,美国政府不得不作出澄清,公开表示:"把原从日本取得的对这些岛屿的施政权归还给日本,毫不损害有关主权的主张。美国既不能给日本增加在它们将这些岛屿施政权移交给我们之前所拥有的法律权利,也不能因为归还给日本施政权而削弱其他要求者的权利。……对此等岛屿的任何争议的要求均为当事者所应彼此解决的事项。"同年美国参议院批准"归还冲绳协定"时，美国国务院发表声明称，尽管美国将该群岛的施政权交还日本，在中日双方对群岛对抗性的领土主张中，美国将采取中立立场，不偏向于争端中的任何一方。直到近年，美国国务院仍一再重申："美国的政策是长期的，从未改变。美国在钓鱼岛最终主权归属问题上没有立场。我们期待各方通过和平方式解决这个问题。"

事实说明，无论是19世纪末日本窃取中国领土钓鱼岛，还是20世纪70年代美日对钓鱼岛进行私相授受，都严重侵犯了中国的领土主权，都是非法的、无效的，不可能也没有改变钓鱼岛属于中国的事实。

三、中国为维护钓鱼岛主权对日本开展了坚决斗争

1972年中日邦交正常化和1978年缔结和平友好条约谈判过程中，两国老一辈领导人着眼大局，就"钓鱼岛问题放一放，留待以后解决"达成了重要谅解和共识。然而，上世纪70年代末以来，日本政府一再违反共识，多次纵容日本右翼分子登岛、修建"灯塔"。近年来，日本在钓鱼岛的侵权行动日益凸显官方色彩，政府先后从"民间所有者"手中"租用"钓鱼岛及南小岛、北小岛，将右翼分子修建的"灯塔"收归"国有"，把国民户籍"登记"在钓鱼岛，并向联合国秘书长交存标有钓鱼岛"领海"的海图。

针对日方侵权行径，中方进行了坚决、有力的斗争。外交上，中国政府对日本政府提出严正交涉，并采取有力的反制措施。日本政府被迫明确表态"不支持、不鼓励、不承认"右翼分子在钓鱼岛的行为，承诺对其进行管束，禁止其登岛。法律上，中方采取一系列措施，重申对钓鱼岛的主权。1992年2月，中国颁布《中华人民共和国领海及毗连区法》，以立法形式重申钓鱼岛为中国领土。2008年5月15日，中国政府针对日方向联合国交存包含钓鱼岛"领海"的海图，向联合国秘书长提交了反对照会。2012年3月3日，中国公布了钓鱼岛及其部分附属岛屿的标准名称。2012年9月10日，中国政府发表声明，公布了钓鱼岛及其附属岛屿的领海基线。同时，中国渔政船只在钓鱼岛海域进行常态化执法巡航，中国海监船只也在该海域开展维权巡航，行使中国对钓鱼岛及其附近海域的管辖。上述一系列措施有力打击了日本侵占钓鱼岛的图谋。

四、日本觊觎钓鱼岛的任何图谋终将失败

今年以来，日本政府在钓鱼岛问题上动作频频。继今年初对钓鱼岛的几个附属岛屿搞"命名"闹剧之后，又姑息纵容右翼势力掀起"购岛"风波，并最终跳到前台，直接出面"购买"钓鱼岛及附属的南小岛和北小岛，对之实行所谓"国有化"。

日本政府此举目的在于通过所谓"国有化"，强化其对钓鱼岛的所谓"实际管辖"，以最终实现对钓鱼岛的侵占。无论日本政府如何辩解和粉饰，都掩盖不了这一行径的实质是在拿别人的东西进行"买卖"。稍有常识的人都知道，这种行为是荒唐的，也是非法的，并且注定是不可能得逞的。

日本在钓鱼岛问题上的错误行径，根子在于日本一些势力对军国主义侵略罪责缺乏正确认识和深刻反省，实质是对《开罗宣言》和《波茨坦公告》等国际法律文件所确定的战后对日安排和亚太地区秩序的蔑视和翻案，是对世界反法西斯战争胜利成果的否定和挑战。从日本处理与包括中国在内的周边邻国的领土主权争端中，丝毫看不出日本对过去的侵略战争和殖民统治有真诚的悔意，反而暴露其想通过制造与邻国的摩擦，找回因侵略战争的失败而蒙受的"损失"和颜面的用心。

今年是中日邦交正常化40周年。当年中日两国老一辈领导人高瞻远瞩，发挥政治智慧，克服重重困难恢复两国邦交，使中日关系走上了正常发展的轨道。而今一些日本政客却逆时代潮流，做着破坏中日关系根基的事，着实令人愤慨。中日关系发展到今天实属不易，一个健康稳定的中日关系不仅对中国十分重要，对日本也至关重要。我们奉劝日本政府认清形势，悬崖勒马，立即停止在钓鱼岛的一切侵权行动。中国政府和人民维护领土主权的意志是坚定不移的，我们有决心、有能力维护国家领土主权。日本在钓鱼岛的任何图谋终将失败。

（案例来源于《人民日报》2012年9月11日版）

=研究实践=

1. 请就时下发生的某一典型事件，对其进行研究，在掌握事实和材料的基础上，做报刊新闻评论写作练习（可任意选取一种新闻评论类型）。

2. 尝试着将报刊新闻评论的常见类型移植到新媒体时代，描述它们在新媒体上的应用情况，并在此基础上，对报刊新闻评论的未来发展趋势做猜想。

第五章 广播电视新闻评论

导 论

作为在报刊之后诞生的全新媒介,广播和电视一经出现便因其生动、形象、感染力强等诸多特点使新闻评论的发展翻开了一个全新的篇章,从声音、画面等多个方面补充和增强了新闻评论的互动性和感染力。张骏德指出,"与报纸评论是'报纸的政治旗帜'、'报纸的灵魂'一样,广播新闻评论、电视新闻评论是电台、电视台的'政治旗帜'与'灵魂'"。[①] 自上世纪八十年代以来,众多形式各异的广播电视新闻评论类栏目如中央电视台的《焦点访谈》、《新闻1+1》,凤凰卫视的《时事开讲》等如雨后春笋般出现,不断吸引着观众和学界学者的目光,这也使得对广播电视新闻评论的研究不断深入。本章将着重对于广播电视新闻评论的特点及写作、制作要求这两方面做详细叙述。

在对广播电视新闻评论的研究中,广播电视新闻评论的特点一直是学界研究的重点。在这方面,杨新敏教授在其著述《当代新闻评论学》中的叙述较为有代表性。杨新敏教授认为,广播新闻评论具有"单刀直入"、"即事明理"、"议题接近"、"语言口语化,通俗生动"、"声音传真"、"情理交融"六大特点,并认为广播评论应做到"短评能深入,长话有区隔;语言求浅显,观点求深刻;态度要友善,论证有力度"。[②] 马少华教授则在其著述《新闻评论教程》中基于广播媒介本身的特点,指出广播评论主要具有如下特征:"'类交流'的语言特征"、"口语化的文稿写作"、"多要素构成的音响特征"与"即时交流的动态特征"。[③] 殷俊在其编撰的《媒介新闻评论学》一书中则认为,广播评论除了具有"强烈的新闻性"、"广泛的群众性"、"鲜明的政治性或思想性"、"必要的前瞻性"这四个新闻评论的共性特征外,还具有"制作快捷,反应迅速"、"浅显明快、通俗易懂"、"短小精悍、主题鲜明"[④] 的个性特征。有关这一学说,笔者节选了杨新敏教授《当代新闻评论学》中有关广播新闻评论特点的内容,以供读者全面学习与掌握。

电视新闻评论的特点同样是学界学者研究的重点。丁法章教授在其著述《新闻评论教程》中认为,"电视新闻评论除了具有新闻性、政治性、群众性、科学性等共性

---

① 张骏德:《当代广播电视新闻学》,复旦大学出版社,2001年,第125页。
② 杨新敏:《当代新闻评论学》,上海三联书店出版社,2007年,第188页。
③ 马少华:《新闻评论教程》,高等教育出版社,2007年,第253-260页。
④ 殷俊等编著:《媒介新闻评论学》,四川大学出版社,2005年,第368-372页。

外,还有自己的个性特点",包括"多种传播符号显优势"、"直观性带来受众面广"、"亲近性带来更强的说服力"。① 王振业教授在其著述《广播电视新闻评论》中则认为,电视新闻评论具有"声画兼备、视听结合和双线互补的传播特点和表现优势",针对如何更好地表现这些特点在书中强调了电视新闻评论的"画面、同期声、字幕的运用",并认为,广播电视新闻评论要完善和发展自身的个性特征必须"适应受众的广泛性、正视内容的选择性"。② 张骏德教授则在其著述《当代广播电视新闻》一书中指出与传统媒体中的新闻评论相比较,电视新闻评论不仅具有共性特征,也具有个性特征。"电视新闻评论的共性,表现在政治性、新闻性、群众性、科学性等方面";而电视新闻评论的个性特点,则表现在"多种传播符号显优势"、"直观性带来受众面广"、"亲近性带来更强的说服力"这三个方面,基于此,张骏德教授还提出了电视新闻评论制作应注意的三点要点:"形象思维与抽象思维相结合"、"多种传播符号表达与理性思辨相结合"以及"电视评论员主评与受众参与论证相结合"。本书就这一问题,节选了丁法章教授《新闻评论教程》中有关电视新闻评论的特点和制作要领相关内容,以供读者学习和参考。

对于广播电视新闻评论来说,如何写作和制作是最核心的部分,也是学界普遍关注的一大领域。仲富兰教授在其著述《广播评论——功能、选题与语言艺术》一书中详细叙述了广播评论应如何选题立论、谋篇布局与论述铺陈,更提出广播评论的写作主体不仅应在写作前期具有"调查研究与参与意识",还应学会"积累资料,厚积薄发",在正式写作时,更应该"精心构思,反复删改"。李文明则在其著述《新闻评论的电视化传播——〈焦点访谈〉解读》中在系统研究中央电视台《焦点访谈》节目成功因素的基础上从内容、形式、理念、运作四个方面对我国电视新闻评论节目的制作提出了总结和建议,并在书中指出"记者应当在成为一个很好的倾听者方面艰苦努力,节目则应当在反映不同的声音甚至不同的观点方面狠下工夫,更加贴切地用事实说话、用事实说理,并多讲'两面理',而不是只讲'一面理'","只有这样,才能真正以理服人、以情感人,充分调动观众的参与意识,努力满足各层次观众的多方面需求"③。王振业教授在其著述《广播电视新闻评论》中则对广播与电视新闻评论的写作和制作要求作出了总结,主要包括三大方面,分别为"融理、事、情为一体"、"坚持说理的基本原则"与"善于夹叙夹议",在介绍事实、情感和说理三者之间的关系时,王振业教授强调指出,"以事明理也好,以理化情也好,目的都在于强化而不是淡化说理,在于增强而不是削弱,甚至动摇说理的主导地位。"④本书节选王振业教授《广播电视新闻评论》

---

① 丁法章:《新闻评论教程》,复旦大学出版社,2002年,第303页。
② 王振业:《广播电视新闻评论》,北京广播学院出版社,1997年,第277-298页。
③ 李文明:《新闻评论的电视化传播——〈焦点访谈解读〉》,四川大学出版社,2003年,第16页。
④ 王振业:《广播电视新闻评论》,北京广播学院出版社,1997年,第285页。

中"广播、电视评论的写作与制作"一章节内容,以期能给读者更多体会与感悟。

选 文

广播新闻评论的特点和要求(节选)

杨新敏

导言——

本文节选自杨新敏著《当代新闻评论学》,上海三联书店出版社,2007年,第184—188页。

作者杨新敏,苏州大学凤凰传媒学院教授,硕士研究生导师,网络新闻研究所所长,苏州市新闻传播研究会副秘书长。主要研究方向为新闻评论、网络传播、电视艺术研究、新闻与文化研究。主要著作有《当代广播电视新闻评论》、《当代新闻评论学》、《电视剧叙事研究》等。

选文主要根据广播媒介本身所具有的先声夺人、听众层次广泛、互动性强等特点将广播新闻评论的特点分为:其一,"单刀直入",重点突出,观点明确;其二,"即事明理",借助事件来发表评论;其三,"议题贴近",面向社会各个层次的听众,关注大众真正关心的问题;其四,"语言口语化,通俗生动",必须具有可说性、感染力;其五,"声音传真";其六,"情理交融",以情感人,以理服人,让观众在情感的共鸣中展开思考。与此同时,作者还结合了一些广播新闻评论的经典案例如《请您收住一口痰》、《召回"新政策"也是一种进步》、《葫芦干部种种》等进行具体参照和学习,使选文更加富于生动性和可读性。在选文的结尾,针对广播自身特点与新闻评论特点之间存在矛盾这一问题,作者指出应在这种矛盾中找到一种动态的平衡,并基于此提出对广播新闻的写作与制作的要求:"短评能深入,长话有区隔;语言求浅显,观点求深刻;态度要友善,论证有力度。"

1. 单刀直入

受到媒体本身一次过性质的影响,广播新闻评论不能像报纸评论那样线索纷繁,也不能太长。报纸新闻评论线索复杂点,读者没理清楚,还可以再回头读一下,广播没理清楚就无法回头了。人们的听觉记忆能力是有限的,线索过于复杂,听众往往听了后面忘了前面,忙着回味和梳理前面的内容,后面的内容又一不小心漏掉了。广播新闻评论只能点到为止,要重点突出,观念明确,直击要害,新颖抓人,不能隔靴搔痒,要纲目清楚,条理分明,忌讳繁复纷杂的线索。例如辽宁丹东人民广播电台在非典时期针对人们的不良卫生习惯所做的评论《请您收住一口痰》:

抗击"非典"的斗争,使我们看到了收住一口痰的重要。专家指出,"非典"病毒在唾液中生存的时间可达30多小时。一口唾液中会"驻扎"成千上万的病毒。"一口唾液还能淹死人"这个以往的笑话,如今我们再也不能当笑话而漠视了。目前,各地对随地吐痰处以重罚,这也是不得已而为之。其实,真正戒除这一陋习还得靠公民文明习惯的养成。有痰就得吐,关键是怎么个吐法。收住一口痰也并非难事。身边常备些纸巾、手绢之类的物品,不也就可以了吗?你看,就这么简单,关键是要认真去做。

这则评论线索简单明了:痰中带有大量的细菌,收住一口痰很重要——对随地吐痰处以重罚是迫不得已——要靠公民文明习惯的养成——有痰就得吐,关键是怎么吐——收住一口痰并非难事,关键是要认真去做。一条思维线索贯穿下来,环环相扣,直达结论,中间没有任何旁逸斜出的线索。

线索单纯不是浮浅的同义词。许多广播评论的毛病恰在于太过浮浅。要一针下去,直中要害,痛快淋漓,马上见血。为此,要善于发现焦点性问题,善于进行前瞻性思维,敢开"第一腔"。鲁迅的杂文都很短,但许多长篇大论的文章都没有他的杂文深刻,原因就在于那些文章没有击中要害,或者是偶尔有击中要害之笔,也被大量软弱无力的文字给淹没了。

2. 即事明理

为帮助听众理清评论线索,即事明理也是一个重要手段。"好钢使到刃上,有理摆到事上",事件过程对听众来说是比较容易记忆的,就着事件展开评论,听众就会因为记住了事件,跟着也把评论线索记住了。这样,就可以变广播信息传输的"过而不留"为"过而能留"。理论论证在一次过的语流中没有为听众留下揣摩思考的时间,使听众较深入准确地理解某一个观点有一定困难,借助事件来生发评论,就使听众理解起来比较容易了。新闻事件具有一定的故事性,事件本身也较有趣味,附着于其上的评论因而也会更生动,更易于接受。

以2003年上海人民广播电台播出的评论《召回"新政策"也是进步》为例。非典过后,上海市卫生部门接受非典的教训,为防患于未然,加强餐饮卫生,做出上海市营业面积低于50平方米的餐饮店限期全部关闭的决定。不料决定甫出,各种反对意见接踵而来。老百姓的意见是:平民百姓经济收入低,吃的比较便宜,小饭店一关,我们就不方便了;小饭店不卫生应该加强管理督促,而不是一关了事。饭店老板们则为自己和员工今后的生计犯愁。比如已有70多家连锁店的"吉祥馄饨店"就是一个典型。"吉祥馄饨"是由下岗女工自强自立而创出的品牌,它不仅解决了众多下岗工人的就业问题,而且大大方便了市民的就餐,已有很好的口碑。听到这些反对意见后,政府部门不是不理不睬,为了面子坚持执行,而是细致调研,冷静分析,勇敢地承认"没有很好地听取各方面的意见"。最终,在两个月后,市政府新闻发言人以"这是一个指导性文件"作解释,委婉地取消了这项"新政策"。新政策刚刚推出,又被政府主动召回,这种做法会不会影响政府的权威性?一位著名法律工作者评论说:"政府这样做,得到的将是群众对政府的亲近和信任。""吉祥馄饨"经营者的话确实印证了这一判断:"政府能够客观地实事求是地认识到自己可能在规定中的不足,这种做法在百姓中引起了很大的反响,口碑非常好。"这一事件具有什么意义?一是使人们认识到立法程序的重要性:"程序对于保证一个事项的公正性非常重要";二是说明公众对法制已从支配关系走向互动关系;三是说明政府执政能力的提高:"政府正视政策中存在的'瑕疵',及时做出'召回'行动,这是开明政府应有的胸怀。""通过这件事也传递出一个信号,这是一个制度上很大的进步。"通过对事件过程的叙述分析,评论显得有的放矢,入情入理,生动深入。

3. 议题贴近

广播新闻评论面向社会各个层次的听众,不能尽讲空泛的大道理,要贴近受众、贴近实际,贴近听众真正关注的焦点问题。

首先,广播新闻评论所选择的新闻事件最好是听众特别关注的身边事,他们有见闻,有感受,有议论,有困惑,于是也有了听听你的高见或寻求你的支持的欲望。要善于从小处着手,以小见大,从小事情中提炼出深刻的思想和带有普遍性、规律性的道理。不过要注意的是,以小见大,必须是小中可以见大,不能人为拔高,要让人一听觉得确实有道理,是那么回事。反过来说,以小见大,一定得见到大,就事论事,没有概括,没有提升,不能归到大家普遍关注的焦点问题的回答上,这样的评论是没有多少价值,也不会被人们所注意的。就事论事的原因可能有两个:一是评论者不善于归纳提升,二是事件本身不典型,不具有评说价值。

听众身边事有些是听众普遍注意到的,还有一些是听众已经习以为常,因而失去了认识敏感性的事。黑格尔说,熟知并非真知。就如前举随地吐痰一事,大家平时生活中已经习惯了那样做,也就意识不到那样做有什么不对,评论一讲,大家才知道那一口痰要随地一吐会带来什么麻烦。所以,能够从大众身边习以为常的事情中发现问题,也会令大家悚然警醒。

这样说并非表明广播新闻评论只能评说一些鸡毛蒜皮的小事,事实上,如果我们仅仅把眼光放在那些鸡毛蒜皮的小事上,也会降低电台在公众中的分量,使大家不把电台评论当一回事,甚至可能使大家觉得电台评论就像一个爱唠叨的老大娘。小事不小,小事中有大乾坤,对听众来说,那件小事是他们特别关注的大事,焦点事件,这样的小事才是值得评说的小事。

广播评论还要对国际国内重大新闻事件发言。小事清楚,大事糊涂,那只能说明评论员眼光短浅。对国内外重大新闻事实的缄口,对重大事件"批评的缺席"是评论工作者的失职。问题在于如何评说国家大事。一句话,国家事,身边理。你得让大家觉得国家的大事和自己切身相关,觉得你讲的道理平实深刻。广播评论应该是生活化的,要善于借事实说话,从身边小事中按实力逻辑推导出深刻的结论,或者从国家大事中找到生活的常理。

4. 语言口语化,通俗生动

广播新闻评论必须具有可说性,不能变成读报纸。朗读与讲述和辩论的效果大相径庭。朗读所面对的是书面语言,而书面语言一般句式比较长,修饰语比较多,词语选择相对比较严肃而拘谨,抽象性强,所以它不上口,不入耳,读起来有板有眼,拿腔作调,且颇多歧义,再加上声音的易逝性,给听者带来很大的困难,传授信息的准确性大大降低。讲述把书面语言转化成了口语,有些口才好的主持人则省去了书面讲稿,面对刚刚发生的事件即时进行现场评说。口语句式相对要短得多,修饰语也少,听众容易理解,不必花时间去琢磨。操口语评论,主持人就没有了读破句之虞,语调、重音、色彩、风格都由主持人的思想、情感与内在气质生出,显得自然流畅,真切动人。报纸评论可能更深地影响人,但广播评论却能更强烈地打动人。

口语化是对日常口语的锤炼。日常口语往往啰唆、重复、散漫、缺乏主题,但广播评论首要的要求是要有明确的主题,充实的内容,它的口语化是对日常口语进行提升、纯化的结果,是结构明晰完整、层次条理清楚、精炼有力的口语,否则,口语的亲切感、亲近感给评论带来的积极效果将被啰唆、散乱给听众造成的疲惫感所抵消。广播口语应该是艺术化了的口语,它既质朴自然,在韵律、节奏、修辞上又要刻意求工,做到声感优美而富于音乐性。

例如一篇题目为《葫芦干部种种》的广播评论。该评论是批评一些干部下基层时的不正之风。评论说,有的干部是"糖葫芦",下基层成串,喝酒成桌。有的干部是井里的"水葫芦",你在上面看它在下面,你在下面看它在上面。有的干部是"宝葫芦",下基层纪念品、礼品、土特产满载而归。葫芦干部要不改弦更张,定会变成糊涂干部。[①] 这则评论值得称赞的地方是使用了一个生动形象的比喻,把几种干部形象概括得准确形象,使人们眼前一亮,迅速记忆在心。

5. 声音传真

广播具有先声夺人的优势。声音包括了人声(说话)、环绕声(音响)和音乐。报纸评论用文字表述,一篇评论文章主要由评论者个人的意见构成,其他人的意见只是被作者所转述,但广播评论则可以把社会上的各种意见录制下来,使之成为一个意见场,与评论者的意见相互争辩、补充和印证。电视可以捕捉现场画面,广播相比之下只有声音。但是,现场环境声的录制和其他录音资料可以形成评论的背景和论据甚至介入论证过程,使听众产生真实的现场感。音乐的使用在评论性节目中比较少见,但在特殊条件下又可以在以理服人的基础上达到以情感人的效果。考虑到评论生动

---

① 常福民:《谈广播评论的艺术特色》,《记者摇篮》,2005年第6期。

性的不足,还可以用音乐区隔评论的每一部分,使节目张弛有致。中央人民广播电台的评论节目探讨的问题比较复杂,时常相对较长,与广播的一次过特征产生冲突,但时间太短又谈不清问题,显得过浅,使用音乐区隔就把一则较长的评论分隔成了几个相对独立的段落,改进了播出效果。

6. 情理交融

声音本身具有表情性,正因为这样,现在的一些纪录片的有声解说为追求叙事尽量客观化,努力用一种平和的低调表达,以避免因为情感的张扬破坏对事件的客观展现。新闻评论是主观化的,因而,在广播中大可不必掩饰作者的情感,相反,完全可以把它渗透在评论过程中,借助语音、语调和节奏的变化宣示创作者的情感态度,以情感人,以理服人,情理交融,让听众在情感的共鸣中展开思考。

广播评论中常常有对于听众的吁请,如"听众朋友",这种吁请也含有情感成分,它拉近了评论员和听众之间的距离,造成了朋友间谈心的效果。

评论中切入的各方人士的评论本身就是饱含情感的,如果加入了音乐,情感色彩就更强了。

需要指出的是,评论中的情感成分应该是理性讨论的附着物,而不是刻意加入的,如果过分突出情感成分,就会适得其反,让听众觉得太过夸张了。我们这个时代是一个追求自然的时代,情感应该是在理性的评论中自然生发,行于所当行,止于所不可不止。从评论本身的文体要求来说,它的核心应该是理性,而不是情感,如果情感成分太浓,甚至压倒了理性,因为煽情而使人们的理性判断力弱化,甚或变成一种煽动,制造感情迷狂,它就背弃了涵化人们的理性判断力的目的。梁启超当年的论说"笔锋常带感情",但他自己却说,要造成健全舆论,就要"导之以真理,不能拨之以感情,故作偏至之论。"[①]情大于理,也给人造成这个评论者没有头脑,感情用事的印象。

无可否认,广播的内容宜短、浅、软,但新闻评论要求论证深入,没有一定的长度难以实现;评论要求观点鲜明独到、论证有力,太软又不行,二者形成一种颇难调和的矛盾。所以,要在这种矛盾中寻求一种动态的平衡,做到短评能深入,长话有区隔;语言求浅显,观点求深刻;态度要友善,论证有力度。

---

① 方汉奇主编:《中国新闻传播史》,中国人民大学出版社,2002年11月第1版,第142页。

电视新闻评论的特点与制作要领(节选)

丁法章

导言——

本文节选自丁法章著《新闻评论教程》,复旦大学出版社,2002年,第302-305页。

作者丁法章,毕业于复旦大学新闻学院,1973—1983年于复旦大学任教,后担任《青年报》、《新民晚报》总编辑,现任上海市新闻工作者协会副主席、上海市新闻学会会长,复旦大学新闻学院、中国人民大学兼职教授、研究员。主要著作有《新闻写作》、《新闻评论学》、《新闻评论教程》等。

选文将电视新闻评论分为电视新闻配发的编前、编后话、记者或主持人的即兴点评以及电视专题评论两大类,并简要介绍了中国电视新闻评论的发展历史。在此基础上选文指出电视新闻评论除了具有新闻评论所具有的共性"新闻性、政治性、群众性、科学性"外,还具有自己的个性特点——"多种传播符号显优势"、"直观性带来受众面广"、"亲近性带来更强的说服性"。在电视新闻的制作方面,选文则从电视新闻评论的发展趋势和报道规律两方面出发,对电视新闻评论的制作提出了两方面的注意要点:其一,"形象思维与抽象思维相结合","一定要善于将图像的形象化叙述和报道词、同期声的抽象化议论评述相结合,以形成夹叙夹议、边述边评的风格,才会产生更好的收视效果";其二,"多种传播符号表达与理性思辨相结合",多种传播符号如声音、画面、现场采访等由理性思辨结合起来,"就能增强电视专题评论的立体感与纵深感,产生全方位、多视角透视的效应";其三,"电视评论员主评与受众参与论证相结合",只有形成两者的互动,才能真正体现出电视新闻评论的活力和生命力所在。在选文的最后,作者总结提出,虽然电视新闻评论的主题往往严肃、沉重,但表现方式却可以活泼、生动,以增强观众的互动性和感受。

电视新闻评论,是运用电视传播手段作出的新闻评论,是电视传播媒介对当前重大新闻事件或重要社会问题发表意见,作出分析判断或述评的一种电视报道形式。

电视新闻评论通常分为两大类:一类是为电视新闻配发的编前、编后话以及节目主持人、记者的即兴点评,主要以口播形式出现;另一类是电视专题评论,也称为电视评论片,将活动图像(同期声)、背景资料、字幕与夹叙夹议的评论报道词有机组合在一起,成为"形象化的政论"。

我国电视新闻评论的起步较晚,以中央电视台为例,在20世纪80年代初期与中期,只在《新闻联播》节目中设简短的编前、编后,配发少量短评(小言论);直至1987年后,才开辟《观众论坛》、《观察与思考》等栏目。随着新闻改革的深入,电视新闻评论也逐步发展并愈来愈受到观众的欢迎。1993年底中央电视台成立评论部,为电视评论的更大发展提供组织保证。中央电视台在推出《东方时空·焦点时刻》以后,从1994年4月1日起,又出台一档综合评论性专栏节目《焦点访谈》。电视新闻评论的事业更广、节奏更快、内容更丰富、形式也更多样化,出现了系列评论、连续评论、追踪评论等样式。在中央电视台的带动下,全国各地的电视台纷纷尝试改版,增加深度报道和评论的分量。如上海电视台《新闻透视》由每周一次改为每天一次5分钟播出。

评论和新闻都是舆论宣传的重要手段,两者不可偏废。宣传心理学认为,首先应当指出,正如许多实验研究的结果所证明的,任何信息的报道、某些事实的描述,如果不加专门的解释和评论,对人们的思维定势几乎不能产生任何影响。由此可见,要想通过宣传来影响与指导人们的行动,仅靠传递信息不行,还需解释与评论、新闻与评论共同协作才行。电视新闻评论与电视新闻报道也是同样的协作关系,它们构成电视新闻媒介的舆论导向手段。

电视新闻评论除了具有新闻性、政治性、群众性、科学性等共性外,还有自己的个性特点。

1. 多种传播符号显优势

电视新闻评论可以运用多种传播符号:报道词声音、同期声、字幕、照片、图表、图像等,因而可充分显示"形象化评论"的特色,将形象思维与逻辑思维紧密结合在一起,评论手段更丰富多彩。

2. 直观性带来受众面广

电视直观性强,信息代码少,受众可不受年龄和文化程度的限制。由于画面本身会"说话",电视评论记者有时无需再做文字上的描述,保留现场声反而更加重要,可以让观众产生身临其境之感。应该说,电视比报纸更具有"眼球吸引力",画面活了,会说话,能吸引观众继续看下去,因而电视新闻评论的受众面更广。

3. 亲近性带来更强的说服力

电视图像有可视性,形象感人;电视评论节目主持人采用"面对面交谈"形式,产生"自己人效应",可充分吸引观众;同时电视评论可引入多种评论者的同期声(包括现场采访中的议论评述),使论据更为真实可信。因此电视评论具有强大的说服力。

从电视专题评论(俗称电视评论片)的崛起与大发展的趋势看,从报道规律看,电视专题评论的制作应注意以下几点:

1. 形象思维与抽象思维相结合

声音和画面是电视最基本的两大元素。应注意调动一切手段,发挥电视现场感强、声画并茂的优势,注意选择那些具有很强画面感的报道对象。实践表明,电视专题评论一定要善于将图像的形象化叙述和报道词、同期声的抽象化议论评述相结合,以形成夹叙夹议、边述边评的风格,才会产生更好的收视效果。

电视专题评论作为评论,离不开概念、判断、推理等抽象化思维。然而传播规律表明,绝对抽象画、概念化的内容在受众中易产生"盲区"。因此,从形象化的事物着手,运用形象化的论据来说明抽象的道理或原则,才能消除传播中的"盲区"。譬如,获1993年度中国电视奖一等奖的《愿圣火长燃不灭——东亚运留给我们的思考》(上海电视台制作),在论述到上海市民的文明礼貌素质有待提高时,图像展示"有的观众在看台上边看比赛边嗑瓜子","有的观众在比赛尚未结束时匆匆提前退场"等,图像信息十分有利地证明了记者述评的道理。

电视声响兼备的优势,还使电视评论的论据变得更加丰富多彩:可以是活动图像或照片定格的屏幕形象论据,比之报纸评论的论据更加真实形象与具体可信;可以是采访新闻人物与知情人物的讲述,作为证人的论据也是具有较强说服力的;还可以是节目主持人或记者的现场介绍与叙述,也起着论据的作用。

一句话,电视专题评论要充分发挥其论据丰富多彩的优势,就一定要在夹叙夹议、边述边评中形成形象思维与抽象思维的有机结合。

2. 多种传播符号表达与理性思辨相结合

电视传播符号有语言符号与非语言符号两大体系、多种类别,电视专题评论应充分发挥其整体作用。譬如,图像、记者出镜头评论、被采访者叙述评说、播音员声音、现场音响、字幕、照片、图表等,由理性思辨串联起来,就能增强电视专题评论的立体感与纵深感,产生全方位、多视角透视的效应。

第二届中国新闻奖一等奖作品《刑场上枪声留下的警示》(广东电视台制作),在运用多种传播符号与电视传播手段表述,并加强理性思辨这两者结合方面取得了圆满成功。该电视专题评论的片头是以处死六个重大经济案罪犯为背景,紧接着主持人评说:"像这样大规模集中的严惩经济罪犯,在我省是不多见的。而且在这些罪犯中,职务之高,犯罪金额之巨,也是前所未闻的。"接着作者没有一般性地揭露犯罪事实与评说,而是深入挖掘经济犯罪分子犯罪的原因:有的观众反映,领导者的看法,罪犯原单位职工对罪犯的揭发评论,罪犯的自白,再加上节目主持人的评说等。节目主持人最后的归纳最具有理性思辨:"观众朋友,今天我们以这六个罪犯作为例子,向观众们作了一些剖析,他们的蜕变再次说明,在新的历史时期,在改革开放和发展商品经济的环境中,共产党员和国家公职人员确实面临着执政的考验,面临着改革开放和发展商品经济,反对'和平演变'的严峻考验。我们省作为改革开放综合试验区,地处对外开放前沿,党员干部和职工面临的'三个考验'尤为严峻。刑场的枪声响过了,但是防止'和平演变'的警钟长鸣。"最后的归纳确如警钟长鸣,使电视评论提高到了一个新的思想高度。

目前有些电视评论质量较差,除了选题不典型、叙述多评议少等因素外,还有一些是因循旧模式:以一篇评论文字稿为主,由播音员播报,再配上信息量很小的画面。如何充分发挥电视评论的优势,走自己的路,仍然是电视评论改革的努力方向。

3. 电视评论员主评与受众参与论证相结合

电视专题评论通常由评论员直接出镜头评述,评论员既是节目主持人,又是记者,在电视评论中起着核心作用。这就要求主持人既要懂得整体策划,又要会现场采访,还要会即席评说,并附有理性思考。而电视评论的论证主体,既可以是评论员,也可以是有关权威人士、专家与普通群众,这就是受众参与问题。

受众参与论证,主要由节目主持人或记者通过现场采访来实现。如电视评论《刑场上枪声留下的警示》,通过采访深圳群众、英德县公安干警、工厂党总支书记、中信深圳行员工、廉江县委书记、民航广州管理局监察处处长等,甚至还采访了死刑犯。像死刑犯、原英德县公安局长张文列的同期声:"我也曾经想去自首,但县里党政领导接到对我的举报后就通风报信给我,要保我,要我算了,不要泄露出去。"这一坦白供词,触目惊心,既是死刑犯越陷越深的一个原因,也是对包庇者的无情控诉,给人留下思考的余地。

评论是一种意见性信息,电视新闻评论所揭示的意见性信息既是形象生动的,又是深刻严肃的。或者说,电视新闻评论的题材与主题往往是严肃的、庄重的,而在表现形式上却可以是生动活泼的。

广播、电视新闻的写作和制作(节选)

王振业

导言——

本文节选自王振业著《广播电视新闻评论》,北京广播学院出版社,1997年,第278—297页。

作者王振业,原北京广播学院(今中国传媒大学)新闻系教授,硕士研究生导师。1957年毕业于复旦大学新闻系本科,1957—1981年先后在青海日报、新华社青海分社、共青团青海省委任记者、编辑,长期从事农村报道和撰写新闻评论。主要著作有《新闻评论写作》、《广播评论》、《广播电视新闻评论》等。

选文就广播与电视新闻评论的写作和制作综合提出了三点要求。其一,"融理、事、情于一体"。作者指出了在广播电视新闻评论作品中"事实"和"情感"对于"说理"的重要作用,提出应当恰当的处理三者之间的关系,做到以事明理,以情化理,并在该部分的结尾强调指出"以事明理也好,以情化理也好,目的都在于强化而不是淡化说理,在于增强而不是削弱,甚至动摇说理的主导地位。"其二,"坚持说理的基本原则"。在广播电视新闻评论作品中具体说理时,应坚持"围绕立论说理"与"说理要看对象"的原则,务必少而精当、力求顺乎思路,看受众的需要、接受能力、接受习惯来说理,以增强评论的可信度与权威性。其三,"善于夹叙夹议"。选文指出夹叙夹议分为"以说理为主干"和"以叙事为主干"两种基本类型,并在此基础上具体提出了夹叙夹议的写作要求——"叙、议穿插要恰当"以及"叙、议结合要紧密",指出只有这样才能使得评论中的说理变得深入浅出,易于理解。[①] 值得一提的是,在阐述大量理论性内容的同时,作者还引用了大量广播、电视新闻评论的经典案例如《南沙精神赞》、《拜金主义要不得》、《市场不相信权力》等对相关概念性内容进行解释和补充,增强了选文的生动性和感染力。

任何一则评论,都是为了提倡或反对什么,阐述或反驳某种主张和见解。然而,它能否为受众理解并接受,却不以作者的愿望为转移,而取决于作品的内在说服力和论辩力。因为受众接触的是评论作品,他们只是就作品本身去理解作者的主张和见解,而不是按作者的意图去理解作品。如果自己的评论没有为多数人确切理解,甚至引起误解,那只能归因于作品没有表达好自己所要表达的内容,而决没有任何理由埋怨受众。

理、事、情与"三要素"

那么,评论作品怎样才能具有雄辩的、令人心悦诚服的说服力和论辩力呢?王夫之说:"是与非奚准乎?理也,事也,情也。"[②]理、事、情是评判是非的标准,也是论说文包括新闻评论说服力和论辩力的凭借,是评论内容的基本构成因素。新闻评论的实践证明了这一点:凡是给受众留下较深印象的评论作品,不是理、事、情融为一体,就是某一方面处理得特别引人入胜。

强调理、事、情是评论内容的必要构成因素,并不等于说可以置"三要素"于不顾。理、事、情与"三要素"中的论点、论据,是属于不同范畴的概念;说法不同,其实并不互相排斥,而是完全相通的。评论中的任何一层道理,只要是完整的、可以确切理解的,都是论点和论据的统一,这是相通的表现之一。论据如果按性质划分为理论性论据和事实性论据,则相当于理和事,只不过它们是作为论据存在,隶属于论点,不能独立

[①] 王振业:《广播电视新闻评论》,北京广播学院出版社,1997年。
[②] 王夫之:《读通鉴论》,卷20。

生存罢了,这是相通的表现之二。情感本质上与论点、论据的倾向性是一致的,并且通过论点、论据的表述体现于字里行间或语气、口吻之中,这是相通的表现之三。论证作为论点和论据联系起来的方式方法,实际上也是为把事、理、情连结成有机整体服务的。明白这个关系是重要的,因为如果背离"三要素"的要求,那就不可能恰当剪裁和组织表现理、事、情的声音、画面;而如果无视内容的构成因素的特点,也很难按媒介的传播方式灵活地体现"三要素"的要求。

恰当处理理、事、情的关系

以说理为主,熔理、事、情为一炉,这是新闻评论在表达上的共同目标。但是,广播、电视评论为了发挥声音、画面的表现优势,克服不善于表现抽象内容的弱点,往往比其他新闻评论更加重视事实和情感的作用。因而在内容处理方面,它特别注意:(一)在控制说理的抽象程度的基础上,发挥事实的论证作用,帮助听众理解抽象的政论性内容;(二)发挥有声语言、画面直接传情的优势,用情感打动听众,增强评论的说服力和感染力。从某种意义上说,事实和情感是广播、电视评论成功说理的重要的,甚至是不可或缺的因素。不过,这是以坚持说理的主导地位为前提的;否则,如果因此而淡化说理,广播、电视评论也就不称其为新闻评论了。明确这一点,也就明确了恰当处理理、事、情关系的方向。

首先,重视以事明理

事实具有论证论点和稀释抽象内容的双重作用。只是由于广播、电视评论依靠声音和画面"叙"事,它在选择和运用事实时不能不考虑声音和画面的表现特点。因此,除了慎重选择事实、力求件件精当以外,要实现以事明理的表现效果,还必须在写作和制作上着重注意:

(一)按说理的需要剪裁事实。评论叙事的目的在于明理,而不是展现事实的始末。一件事实,究竟撷取哪一部分,详略如何掌握,只能以表现立论思想、以说理的需要为转移。例如《南沙精神赞》[①]中的这一段:

雷达分队队长秦任平在礁上驻守半年之后,第一次收到远方亲人的两封来信,一封是妻子2月份写的,另一封是父亲4月份写的。战友们替他高兴,让他公布妻子的来信,来信报平安,让他放心守海防,可是,当他拆开父亲的来信时,他一下子惊呆了!父亲写的竟是一个噩耗:他的妻子两个月前被癌症夺去了生命。妻子那封信是在弥留之际,用了整整一天写完的,竟只字未提自己的病。秦任平双膝跪在礁盘,遥望北方,任泪水流淌。领导让他立即随船下礁,他摇摇头:"事先没安排人接班,我走了雷达怎么开机?"说着,擦干泪水走进了机房。

---

① 中央人民广播电台1995年6月15日播出,《1995年度中国广播奖获奖作品选评》,中国广播电视出版社,1996年,第75页。

这里的叙事不详尽,就不能表现立论,也难以通过叙事注入情感、收到情理交融的表现效果。而《拜金主义要不得》则以概括的手法列举一桩桩事实,其中5件典型事例虽然较为详细,也不过几十个字;而紧接着的一段,则是一句话一件事:

或许这般挥金如土的人不多,但这类事所投下的阴影却在平民百姓中日益蔓延:豪华饭店吃不尽的高档宴席;婚丧嫁娶走不完的人流车队;160元一张的"粉色情人节"入场券一抢而光;10万元一件的进口大衣买者如云;100元一个的钥匙链卖得很火;18元一碗的日本面条餐馆竟高朋满座。可以说,拜金主义正越来越大胆地牵动着人们的衣襟。……

这样剪裁、处理事实,显然是为了唤起人们对拜金主义恶劣影响的高度注意,都可以说详略得当。不过,对于广播评论来说,除非像这两则评论这样出于特殊需要,原则上应当删繁就简,尽量突出最能明理的局部,避免过多地罗列类似的事例。

电视评论按说理的需要剪裁事实,还要考虑是否适于画面表现,以及如何协调声音和画面的关系。请看这一片段:

(在仿古街,同期声)

记者:各位观众,这里是以卖旅游商品为主的西安市书院门仿古街。11月15号,又有一家商店宣告关门。到此,仿古街上的店铺已经有1/3的商店更换了生意人。

记者:原来你在这儿做生意的为什么不干了?/房主:亏了,没赚钱。

(画外音)记者:据我们了解,书院门仿古街上的101家生意人有80%都亏损。而离这里不到2公里的另一条旅游商品街——大清真寺化觉巷又是怎么一番情景呢?

(在化觉巷,同期声)记者:你这个小摊子一年能挣多少钱?/摊主:大概六七千吧。/记者:你的生意怎么样?/摊主:不错。/记者:你呢?/摊主:还行。

(画外音)记者:这两条街两头都有西安的名胜古迹,都卖的是旅游纪念品,但买卖的效益为什么差别这么大呢?

(在化觉巷,同期声)记者:你们这个市场是怎么形成的?/老人:86年以前只有一家卖咱们民间的小玩意,到清真寺的外国人都咱们门口过,抢着买,大家一看赚钱,就都干起来了。

这是电视述评《市场不相信权力》[①]的开头部分:两个旅游商品市场,一个繁荣、一个萧条的景象,相当洗练地凸显了出来。在这里,简洁的事实,经过画面、同期声和画外音等多种手段配合一致的表现,形成了相当强烈的对比,既为引出问题也为以后的分析提供了有力的依据。可见,电视述评运用事实为说理服务,也应当遵循贵在精当的原则。

---

① 陕西电视台1992年播出,《优秀电视新闻稿选(1992年)》,中国广播电视出版社,1993年,第104-105页。

(二)顺说理的方向叙事。同一事实,从不同角度叙述,往往显现不同的意义。如下面这一段:

共产党员杨威一面同歹徒搏斗,一面大声疾呼:"共产党员、革命同志帮我抓坏蛋!"当时,餐馆的十几名职工在场围观,竟然没有一个人出来相助。恐惧症到了这等地步,令人愤慨。①

现在这么叙述,事与理榫卯相应,颇有令人对"恐惧症"的危害感同身受的效果;如果不是强调在场职工袖手旁观,而是叙述搏斗的过程和结果,恐怕未必能有这么强的说服力和感染力。所以,事实能否为说理服务,取决于两者之间是否有必然联系,也受叙事角度直接影响。叙事与说理角度相同,方向一致,这是把事实纳入说理轨道的必要条件;忽视这个条件,就可能陷于南辕北辙的境地。

在电视评论中,体现事、理榫卯相应原则的难度,要比广播大得多。它既需要调动画面诸因素(如拍摄角度、景别、光度)和组接技巧,典型地表现典型事实,更需要认真细致地处理好声音和画面的关系。有时一个细小的环节处理不当,都可能导致事、理分离或相背。

(三)为强化说理配置材料 事实是在相互联系、相互比较中显现出意义的恰当配置材料,使有关材料相映成趣、互为作用,不仅可以增强说理的论辩力,而且有利于提高可听性。例如:

我国在世界7%的耕地上,解决了占全世界22%人口的温饱问题,这确是件了不起的事情。

这个论断的雄辩力量,正是来自两个百分比的恰当配合。假如去掉其中一个百分比,或者把百分比换成绝对数字,能够这么不容置辩地说明我国农业的伟大成就吗?又如《火警声声向文化》结尾部分大声疾呼:

这难道纯粹是一种偶然吗?

不妨想想,假如不把自然博物馆的困境与三起震动全国的特大火灾联系起来,这个呼声能否引起如此强烈的回响呢?这两个例子不仅说明合理配置材料的重要性,而且也说明配置材料要从事与理、材料与材料的必然联系出发,在分清主次和突出联系点上下工夫。否则,不是事例雷同、材料堆砌,便是主次不分、喧宾夺主,都不能达到预期的目的。

上述三条,主要是从更好地为说理服务的角度强调的,至于如何剪裁和叙述得便于听知,还得处理好语言、结构等方面的问题。

其次,善于以情化理

广播、电视评论怎样发挥有声语言直接传情的优势,更好地调动情感为强化说理的感染力服务?基本方向是明确的,这就是在具体情感内涵上与社会主义精神文明

---

① 《学习安珂敢于同坏人坏事作斗争的精神》。

的准则保持一致，同时充分利用有声语言的各种传情因素，如语词、声调、节奏、语境等，恰如其分地在说理、叙事过程中注入情感。至于如何注入，则因作品而异，只能从具体作品中去体味。

为了借鉴，且以林放的《蟹市新闻》①为例，略作说明。上海一度出现高价螃蟹市场，一斤大闸蟹在当时(1985年)的售价竟高达25元。这篇短论从分析顾客入手，引导读者思考这个畸形市场背后的问题。它以主要篇幅分析三类顾客，字里行间渗透着不同的情感。对"够得上高消费水平的"一类顾客，短论通过诸如"毫不在乎"、"若无其事"、"不成问题"的措辞，表达了讥刺之意。对第二类顾客，则用另一种笔触叙述，引导人们注意他们的背景：

有两位顾客值得用浓笔介绍：一位是个体户，这是个爱面子的"开拓型"人物，做生意顺手，要买几十斤来摆个"蟹宴"，以酬谢有关单位给他帮过忙的干部同志。还有一个是外地采购员。他要买蟹送到某工厂某科长家里，请科长帮忙搞些材料。"反正可以报销的"。(着重号为引者所加，下同)

声明"浓笔介绍"，却又淡淡叙来，似无喜怒，其实透过纸背，更使人感到蕴含着深沉的焦虑和愤慨。写第三类"硬着头皮上"的顾客，短论在引述他们的话之后，点了一句"打肿脸充胖子，无怪其言也哀"。这一句，笔端多少带着感情，能够引发人们多少联想啊！

如果说对顾客的分析，情感主要渗透在叙述中，颇有因事而发、随时点染的特色，那么末段的情感则与议论融于一起，属于凝聚后的喷发，蕴含着强大的震撼力：

……虽然同是买蟹，甘苦却是大不相同。最值得注意是那两个请客送礼的例子，说明了高价大闸蟹怎样打进了官商之间的开后门批条子的关系之中。对于那两位"硬着头皮上"的，我们只能一掬同情之泪，因为这已不是人吃蟹，而是蟹咬人了。至于"持螯对菊"之类的文人韵事，久已成为绝响，不提也罢。鲁迅说："第一次吃螃蟹的人是很可佩服的，不是勇士谁敢去吃它呢？"现在还可以补充说，最后一次吃螃蟹的人也是很可佩服的，不是勇士谁敢去吃它呢？

一篇短论，蕴含着这么丰富多彩的情感，不能不说是善于用富于情感色彩的语言说理、叙事的效果。虽然这是报刊评论，有些句子和词语未必便于说、听，但无论在前次用语还是创造语境方面，都蕴含着许多值得借鉴的经验。

当然，对于广播、电视评论来说，除了在行文中适当注入情感以外，以情化理还有一个不可忽视的环节——声音转化。如果说这里有什么窍门，那就是文稿写作尽可能为声音转化创造以声传情的条件，声音转化时充分体会、体现文稿的意蕴。在这方面，自己动手写稿的主持人、现场记者蕴藏着很大的潜力。电视评论还拥有另一个有待发挥的优势——即主持人、现场记者的恰如其分的表情和动作。总之，面对特定的

---

① 林放：《未晚谈(二编)》，上海人民出版社，1990年，第13-14页。

评论对象和所要阐明的道理,无论是撰稿人、主持人还是播音员,总有自己的爱憎好恶一类的情感,完全可以也适当地体现在广播、电视评论作品之中。而只要善于把握自己的感受,善于在文字、声音以至于表情动作上注入这种感受,广播、电视评论就可以在以情化理方面,发挥出其他媒介的评论难以比拟的表现优势。

这里有必要再次强调,以事明理也好,以情化理也好,目的都在于强化而不是淡化说理,在于增强而不是削弱,甚至动摇说理的主导地位。如果颠倒了理、事、情的主次,叙事时忘了为什么叙事,或一味抒发一己之情,那就可能适得其反。从近年来广播、电视评论中出现的某些现象看,强调坚持以说理为主导的原则,绝不是多余的。

坚持说理的基本原则

这里所说的说理基本原则,指围绕立论说理和说理要看对象这两个原则。

围绕立论说理的原则

评论的说理,就是用论据证明和说明论点的过程,理论则是这个过程的出发点和落脚点。围绕立论说理,包括两个层次:围绕立论组织论点,即按立论的需要设置论点,根据论点间的逻辑关系安排次序和表述角度;围绕论点组织论据,即根据论点的要求,选择、配置和表述论据。广播、电视评论在体现这个说理原则方面的特殊要求,主要是:

——务必少而精当。少而精当重点是精当,即论点切中要害,论据"以一当十"。《莫把"衙门"抬下乡》只有一个论点、两个概括社会现象的论据,却给人以言简意丰、切中时弊的深刻印象,这种效果当然有文字表达的功夫,但从根本上说,却主要来自作者对形式主义作风种种危害的真切感受。所以,少而精当的关键在于认真研究实际,善于分析事物,并在这个基础上恰当地弃伪存真、弃芜存菁。而在写作和制作方面,则要:(一)尽可能突出重点,能够用一个论点体现立论思想时,千万不要节外生枝;能够用一个材料说明问题时,切勿罗列其余,即使那些音响或画面来得不易也要舍得割爱;(二)有节制地运用音响和同期声,这类材料再现能力强,但有时不很精炼、准确,所以要慎重选择、剪裁,防止出现多而滥的现象;(三)力求画面典型、集中、完整,声画配合紧密。广播、电视评论离不开音响和画面,怎样在声、画运用上体现少而精的要求,是一个远未解决的问题,仍然需要不断总结经验和教训。

——力求顺乎思路。这是基于适应视、听需要的特殊需求,指在合乎逻辑、顺理成章的基础上,力求表达与受众的一般思路相一致。根据优秀作品的经验,形成顺乎思路的表达,需要多方面的努力。其中尤为重要的是:适当分解论点,组成前后紧密衔接的说理层次;具体表述论据,力求事理结合、虚实相间;尽可能运用受众熟悉的语言表达方式等。这些问题在第三、四章中都已结合作品作了必要的阐述,这里就不赘述了。

说理要看对象的原则

这个原则,前面也已反复从不同的侧面强调过,这里再集中起来扼要说一说。看对象说理主要看三个方面:

——**看受众的需要**。包括面对当前客观实际,受众关心什么?为什么关心?有什么想法或疑难?为什么会产生这些想法和疑难?怎样为他们解难释疑?等等。这些都是评论选题、立论以及确定说什么理、怎样说理的重要依据。当然,强调看听众的需要,并不意味可以置那些听众暂时还没有意识到的重要问题于不顾。但就是对这些问题的论述,也必须同受众切身利害联系起来,才能唤起他们的关心,才能收到预期的效果。例如条块分割的危害,如果单纯从工作的角度去论述,恐怕就难以引起人们的普遍关心;而像《三国四方何时删除篱笆墙》那样,利用若干群众体会得到的具体事例(如楼上楼下打电话需要通过长途、千里迢迢购入的农机配件竟是本镇产品等)来论述,则不仅可以引起观众的兴趣,而且还可能因感同身受而引发更多的联想和思考。

——**看听众的接受能力**。所谓接受能力,就是思想水平、觉悟程度、文化基础等多种因素的综合表现,也就是韬奋先生所说的"容受可能性"。广播、电视听众,观众面广,接受能力差别很大;广播、电视评论要赢得更多的受众,它的立论基调、说理的思想理论高度和抽象程度,就不能不从多数受众的实际接受能力出发。强调这一点,绝非迁就,更不是放弃思想理论原则,而是坚持原则、引导和提高受众的必要前提。

——**看听众的接受习惯**。听众的接受习惯有共同性,也有特殊性。共同性是由思维的一般规律决定的,主要表现为喜爱短小精悍、生动活泼、深入浅出、平易近人的作品;这是构成受众接受习惯的主要因素。当然也不能无视受众的特殊接受习惯,但这要与论题的性质和节目类型联系起来考虑。如,在新闻节目中播出的评论,重点应当放在从内容到形式,力求适应多数听众的共同接受习惯方面;而在专题节目或评论性节目中播出的评论,则需要适当注意与论题关系特别密切的那部分受众的特殊接受习惯,《庄户人也要讲究语言美》就是比较成功的一例。

在广播、电视评论中坚持看对象说理的基本原则,固然需要讲究方法,但最根本的是牢固树立为多数受众服务的观念,密切与受众的联系;加强经常性调查研究,及时掌握社会脉搏和受众注意力的中心。解决了这两个根本问题,也就不难找到看对象说理的恰当方式和方法了。

善于夹叙夹议

夹叙夹议,就是边叙述边议论,亦即通常所说的摆事实、讲道理。这是一种可以融理、事、情于一体,把观点和材料有机结合起来的论述方式和方法。对于广播、电视评论来说,善于夹叙夹议,等于掌握了适应广播、电视的传播方式、深入浅出地说理,让听众、观众经由具体事理理解政论性内容的有效手段。

夹叙夹议的前提和关键

夹叙夹议,"叙"指叙事,"议"指议论。这乍看像是不成问题,可是一旦和广播、电视评论联系起来,事情就不那么简单了。

广播、电视评论"叙"的方式多种多样。它既可以由作者叙述;也可以运用音响和同期声,当事人作第一人称的叙述,或由目击者、知情人转述;还可以运用画面,直接再现事物、事件及现场场景。这样一来,如何"叙",就不是作者个人可以完全主宰的,而在很大程度上依赖于采访对象的配合。同时,叙述方式的多样性,也要求恰当处理不同符号和表现手段的关系,否则就可能出现相互重复或互相脱节之类的问题。这是广播、电视评论运用夹叙夹议的复杂性、特殊性的一方面。

另一方面在于如何确定"议"的主体。"议"当然是议论,然而究竟是谁的议论呢?在一则广播、电视评论,尤其是以评述和访谈的形式出现的评论中,往往同时存在着两种议论——采访对象的议论与评论制播者(媒介和作者、主持人、现场记者等)的议论。采访对象的议论,表达的是他自己对事物的看法;这种看法即使与评论制播者的看法完全一致,也不过是评论的依据,而不是体现制播者看法的论点。夹叙夹议中的"议"所表达的是评论的基本观点,它只能是评论主体的议论。这两种议论并存在一篇评论中,如果不加区别,就可能出现以引代论(即以采访对象的议论代替制播者自己的议论)或议论简单重复的现象。现在有些访谈、述评所以给人"访多谈少"或说理不到位、观点不鲜明的感觉,很重要的一个原因就是混淆了两种议论的界限。

如果说既有事实又有议论,是一般文章运用夹叙夹议的前提,那么明确上面所说的"叙"、"议"的复杂性和特殊性,未尝不可以认为是广播、电视评论恰当运用这种表现方法的另一个前提,甚至是更重要的前提。

不过,在一则评论中,既有表述得体的事实,又有评论主体的中肯议论,是不是就一定能够形成夹叙夹议呢?这也不能一概而论。胡乔木在讲到文章如何做到观点与材料统一时,曾经说夹叙夹议不仅要有观点、有材料,而且要把"事实和观点安排好",他说:

一个建筑要有材料,有结构,整个建筑还要有设计。写文章和盖房子一样,要看如何布局、设计,是否经济、合理、适用。观点和材料隔绝了,就像工厂的车间和原材料离得很远,甚至中间隔了一道墙一样。如果说有些文章材料、观点互不联系,也是冤枉,他自己可能以为材料和观点联系了,但是离得太远了,太啰唆了,或者不清楚,材料就不能说明观点。①

也就是说,除了有叙有议、有材料有观点以外,还要按它们的固有联系,把两者组织成为不可分割的说理层次或有机整体。这就是所谓"夹"的主要含义。掌握这种被称为"夹"的艺术,是恰当运用夹叙夹议的关键。

---

① 《在写文件方法座谈会上的讲话》,《新闻工作文集》(解放军报编,内部发行),第 523 页。

就说《市井忧患的思考》①吧。1987年12月10日，上海出现大雾天气，上海陆家嘴轮渡由于有关人员调度不灵、指挥不当，酿成了重大伤亡事故。事后，上海人民广播电台发表了这篇评论，认为这起"看来好像与大雾无关的天灾，实际上也是一起包含着某些工作人员的失职乃至官僚主义的人祸"。其中最有说服力和感染力的一个说理层次，也是相当成功的夹叙夹议：

……那天，大多数乘客都是怕脱班、脱课，怕影响生产和工作而聚集码头的。电话亭前那长龙似的队伍就足以反映他们的焦灼与不安。更有像曹宝根那样的共产党员，在生死关头，挺身而出，自觉履行自己的职责，最后光荣献身，表现出一个共产党员的浩然正气……<u>事实证明，我们的人民是胸怀大局的</u>，他们关心生产的积极性和迫切心情是令人敬佩的。有少数人不讲秩序、不守纪律，但他们绝不是人民群众的主流。<u>把事故的原因一股脑推到群众头上，恐怕是不太公道的。</u>

在这一段中，除了画线的两句话属于议论外，其余的都是叙述，不过有的是客观的叙述，有的是带倾向性的叙述。这里"夹"的艺术，主要体现在两个方面：一是按事实与议论的内在联系，把它们紧密地揉在一起；二是运用不同色彩的语言，把这种联系相当自然地表现出来。二者相辅相成，较好地实现了夹叙夹议的表现效果。事实上，大多数成功运用夹叙夹议的议论，都包含着三种语言成分——客观叙述、带倾向性叙述和议论，差别只不过是位置、比重有所不同罢了。其中带倾向性叙述尤为重要，它是从客观叙述过渡到议论的中间环节。所以许多老评论作者都十分重视在叙述中逐渐注入主观色彩，为发议论也为他人接受议论准备必要的条件。

在电视评论中，叙、议都可以同时运用画面、同期声、画外音等手段。这一方面为夹叙夹议提供了广阔的表现空间，同时也要求它除了注意叙、议内容的逻辑联系以外，更加精心地处理各种符号和表现手段的关系。如果忽视后一方面，即使内容本身逻辑联系紧密，也未必能够形成浑然一体的夹叙夹议。比如有的电视述评在现场述评之后，紧接着就是一长段主持人的议论，是否得当就大可斟酌。制播者这样处理，可能是基于增强议论色彩的考虑。这种愿望当然无可非议，但从表现效果看，却可能导致两种损害固有联系的结果：如果现场述评具有较强的夹叙夹议的色彩，那么主持人的议论就难免有蛇足之感；如果现场述评不到位或不贴切却仍然保留着，那就等于在主持人议论与事实之间人为地设置了一堵隔离墙。有的评论叠床架屋地运用内容大同小异的访谈同期声，而主体的议论却没有适当地展开，这也难免给人以叙代议、以访代谈的感觉。所以，对于电视评论来说，恰当处理符号和表现手段的关系，也是恰当运用夹叙夹议的应有之义。

---

① 上海人民广播电台1987年12月播出，《全国优秀广播节目稿选（1987年）》，中国广播电视出版社，1988年，第157页。

夹叙夹议的基本类型

就结构形式来说,夹叙夹议有两种基本类型:一种以说理为主干,另一种以叙事为主干。

以说理为主干的夹叙夹议,按道理的逻辑层次组织材料。目前广播、电视评论中的夹叙夹议,多数属于这一类。如果还原作者的构思和表达过程,大致是:(一)在比较充分地占有材料的基础上,形成一定的立论思想;(二)按表现立论的需要,设置若干论点或说理层次;(三)随着论述的展开引用必要的材料,组成若干事、理交融的说理段落。不妨运用还原的方法,对诸如《拜金主义要不得》、《让我们伸出双手》这些比较成功的评论重点分析,包括弄清它们的得失及原因,这样也许将有助于更好地认识和掌握这种夹叙夹议类型。

以事实为主干的夹叙夹议,则是按照事实的客观逻辑划分和组织说理层次。这种类型在广播、电视评论中不多见;这里且引韬奋先生的"小言论"《糊涂虫假认真》中一个片段,以资借鉴(引文中的下划线,系原作中的着重号;①②③系引者所加):

② 这位省视学原是一个糊涂虫,但他不幸做了什么省视学,每年总要视察几个学校,而且于视察之后,还要做几篇报告,视察和报告都要有些话来敷衍一下,③ 便苦了他的"特长"! ① 有一次他到一个很有名的中学校里去视察,② 他虽然到各教室里去"视"了一番,原未"察"出了什么,连各教导员的姓名都不知道,③ 这本是他糊涂的好处! ② 但他一心想着要做报告企业呈给教育厅长瞧瞧,不得不认真一些,所以于视察之后,在该校迎接室里,便就悬在壁上的玻璃框内的教员姓名表,把姓名和职务抄在袖珍日记簿里,像宝贝似的藏好带了回去,③ 这总算是他的深谋远虑了。① 不料他所照抄的那个教员姓名表是隔年的,其中有一个教员是已经去职的,有一个是已经死掉的,② 这个糊涂虫做报告的时候,却闭着眼睛一个一个加了几句评语,连去职的和死掉的教员所有的教授法都被他"视"了一下,"察"了出来,③ 这样的认真,说他糊涂似乎难免罪过! ②高高在上的教育厅当然根据他的报告公布,被那个中学校长和教员看见之后,为之大哗。他对于教员势难个个说好话,总要有些不大好的批评,糊涂的批评当然要引起一部分的不平,该校校长本想告他一状,后来想到他对全校的总评总算说了好话,才置之不论。③ 危哉糊涂虫,间不容发!

引文中的标①的句子为客观叙述,②为带倾向性叙述,③为主观的议论。仔细地读一读,琢磨一番,就可以发现:(一)韬奋先生把这位省视学(也称督学,旧中国的教育督察人员)的"视察"全过程,划分为4段;(二)叙述过程的文字,多带有鲜明的倾向性,而且主要运用讽刺性语言;(三)议论虽然都是片言只语,却起着既为前面的叙述"点睛",又衔接下面叙述的双重作用;在这些议论中,除却"危哉糊涂虫,间不容发"这一句正面表达自己对这件事的看法以外,都以反话正说的口吻揭露这位省视学的昏庸,语言的强烈讽刺色彩与评论的主旨非常协调。这样的夹叙夹议,让人简直感觉不到叙述和议论的界限,可以说已经臻于叙、议浑然一体的境界。

从这一例子中,可以把握以事实为主干的夹叙夹议的主要特点。这种夹叙夹议的基础,是按事实的客观逻辑,把事实分割为若干相对完整的部分,然后依次叙述,并在适当的地方作画龙点睛式的议论。这样的议论直接从事实中引申出来,既概括了对上一层事实的看法,又带出了下一层事实,兼具表达见解和承上启下的作用。

这两种类型的夹叙夹议,只要运用得当,都可以收到预期的效果。一般地说,以事实为主干的夹叙夹议,多用于分析典型事例;而以说理为主干的,则可以引用各种相关的事实。广播、电视评论中的夹叙夹议多以说理为主干,这也许与事实来源较为广泛不无关系。不过,以事实为主干的夹叙夹议,由于事实典型,边叙边议,确有易于引人入胜、便于视听的优点,是一种富于表现力的夹叙夹议类型。

夹叙夹议的写作要求

除了讲究内容构成和结构类型外,恰当运用夹叙夹议,在写作上的基本要求是:

(一)叙、议穿插要恰当。穿插恰当,说理才能显现清晰的层次,也才能形成"夹"的格局。

以议论为主干的夹叙夹议,议论是经,事实是纬,事实穿插在议论之中。事实如何剪裁、如何穿插,只能以说理的需要为转移,为展开叙述、深化论点服务。例如下面这一片断:

近来,中小企业招标承包成了人们的热门话题。招标把竞争机制引来承包,优化了企业领导班子,普遍受到职工欢迎。但是,群众对部分企业招标承包的做法有意见,说是"好戏没有真唱"。

记者就此做了调查,问题确实存在。一种情况是企业主管部门在投票前就向厂长亮了底,经过讨价还价,甚至私下活动,原厂长以主承保人的名义在合同上签字,叫做"认标",厂级原班人马组成一个承包委员会,说这是"集体承包";另一种情况是,竞争的双方是原任厂长和书记,表面上耍刀弄枪,热热闹闹,很像一回事情,实际上是你中有我,我中有你,二者必居其一,大不了是厂、书记换个个儿;还有一种情况,投票时倒也广开才路,夺标者争相登场,侃侃而谈,群众心悦诚服,很是兴奋了一阵子,殊不知纵然你有百般能耐、千条妙计,可惜由于顶头上司已另有所爱,"千里马"也得靠边站。看到这些场景,群众失望地说:"这一回又走了过场!"

招标承包,职工拍手称赞,但是也有所疑虑。职工是最直接的利害承受者,他们怕就怕把企业再交给那些庸才们,使企业重蹈厄运。难怪他们说:"再不要耍花枪了,快动真格的吧!"

在这一片断中,作者借反映群众的呼声,以前后呼应的两段议论表达了自己的鲜明看法;中间插入概括三种企业承包中的不正常现象的一大段叙述。这段表达准确、脉络清晰的叙述,既融入议论之中,成为议论的有力依据,又把前后的议论衔接起来,形成不可分割的有机整体,从而使整个说理层次显得跌宕起伏。虽然这一片断并没有完整地表述论点,却是支持论点的一个相当有分量的说理层次。不妨设想,如果删弃后一段议论,直接与下面表述论点的说理层次("官僚主义和不正之风作怪")连接起来,情况将会怎样?虽然仍然难以像现在这样形成比较自然的夹叙夹议,当然也不可能收到跌宕起伏的表现效果。

由此可见,事实的穿插恰当与否,取决于两个条件:一是动笔前理顺思路,形成明确的说理层次;二是叙事准确、明快、繁简适当,切忌拖泥带水。特别是叙述典型事例,更需要严格按议论的需要剪裁,如果一味求全求细,那不仅可能破坏夹叙夹议,而且还可能冲淡议论,削弱评论的说服力。

以事实为主干的夹叙夹议,议论穿插于叙事之中,必须力求精练,避免长篇大论。上引《糊涂虫假认真》的议论,有的甚至只是半句话,所以能够那么严谨地保持叙事的完整性。不过,这个要求只适用于夹叙夹议部分,在文章的其他部分如何议论,还得以表现立论的需要为准绳。韬奋先生在这篇"小言论"中,事实上也有相当精详的议论,如:

据说宋朝有一位户部侍郎叫做吕端,宋太宗想叫他做宰相,有人说他糊涂,宋太宗说:"端小事糊涂,大事不糊涂"。终于叫他做了宰相。这位省视学先生在总评里闭着眼睛说了几句"好话",也许还可以把"大事不糊涂"自慰,深叹生不逢时,不然也许还有宰相的资格!但是他比吕端更胜一筹的是假认真,天下迟早终必插穿的是假的事情,糊涂也罢了,糊涂而假认真,便更危险。

依姓名表上抄下来的姓名,只要抄的时候战战兢兢,如临深渊,如履薄冰,不要抄错,似乎是一件很稳当的事情,谁料这样"触楣头",却遇着是一个隔年的表格!在做假的人都以为是"深谋远虑"、"万无一失",不知天下只有真的事情是可以颠扑不破的,假的事情无论如何周密,总是必有一天要拆穿的。

有些评论虽然有议论、有事实,却没有形成夹叙夹议,重要的原因就是叙、议穿插不尽恰当。常见的有两种情况:一是没有穿插,叙事归叙事,议论归议论,这样或者能够明理,但不能形成夹叙夹议;一是穿插太多,结果议论和叙事都有点支离破碎,也收不到夹叙夹议的说理效果。

(二)叙、议结合要紧密。紧密结合,首先要求事实、议论在形式上贴近,但更为重要的,却是事实和议论有必然的联系,即事实是议论的可靠依据,议论是基于事实的确切判断。这样,事实成为议论的"表",议论揭示事实的"里",表里相应,叙、议自然就浑然一体了。

在《一则启事的更改引起的联想》中,有一段叙、议结合相当紧密的论述,虽然文字长了些,但可以提供多方面的启发,值得做一番推敲:

那么,究竟是什么原因要使他们更改启事的呢?据我了解,台湾的舆论和传播媒介,他们所发表的文字,必须合乎台湾当局的心态和要求,否则就会遭到很大的麻烦和困境,这一点朋友们比我更清楚。比如,1984年《联合报》因为刊登了中英两国政府关于香港问题的联合声明全文,该报的总编辑就被撤了职。中共关于"一国两制"的主张,是台湾当局最敏感和最感到棘手的问题,几年来一直不敢把它的真实内容和定义,全部真实地告诉台湾民众,而且一直对台湾民众进行歪曲事实的宣传,说它是中共"煽动分裂人心的阴谋",是中共的"统战陷阱"等。就是在台湾当局宣布解严之后,这样的宣传也没有停止。在这种情况下,《"中央日报"》等三个单位,要让在校的大专青年和社会青年,自定题材,自由发挥对"一国两制"的意见,显然不符合台湾当局的心态,自然也就不会被台湾当局所应允。这恐怕是这次征文时间变更内容的真正原因吧。这一点,读一读9月1日台湾《"中央日报"》第二版登载的楚崧秋先生的专文《为本报今后办报三方向进一解》,就能够看得出来。楚崧秋先生在专文中说,今后《"中央日报"》的办报方向,一是要"有党性",二是"守原则"。不言而喻,原来第一天的征文比赛,其实不符合台湾当局所坚持的"反共拒和"的原则。这篇专文,也算是一份不显露的公开检讨吧。

这里,评论围绕揭穿"更改启事"的实质,引用了两件事实,并针对事实作了相应的分析,实际上包含着两层夹叙夹议:一是借引述《"中央日报"》总编辑因刊中、英关于香港回归的联合声明被撤职一事,揭露台湾当局一直敌视、歪曲宣传"一国两制";一层引楚崧秋(当时的《"中央日报"》董事长)的变相检讨,指出"更改启事"的真正原因是因为原来的启事不符合台湾当局"反共拒和"的原则。这两层夹叙夹议,每层的叙、议都表里一致,榫卯相应,两层之间的主、客观逻辑联系也相当紧密。如果说这段论述既有助于台湾青年明白"更改启事"的真相,又能激发他们进而思考和领会"一国两制"的精神,那么叙、议的紧密结合恐怕就是获得这种表现结果的一个重要因素。

研究与思考

＝延伸阅读＝

1. 谭天:《电视新闻评论的涅槃之路》,《视听界》,2009年第1期。
2. 李琦:《困惑与突围——中国电视新闻评论节目的现状与前瞻》,《湖南大学学报(社会科学版)》,2005年第6期。
3. 王振业:《广播、电视评论的个性》,见《广播电视新闻评论》,北京广播学院出版社,1997年版。
4. 仲富兰:《广播评论的选题与立论》,见《广播评论——功能、选题与语言艺术》,复旦大学出版社,1997年版。
5. 马少华:《广播评论的特征》,见《新闻评论教程》,高等教育出版社,2007

年版。

6. 李文明：《新闻评论的电视化传播》，四川大学出版社，2003年版。

7. 张骏德：《广播电视新闻评论》，见张骏德《当代广播电视新闻学》，复旦大学出版社，2001年版。

═问题与思考═

1. 广播新闻评论的特点有哪些？

2. 基于广播新闻评论的特点，广播新闻评论的写作和制作有哪些要求？

3. 与传统的新闻评论相比较，电视新闻评论具有哪些共性特征？具有哪些个性特征？

4. 电视新闻评论的制作要领是什么？如何能够在生动、多样的表现形式下阐释其深刻的内核？

5. 综合看来，广播与电视新闻评论的写作和制作有哪些基本要领和要求？如何处理广播电视新闻评论作品中"情感"、"事实"和"说理"之间的关系？

═案例分析═

案例阅读指导：

基于广播、电视媒介本身所带有的特性，广播电视新闻评论相对于传统媒体中的新闻评论更为生动、形象、具有感染力，如何在生动的表现形式下阐述理性、深刻的内核一直是其制作的关键。下面这个案例来自于凤凰卫视2001年9月18日的《时事开讲》节目，它运用了多种表现方式包括主持人对话、插入新闻现场视频、专家评论等，但却在多媒体化的表现形式下最终对新闻事件做出了深刻而理性的阐释和总结，是一个较为经典的案例，对于学习者来说有一定的借鉴意义。鉴于此，本书选取此案例，以供读者学习、参考与体会。

南京"9·14事件"的教训（2002年9月18日）

主持人：吕宁思

凤凰卫视时事评论员：曹景行

吕宁思：各位好，紧贴时事，现在开讲。9月14号发生在南京市汤山镇的投毒案件，公安部门在短短几十小时内就破了案，并且逮捕了疑犯。不过，这个已经导致数十人死亡的恶性案件在民间造成巨大的影响却没有平息。今天晚上，我们就请曹景行先生来谈谈这起投毒案件发生的社会大背景，以及它给各界人士留下了怎样的教训。

曹先生，9月14日在南京汤山发生的投毒案，在全国引起震动。您谈一谈为什么发生这样的事情，这个案件与大背景是不是有关系呢？

曹景行： 在谈大背景之前，我想提到，这个事件在海外华人中，我们接触到的媒体中，我们接触到的社会各方面引起的震动，很震惊。

我看到消息的时候是在新加坡，《时事开讲》有一个活动在新加坡。15号那天，新加坡的《联合早报》在中国新闻版的头条以很大的位置报道了南京这个事件，看到以后，我就翻了其他各方面的报纸。

除了新加坡以外，香港的报纸这两天都是以整版的篇幅报道这件事情，而且追的很紧，报纸和电视记者都到了现场，用了许多照片。

我看了台湾报纸也是这样，台湾报纸对这件事情报道的篇幅也不少，到今天为止，几个主要报章每天差不多都有三分之一版的篇幅报道。

另外就是网上的消息很多，网上的评论、议论也很多。我觉得华人世界都在关心，毕竟是这么多人的生命的事情，这么多的人还在医院里面，可以说是很罕见的一个案件。

我们凤凰卫视的观众，还有我们凤凰网的网友，也来了不少的信，我们都收到了。前天回来以后，我昨天整理了一下，看到不少我们观众的来信也谈到这件事情，数量相当多。

现在看到这个案件已经破了，这个是很快的。我们看了今天破案的过程，我觉得破案人员线索抓的很准，目标很散的话就不那么容易破案。破案至少对死者是个慰藉，他们能够闭上眼睛。

吕宁思： 事实上这个案件在第三天就破了，据说第二天就抓到这个嫌疑犯了。我们一起来看一看官方的新闻。

电视新闻画面 在审讯中，陈正平对投毒犯罪的事实供认不讳。他表示，自己是因生意竞争，对正武面食点心业主心怀恨意而投毒作案的。

南京汤山镇食物中毒案件发生后，党中央、国务院领导高度重视，立即作出批示，要求采取紧急措施，尽最大努力抢救中毒人员。在江苏省南京市和南京军区的11所医院，调集最好的医护人员，投入最好的药品和设备抢救中毒人员。目前除六名重症人员仍在抢救外，绝大部分已安全脱险，部分中毒患者已经治愈出院，中毒人员中经抢救无效确认死亡的有38人。当前各项善后工作正在有序进行，当地群众情绪稳定。

吕宁思： 我们凤凰卫视的记者也是第一时间赶到了现场，这几天我们在上海站的记者一直在南京采访，最近他刚刚回到上海，我们不妨现在和他连线，看看他最新在当地了解的一些情况。

余敏，你好！

余敏： 吕先生，您好！

吕宁思：现在是曹先生和我在《时事开讲》的现场。对这件事情，曹先生想直接和你谈一谈，看看你在当地的感受。首先请你再介绍一下，今天上午你离开南京的时候当地有没有最新的消息？

余敏：今天上午是中毒事件后汤山镇的中学第一次返校，所以我们早上六点多钟就赶到中毒受害人数比较多的中学，那个学校在当地是一个重点中学，能够在那个学校上学的孩子，一般家庭环境比较好，因为学费相对来说比较贵，听说一年是五六万。当天发生事件的时候，在学校的学生也是周末在那里补课的，也就是毕业班，是最好的两个班的学生在那里，大多数学生是成绩比较优秀，家庭环境比较好的。

今天早上我们到那个学校的时候，已经有初一、初二的学生正在进学校，门口也有老师在值班。一方面，这些值班老师在检查进校的学生有没有带门牌，另外一方面也是通知到校的初三学生，通知他们20号才恢复上课。学校的老师告诉我们说，学校的食堂已经经过了消毒处理，以后学校的所有伙食都由学校食堂亲自来做。

中午我们赶到南京最大的殡仪馆，正好碰到两个正在处理丧事的受害者的家庭。当时现场的气氛很悲伤，家属们情绪很难平静。经过交谈之后，他们还是对政府在破案，还有抢救过程所表现出的高效以及投入都是很肯定的。

曹景行：今天那边的气氛和前两天相比有什么不同吗？

余敏：有，因为今天南京当地的一些媒体都把这个结果放在最新、最重要的位置报道。当地的老百姓都在议论，这个事总算破了。大家对当地的政府部门，以及党中央对这个事情的投入都是表示肯定。前几天紧张的气氛也在慢慢地淡化。

吕宁思：曹先生，现在是这样，从破案的结果来看，应该是一个偶然的报复案件，可是为什么把大背景谈起，我觉得这里面要请您来分析了。

曹景行：这个事件发生之后引起大家关注，为什么会发生这样的事情？这类事件造成什么样的后果？

我们首先看这种事情的破坏性很大，一个是人命，几十条人命，还有这么多人受伤，整个社会动用了这么多资源去抢救，这个破坏性、损害是很大的。凶犯的动机看来并不是太复杂，也就是一个人在做，但是造成的后果却是那么的大。所以，这一类案件本身就很值得警惕。因为它除了造成人命丧失以外，还破坏了社会安定。尤其是现在，中秋节快到了，本来是一个佳节的时候，现在南京市民过节的气氛被破坏得很厉害。接着就是国庆，接着又是中共"十六大"，这种情况对社会安定的破坏，整个气氛被破坏了。

再有一个，中国很明确以发展经济为主要目标，投资者都讲究投资环境。南京是中国人口最多的特大城市里面条件比较好的，它的刑事案件犯罪率是最低的，曾经还作为经验介绍。这个事件引起了世界性的轰动以后，投资者，特别是海外的投资者就会想到这些问题，这个地方到底是怎么回事？

恰恰在19号，就是在中秋节的时候，南京要开一个叫"中秋经贸洽谈会"，这个是每年这个时候开的,有各地的投资者,规模蛮大的,记者、媒体都会集中在那个地方。我已经看到,台湾报纸上已经说已经有一些厂商在议论这次开会气氛会不会被破坏?也就是说对南京的投资环境也可能带来某种负面影响。这样一个案件,尽管就是那么一个人在做,但是造成的损坏是相当大的。

从去年开始,这一两年来,中国大陆出现的案件,经常看到这种震撼性的案件。一类是矿,煤矿、锡矿,从南到北都有;还有就是生产中的灾难性事故;另外一种就是像这类恶性刑事案件。这种恶性刑事案件有一个特点,比如我们看江西的芳林村的爆炸,北京前不久发生的网吧火灾事件,导致案件本身的原因并不是很大,但往往都涉及……我们说社会边缘化的一些人物。这些人过的不是正常的生活,可能是有家庭问题,有的是流动人口。在这种情况下,这种大型案件的出现就给中国社会一个警告,这个警告就是现在犯罪的情况跟以前不一样了。

中国变化的很快,整个社会中出现新的矛盾,许多事情也在变化。哪一些人是最可能犯案的,而且这种恶性案件可能是以前估计不到的,现在就要针对新情况来防范。有的人说防不胜防,这个我觉得不是理由,中国大陆各个时期有主要的防范人物的对象,每个阶段都总结出规律性的东西,现在就应该根据这类案件找出规律性的东西。比如说流动人口中,有一些铤而走险的人,为了一些小事情都可能铤而走险的人你能够及早发现,作为重点防范的目标,这样的事情就可能防患于未然。毕竟说,现在中国社会丰衣足食已经基本上……饿肚子的没有什么的,挨冻的没有什么了,下面就是安居乐业的问题,这可能是比丰衣足食更加艰巨的。

吕宁思: 曹先生,刚才您提到边缘人,请您继续比较深入地谈一下边缘人的社会心态是一种怎样的心态?

曹景行: 边缘人是最近几年我在谈中国大陆问题的时候会越来越多用到的词。以前中国是在计划经济下,大家都比较单一的,没有什么边缘人。现在在市场经济下,社会多元化中,市场经济中,尤其是中国社会转型很剧烈的情况下,比如说很多农村人口到城市,流动人口的增加,流动人口当中有一部分属于那种边缘人。另外,在社会竞争中可能是处于劣势或者失败的,受挫感很强的,像这种都可能属于那种所谓社会边缘人。

边缘人的心态,从这个事件我们来分析,这个可能涉嫌投毒的人,他可能有一种心态就是竞争失败,他现在自己承认的他为什么要投毒,就是跟他哥哥的竞争失败了,他想去破坏他哥哥产品的声誉。

吕宁思: 但他没想到这么大的后果。

曹景行: 他自己有挫折感,然后他想要报复,他甚至想要报复整个社会。这类人往往会把整个社会作为报复对象。他并不太清楚造成的后果怎么样。有的知道,就是要报复,有的未必那么清楚。我想,包括北京网吧点火的那两个小孩,他们未必觉得真的会造成这么惨重的后果,这也是一种无知。

这些人要犯罪的时候是很小的事情引起,并不是什么太了不得的事情,就下了这么狠的念头,这跟他们这种社会心理的扭曲有关。

在市场经济下,中国社会变化很快。我觉得这样的人,随随便便就可以下这么狠的念头,这种不正常的人对整个社会是一个警告,这是应该十分注意的。这种案件出现并不只是他一个人的问题,从这次的事件当中引起很重要的教训就是在这点上。

再有一个,他下了杀人的念头、做坏事的念头、要犯罪的念头,他的工具哪里来?他的手段在什么地方?江西芳林村那个原来是做烟花的,是火药,还可以理解,而这次"914"投毒案件,这么毒的毒品,比砒霜都毒上百倍,这样的毒品在街上就可以买到了!而且据说不只是南京可以买到,最近山西出了一个案件,也是用同样的老鼠药。这样早就规定不能生产、不能卖的毒药,现在居然这么容易得到,这是什么问题?这是社会变化中出现的漏洞。所以对每个地方政府来说,除了人的教育外,还有管理,这也是这件事的一个教训。

再有一个就是危机的处理。过去几年中,中国大陆出现不少案件,包括那些煤矿出的事都有这个问题,就是危机的处理。这样的事情谁都不会预料到发生,但是一旦发生了,对不同的地方政府都是一个考验。考验你有没有危机处理机制,能不能随时启动,从事件发生到启动危机处理机制的时间有多长?美国"9·11事件"之后总结教训的时候也发现,他们的救火队互相之间不协调,队员死了300多个与此有关。

在不发生事情的时候当然没有什么,但是一旦发生事情有没有这个机制,这是对每个政府的考验。出了事情救人第一。从这次事件中看,南京汤山那个地方,很多民众都很自觉地去救援,政府调集了包括军队的医院尽快救援,如果没有这样全力救援的话可能死的还要多。还包括事情出了以后大量善后处理的工作都要做。

这个当中碰到一个问题,就是救人是第一,破案也是需要,还有一个是信息的发布。有关问题,包括以前类似问题当中,受批评比较多的就是信息发布。我们现在看来,这次是由官方统一发布信息,你不能说不及时,当天就发布了,但是信息量不够,而且发布的次数也相当稀疏。

这个信息量不够,对当事者的家属,他们当然是肯定觉得不够,对整个社会也是觉得不够。因为大家想得到的消息不够,香港的问题每天就各显神通。我记得以前江西那个时候也是这样,现在海外媒体也各显神通,用的照片我看都是美联社、法新社的,大概都是当地买来的照片,不是通过官方的新华社得到的照片。这种情况就造成信息混乱。

关于这件事情的说法,前两天各种各样的讲法都有,这是信息不充分必然会产生的情况。所以在事件发生的时候,完全开放记者采访不可能,本身造成对抢救的阻碍,对破案也不力。我们看到,美国"9·11事件"之后对采访并不完全开放,并不让记者到现场想拍什么就拍什么,但是官方对有关问题信息发布大大地加强了。

应该建立一个信息发布体制,一两个小时就发布一次消息,把最新的情况告诉全社会,知道了确定的死亡人数、名字就宣布出来,这是一个正常的。建立一个有规范的信息发布体制,特别是在这种危机的时候,既可以避免消息混乱,还有一个就是引起全社会的警惕。消息充分了大家都可以知道原来会有这种人干这种事情,有的人说消息发布了会不会引起全社会的动荡,大家都人心惶惶,但是也可以引起大家对这个问题重视,防止更多的类似事件的出现。

有关此事件,我觉得能不能建立一个危机处理机制,包括救人、破案,还有就是信息发布,不要小看信息发布这一环节。

吕宁思：对,从过去的几次大的事件看来,大家提出的问题都在这一点上。今天就讨论到这里。

＝研究实践＝

1. 结合广播评论的特点和写作要求根据最近所发生的一个新闻事件撰写一个广播新闻评论。

2. 根据最近所发生的一个新闻事件制作一个电视新闻评论节目,可一人制作也可多人组成小组分工合作完成,要求包含多种表现形式如主持人提问、专家解答、插入现场采访视频、与观众进行实时互动等。力求在生动、多样化的形式下展现新闻评论深刻的内核。

第六章 网络言论

导 论

作为在报刊、广播、电视媒介之后出现的全新媒介,互联网一经诞生便因其空前的平等性、互动性、开放性等特点备受人们关注和研究。在新闻领域,网络自身所带有的即时性、广覆盖面等特点也使其不断受到业界和学界的青睐,成为传播新闻的全新方式。与此同时,与新闻报道相伴相成的新闻评论也因为网络的普及而展开全新篇章。网络新闻评论形式众多,包括新闻跟帖、网络评论专栏、新闻专题评论、个人博客以及近些年出现的个人微博等。互联网使新闻评论开启了全新的发展阶段,而网络新闻评论的兴盛与发展也在不断吸引着学者们研究的目光。

在网络新闻评论的研究中,网络新闻评论的兴起和特点不断吸引着研究者的关注。殷俊在其编著的《媒介新闻评论学》一书中指出,网络新闻评论的兴起背景分为"社会基础"、"技术支持"、"思想背景"、"时代背景"四大方面,并提出,"网络新闻评论的兴起'是时代所趋','一个极大的幸运,就是拥有一群积极的、关注现实社会的网民'。"[①] 丁法章则在其论文《漫谈网络新闻评论》中重点阐述了网络新闻评论兴起的时代背景:"网络媒体的出现,揭开了人类文明发展史上新的一页","互联网是最少过滤的信息中心,是未经修饰的意见平台",并通过"非典期间"和两会期间国家领导人通过网络来了解民意的真实案例论述网络新闻评论在当今时代中的重要作用。在文章的结尾,丁法章指出,互联网"既刺激了受众的表现欲和发言权,活跃了政治生活中的民生气氛,又极大地推动了传统媒体新闻评论的发展和进步。"[②] 而在网络新闻评论的特点方面,周灿华在其论文《网络新闻评论的特点及影响》中指出,网络新闻评论不仅具有传统新闻评论普遍具有的"新闻性、政治性、群众性、社会责任感"等特点,还具有"连续动态性"、"交互性"、"意见表达的多元性"、"对某一主题易形成强势传播效果"[③]四点个性特征。殷俊在其编著《媒介新闻评论学》一书中根据网络本身特征将网络新闻评论的特点分为"意见传达的快捷性"、"各方面交流的互动性"、"个体自主的开放性"、"意见表达的多元性"、"传受双方的平等性"、"超文本链接的便利性"六个

---

① 殷俊等编著:《媒介新闻评论学》,四川大学出版社,2005年,第442-443页。
② 丁法章:《漫谈网络新闻评论》,《新闻大学》,2008年第4期。
③ 周灿华:《网络新闻评论的特点及影响》,《现代视听》,2008年第3期。

方面。① 丁法章教授则以东方网的《今日眉批》为例,对网络新闻评论的特点做出了"准确及时,快速反应"、"旗帜鲜明,尖锐泼辣"、"交互性强,穿透力大"、"题材广泛,形式多样"②四点总结。有关这一学说,本章节选了殷俊等编著的《媒介新闻评论学》中有关网络新闻评论的兴起以及特点的相关内容,以供读者深入学习和研究。

网络新闻评论作为一种全新的新闻评论形式,类型众多,从完全从属于网民个人的博客、微博到各大网站的新闻跟帖、BBS 论坛等,网络新闻评论通过各种各样的形式不断壮大着,推动着新闻评论的发展。对于网络新闻评论的分类方式,学界存在不同的看法。李法宝认为,网络评论大致分为两种类型,"一是网页评论,指在新闻网页上的'观点'、'论点'、'评论'等言论专栏里发表的文章","二是电子论坛,指在网络媒体论坛上以讨论方式发表的评论性意见,是网络媒体在互联网上为网民提供的就新闻事件或社会现象发表的交换意见的场所,它为现实社会提供了开放的舆论空间"。③ 闻学则认为网络新闻评论分为"传统新闻媒体评论上网传播"、"非营利网站新闻评论"、"论坛跟帖评论"、"各种评论的对话"以及近年来普及的"博客评论"六种形式,其中,"非营利网站由于没有营利诉求,相对而言,可以站到更加公正、客观的立场上发言",是"对政府视角下的新闻评论的有益补充"。④ 马少华则以形态和功能的不同对网络评论进行了五大分类:"重大新闻事件的主题论坛和日常的新闻跟帖"、"BBS 论坛中的主帖与跟帖"、"网络评论专栏"、"以'专题'的形态集纳的评论"以及"以实时对话形式展开的评论"⑤,同时,马少华还对 BBS 论坛中主帖和跟帖的形成和传播机制进行了重点分析,并对其对新闻评论写作和传播的价值和意义做出了一定阐述。本章选取了马少华所著《新闻评论教程》一书中有关网络新闻评论的形态及功能一章节内容,供读者学习和参考。

作为一种全新的新闻评论形式,网络新闻评论的写作也同样广受学界关注和研究。喻季欣、周文辉所著论文《更快、更高、更有立场——新媒体背景下的网络新闻评论写作》中以新媒体的崛起为时代背景,对网络新闻评论的写作提出了三点要求:"'秒杀'新闻,网络新闻评论写作要更快"、"泥沙俱下,网络新闻评论要站得更高"、"众声喧哗,网络新闻评论要站稳自己的立场"。李壮则在其论文《网络新闻评论的特征及写作研究》中将其写作特点分为"以网络为载体的超文本写作方式"、"评论篇幅的简短和评论语言的简练"⑥两个方面。马少华则从影响网络新闻评论写作的因素角度入手,指出"网络技术、资源"、"网络环境的阅读节奏"、"网络人际环境"对网络新

---

① 殷俊等:《媒介新闻评论学》,四川大学出版社,2005 年,第 452－458 页。
② 丁法章:《漫谈网络新闻评论》,《新闻大学》,2008 年第 4 期。
③ 李法宝:《新闻评论:发现与表现》,中国传媒大学出版社、中山大学出版社,2005 年,第 299 页。
④ 闻学:《经济新闻评论:理论与写作》,武汉大学出版社,2007 年,第 286－292 页。
⑤ 马少华:《新闻评论教程》,高等教育出版社,2007 年,第 287－299 页。
⑥ 李壮:《网络新闻评论的特征及写作研究》,《新闻传播》,2011 年第 8 期。

闻评论的写作、选题、风格都具有一定的影响,网络新闻评论的写作也应立足于此做出一定适应和调整。① 本章选取喻季欣、周文辉所著《更快、更高、更有立场——新媒体背景下的网络新闻评论写作》一文作为选文,以期能给读者更多感悟和体会。

选　文

网络新闻评论兴起的背景与特点(节选)

殷俊　等

导言——

　　本文节选自殷俊等编著《媒介新闻评论学》一书,四川大学出版社,2005年版,第439-443页,第452-458页。

　　殷俊,重庆工商大学教授,博士生导师,浙江大学、福建师范大学兼职教授。兼任《重庆晨报》副总编辑,中国新闻史学会传媒教育实践基地主任。主要著作有《跨媒介经营》《媒介新闻评论学》《外国新闻传播史纲》《城市新闻学》等,主编四川省重点图书《21世纪文化产业前沿丛书》《中国高校新闻传播学书系》《新媒体研究系列丛书》等。

　　选文主要介绍了网络新闻评论兴起的背景及网络新闻评论的特点两部分内容。选文首先从"社会基础"、"技术支持"、"思想背景"、"时代背景"四大方面系统介绍了网络新闻评论兴起的背景,并在最后总结指出"网络新闻评论的繁荣是大势所趋","一个极大的幸运,就是拥有一群积极的、关注现实社会的网民","大力开展网上评论活动,吸纳更多的网友积极参与讨论,能为繁荣我国网络传播事业作出积极的贡献"。在网络新闻评论的特点方面,选文根据网络自身相比于传统媒体所体现出来的即时性、平等性、互动性等主要优越性将其进行了六点总结,分别为"意见传达的快捷性"、"各方面交流的互动性"、"个体自主的开放性"、"意见表达的多元性"、"传受双方的平等性"以及"超文本链接的便利性",并结合具体内容对各部分做了详细叙述。

---

① 马少华:《新闻评论教程》,高等教育出版社,2007年,第299-304页。

网络新闻评论兴起的背景

1. 网络新闻评论兴起的社会基础

我们正处在一个信息广泛传播的时代。信息社会是工业社会生产力高度发达之后社会发展的必然阶段。在这个时代，信息工业正以其技术创造的快速方式，使得信息媒介从数量上呈倍数增长，信息内容上呈几何增长，信息形态、媒介系统都在发生着前所未有的变化。在这样的信息时代，人们不仅需要新闻，更需要对新闻的解读，需要从纷繁复杂的新闻世界中寻求观点，寻找解释，印证思想，指导行为。新闻评论正是解读新闻的重要形式。新闻评论作为媒介的意见传播活动，其社会功能大大丰富了，在教导、引导、监督等功能基础上发展出社会沟通、协调、阐释的功能。

随着中国加入WTO，中国传播事业逐渐进入全球化的轨道。传播体系的进一步开放带来的传播全球化，使多种文化相互交流的范围扩大，数量增多，多元的观念、价值体系接触、碰撞的几率也在不断增大。在这样的一个信息全球化传播的时代，媒介对公众话语权的掌控不再像工业时代那么几种，人们的言论格局发生了变化。在铺天盖地的各种言论抵达我们感官的同时，人们不再像以前一样简单地、被动地接受，网络的交互性使人们掌握了传递信息和发表言论的主动权；各种社会主体代表各自利益发表观点。同时，意见传播的形态也呈多样化趋势，各种对话、论坛、公众讨论纷纷出现，意见的载体也不仅限于纸质媒介、报纸杂志评论、广播电视谈话节目。

网络评论成为目前为止最为开放、意见表达最为"自由"的媒介评论。网络的评论主体是最为复杂的：其中既有难以计数的网民，也有网络媒介的编辑或特约作者。网络经济经历了萎缩和震荡之后开始复苏，我国三大商业门户网站陆续扭亏为盈，证明了网络的发展空间。同时，我国上网用户一直保持着较强的增长势头，互联网成为很多人生活中不可缺少的一部分。[1]

2. 网络新闻评论兴起的技术支持

网络新闻评论是以互联网为载体，因而，网络技术发展水平直接影响到网络新闻评论的发展程度。我国的网络技术发展主要表现为以下几个方面：一是随着电脑硬件业竞争激烈，电脑开始步入低价位时代。二是网络技术在带宽上不断突破。三是上网费用持续下降，已越来越接近工薪阶层消费能力。四是网上服务将越来越多、越来越完善，人们日常生活和工作的许多行为都将借助网络。网络技术的数据库、超链接、互动等功能，形成了专业传媒网站得天独厚的优势，大大延伸了传统新闻专业报刊的服务功能，同时也拓展了专业研究论文的读者范围，降低了参与的门槛，形成了一个数量巨大的阅读群体，支持了这些网站的发展。网络化环境成为事实，这是新闻网站面对的市场和生存环境。

网络是一种建立在数字化技术基础上的能够传输多媒介信息的媒介。20世纪

---

[1] 汪倩：《中国传媒研究网站发展浅析（上）》，载《中国新闻传播学评论》，中国新闻研究中心，2003年9月。

80年代以来,随着计算机性能的日益强大和信息压缩编码技术的日益成熟,声音和视频信息的数字化技术难题逐渐得到解决。数字化技术使网络媒介能够做到:包容传统传播媒介的所有信息形式,成为迄今为止,媒介形式最为广泛的媒介;消除了传播中产生的"噪音",成为迄今为止"保真"度最高的媒介;突破了传统大众媒介信息形式的局限性,全面提升了媒介信息形式;增强了各媒介间的互动与配合,形成多种媒介组合优势;可实现"从一种媒介流动到另一种媒介",实现传播过程中多种媒介的自由转化。

3. 网络新闻评论兴起的思想背景

网络新闻媒介的新闻观念不再是传统意义上的新闻发布,而是向新闻信息服务转变。

在网络时代,中国媒介受众观产生了深层变革。在由"灌输"走向尊重受众、服务受众的新闻观念的转变中,受众的地位逐步得到提升。受众不再是魔弹所瞄准的对象,而是拥有自己权利的、具有思考与行动能力的主体,是媒介所要服务的对象;受众在新闻传播中,也不再仅仅是被动的接受者,而是积极的参与者。

随着社会主义民主和法制的逐步健全,社会主义精神文明建设的日趋加强,人民群众主人翁意识不断强化,"受众本位论"开始形成共识,新闻评论开放化其实也是在"受众本位论"的影响下,对受众"话语权"的尊重。所谓受众本位,是要求媒介传播活动以最大限度满足受众的知晓权为出发点,全心全意为受众服务。受众本位要求新闻传播者以受众的心理需求作为报道的选择标准,用受众的视角寻觅新闻的意旨所在,把受众最关心的问题放在最显著的版面和时间。"以人为本"的新的受众观在网络时代更好地被实践着,网络新闻媒介更好地发挥着舆论引导作用。

4. 网络新闻评论兴起的时代背景

网络新闻评论的繁荣是大势所趋,走入新世纪,随着新闻采集和传输方式的现代化以及互联网的日趋普及,"消息的提供"已经变得越来越快捷和简易。然而,社会转型期纷繁复杂的信息,不免使人扑朔迷离、茫然无措,人们期盼着舆论给以正确的导向,时代呼唤着具有直接而鲜明指导意义的新闻评论的强化。同时,网络时代是比以往任何时候都更为强调个性化的时代,网络时代的受众比以往任何时候都更加重视个性化传播。因此,网络时代的新闻传媒如何保持和发扬自己的个性,对它的生存发展是极为重要的。独家新闻最能体现媒介个性的传播内容,一家媒介披露的独家新闻多,自然就有了必读性和不可替代性。然而,要做到这一点,是十分不易的。而与新闻报道相比,新闻评论更易于形成独家。基于此,新闻评论成为近年来媒介间竞争的新亮点。话语权是媒介生存之利器,为了争夺话语权,媒介从以往的独家新闻之争,在新世纪又演变成独家评论之争的态势。[①]

---

① 朱文慧:《新世纪新闻评论的创新之举》,见http://www.cjr.com.cn。

白居易在《与元九书》中,感叹自己"年岁渐长,阅事渐多",总结自己一生创作之得失,特别强调:"文章合为时而著,诗歌合为事而作。"新闻评论为时代而著、而评、而歌,这是新闻评论应具有的使命,也是新闻媒介注重发挥的一个优势。尽管所有的媒介可以同一时间发布同一条新闻,表现出新闻报道的共性,但是不同的媒介往往会发表特色各异的新闻评论,表现出与众不同的个性。在当今新闻竞争异常激烈的形势下,更好地体现时代特色、张扬媒介个性、发挥评论优势,无疑显得越发重要。[1]

中国网络媒介一个极大的幸运,就是拥有一群积极的、关注现实生活的网民,尽管他们在网上会不时地表现出人性的弱点,但是,当一些紧要关头来临时,大多数中国网民都会表现出他们的正义感、热情与积极参与的精神。目前,互联网已经深入到社会的各个角落。营造健康活跃的网上舆论氛围,是广大知识分子网民的愿望。大力开展网上评论活动,吸纳更多的网友积极参与讨论,能为繁荣我国网络传播事业作出积极的贡献。

网络新闻评论的特点

互联网作为一种新兴媒介,具有许多传统媒介所不具备的特性,网络的优越性造就了网络评论的突出特点,主要为以下几个方面:

1. 意见传达的快捷性

时效性是新闻传播的原则之一。网络新闻评论的新闻时效性观念在传统新闻观念的基础上大大拓展,一方面要求对新的"新闻"形成即时舆论并快速传播,另一方面又不断挖掘旧的"新闻"对当前形成新的意义。

新鲜是新闻的本质特性,它包括内容新、形式新、时间新。快速是新闻传播的第一要件,在新闻竞争中,快速始终是各类媒介极力追求的目标。面对突发新闻或重要新闻,由于一条新闻从出版到见报,需要经过多道工序,尽管通讯技术、印刷技术相对以前有显著提高,但报纸的时效性在四大媒介中还是相对较差的,而广播或电视业都有不可缺少的一些程序,如录制、播放,还有硬件设备等方面的限制,因而时效性也不如网络。

在传统媒介看来,新闻过了一定的事件限度,就成为了旧闻,其评论也就不再有价值。但是网络新闻媒介似乎是一份没有边际的报纸,网页上既有旧闻也有新闻。一方面要求新的"新闻"即时传播。网络在绝对快速的时效性方面有相对于传统新闻媒介得天独厚的优势,被杜骏飞誉为"全时性"。滚动新闻版块、新闻的及时更新使网络新闻媒介的全时性传播得到生动实现。其评论的即时跟进体现"早、新、快"。另一方面旧的"新闻"又不失去意义。网络评论可针对过去发生的事件,多角度挖掘出对当前形势有教育或借鉴的意义。

---

[1] 金海:《评论为时代而歌》,中国新闻研究中心,2003年2月27日。

2. 各方面交流的互动性

所谓互动，指的是围绕新闻事件，传媒与受众之间的信息双向沟通和传输，反映着受众对社会生活的关注度和参与度。互联网使新闻的传受双方互动交流真正成为了现实。网上论坛就是发挥网络互动功能、增强网民参与意识、了解社情民意、加强舆论引导的重要手段，也是互联网的独特优势。①

网络比传统媒介更能提供足够的、更透明的信息，并且更适合受众深层次的记忆性、启发性、对话性信息接受需求，满足受众充分的参与性和话语权的保证。② 传统媒介近年来也比较注重互动，刊登读者来信，开设热线，邀请嘉宾座谈，邀请大众参与，但无论在规模、广度，还是深度，都不及网络。

在新媒介互联网中，受众可以成为信息传播的主导者，可以自由地表达自己所接受信息的态度，回馈给传播者。网络是一种双向交流的媒介，任何一台网络终端设备即是接收工具又是传播工具，这使受众不用借助其他媒介，直接通过网络就能与传播者进行交流，根本上改变了传统的大众传播模式中普通受众只能被动接受，而不可能发布信息和意见这一状况。尼葛洛庞帝说："在网络上，每个人都可以是一个没有执照的电视台。"③网民通过网络这一媒介了解了新闻，并且了解媒介及其他网民对于新闻事件的看法；网络媒介通过网民了解民众对新闻事件的看法及民众的思想动态等。这样，大众和媒介之间以及网民内部之间的互动就基本实现了。

网络新闻评论也可以看做是一种"互动式评论"，即时互动是网络媒介评论的基本特点。借助网络媒介论坛良好的交互性能，网友之间、网友与媒介网站之间，甚至网友与某个问题的专家、权威之间轻松实现沟通。交互式手段将过去主要通过民间渠道传播的声音引向了主流渠道，使民意的表达更加畅通。可以说，交互式手段为新闻机构了解民意提供了一个非常有效的窗口。④

在《新媒介·新新闻随想录》一文中针对新闻内容与形式的流变有这样一段话：网络论坛中，人们传递着的信息中间，包含着大量的硬新闻，传统意义上的新闻。但更多的是对于新闻的评论，是参与者对于新闻的反馈。人们来这里读的新闻中，最重要的部分是他人对于新闻的反馈与评论以及他们自己对于这些反馈与评论的反馈与评论。正是这些反馈与评论，构成了互动媒介的特征。⑤

传统的新闻评论以单向的传受为主，而网络新闻评论更重要的应该是交流。网络的交互性使得新闻评论在一方面使传者获知受众的需要，另一方面，更有意义的

---

① 田勇：《浅析网络新闻受众的接受性》，2004 年 6 月，http://www.cjr.com.cn。
② 唐小兵、姚丽萍：《新闻网站：现状及未来——从人民日报网、新浪网及某地方报网看目前网站新闻竞争态势及未来发展趋势》，http://www.cjr.com.cn。
③ 尼葛洛庞帝：《数字化生存》，海南出版社，1996 年，第 205 页。
④ 金梦玉：《网络新闻实务》，北京广播学院出版社，2001 年，第 246 页。
⑤ 孙坚华：《建筑在新闻之上的新闻（上篇）》，2001 年 12 月，http://www.cjr.com.cn。

是，使受众个体通过参与调查和讨论获知社会其他个体的态度和意见，我们可以视之为一种特殊的体现在网络上的公众舆论。在一定程度上说，了解围绕一条新闻形成的舆论比了解一条新闻本身更有价值。

3. 个体自主的开放性

网络新闻评论的开放性既包括时间上的随意性，也包括空间上的无限性。网络新闻媒介受众无论是利用新闻信息还是对新闻进行评论，都是自由、轻松、随意的。在时间上，受众利用网络对当前新闻信息发表评论是没有时间限制的；在利用新闻的动机上，网络新闻媒介受众具有完全的自主权利，可以随心所欲，传与受之间形成了平等、自由的关系。

在传者与受众两个主题的关系上，受众的主体意识增强，受众对新闻信息的真实性、权威性的判断能力也增强，既破除了对媒介的迷信和依赖，又有很多途径可以对其真实性、权威性进行评估，比如通过比较其他信息源的信息、搜索相关信息进行比较、参与讨论、发送 E-mail 求证等。

对于网络而言，由于其庞大的存储空间，又不受时间的限制，不仅可吸纳平面媒介的所有评论，而且还可以在内容上进行深挖广掘，广开言路，让众多的读者参与其中，发表意见或评论。个人意见难免会出现偏颇，大多数人的意见更能体现公正和民意的走向。我们从网上可以看到一些重要的新闻或现象，少时也有几十条，多时成百上千条。以 2004 年 10 月 22 日新浪网上的热点评论为例，国内新闻、国际新闻、体育新闻、科技新闻、娱乐新闻评论最高数的分别为 1216 条、2008 条、2431 条、2805 条、5146 条。当然我们不能以评论的数量来谈论评论的深度和广度，但在这么多评论中，我们不难发现很多文章具有深度；虽然有些评论的言论过于偏激，但我们还是能从中发现很多真知灼见；论述或发言的角度不同，但却能开阔读者的思路，让人更容易看清事情的本质。[1]

网络受众追求开放的新闻信息传受，在互联网络上比传统媒介更容易得到满足。开放的心态、平和的态度是网络评论实现传播和交流的基础。2003 年 3 月 5 日，新华网现场文字直播朱总理政府工作报告时，直播一段朱总理报告，跟发一批网友的即时评点，很好地运用了网友随文发帖的报道形式。[2]

互联网提供了一个向社会公众开放的信息平台，它的开放性和平民化发展起来，普通受众也可以为互联网提供信息，成为信息来源的端点。互联网承载信息的容量性是无限的，采用"超链接"的方式将相应的各方面信息在允许的范围内积纳为己用。这种信息的相对共享丰富了互联网媒介的信息含量，其信息的深度和广度上也都有所增强。

---

[1] Leograce：《2004 网络新闻：是穿着鞋子走路，还是光着脚丫奔跑？》，博客中国，2004 年 10 月 23 日。
[2] 田勇：《网络评论的度》，中国新闻传播学评论，2004 年 5 月 11 日，http://www.cjr.com.cn。

4. 意见表达的多元性

目前，传统媒介的传播对象并不是针对单纯某一个受众，它需要对应的受众是群体，避免盲目地从事传播活动。一条重要的新闻发布后，媒介一般都会表达对这一问题的看法，具体到各个媒介发表的评论就深度、广度和群众的参与度又各有不同。报纸、广播和电视由于受时空的限制，不可能对每条新闻发表评论，同一重要新闻有的是单独写一篇评论或两三篇评论，而大多数是在文章的末尾把作者或媒介的观点说出来。比如，中央电视台的《焦点访谈》栏目，比较注重评论的《国土资源报》，评论的数量在整张报纸中所占的分量算是比较重的了，但一般而言，对于一条新闻或一项政策的发布，往往也只配合一两篇评论。因时空所限，平面媒介新闻评论的广度和深度都受到了影响。

新闻媒介利用网络技术，建立电子论坛，服务于公众的表达权，其所形成的网络空间向哈贝马斯所提出的"公共领域"又迈进了一步。网络是以最先进的计算机技术作为后台支持的，它为公众的言论自由和表达自由提供了前所未有的空间。因为网络技术的进步，具有如此巨大的信息存储空间，使得网络媒介论坛的论题极为丰富，每一个网民可以就感兴趣的话题进行讨论；一般它不受发表文章的数量限制，它为网民提供了畅所欲言的机会，甚至是其他传统媒介无法发表的内容，为现实社会提供了前所未有的舆论多元的空间。加之网络所独有的超文本链接功能，使人们无论是在新闻报道文后还是在评论专栏中都可以自由链接个人言论形成互动，便于对同一时间迅速汇集多元意见。

人们对同一个问题往往会有不同的看法，有时候正是一些不同的见解深刻地反映出时代的特征和变迁。当今时代，显现出社会多样化、文化多元化、价值多元化的客观趋势。在这种情况下，对不同意见不应该视而不见，而是要善于艺术地利用不同的观点和意见，使之为我们的观点服务，因为只有充分地反映舆论才能有效地引导舆论。承认多元是解决分歧、共图发展的前提。对同一事件的看法多元化，可以更好地帮助人们分析、认识和解决问题。

在新闻传播领域，多元文化强调在相互交流中达到对自己和异己的认识，强调以发展的眼光来看待事物，防止僵化思维，注重揭示事物发展的趋势，让受众做出自己的判断和选择。当然，提倡多元的思考并非是让新闻媒介放弃自己的主体价值判断，而是要综合各方面意见，在把握事实的基础上，作出与时代精神相符合的、与时代进步同步的价值判断。

但网上交流者使用匿名，这使得相互不知道对方是谁而可以最大限度地无所顾忌。在论坛上很多人会暴露自己的阴暗面，因为他们无需隐藏什么，也无需对自己所说的话负责任，给人们交流带来了不确定性。此外，论坛上发表的论点给人的印象往往往是不完整的、支离破碎的。①

5. 传受双方的平等性

所谓平等,指的是新闻传播和受众双方的平等性和亲近性。今天的网络自觉地下移视角,以一种平视的目光来关注生活,着力从受众的意识、情趣和情感世界去寻找、认识和衡量新闻价值。② 网络媒介的受众可以为自己安排议程。在网络时代,受众不必再求助于新闻记者代言,不必再担心"把关人"可能将自己想说的话"过滤"掉,完全可以将自己的心里话送上网络,成为信息的发布者。一旦某位受众所发布的信息能引起其他网民一定程度的关注,就完全可能成为网民的议程,甚至成为传统大众媒介的议程,并最终成为广大受众的议程。

网络新闻评论的平等性在网络论坛上表现得尤为突出。由于 BBS 具有强大的实时交互功能,信息交流更加自由,人们不再像电视听众、电台听众、报纸杂志读者一样只是被动地观看、收听、阅读,而是可以积极而及时地参与讨论,在了解他人观点意见的同时也可以发表自己的看法。在信息传送上,BBS 为普通人提供了平等交流、不受空间限制的物质条件,真正实现了信息传播的平等性和对称性。

从网络社会的平等性来说,网络社会与现实社会很大的不同点是人与人关系的平等性。在哈贝马斯的公共领域里,社会通过公共媒介交换意见,对问题或产生质疑,或达成共识。③ 互联网是人类历史上真正意义的第一个全球性媒介。全球公众均可通过互联网这一公共媒介在同一时间进入公共领域,并获得同样的信息和文化资源,进行观点的交流和思想的交锋。在网络中,网民已经完全抛开了现实社会中年龄、社会地位、资历、学历等的区别,在发表自己观点的时候,人人都是平等的,不会因为你在现实社会中是领导或是学者而对你另眼相待,因而在观点的发布上没有更多的其他干扰因素。你可以同任何网民说包括自己隐私在内的任何话,也可以发表自己的任何观点。而在传统媒介中,对作者的言论发布更多地体现的是权威性。一般媒介都有自己言论的写作班子,且大多数由媒介自己人组成,即使向写作班子之外的人约稿,也有一定的选择性,一般是有一定知名度或理论水平相对比较高的人。④

6. 超文本链接的便利性

网络的最大魅力是超文本链接功能。超链接(hyperlink)功能是一种只在网络上实现的功能。所谓超链接,是指在一个计算机文档的特定区域能引入其他文档或程序。超链接可以是文本段,也可以是图像。与超链接密切相关的是超文本(hypertext),超文本是一种存储文本信息页的系统。它是万维网上独具特色的信息

---

① 金梦玉:《网络新闻实务》,北京广播学院出版社,2001年,第250页。
② 田勇:《浅析网络新闻受众的接受性》,2004年6月,http://www.cjr.com.cn。
③ 陆扬、王毅:《大众文化与传媒》,上海三联书店,2000年,第100页。
④ 郑汉榜:《BBS言论及其演变(上)》,2004年3月,见http://www.cjr.com.cn。

存在方式,是用链接的方式将各种文本组织起来,联成一体,从而突破了传统文本的现行组织方式,使网上的文本变成一种非线性的网状结构。① 在绝大部分网站中,我们都可在首页看到有关评论或论坛的专栏。进入该专栏后,会发现它又被细分为无数小专栏,而每个小专栏又可再次细分或者链接进入本网站其他论坛或评论专栏,甚至其他网站的论坛或评论专栏。不仅如此,任意点开一篇文章或者新闻报道,都会发现在页面上方或者下方,均有"发表评论"、"我来说两句"、"专题论坛"等字样,点击便可进入与该文相关的评论或专栏之中。超文本链接符合人类多维的、发散的思维方式,使网民能够按照自己的意愿和思路,实现新闻内容的"跳转"和表达方式的转换,为网民提供了便利。

网络新闻评论的形态及功能(节选)

马少华

导言——

本文节选自马少华著《新闻评论教程》一书,高等教育出版社,2007年版,第287-299页。

马少华,中国人民大学新闻学院副教授,从事本科和硕士研究生的新闻评论教学。主要研究方向为新闻评论、媒体言论的论证与修辞。主要著作有:《新闻评论教程》、《新闻评论案例教程》、《想得很美:乌托邦的细节设计》、《什么影响着新闻评论》。其博客"马少华的博客——新闻评论教学和写作的交流平台"访问量近500万次,曾被评为"2008搜狐博客年度十大专栏作家"。发表论文有《论时评的起源》(《国际新闻界》2009年第2期)、《论早期评论的发展对现代新闻周刊的贡献》(《国际新闻界》2007年第12期)、《〈环球时报〉社评中英文版的修辞差异》(《国际新闻界》2013年第4期)等。

选文主要介绍了网络新闻评论的形态与功能。选文指出,网络新闻评论可分为"重大事件的主题论坛和日常的新闻跟帖"、"BBS论坛中的主帖与跟帖"、"网络评论专栏"、"以'专题'的形态集纳的评论"和"以实时对话形式展开的评论"五种类型。同时,在"BBS论坛中的主帖与跟帖"部分,作者以真实网帖案例着重介绍了BBS论坛中主帖、跟帖的形成机制,并指出要想形成一个"热帖",主贴的发帖时机很重要,跟帖的争议性则是帖子长久发展的动力。在该部分的最后,作者指出"论坛可以成为报刊

---

① 董天策:《网络新闻传播学》,福建人民出版社,2003年,第46页。

评论的稿源集散地",并认为这是网络论坛对于当代新闻评论写作和传播的重要价值之一。值得一提的是,为了使读者更好地了解和学习网络新闻评论,作者在系统介绍网络新闻评论不同形态的同时还分别引用了大量的案例,如联想FM365网站"签约评论"专栏、搜狐网新闻评论专题《姓名,人民的还是国家的?》等,使整篇选文在富于理论性的同时又具有很强的生动性和趣味性,易于阅读和学习。

一、重大新闻事件的主题论坛和日常的新闻跟帖

1999年5月8日,以美国为首的北约空袭中国驻南斯拉夫大使馆,人民日报网络为此开辟了"强烈抗议北约暴行BBS论坛"。这就是一个以重大新闻事件为主题的论坛。这样的主题论坛是临时性的,当然,它后来成为一个固定的论坛,即"强国论坛",不再限于原来的主题。临时开设新闻主题论坛往往能够在短期内集中形成强势的网络舆论,成为全社会的舆论指标,为更广泛的关注和更深入的讨论提起议程。设立主题论坛的决策反映着网站编辑对新闻的价值判断和对其评论价值的判断。

与其有类似功能的是网站在日常新闻后面为网民"留言"设置的跟帖链接:"我来说两句"、"发表评论"等。"这是因事而设,且发帖匿名,因此成为民意的主要表达场所。但相对来说,情绪表达多过于理性参与。"[①]它相当于临时性的小论坛,体现了编辑对新闻事件的初步判断,随着事件的发展和舆论的集中,它们可以被发展成主题论坛。这是网站随时可以获得的意见性资源。这些留言的集纳也会根据需要,被直接链接到新闻专题或评论专题中去。

这两种网评形态具有同样的性质,即它们是网评最基本的形态,也是最普遍的网络表达形态,因为它们时效性最强,也最为开放。这种网评的传播特征,基本是单向的、一次性的表达,几乎很少有人答复,交流的频率相对较低。这是因为它所汇聚的基本上是临时性的人群,参与者不固定,发言者没有稳定的身份(ID),没有经"注册"而产生的稳定感与确定感,也就没有稳定性期待——我不知道你是否还在那里。没有一种"你还在那里"的感觉,一个人是不会回复的,因为一个人的发言,总是要预期对方接收的。因此它的讨论深度相对较浅,单篇作品的传播范围也不广。因为在这里,人们强烈的动机就是简单表达,而不是交流与传播。何况,特别大的跟帖数量,也往往淹没了单篇作品。

尽管如此,这里仍然是表达能力的一个初级的练习场。在这里,仍然能够看到有分量、有深度,乃至有效率的表达、判断。

---

① 林楚方、赵凌:《人民网文章增加了侦破孙志刚案的决心》,《南方周末》,2003年6月6日。

二、BBS 论坛中的主帖与跟帖

固定的 BBS 论坛按话题的内容分类有多种,与新闻评论有关的是时事性论坛。《人民日报》网络版主编蒋亚平曾说过:"新闻网络媒体设立时政论坛,就像报社设言论版面、言论专栏一样必要、自然","一个网络媒体,不开论坛,就像缺了一条腿"。①

固定的 BBS 比主题论坛和新闻跟帖更为稳定地存在,可以由网友自己提起议题。因为这个言论空间的稳定性,它也更多地反映了网络评论的传播特点。

(一)主帖提起议题,跟帖以争议性作为动力,获得发展

2000 年 11 月 18 日夜 23 点 24 分,一位署名"悦吾"的网友根据当日新闻在"中青在线"论坛上贴出一个主帖《灭绝人性的"交法"应该改变:惊悉武汉一教授被撞死负主要责任》,我们通过观察这一个帖子的发展,来看一看固定论坛的网评具有什么样的特征。

23 点 35 分,主帖同时得到两名网友的简单回复,表示赞同,但因为主帖上传显然太晚,这一夜再无人回复。

到了第二天,也就是 19 日中午 12 时 55 分,这个帖子再次被人跟帖,重新"提起",才免于被淹没的命运。这一点具有偶然性,显然主帖的上传时机很重要,它应该有时间引起充分的注意和跟帖,否则就会被后来的帖子所淹没。接着,在这天晚上,主帖才得到了充分的讨论,我们来观察一下此后的发帖频率:

19:40—20:15—20:38—21:51—22:09—22:27—22:35—23:20—23:49—20 次日 00:50—00:55

第三天发帖较早,频率也较密,且发布时间均匀:

08:54—10:49—11:38—12:51—12:57—13:10—13:20—13:29—13:47—14:09—15:47—16:03—16:11—16:22—17:08—17:17—17:35—17:51—19:59—21:22—21:34—21:44—22:07—22:13—23:52—21 次日 01:16—01:29—01:34—01:49—凌晨才告收兵。

第四天的跟帖比第三天更早开始,又是通宵:

06:54—07:10—10:16—10:31—11:52—12:01—15:20—15:35—16:09—16:17—16:33—16:44—17:34—17:37—17:46—18:26—20:52—21:12—22:36—23:13—23:30—23:53—22 次日 00:04—01:36—01:55

第五天明显开始稀疏,但仍至通宵:

09:56—10:25—13:50—20:06—20:40—21:23—21:31—23:03—23 次日 00:13

第六天:13:13—13:44—19:09—21:47—22:08—22:10—22:21—22:31—22:50—23:05

---

① 陈奕奕、何志武:《实现网络论坛和报纸评论的共荣》,《军事记者》,2004 年 6 月。

这个历时整整五天的论坛长帖共达 4.6 万字,累计回复 94 人次,平均每帖 500 字。以不重复的网名计,参与人数 32 人,平均每人回复 3 次。其中主帖作者回复 11 次,占回帖数的三分之一;主帖作者发文总字数 1.48 万字,平均每帖 1233 字。显然,主帖作者持续的辩驳能力,是论坛讨论充分发展的重要因素。在讨论的参与者中,明确支持主帖意见的 11 人,发帖 22 次;明确反对主帖意见的 9 人,发帖 26 次;争议性网友共 21 人,占发帖参与者的 65%;争议性帖子 58 个,占所有帖子(94)的 61%。显然,正是争议造成的不断回复成为这个帖子发展和持续的内在动力。许多持续时间较长的论坛讨论都具有这个特点。实际上,没有反对意见的主帖,讨论意见基本上得不到发展,一般持续时间很短,数帖即告结束。论坛的生命力在于争议。争议性是固定的时事论坛的第一个特点。

一般来说,主帖是"立论",它要求论点、论据、论证的完整。一般论坛在设置上也都不支持用零字节帖子作为主帖,因为后者不具有讨论的价值。跟帖往往处于驳论的地位,它不必完整,但也有很完整的作品。

(二)固定论坛是一个具有交往性的传播环境,具有相对封闭的"分众化"特征

在这里,一些天南海北的人们具有大致相近的爱好和知识结构,经常在一起探讨和切磋,其中当然包罗对新闻的评论。网络学者匡文波认为:"运用传播学的理论不难发现,网虫在 BBS 上可进行交往行为,在传播类型中属于人际传播的范畴。"[1]

网络传播证明:一个相对封闭的人群交流频度较高,交流的层次也较深。所以,一些网络论坛有"游客不许发言"的设置,通过限制参与来追求交流的深度。但是,不同的网友对这种限制的看法完全不同:"深度网友"一般愿意这种措施,因为这对于他们表面上没有任何妨碍;"浅度网友"一般不赞成这种措施,因为这等于把他们关在门外。当然所谓限制,不过是一个简单的注册程序而已。

彭兰对于论坛的这种机制进行了分析:

限制的大小,不仅代表了意见表达的方便程度高低,也意味人们自由真实地表达意见的可能性的大小。在有限制的意见发布结构中,一般人们会对自己的言论更加谨慎,因为他们的言论是与他们在这个论坛中注册的网络 ID 联系在一起的。尽管网络的身份不是人们现实生活中真实身份的代表,但却是他们在网络中的身份。这种身份对于不同的人意义可能不同。当人们花费一定的时间注册一个身份进入某一个论坛时,往往是基于对这个论坛的一个基本认同。因此从总体看,要求所有发言者都注册身份的论坛,所吸引的大都是对这个论坛有明显兴趣的人,这就比较容易形成一个稳定的圈子。[2]

"稳定的圈子"是一个交流频率较大而参与范围较小的人群。这样的交流频率有

---

[1] 匡文波:《网民分析》,北京大学出版社,2003 年,第 111 页。
[2] 彭兰:《网络新闻学原理与应用》,新华出版社,2003 年,第 117 页。

利于思想和意见的相互激发,即网络评论的原创性生产。"然而,BBS又含有大众传播的影子。其表现特征为:其一,BBS有大数量的、异质的和匿名的大众;其二,BBS中的消息是公开传播的。"①因此,较小交流范围中产生的原创性评论,却可能在更大的范围内传播。这就是BBS论坛这种所谓的"复合型的传播方式"对于网络评论的传播特点。

(三)论坛作品具有扩散传播的可能

互联网研究学者彭兰是在"意见的流动结构"层面上考察这种现象的。"意见的流动指的是,意见从网络中的个别区域向其他区域的扩散过程,以及各区域意见的交叉运动。""从流动的手段上看,转帖到BBS论坛最常见。"②其实,相反方向——由论坛扩散到网络的其他区域以至于网络之外,同样常见。

一是网站内部的扩散传播:一些网站利用网络的超链接技术,在组织新闻专题的时候,往往把论坛上的帖子直接当作评论链接到相关的新闻后面。它比单篇的评论多出来的东西,是一篇评论所处的争议困境。

二是跨网站扩散传播:有"高级别"的网友实际上是在不同网站的相似论坛之间来来往往的,他们会把自己感觉有价值的论坛评论作品随时转帖到别的网站的论坛中。这就使论坛评论作品比其他媒体的作品和网络形态的评论作品有更宽广的扩散传播的可能。

三是跨媒体的扩散传播:一些论坛也经常是报纸编辑选稿的地方,刊登形式也往往保持了论坛的生动形式。比如《中国青年报》言论版"青年话题"版上的《来自中青在线(cyol.com)青年话题论坛的声音》。像"青年话题"这样在报纸主办的网站上建立与言论版相对应的论坛的,还有浙江宁波《现代金报》的"金评天下"、河南《大河报》的"大河话题"等。《南方周末》则先后设置"板砖爬行榜"、"网眼"栏目,反映和点评网络论坛的一些"热帖"的议题,同样属于论坛的扩散性传播。而一些报纸的评论编辑也正是看中了网络论坛的交互性特征,在策划有争议性的评论选题的时候,往往把引发争论的问题或作品以主帖的形式先贴到论坛上,然后坐等收获其后的跟帖,选编刊登在报纸上。比如,2004年7月28日的网络论坛"大河话题"上,就出现了《大河报》评论编辑抛出的一个话题:"拟8月9日见报的大河话题:职称外语考试该不该强制?"而《郑州晚报》的评论编辑则干脆把自己组织的讨论栏目开到了宁波《现代金报》的网络论坛里:"郑晚2日话题:大家说说雷锋精神吧,今天出点问题,昨夜定的话题否了。"后面果然真有来自天南地北的跟帖,而且都按照报纸刊登的要求,注明了地址、身份、真实姓名。

而一些具有争议性的论坛帖子,甚至可以直接为其他网站和报纸的评论版提起

---

① 匡文波:《网络分析》,北京大学出版社,2003年,第112页。
② 彭兰:《网络新闻学原理与应用》,新华出版社,2003年,第123页。

议题。比如：2006年7月，网名为"深海水妖"的女作家陈岚贴在"QQ论坛"上的一篇《面对强奸犯，冒死反抗是人类的耻辱！》的网文首先"引爆各大知名网站社区论坛"，新浪网为这个问题进行了网络调查，千龙网等网站还专门为这议题编辑了专题，最终，这个议题蔓延到《新京报》、《北京青年报》、《燕赵都市报》、《大众生活报》等多家报纸的言论版，包括伦理学者、法律人士和政治学者在内的各界人士纷纷对此发表观点。

因此，也可以说，大跨度的扩散性传播，正是网络时事论坛由人际化传播转化为大众传播的特点。

（四）论坛可以成为报刊评论的稿源集中地

2004年1月31日，《中国青年报》刊登一条报道《河北一号文件作突破性规定不追究民企"原罪"》。到第二天，搜狐网的一个论坛"星空评论"，已贴出了10条以上对这个事件的原创评论：

俞洲：《法律的权威不容突破》

李克杰：《谁给的法律解释权？——评河北一号文》

邹云翔：《抛弃原罪论，给私企解咒》

孙兴全：《河北"三十条"三忧》

十一郎V：《且慢叫好，容我一问——冀字〔2004〕1号文件》

放小那：《不追究民企的"原罪"是个新的起点！》

王学进：《红头文件岂能替代法律规定》

雪里埋：《"政府革命"背后政府法制理念的缺失》

邬凤英：《给民企老板一个"司法特区"？》

兼听则明：《解读河北一号文件的本意》

郭之纯：《红头文件意在"解锁"》

岳建国：《不追究民企"原罪"但要杜绝新的"原罪"》

这些作者基本上是经常在报纸上发表评论的作者。当时，正是春节期间，不仅一些刊登时评的报纸都已休刊，而且搜狐网的评论编辑也已放假回家。如果没有论坛（BBS）这样一种开放的、直接的表达途径，这些评论作品只能各自搁置在时评作者们的抽屉（电脑）里，不能及时形成舆论。这里可以看出，论坛，特别是网络新闻评论的专业论坛，往往是其他媒体评论的"蓄水池"和集散地：作者在这里向编辑自荐稿件；编辑在这里公布用稿信息；不同媒体的编辑在这里交流稿件。

当然，论坛并不只是一个发表的中介，它就是发表的终端，一个言论的实现终端。只有网络论坛，才能这么及时、这么大量地发表评论作品。论坛评论的及时发表和超大的发表空间无疑前所未有地激发了当代中国广大社会公众新闻评论的写作动力，形成前所未有的巨大的资源。搜狐网曾把签约评论员直接投稿给编辑的做法改为由评论员先将作品贴到论坛上去的做法；千龙网在《投稿须知》中也明确"提倡将稿件直接贴入热点网谈论坛,并注明'原创首发'字样"。这都反映了固定论坛作为网络评论丰厚的原创性资源这样一个特点。

此外值得一说的是,因为论坛有稳定的阅读者,有作品的专业评价环境,交互性特别好,它特别适合于学习写新闻评论的人在"实战"中练习表达、说服和论证的能力。即使是一些成熟的评论作者也会在论坛的交流之中保持自己思想的锋锐、对信息的敏感和相应的判断力。以上这些都是网络论坛对于当代新闻评论写作和传播的重要价值。

三、网络评论专栏

如果说新闻后面的"留言"和网络论坛中的帖子都是网络表达和评论的"原生态"的话,那么,网络专栏评论则是更接近于传统"发表"意义上的网络评论形态。这种形态之所以存在,仍然是由于"注意力资源稀缺"的规律性。网络有海量的发表空间,但与此相比较,受众的注意力则是有限的。而网上海量的意见表达中也有大量的信息冗余与无效表达,比如所谓的"水帖",还有人把一句话复制一百遍贴上。如果任由"新闻留言"的海量传播和论坛的分众化的表达,那么有一些好的认识和判断、优秀作品就会被"淹没",势必得不到足够多的注意和足够多的传播。正是考虑到这一点,所以一些互联网站专门设立了评论专栏,有的还专门"签约"了一批专栏作者。比如较早的如联想FM365;后来有新浪网、搜狐网、网易的签约评论员;中央和地方新闻媒体的网站,也都拥有自己的专栏评论员:人民网的"人民时评"栏目、千龙网的"千龙时评"、湖南红网的"红辣椒评论"、东北新闻网"金虎时评"栏目等。

2000年4月18日,联想FM365网站新闻频道开通,同步开播了一个名为"签约评论"的专栏。当时媒体评论说:"聘请十个写手,角逐一个战场,联想FM365网站推出'签约评论'迎合网络媒体竞争三大趋势,读者反响强烈。清华大学现代传播专家认为,网络媒体必然要走从信息竞争到'意见竞争'这条路。联想FM365推出的'签约评论'不仅率先抢占了新媒体制高点,而且在学术上也具有一定的超前意义。"①

曾任联想FM365网站新闻主管的吕彤回忆说:

做出特色,是当时我做梦都在想的事,在尝试新闻原创的同时,FM365把目光转向了言论。网站重视言论,并且把评论与BBS互动起来,是FM365开始的。

签约评论迅速被网民认可,FM365也就把言论、讨论和后来发展起来的民意调查,作为自己的重要特色。我们在签约评论的基础上,发展成为FM365评论栏目,除了这些签约评论员的作品,其他媒体的好的言论,也成为FM365的重要内容。

由于签约评论员与网友的真诚交流,FM365成功地把严肃的讨论引入了网络,我们很快发现,签约评论员与网友讨论的过程,本身就是一笔财富,许多都是真知

---

① 炀炀:《网络媒体走向"意见竞争"时代》,《北京青年报》,2000年8月7日。

灼见。

老实说,最初聘请十位签约评论员,只是一种尝试,我们也不敢保证严肃的话题在"逆反心理"极强的网友中间是否被承认。但从实践的结果看,签约评论栏目的成功不仅在严肃话题方面为我们打开了缺口,为网站赢得了声誉,而且对当时网上新闻盛行的"黄色新闻"路线形成了有力的反击。[①]

评论专栏与评论员队伍相对于网络的普遍表达而言,虽然是较高的一个层次,但它并不一定是封闭的。实际上许多网站的评论员是从参与的网友中招聘的。以下是新浪评论诚征评论员的启事:

http://www.sina.com.cn2002/12/03 19:18 新浪观察

在过去的一段时间,新浪评论得到了广大网友的热情支持,在此表示感谢。

试图营造"全面、及时、新锐、深刻"网络评论社区的我们,希望有更多的人加入到我们的评论员队伍中。

要求如下:在新浪观察发表您一定数量的评论后,您可以向我们申请"评论员"。您需要提供的还有您的简介。此外,为保证您文集的及时更新,希望您能继续投稿。

而搜狐网还曾经通过实践摸索出这样一种做法:由签约评论员先把作品自己贴到相应论坛中去,由编辑通过作品的跟帖情况观察反响,对作品进行评价,然后再选择出来置于专栏中。这样一个程序充分利用了网络的交互性、即时性与开放性,使之成为评论作品的评价机制,而这在传统媒体中是根本没法实现的。

评论专栏的作品与论坛作品不同,它是"组织"的评论,因此也就有"组织"的效率问题。曾有网站为专栏评论人提供了作品上传渠道,随时更新,像论坛那样便捷,但无异于放弃了媒体人把关的地位。也有的网站编辑按照专题的节奏,组织安排专栏评论人的交稿周期,以保证稳定的稿源,让作者跟着编辑走,但这会带来评论时效性和作者积极性的损失。

下面是一位作者与一家网站的编辑关于这个问题的通信:

某老师:您好!

接总编室命令,从现在开始,特约评论员两周固定交稿一篇。其他的稿子另约。您的稿子将固定排在下周的周一和下下周的周一刊发。您可以在这周以内发给我一篇稿子,作为下周的储备。

某编辑:你好!

你们似乎只知向作者约稿,而不注意给作者的页面内容更新,这恐怕是一个问题。你们约的稿我也写了,我单独提供你们的稿我也传了,可是页面上仍是最初的那个样子,几乎纹丝未动。对于网络页面来说,这样的页面是十分讨厌的,等于把我们晾在那里示众,还不如没有。这使我感觉很被动,没有一种主动感。而没有一种主动

---

① 吕彤:《联想喘息》,浙江人民出版社,2003年,第142-144页。

感的人,是难有参与意识的。你们要求作者围着你们的专题走,而外面大千世界的评论却不是按照这个限定生长的。

顺便说说,你们要求作者定时定点写出评论,并且按固定的时间刊出,这也是不符合评论产生的规律,同时失去了网络评论的优势——灵活性。

某老师:您好!

来信收到。现在对您提出的问题一一作答。

一、页面更新。这确实是我们工作中的疏忽,但您可能想不到我们现在极少的几个人同时肩负着几个频道的任务。但这不是理由,你的意见已足以让我们惭愧了,今后我们会注意更新的。

二、稿子的定时定点。我们的评论频道要求每天都有新文章。在不定时不定点的情况下,恐怕出现某些真空段,稿子青黄不接,又恐像以前那样急着约稿,给评论员造成压力,降低文章的质量,所以定下了这样的策略。您如果有更好的方法,请不吝赐教!

某编辑:

你们要求作者固定刊出,着眼于每天都有"新文章"。其实在我们写时评的人看来,什么是新文章?不失其时效性的才是新文章,刚写出来就能传播才是新文章。这正是互联网的优势啊。你把每个人的发表时间固定了,自己倒有稳定的稿源了(姑且这么说),但却不能保证每篇稿子都是"新"的。这就把互联网办成纸媒体了。

网络从技术条件上说,可以实现传统媒体所不可能实现的时效性。但是,真正要实现这样的时效性,则需要网站在组织运行上有所创造,使其更适应新闻的传播规律。

四、以"专题"的形态集纳的评论

这是网站编辑整合各种来源的评论的一种独特方法,通过"超链接"文本技术,可以调动非常开阔的资源,形成立体的评论语境。这是传统媒体不可能做到的。

比如,人民网在2003年6月10日推出的专题《"孙志刚之死"冲击收容遣送制度》就以"事件追踪"、"评论分析"和"热评留言"作为基本结构。搜狐网2003年6月推出的专题《姓名,人民的还是国家的?》,就是针对一位公民到公安局改名被拒的新闻,按照"事实"——"背景"——"问题"的次序,有层次地组织了合作媒体的相关新闻、评论、网友留言、相关背景资料。比如,其问题1"限制用名是否违法?"之下的内容为:

法律专家认为,需要从法律上论证用字表在未来强制使用上的合法性。目前我国法律对公民姓名的管理采用登记制而非审批制,公民可以自由取名,而且公民在私人交往中对自己冠以其他称谓也不违法。所以,公民的姓名只要不违反国家和社会利益,不悖社会道德观,就有取名的自由。就目前法律来说,用字表以推荐使用的方式发布会更为合适,如果强制使用必须经过法律论证。

网友小雷:

如果真是这样,那国家语委出台的这个规定也太蔑视法律了。

民法通则第 99 条规定：自然人享有姓名权，有权规定、使用和依靠规定改变自己的姓名……

如上，我们取什么名字，取决于自身意愿。只有更改姓名时，才有所规定。而这种规定，充其量也只是程序上的要求，谈不上限制名字内容。

民法通则颁布将近 20 年了，民法典也马上就要推出了，还有这样的事发生，实在让人觉得是莫大的讽刺。

搜狐网友：大漠孤烟　发表时间：2003－06－05 16：59：47.0 IP 地址：218.58.76.*

强烈反对。教育部、文字工委没有权利限制公民取名的自由，制定《人名用字表》将侵犯国人宪法赋予公民的姓名权，因而，即使是制定了，也是违反宪法的，是无效的。中华民族的复兴必须以传统文化的复兴为前提，而不能人为限制。建议通过全国人大对姓名权的行使范围做出界定，以法律的形式规范姓名权的行使。

搜狐网友：wvo668　发表时间：2003－06－05 16：25：40.0 IP 地址：218.106.229.*

以法律规范姓名用字实有必要，否则谁突发奇想，用金文或者甲骨文起名字，我们的户籍身份登记机关就会因为不能受理，而侵犯人权主义者的人权或行政不作为。但如果不是某些部门的人吃饱了撑的，或有失业的危险，搞这个《人名用字表》实无必要，我国出版的字典辞书不少，有权威性的也有那么几部，可以直接选取一部即可，浪费纳税人的钱搞这种重复建设更是犯罪。

相关链接：改名由谁说了算？从两起案件看姓名立法的必要性

《姓名法》VS 萨达姆·邓·非典 VS 邓伊典

在其问题 4"是提高政府效率还是政府的不作为"下的内容为：

人民网："人名规范"暴露出的管理惰性（曹林）

确实，姓名中的生僻字给信息管理带来了不少麻烦，但这些麻烦恰恰是管理部门应该承担的。到底是姓名中的生僻字，还是管理能力的滞后成了城市信息化进程中的瓶颈？姓名中沾生僻字是中国人自古以来就有的习惯，城市的信息管理随着时代的进步应该充分地消化公众的这些习惯，比如说充分地增加生僻字库、积极地提升系统信息识别能力等。时代不断进步，是让管理跟上时代，还是让时代来适应管理呢？显然，应该是管理不断跟上复杂的社会变迁，不断通过管理技术创新来适应社会秩序的调整。

人民网：出台《人名规范用字表》与"管理惰性"无关（梁勇）

仅仅为了从姓名的"生僻字中读懂了不少历史"的一点有限意义，就对《人名规范用字》提出质疑，是否有点强词夺理？绝对自由是没有的，取名也是这样，必须在国家法律、法令许可的范围内，国家已经颁布了《国家通过语言文字法》，明确提出"国家推广普通话，推行规范汉字"。

至于说到"从一个侧面暴露出了社会中许多公共部门的管理惰性",那简直就是在消解法律、法规的积极意义。依此逻辑,法律法规都体现"管理惰性",那还要法律、法规干什么?

中国经济时报:"姓名权"与政府公共角色转型(毕舸)

民政部门为某个人的姓名登记,实际上提供的是一种公共服务。尽管这种服务可能会给政府带来更多的工作和"负担",但这是把社会公平细节化的一种必要手段。

制度的改革关键是观念的创新,对于我们的职能机构来说,现代公共服务的理念和角色还没有充分确立,对相关的知识和工作程序及法律也缺乏足够准备,对社会需求和利益的体察还存在相当的盲区。正是这种状态,使某些职能机构常常根据惯性思维,将来自内外部的社会压力,理解为一种"出轨",只能用行政命令的方式来"禁止"。这种理解不仅将遮蔽政府对自身公共组织理念和角色进行大胆转型的必要性,而且可能把政府只能引向一种简单化的"我管你从"的思维模式,这其实无益于社会文明的进步。

网友观点

搜狐网友　发表时间:2003-06-05 18:59:34.0 IP 地址:219.140.255.*

懒汉加笨蛋的办法!国家无权限制公民姓名!教育部、语委更没有这个权力!他们做的事就是一天到晚把汉字词语、读音变来变去,折磨学生和老师!趁早废除!重名不是理由!国外汤姆、彼得、玛丽一大堆,也没见着几个字母被废嘛!电脑打不出不是理由!打不出就改进嘛!当年电脑还不能打汉字呢!谁改成洋名了?如果现在守不住,以后这些部门还会以别的理由侵犯公民更多的权利,所以要坚决的反对!

搜狐网友　发表时间:2003-06-05 16:52:18.0 IP 地址:211.140.151.*

现在中学毕业生在填升学志愿表时必须用到一个"代码",教育部制定的这个"代码表"缺少好多较常用的姓名用字(如"玥"字),迫使许多学生要到公安部门改名字。强烈要求教育部在制定《人名用字表》之前修订这个"代码表",以维护中国公民的姓名权。

搜狐网友　发表时间:2003-06-05 18:03:10.0 IP 地址:219.159.154.*

一个人的名字似乎与国民经济没有大关系吧?似乎不是什么"大局"吧!它是一个人的符号,爱怎么起名是个人自由。

至于计算机能不能输出,只能说明搞计算机输入法的人汉语水平臭之外,能说明什么?人类自身的尊严才是最为重要的,人类不能物化。

搜狐网友　发表时间:2003-06-05 17:53:44.0 IP 地址:158.39.26.*

在倡导文明、自由的今天,让新生儿在第一天就去享受什么叫做权利被剥夺的做法不值得提倡!减少生僻字名字的方法可以计划生育。凡事的处理要抓源,而不要等问题出现后去想解决的办法!千差万别,参差不齐在各行各业各方面都存在!永远也无法避免!这就是社会为什么精彩的原因!

搜狐网友　发表时间:2003-06-05 17:51:24.0 IP 地址:61.166.119.*

户籍管理、人事、银行、保险、交通……国家不投入升级系统,转而什么《人名用字表》,以后那些所谓生僻字就要消失了,这中华民族的骄傲遗失能否用省几十亿、几百亿元来代替。任何人没有权力来剥夺我们继承祖先的文化遗产的权利。

专题的策划和编辑,不仅要有把握新闻事件评论价值的敏锐,而且要有开阔的、普遍联系的"相关性思维"能力,还要有适应网络阅读心理和认识进程,把不同的材料合理地逐层安排的层次感。这都要靠实战经验才能逐渐形成。

"搜狐视线"主编赵牧介绍他主持的网络评论专题的操作方式:

一开始是有个选题会,大家谈这两天周末有没有什么新闻线索,各自对这个新闻线索有什么想法,是不是可以构成一个选题? 然后大家对他提出的线索进行论证。首先从事实材料的论证,比如说这个新闻事实单薄不单薄,够不够作为一个专题的分量。重要性当然是一个重要的标准。比如说开县井喷,这是一个重大新闻事件。然后我们要去关注为什么会出现这样的事故,是不是人为或责任事故,还有一个组织抢险的问题,信息封锁的问题等,这是说一件事发生了以后要对它的各种可能性进行思考,发现疑点要密切关注,看看是不是能找到一个可以作文章的点,很难一概而论。讨论以后我就指派一个人做,一个专题就一个人做,他分析选题收集资料信息后要写一个提纲,给我看。这个提纲是关于这个事件的一个全方位的信息的串联,有历史的信息、人为因素的分析、自然因素的影响等,每个事件是不一样的。评论并不是由负责这个专题的人写的,负责评论的是我组织的一个评论员队伍。所有的评论员里面只有我一个是搜狐的,其他的都是外面的,比如说刘洪波、马少华、张天蔚等。[①]

五、以实时对话形式展开的评论

这是利用网络聊天室的同步传播功能,在专家与网友的实时交流中展开推进的评论。它类似于广播、电视直播的参与式讨论,但由于网络开放性的技术特征,突破了演播室的空间,参与面更广阔,意见表达也更真实。比如,2003年7月间,有媒体报道:四川省委办公室出台一项规定"不得为男性领导干部配备女性身边工作人员"。该新闻引起媒体和读者的强烈反响。搜狐新闻中心特邀中国人民大学法律社会学所所长周孝正教授7月17日12时30分做客搜狐聊天——

网友:四川这条规定既不合法也不合理也不合情,而且荒唐可笑。

周孝正:我基本同意,但也不要太极端。减少领导干部骚扰下属女性的机会,多少也有点权宜之计,也不需一棒子打死。思想认识要到位,但行为要宽容。

网友:您认为四川的规定能长久吗? 或者是根本就做不下去。

周孝正:根本不能长久,因为社会已经发展到今天,网上一片骂声,就已经说明老

---

① 由中国人民大学新闻学院 2005 级硕士研究生操秀英、虢娟采访整理。

百姓的觉悟很高了,对这种作秀也好,吃错了药也好,看得很清楚。

周孝正:我认为这属于有病乱投医,或者说是头疼医头,脚疼医脚。首先这是一个问题,这个问题就是在公共场所,有权的领导性骚扰下属,它是性骚扰最普遍的一种形式,在我国已经有许多性骚扰案例了,有些已经走到了诉讼的程度,所以这是一个问题,而且有越来越严重的趋势。所以说出这种所谓的"招",我们也可以说它是一个下策。它的道理就在于人是环境的产物,俗话说"跟着好人学好人,跟着巫婆学跳神",也是一个社会互动的过程,也就是说,是诱发犯罪的问题,也是一个犯罪发生学的问题。

周孝正:第一是犯罪心理学,第二就是犯罪环境学,第三是犯罪社会学,最后是一个犯罪预防学的问题,不给男领导派女秘书可以简单理解为预防犯罪的一个小招数。当然不能解决根本问题,如果宣传的过分就有做局的成分了。但是对净化环境应该说还有一定的作用,比如说对于顺手牵羊的盗贼,我们每个人要提高警惕。但不是说提高了警惕盗贼就没有了,而是不给那些盗贼增加犯罪的机会。

主持人:现在采取这种措施,大家说把女秘书和男领导隔开也是为了保护领导,保护女性,不给他这种犯错误的机会。

周孝正:不能说不给,只能说因人制宜地减少了一些犯罪的机会,也就是说某些人他正处于犯罪的边缘状态,这样的话没有这个条件,他可能就没有机会实施犯罪了。这就相当于提高了警惕,我们只能防小偷小摸,但是对那些惯犯和江洋大盗,你就是安了防盗门也没有用。

网友:这个虽然是下策,但是总比没有的好。

周孝正:也不是,这不光是下策,往好听里说是下策,往坏里说就是违法了。它要解决的问题可能解决不了,还要带来一系列新的问题。因为环境分内环境和外环境,分工作环境、家庭环境、社会环境、国际环境,所以你不给他配女秘书,他在工作环境受到的诱惑可能少一些,如果大环境不变,其实也没什么用。

网友:这个规定之所以荒诞就是说男的领导可能不一定找女秘书,他还可能找女秘书以外的女人,按照这个逻辑来讲,就是把所有的女人都赶回家去才能不给男领导机会。

周孝正:这个说法比较极端,对于正处在犯罪边缘的干部让他面对的诱惑少一些,可以减少他的犯罪机会,但是对于那些惯犯,老奸巨猾,所谓的道德沦丧者基本不起作用。(略)

应该说明的是,上述引文中的参与者"网友",是"匿名参与"的,也就是说,他们没有一个足以确定身份、与他人区别开来的网名,因此,虽然可能有多人参与,看起来却只是"一个人"。虽然也有网友以确定的网名参与讨论,但网站一般不硬性规定,因此,在实时"看到"和后来整理的这种直播评论中,其中一个参与者——"网友"就显得抽象化和模糊化了,既不如电视评论那样"见其形",也不如广播评论那样"闻其声"。

多元参与特征就没有得到充分的体现。如何解决这个问题,需要价值上的权衡和技术上的安排。

更快、更高、更有立场
——新媒体背景下的网络新闻评论写作

喻季欣　周文辉

导言——

　　选文选自《新闻与写作》2011年第5期,新媒体版块。

　　作者喻季欣,暨南大学新闻与传播学院教授,博士生导师。1981年本科毕业于湖南师范大学中文系,1990年硕士毕业于苏州大学中文系。历任湖南师范大学教师,长沙政治军官学院教师,广州军区政治部文艺创作室专业作家,《人民日报》高级记者。周文辉,暨南大学新闻与传播学院硕士研究生。

　　选文以新媒体的崛起为背景,提出"'写得更快、站得更高、表达更有立场',是当前网络新闻评论写作应该突出的要点",并对网络新闻评论的写作具体提出了三点要求:"'秒杀'新闻,网络新闻评论写作要更快""泥沙俱下,网络新闻评论要站得更高"以及"众声喧哗,网络新闻评论要站稳自己的立场"。在文章的结尾,作者指出新媒体给网络新闻评论带来了全新发展篇章,"只要你的观点独特而有分量,大家总会听得到你的声音。更快、更高、更有立场,你会获得更多的释放快乐与传播愉悦"。

　　如果说几年前蓬勃发展起来的网络新闻评论还是被当作一种现象得到业界和学界的关注,引发人们对其分类、特点、意义等的讨论,今天的网络新闻评论则不但日益丰富,作者众多,影响力更大,更被纳入到许多新闻奖项的参评范围。然而,网络新闻评论的写作,其特点把握、方法创新仍然是需要不断厘清的问题。"写得更快、站得更高、表达更有立场",是当前网络新闻评论写作应该突出的要点。

一、"秒杀"新闻,网络新闻评论写作要更快

　　网络新闻评论仍然是新闻评论的一种,只是新媒体时代,网络新闻以分秒更新,是所谓"秒杀",给了网络新闻评论"更快"的内在驱动。新媒体时代,一个新闻事件发生即被人们获知,紧随其后,人们就会在网上讨论、发表意见。由此,谁的意见更早地出现在传媒上,谁就更有可能在这一新闻事件上占据舆论引导的主动权。写得更快,才能让网络新闻评论更有效把握引导网络舆情的机遇,所谓抢先一步,正是网络新闻

评论写作的技巧与功力。

当然写得更快,不是说在事实弄清楚前就乱写一通,而是评论作者要凭借自己的知识储备,根据自己的独立观察,对问题有敏锐地把握和深刻地认识。所谓评随事发,论由心出,有赖于评论作者的良好素养,由此使其作品与一般网民的评论拉开距离,成为意见领袖。

什么是意见领袖?走在前列,写在前面,评在人先,论出观点,就会引领意见,开拓路径。这就需要快出常人一步。这领先的一小步,却是网络新闻评论占领意见阵地的一大步。这"更快"的一小步,在写作文本上对网络新闻评论提出了新要求。新媒体时代,只需一部手机,无论你身处何时何地都可以表达你对一个事件的看法。现在多数微博以140字为限,加上一个转发功能,一条微博信息量最大也不到300字。这么简短的篇幅限制当然不可能面面俱到,但是这并非无法表达出一个完整的意思。

我们姑且将这种比短评更短的评论性微博称之为"微评",一条好的"微评"就像狙击枪中的一发子弹,要以最快的速度击中问题要害。因此,即使一个微评,这样经过成千上万人的转发和再评论,也可以在短期内会获得比一般长篇评论更为广泛的传播效果。而无论转发或者回复,读者的反馈意见都一目了然,形成新媒体时代比网络跟帖等形式更强烈的互动性,更及时的影响力。

纵观当下的网络新闻评论,其品质良莠不齐,原因就有快中无物。曾有学者为中国新闻奖的评选提出网络新闻评论的几点评奖标准:

一是必须属网络原创首发;二是文风要求立场鲜明,观点独到,分析深刻,文笔犀利;三是篇幅不宜过长,在2000字以内;四是语言风格具有网络特色。[①] 这表明,网络新闻评论如何在快速的基点上,更本真表达新闻价值、立场引领新闻导向,是其写作的价值所在、出路所在。

二、泥沙俱下,网络新闻评论写作要站得更高

笔者统计,2011年1月14日人民网观点编发评论文章共计58篇,新浪评论编发47篇,这些评论又多以转载平面媒体为主。可以说,这些网站编发的评论都是当日最新、质量最高的评论。但即使如此,这其中很多作品还是会像新闻消息一样成为"易碎品"。说网评易碎,其实是一件无奈的事情,因为在一个事件上的意见领袖,毕竟是小众而不是大众。

根据德国社会学家诺埃勒·诺依曼提出的"沉默的螺旋"理论,人们在表达自己想法和观点的时候,如果看到自己赞同的观点,并且受到广泛欢迎,就会积极参与进来,这类观点越发大胆地发表和扩散;而如果发觉某一观点无人或很少有人理会(有时会有群起而攻之的遭遇),即使自己赞同它,也会保持沉默。于是意见一方的沉默

[①] 周勇:《网络新闻评论和专题的评价标准》,《新闻前哨》,2008年第2期。

造成另一方意见的增势,如此循环往复,形成一方的声音越来越强大,另一方越来越沉默下去的螺旋发展过程。①

这表明,网络新闻评论仅有快是不够的,还得准,要站得高。面对一个新闻事件,网络同时呈现的观点实在太多,更新一条评论很快就会被另一条刷新。网民们打开网页,匆匆浏览一下大概意思,马上又点击到另一个网页中去,刚刚了解到的观点、评论,即刻会被其他观点所湮没。这是网络传播难以避免的痛处,而止痛的唯一良方就是立稳所论。

新闻评论的目的是立言。讲出新道理,论出新观念,言近而旨远,这是新闻评论的灵魂。因此网络新闻评论写作要立意更高。社会生活中性质雷同的事件确实每天都在发生,但每一件事必定有其特殊性。只有从中找准问题,作者站得更高,才可能使网络新闻评论站得住,立得稳。

站得更高才能看得更远。网络新闻评论往往是从小处着笔,但要全局着眼,把握发展趋势,力避一时情绪表达,力求冷静分析问题,说出别人想说却说不出、说不深甚至完全想不到的道理来。这高与远,就是网络新闻评论的理论升华。三五言辞,也有理论观照,才能使评论具有长远存在价值。毛泽东说过:"感觉只能解决现象问题,理论才能解决本质问题。"②在论述具体问题时表现出来的理论见解,是作者的素养,也是网络新闻评论的水平。

三、众声喧嚣,网络评论写作要坚定自己的立场

网络媒体是意见的"自由市场",各种言论在这里激荡,得到响应。网络为意见的表达提供了平台,但是也让这"自由市场"呈现一片喧嚣。根据"沉默的螺旋"理论,当某一种意见被反复传播并放大后,所形成的强势传播效果就会起到舆论导向作用。而由于网络缺乏有效的控制和管理,网络舆论导向极具难度,致使一些新闻事件发生以后,舆论导向背离了新闻事件本身的意义,甚至不利于社会的稳定和谐。

这种情况常见。比如2010年浙江乐清上访村主任"意外死亡"事件,12月25日事发后网络上相当一部分人在没有获知真相的情况下就盲信村主任是被谋杀,舆论对当地警方大肆讨伐。而后来的事态发展却表明,舆论这种倾向所折射出来的地方政府公信力缺失,反而成为了这一事件最主要的意义。那么此前那些将这一事件作为一起地方政府打击上诉群众案例的相关评论,显然失之偏颇。韩寒在他的博客中站在一个客观的立场,展示了他的谨慎与冷静,他写道:"有时候,真相并不符合人们

---

① 郭庆光:《传播学教程》,中国人民大学出版社,1999年。
② 《毛泽东选集》第1卷,人民出版社,1966年7月,第263页。

的需要,但真相大于感情,感情大于立场。我觉得,不能假定一个事实再去批评对方。"①这也可以看作是网络新闻评论作者应该要有的立场与态度。

但当下的网络新闻评论往往偏重于意见和情绪的"痛快"表达:评论者们以手中犀利的笔,出手为快,先对各类社会痛疽划上一刀。读者看了觉得痛快,或许还能给相关部门一点痛感,却忘了给它包扎止血,以至伤及无辜。这种网评有意见,却缺乏见解;有激情,但缺乏理性。这是网络新闻评论写作的大忌。

网络这个平台是把双刃剑,它获取信息便捷,却容易被虚假信息误导;各种观点相互碰撞出火花,但又容易被人同化,人云亦云。网络新闻评论的写作,正是要在其中寻求平衡点。评论作者必须要有自己的立场,才能不被误导,才能不随波逐流。一篇优秀的网络新闻评论倡导的立场,应该是忠实于人民群众的,忠实于事实真相的。立场来自丰富的知识储备,来自深厚的理论修养,更来自对新闻事实真相的冷静观察、判断和理性分析。很多时候,网络跟帖会以"网友意见"及时出现在报纸、电视等传统媒体的相关栏目上,"微评"也越来越多地出现在报纸或杂志的观点版面。在今天这样全媒体融合的时代,再以传媒载体来区分网络新闻评论与传统新闻评论的写作方法,似有绝对。前文所述要点对于传统评论依旧适用,网络给新闻评论写作带来的一些新特点,也终将会融合到其他媒体的评论写作中去。这是新与旧的辩证法。

在这个众声喧嚣的年代,新媒体让人们的发言更加自由快捷。只要你的观点独特而有分量,大家总会听得到你的声音。更快、更高、更有立场,你会获得更多的释放快乐与传播愉悦。

研究与思考

=延伸阅读=

1. 李法宝:《网络评论的价值》,见《新闻评论:发现与表现》,中国传媒大学出版社、中山大学出版社,2005年版。

2. 杨新敏:《网络新闻评论》,见《当代新闻评论学》,上海三联书店出版社,2007年版。

3. 殷俊等:《网络新闻评论发展前瞻》,见《媒介新闻评论学》,四川大学出版社,2007年版。

---

① 韩寒:《需要真相,还是需要符合需要的真相》,http://blog.sina.com.cn/s/blog_4701280b010176yw.html。

4. 钟瑛主编:《网络新闻评析》,武汉大学出版社,2010年版。
5. 王辰瑶:《不应高估网络言论——基于122个网络议题的实证分析》,《国际新闻界》,2009年第5期。
6. 胡菡菡:《网络新闻言论:媒介建构与公共领域生成——对网易"新闻跟帖"业务的研究》,《新闻记者》,2010年第4期。
7. 张月萍:《微博客对网络新闻评论的影响》,《新闻大学》,2010年第3期。

=问题与思考=

1. 网络新闻评论是如何兴起的?
2. 网络评论的兴起有哪些时代、社会、思想、技术背景?
3. 网络新闻评论的特点有哪些?
4. 网络新闻评论主要分为哪几种类型,分别是怎样形成和传播的?
5. 当今时代下,写就一篇优秀的网络评论有哪些要领?

=案例分析=

案例阅读指导:

近年来,微博的出现为网络新闻评论的发展打开了一个全新的篇章。微博因其空前的即时性、平等性、开放性、互动性等特点成为了适合网络新闻评论传播的新平台,越来越多优秀的网络新闻评论作品开始在微博上出现。更为可贵的是,在微博中,不仅微博的发布者是网络新闻评论的主体,在微博下积极转发和评论的回复者也是网络新闻评论的参与者,常常让一则网络新闻评论焕发出更为亮眼的光芒。本章选取了南京大学新闻传播学院杜骏飞教授于其个人微博上发表的一篇新闻评论,为增加网络新闻评论的平等感、互动感、即时感,笔者特选取一些该微博下的评论置于文章后,以期能给读者更多思考和感悟。

我们怎样抵达新闻?
——关于柴静、闾丘话题的思考
杜骏飞

公众关于柴静、闾丘的辩论,其本质是新闻的价值观的对话。

针对柴静在节目中"更多报道人而非事件"的现象,以及柴静所说的"采访是一场抵达",闾丘露薇的批评如下:"如果一个记者,做新闻只关心新闻中的人,而不是新闻事件背后的原因,那就变成了一个单纯的倾听者,这是不称职的。"她认为采访就是提问,看清事实,找出原因。此外,闾丘认为,新闻报道的核心是新闻点(我的理解,这里所说的是指新闻事件及其价值点),"一个人再有名,如果没有新闻点,那就不是新闻记者应该采访的对象。"

同丘的专业主义新闻旨趣,如教科书一般正确;但柴静时常报道"人"(姑且只讨论这一点——据我所见,柴静也致力于探求真相,她的"抵达"绝非只是对人的抵达)却也并没有错,因为,其实在当下中国,最重要的新闻还不是事件,而是人;最重要的新闻报道还不是发现事件,而是发现人——发现人的情感、权利和尊严。

的确,新闻专业主义要求追寻简单的事实——由此,可以推导并捍卫新闻的客观性。这种客观性是一种能够使新闻工作者将事实隔离于观点,从而避免个人偏见的规范,它要求新闻业站在中立的立场上,客观地报道新闻、反映观点。

但自《哈钦斯报告》以来,纯粹的经验主义新闻学已然不再是唯一的理念诉求:一方面,新闻业必须真实和公正,但另一方面,新闻业还必须"将信息流、思想流和感情流送达每个社会成员"。简言之,世所公认的新闻教旨并非是一个只有一面的硬币,而是要完成那些看似不可能完成的任务:为社会权利而个性奋争,为价值诉求而客观表现,为解放人而限制新闻实践。

因此,如何像哈钦斯委员会所声言的那样"就当日事件在赋予其意义的情境中的真实、全面和智慧的报道",就有了形形色色的解读和表现,也就有了自1940年代以来林林总总的新闻学。它们的共同点是提供拥有那些相互缠绕的新闻信念:自由、客观、社会责任——尽管它们对这些概念的操作性定义是不同的——例如关于社会责任原则,有的新闻学认为社会责任是对当下、人群负责,而有的新闻学是要对历史、国家负责。

我以为,一个好的新闻学批评,不能脱离现实主义立场的判断。

今天的中国,已是人文主义重新崛起的时代。人文主义不仅是一种哲学和世界观,而且是一种社会实践。人文主义以人,尤其是个人价值和尊严作为出发点。这是与既往的新闻学忽略个体属性、忽略社群意识、忽略平等、忽略人的权利这一背景有关。

回到柴静的新闻学,在不少案例中,她确实没有做到让报道对象隐藏于新闻事实背后,也没有做到跳脱新闻具象而跃升为探究宏观因果的叙事。但了解中国新闻业的人都知道,这并不能全由记者负责。

更重要的是,柴静的叙事文本聚焦于人,绝非是没有价值的,更没有违反新闻旨趣。如前所述,那些新闻镜头前的人,尤其是那些社会边缘的人、社会底层的人、被新闻事件紧紧包裹的普通人,他们的情感、利益、意见、价值、权利,一直在无助中等待新闻的发现。从社会学的立场看,他们是人群中的人,也是事件、国族、时代的样本。理解了他们,新闻也就理解了人;报道了他们,新闻也就回到了人。

如果这些报道对象具备判断样本的代表性,那么,抵达人的价值远甚于抵达事件表象的价值。——当然,前提在于,对于人的报道是基于事件真相。我想,这一结论对于所谓名人报道来说，也同样适用。

前述的讨论，出发点是"新闻专业主义"。同丘对新闻价值的探知，也大略来源于此。但事实上，在国际学术界，对于新闻是否已经是一个专业，仍存在颇多理论争议。社会学家墨尔(Wilbert Moore)将专业化的发展分成几个渐进阶段：工作、职业、正规化的组织、要求教育的组织、倾向服务的组织以及享有独立自治权的组织。从这样一个分类看来，专业化的过程就是某个专业取得相对独立地位或自治权的过程，专业化的最高阶段就是该职业组织享有完全的职业自治权。在实现这个层面的新闻专业主义过程中，媒体将面临与政府、市场甚至受众之间的博弈，以免受到外部权力集团及其他因素的干扰和控制。

从这个意义上说，纯粹的新闻专业主义，与其说是社会行动的实践，不如说是新闻理想的皈依。我们必须承认，在权力、资本的双重挤压下，迄今，世界范围的新闻专业主义仍然在求道的路上。对于柴静如此，对于同丘如此，对于这个世纪和这个世界的无数新闻人来说，也是如此。唯一我们要指出的是，中国新闻人在通往理想的道路上，攀登更为艰难。

着眼此时此刻，感触此情此景，身处于一个新闻人共同体中的同丘和柴静，她们之间更为需要的是：彼此更多的了解、更深的理解、更久的耐心。就中国的新闻业而言，观念无论东西，媒体无论新旧，人无分左右，地无分南北，相互包容、相互搀扶、相互守望，才有望抵达新闻专业的理想之境。

插叙一下柴静新闻的"表演"问题。微博上的讨论分为两个议题：其一是电视栏目经常用反打和全景镜头大量展现柴静，其二是柴静的立场姿态、情感流露。关于前者，我也以为不安，因为记者的行为姿态，在电视文本中不可没有，也不可过多，栏目编导也要以此为鉴。但关于后者，则见仁见智。同丘露薇所说的"面对任何人，反打镜头上的表情，都应该是中性的"。这是一种理性上的要求，也是一种理论上的要求。要知道，即使是克朗凯特，那个可以压抑内心悲伤和震惊、平静报道总统遇刺的电视新闻人的楷模，也会在1968年民主党全国代表大会上满腔愤怒地报道芝加哥警察殴打反战示威者的消息，也会兴高采烈地报道人类登月的消息。

记者拥有人类情感不是错误，不适当的表达才是错误；葆有思想观念不是错误，强加于受众才是错误。柴静在这种外在表现上，或许没有达到八风不动的境界，但她并没有那些明显的错误，她的真挚表达，并非无懈可击，但远胜于那些自诩为主流新闻的冷漠，也远胜于那些自标客观报道的傲慢。观众及批评者在外在表现方式上的意见，来自一种理性完形的本能，可以视为对这个名叫柴静、具有行业价值导向力、现象级的电视人的更高要求。

让我们回到新闻与人的本源关系。

新闻学所谈论的人，包括作为报道对象的人、作为记者和把关人的人，以及作为受众与公众的人。事实上，新闻学意义上的人文关怀，是对新闻进程中的人的关怀。

《世界职业记者协会职业伦理规范》指出:"新闻记者的职责就是通过追求真实,提供关于事件和问题的全面公平的叙述,达到启蒙公众的目的。"

在这个世界上,并非只有发生事件,才是新闻;并非只有非常言论,才是意见;并非只有变化万端,才是历史。

在这个平凡的世界上,充满了我们这些平凡的人。那些一成不变的历史(比如"看病难"),或许才更是我们需要报道的历史,因为我们需要正视;那些朴拙平淡的言论(比如"打工真累"),或许才更是我们需要报道的意见,因为我们需要心声;那些波澜不惊的事件(比如"仍在期待之中"),或许才更是我们需要报道的新闻,因为我们需要看见真实的人。

我在谈及深度报道时,曾经说过:新闻未必是对新近发生的事件的报道,它可以是面貌、意见、趋势,也可以是人本身。关于人的新闻,我要补充如下:新闻可以报道人;新闻必须基于事实来报道人;新闻报道事实及人,其目的都是要帮助受众了解世界;职业新闻的一切努力,都将使新闻回到人。

从这个意义上说,我赞同采访不仅是对事的还原,也是对人的抵达。

2013-1-23 11:40　　　　　　　　　　　转发(1700)　收藏　评论(375)

@嘛喱嘛喱哄_:新闻记者首先的属性是人,做好人才能做好记者。(2013-1-23 14:06)

@一天到晚上自习:贵州校车,兰考袁厉害,新闻调查和看见都做了这两期节目,我觉得全面呈现新闻中的人,是比单纯关注人更有利于挖掘原因和真相,不知道老师有何看法?(2013-1-23 15:15)

@可希—peng:"新闻专业主义","新闻与人的本源关系",柴闾之辩,不在于孰是孰非,谁对谁错,而是对于新闻学本源问题的再讨论。(2013-1-23 17:49)

@静听指尖花开:媒体人的职业责任,不能狭隘地以"将自认正确的观点强势灌输给大众"为己任,而是在比普通受众多一些信息资源和优势平台上,以尽可能客观的职业或专业观点,助受众看到更多了解更多思考更多,最终使受众得以站在与媒体人对等的位置上进行观点互动,让表达更多元,观点更丰富,思考更深入,追问更有力……(2013-1-24 07:30)

@Lisa—许多多:新闻通过探究本源,最终达到启蒙人文的目的。是从单个人的样本到事件背后的关联,最终再回归到群体的过程。闾和柴没有优劣之分,只是每个人抵达的方式不同。从闾的《行走的玫瑰》一书中不难看出港式新闻模式与内地新闻体制的巨大迥异,再加之成长经历的不同,所以方式不同很正常。但二人都无愧于新闻和新闻人。(2013-1-24 08:51)

@等待一次掷个6的努力的飞行琪:其实回到原点,新闻并不应该有专业的条条框框,甚至新闻学的存在都还在争议。既然我们都共识新闻是一些人有意识地将所见所闻通过媒介传递给另一些人,那么为什么不让市场与受众来选择柴静和闾丘露薇呢?我们甚至可以极端一些说,只要能传递新闻,任何法律以外的规矩都不必遵守,难道不是吗?(2013-1-24 10:58)

@思享者肖芳萱:我喜欢柴静,不过我认为闾丘露薇的批评是对的。看了您这篇长微博,我想说,闾丘露薇指的是没有新闻点的人不足以成为新闻采访的对象,没说深度报道不能报道人。另外,任何一种采访都还原不了事实,柴静自己也说只能是探寻"真相",如果让记者问问就能还原事实,警察、影像技术等也不必存在了。(2013-1-24 13:07)

@inevitable_self:人和事件本身就不冲突,人是事件的基本元素,是事件基础。通过对事件中的不同人的采访,了解事件的不同层面,也通过人了解事实,并可能的接近真相、真实。思想、价值观、社会的生态也通过人一一展现。(2013-1-24 18:22)

@伞博士:这个争论其实颇有趣。人的抵达是不是就会忽略新闻的专业性,专业主义是不是就不够温情?我还是觉得,温情应当隐藏在专业之后,人性是深藏于中的基本价值,但专业是一个新闻这样的行业以及一个职业新闻人的立身之本。法学也是如此。比较起来,我们最缺的还是真正的专业主义。(2013-1-24 18:32)

@潘歆棋:有争论才会有发展,新闻事业发展还有很多不确定的东西,提出来大家讨论才能解决。也有很多东西是要经过实践的检验,时间的磨炼才能被看清。(2013-1-24 19:04)

@新启蒙熊伟:当今中国,新闻的非常重要的价值在于推动具体的制度建设。可惜在新闻圈远远没有达成共识,媒体朋友们还在黑暗中摸索。(2013-1-24 19:40)

@MayLee007:实践中一直被要求要有趣,这是非科班出身媒体人对专业一直存有模糊认识的原因。讨论的价值不在于树立权威,而在于认清职业规范。在我看来,新闻是真实的艺术,它通往真实的道路有别于文学,这点专业要求,正是职业的立身之本。

@大宝微言:各有侧重吧。新闻的更高价值,个人以为是它的指导价值,它能给予新闻事件的参与者和旁观者带来什么。大浪淘沙的年代,我们都不是围观者。(2013-1-25 11:01)

第 1 2 3 4 5 6……19 下一页

研究实践

1. 根据最近所发生的一个热点新闻事件写一篇网络新闻评论上传至主流网站讨论区或各大 BBS 论坛,并与评论者进行积极的互动。

2. 进入各大新闻网站根据热点新闻事件进行跟帖和评论。

3. 选择新浪微博中感兴趣的热门话题撰写评论并发表微博,观察与评论者的互动情况。

第七章 新闻评论的选题和立论

导 论

新闻评论的选题

新闻评论是表达人的认识的,写作的过程本身也是认识的过程。这个过程的起点就是选题。选题本身就是一个认识的过程,它表现为作者对新闻事实或问题的判断:是不是要评价它们?选择什么来评价?

在现有的新闻评论的教材中,关于选题的论述,主要从下面几个方面展开:第一,什么是选题;第二,选题的来源;第三,好的选题的条件或标准。

选题的定义

丁法章在《新闻评论学》中对选题做出如下定义:"新闻评论的选题,简而言之,即选择新闻评论所要评述的事物或论述的问题,它规定着新闻评论的对象与范围。"殷俊等编著的《媒介新闻评论学》对选题的定义是:"媒介新闻评论的选题,就是从诸多纷繁复杂的新闻事实或社论生活中选择适当的评论对象,确定合适的论述范围,提炼出具有普遍意义的论题。"胡文龙等主编的《新闻评论教程》对选题的描述是这样的:"就一篇评论来说,选题主要是指它提出的是什么问题,是针对什么问题发言的。简而言之,选题就是选择和确定论题。选题选择的恰当,评论写作就有了明确的目标和头绪。"

在新闻评论中,选题尤为重要。选题是选择所要评价的事物或所要叙述的问题,即确定写什么的问题,它明确了评论论述的方向、对象和大致范围。选题的对象,一种是新闻事件。这种选择,往往表现为对某一条新闻报道的评论。另一种不表现为具体的新闻事件,而是作者通过观察和思考发现的值得引起公众注意和深入认识的问题,这个时候,新闻评论本身就是提醒公众注意和深入认识的一种方式。

选题的来源

选题的好坏,关系到评论写作的成败,并影响着评论作品能否发表,能否引起人们的注意,因此在选题时必须加以思索,认真考虑,找准途径和方法,有的放矢。前《人民日报》社长、总编辑邓拓同志在一次讲话中曾提到报纸社论选题的五方面因素:

(1)党中央和国务院的决定和指示;

(2)地方各级党委和政府提供的情况和意见;

(3)党和政府主管部门提供的情况和意见;

(4)记者提出的新闻报道题目和线索;

（5）读者来信反映的情况和问题。

范荣康则将选题的来源分为两方面，一是"上面的精神"，二是"下面的呼声"；殷俊则在此之外，增加了来自新闻报道和专门的策划两个来源。除了这些之外，有的学者或新闻评论员认为受众来信、日常生活也是新闻评论选题不可或缺的来源。

选题的原则和标准

好的选题意味着成功了一半，但什么样的选题才称得上是好的选题呢？这就涉及选题的原则和标准。丁法章在《新闻评论教程》中指出，好的选题应该符合以下三个基本条件：一，触及现实，富有新意；二，面向全局，准而有当；三，大中取小，以小见大。柳珊所著的《当代新闻评论》对新闻评论选题的原则和标准则是新颖性、深刻性、现实针对性。杨新敏则认为看一个选题意义有多大，需要符合三个标准：一，是否符合当下社会的焦点问题；二，抓住新苗头，放出"第一腔"；三，针对性强不强。

新闻评论的立论

新闻评论写作中，选题是第一步，接下来就是立论，亦称立意。

写作评论，难在立意，而立意贵在"站得高"，"言人所未言，发人所未发"，力求有新道理、新思想、新见解、新观念。有一位资深评论员对"站得高"做了形象化的解读："'站得高'不是居高临下的训导，不是大而无当的空论，而是一种拨雾见天的透彻，一种准确清醒的判断，一种峰回路转的开悟，一种高屋建瓴的语言。"[①]

立论的概念

有关立论的概念，研究学者或评论员的观点大体一致，且在很多新闻评论的书籍或文章中都会提及立论的概念。综合各立论概念的阐释可知，立论是一篇评论所形成和提出的主要论断或结论，是作者对所提出的论题的主要见解，是选择论据和分析事物的指导思想，是整篇文章的"纲"，统率全文所有观点和材料，包括论点、论据，以及其他诠释。所以，立论的过程就是作者对所评述的事物或问题，提出自己的看法，表示自己的见解，确定评论的主要意思，以形成评论的中心思想的过程。

立论的要求

有关新闻评论的立论的阐述，除了其概念之外，许多研究者都强调了立论的要求。杨新敏在《当代新闻评论学》中提到立论要新颖、合理，殷俊等编著的《媒介新闻评论学》中对立意的要求是准确性、新颖性、有深度、预见性、建设性；范荣康则特别强调了新闻评论立论的"新"，认为立意要"刻意求新"；新闻评论工作者李学初认为立论要有针对性、准确性、新颖性、前瞻性，而在这"四性"当中，针对性和准确性是起码要求，新颖性和前瞻性是较高要求。

选题和立论的关系

选题和立论是新闻评论写作过程中构思酝酿阶段的两个主要环节，关系着评论

[①] 丁法章：《新闻评论教程》，复旦大学出版社，2008年，第134页。

的成败或优劣。通常情况下,选题在先,立论在后,选题是立论的基础,而立论则赋予选题鲜明的思想观点。此外,它们又是相互渗透的,不能将它们截然分开。人们在确定选题的同时,往往也是在思考立论了。

除了以上各方面的研究外,有的学者还从新闻评论选题或立论的方法、选题要处理的关系等角度来研究新闻评论的选题和立论:聂远征的《新闻评论选题的新方法探析》一文,提出"重大事件,系列切取"、"受众定位,突出个性"、"利用网络,博采众长"、"多面聚焦,凝结一点"、"意义切合,实现对接"五个新闻评论选题的方法;顾建明的《中美新闻评论立论方法的比较分析》选取获第16届中国新闻奖和第90届普利策新闻奖的报纸评论作为分析、比较对象,对新闻评论立论中的核心范畴、评价尺度、态度取向进行对比分析,向我们展示了中、美立论思想特征的差异;赵振宇在《评论选题要处理好几个关系》中指出新闻评论的选题要处理好阐释性评论与研究性评论、选题的即时性和计划性、敏感问题和提高读者心理承受力这三方面的关系;贾春光则在《谈新闻评论选题的三个结合》一文中指出,新闻评论选题要"强"、"弱"结合,"长"、"短"结合,"宽"、"窄"结合。

选 文

新闻评论的选题(节选)

杨新敏

导言——

本文节选自杨新敏所著的《当代新闻评论》,上海三联出版社,2007年,第103-107页。

作者杨新敏,1964年5月生,现任苏州大学凤凰传媒学院教授,网络新闻研究所所长。苏州市新闻传播研究会副秘书长。其主要研究方向为新闻评论,网络传播,电视艺术研究,新闻与文化研究。出版著作有《电视剧叙事研究》、《影视欣赏》(与人合著)、《新闻评论学》、《当代广播电视新闻评论》(主编)等。

选文主要阐释了什么是选题,选题和标题的区别,选题和立论的区别以及选题的标准。首先,选文指出,对新闻事件想要说的东西才是选题,而判断一个选题好不好,要看选题是否有现实针对性和普遍性。其次,选文论述了传播媒介的选题计划和评论员的选题确定之间既相互联系,又相互区别的关系;最后,选文论述了选题和立论的不同：选题是提出问题，立论是表明观点，得出结论。并且通过例举"开会问题"向读者说明没有选题就不会有立论，但是相同的选题，可以有不同的立论。对于有意义的选题的标准，选文主要阐释了是否符合当下的社会焦点问题、抓住新苗头、针对性强不强三个标准，通过列举《不求全功，在行动中破解"看病难"》、《监狱人性化不能走极端》、《不要只会说一个"不"字》三个例子分别说明这三个标准的具体要求。

一、"选题"辩

1. 什么是选题

所谓选题，指的是选择什么问题。

人们往往把选题理解为写哪方面的内容，比如是选发腐败方面的内容呢？还是选有关消费者权益方面的内容呢？其实这样说，只是提供了一个选题范围，而不是选题本身。选题就是你在这个范围内究竟选择什么问题来谈。不弄清这个概念，我们在做新闻评论时，就很容易把选题与所选择的新闻事件混为一谈。

我们选中了某一则新闻事件来谈，只是确定了新闻评论的对象。那么，对这个新闻事件，我要说什么呢？这才是选题。比如说，一段时间以来，建设新农村成为热点新闻，我想就建设新农村写篇评论。那么，写什么呢？我可能看到新农村建设中重外表形象多，重生活质量少的问题，于是，我抓住这个问题来发表意见。我也可能看到新农村建设一窝蜂，成了一场运动，于是我提出我的忧虑，希望不要搞成一场运动，这就是选题。

有些人之所以写新闻评论东拉西扯，一千字的文章漫无边际，让人不知所云，就是因为他没有抓住问题去写。有了明确的选题，才有了中心，才能有的放矢，集中笔力去研究问题，解决问题。

新闻评论所面对的是新闻事件，因而它所面对的问题也具有明确的现实针对性，时过境迁，当那个问题已经不是问题了，它也就不能再构成新闻评论的选题。比如，当年安徽小岗村的农民偷偷搞起了包产到户，这一事件一出现，就带来了激烈的争论：包产到户是不是搞资本主义？现在如果我们还拿这一个问题说事，别人就会以为我们是出土文物了。

有可能有些问题仍然存在，甚至愈演愈烈，那么它仍然有意义。不过，为避免老生常谈，我们可以再往前走一步，讨论"这样一个老问题为什么总是得不到解决？"

选题好不好，除了是不是针对现实问题外，还要看它具不具有普遍性。如果你从一件新闻事件中发现了一个问题，但这个问题不具有普遍性，大家没有兴趣关注它，这个选题意义就不太大。

当然，也可能这个问题现在不具有普遍性，但它有可能发展成普遍性的问题，此时，这个选题就有意义了。

可见,选题好不好,选题合不合适,对于写好一篇评论来说,关系太大了。

新闻评论是从某一件看似偶发性的事件中发掘出带有普遍性的问题,找到事件产生的背景、原因,预测事件发展的方向,辨别这一事件在社会思潮、公众舆论中的意义和价值。

新闻评论的选题有相互联系的两种含义:一是传播媒介在某个时期内通过对社会思潮和公众舆论的调查研究,对此时期内社会重大问题的分析探讨而确定的评论的诸种问题,或者说是传播媒介的选题计划。二是就评论员本人来说,根据媒体的选题计划范围,相应地确定自己面对的具体对象所可能阐发的具体问题。比如消费者权益日前后,媒体的选题计划是抓诚信问题,评论员恰好此时发现了一家房产商对消费者存在欺诈行为,就可以就诚信问题写出一篇评论来。

传媒的选题计划与评论员的选题确定之间既相联系,又相区别。相联系处在于,传媒的选题计划是在进行社会调查的基础上确定的,使新闻报道与新闻评论有了重点,有了方向。评论员也往往是选题计划制定时的参与者,因而选题也代表了评论员的意见。当然,还有一些评论员并不隶属于某一传媒,属于自由撰稿人,他虽未参与传媒选题计划的制定,但由于社会面临的热点、难点、焦点问题是客观存在的,所以,传媒的选题计划与评论员的选题方向存在着一致性。相区别处在于,社会的发展变化并不以人们的主观意志为转移,它是许许多多个别、偶然事件的集合体,评论员不能简单地将传媒的选题往新闻事件上一套就完事大吉,不能生拉硬套地将体现不出这一问题的新闻事件牵强附会地去评论。

不同的事件,可能提炼出同一选题,这样,我们就可以根据传媒的选题计划用不同事件来说明同一问题。反过来说,从同一事件中也可以发现很多不同的选题,例如龙虎网2004年10月19日红网上的评论《强逼人给狗下跪的可怕"理性"与可怜"奴性"》则换了另外一个选题:欺软怕硬,恃强凌弱正在成为一种社会理性。它就是鲁迅当年所揭示的中国人的主奴两重人格问题。

而人民网2004年11月17日登载的署名新华川号子的评论《究竟是谁逼的三轮车夫给狗下跪》则把选题集中在城市管理的问题上。

2. 选题与标题

选题与标题是不同的。选题相同,标题不一定相同。以看病难为选题的评论很多,但每一篇的题目都不相同。反过来说,同一则标题可以用在许多选题上。当然,如果我们以所选择的问题作为题目,二者就一样了。

3. 选题与立论

选题是提出问题,立论是表明观点,得出结论。没有问题,也就无所谓结论。有了问题,也可能不止一个结论。比如,我们都经历过听领导无聊报告的感受,每开一个会,大大小小的领导都得请来,如果不请,会担心那个领导有意见:眼里根本没有我嘛,请某领导,就不请我,什么意思呢?请来了,哪个领导主席台就座,又是一个问题。

如果只让某一个做报告的领导坐上去，显得很不尊重其他领导；哪有让领导坐在下边的？做报告的领导觉得自己若是上台只讲几句话，是不是对这个会议不重视？会不会使来开会的人员觉得这次会议不重要？会不会让人不把自己当回事？于是，一分钟可以说清的事情，非要扯上一个小时。这个领导讲完了，其他领导总不能来了不说话，只在台上做菩萨吧？于是，台上的领导一个一个挨着讲，不咸不淡总得有几句，实在没有新鲜的内容好讲，那就把有关内容再重复一遍。重复就是力量，谁也不能说重复没有作用。台下听报告的人可就苦了，你不想听，听烦了，也得硬着头皮听。对这种无效又难受的会议，人们意见很大。于是，有的评论者就这一问题发表意见：有话则长，无话则短。有的人觉得这样还不行，无话则免。照说到此为止，关于这个话题也就说的差不多了，再说就显得选题陈旧了。可是《东方网》2002年2月1日发表的署名向阳的评论《省长演说该多长？》却做了个反题。事件是：某省新选了一位省长，按照会议议程，新当选的省长将发表就职演说。会前10分钟，当选省长的讲话稿发到记者手中。出乎意料的是，通篇讲话只有薄薄一张纸，连标点符号在内共385字。省长尚未开口讲话，会场上已爆发出一阵热烈的掌声。作者认为，这只是省长的就职演说，是些礼节性的话语，本就不该长，即使不讲也没什么。可如果他是讲与全省工作密切相关的重要事项，这么短能行吗？恐怕得讲上一个小时。所以，不能认为话讲得越短越好，不能以短话来作秀，以赢取廉价的掌声。作者的结论是：短话不一定都值得称赞，长话也并非一棍子打死。

同一个选题，就可以有这么多的立论。可见，选题与立论也是不同的。

二、选题的标准

看一个选题意义有多大，有这样几条标准：

1. 看是否符合当下社会的焦点问题

例如，老百姓看病难问题一直是个老大难的问题。中央电视台在2006年的两会期间做的调查表明，它成为老百姓最关心的话题之一。《新京报》2006年3月9日发表评论《不求全功，在行动中破解"看病难"》就抓住这一问题及时发表评论引起了普遍关注。

2. 抓住新苗头，放出"第一腔"

某些新的问题刚刚露出苗头时，还形不成社会关注的焦点，人们往往不太注意；某些新的事件包涵着新的动向，人们也往往不太容易发现。但是，这些新问题以后有可能发展成普遍性问题。此时，如果我们具有较强的敏感性，及时发现了，及时评说了，就会引起人们的关注，对于及时推动新事物的生长和控制有害现象的蔓延起到重要作用。

例如晏扬署名浦江潮的评论《监狱人性化不能走极端》（新华网2004年5月19日）：据新华社5月18日报道，上海市宝山监狱近日首创"周末监禁"的服刑方式：一周前五天,犯人离开监狱,到指定工厂上班,下班后自行回家住宿,行动自由与普通人一样;服刑期内的监禁,只需在周末回到监狱进行。据悉这种"周末监禁"不仅开了上海监狱的"首例",在全国监狱范围内也是"先驱"。

很显然,首创"周末监禁"服刑方式,打的是"人性化"大旗,走的是"人文关怀"之路。而笔者听来却有这样一种感觉:这坐牢咋像度周末?在该监狱服刑的犯人,平时正常上下班,正常回家,还有月薪570元的工资,只需周末时来监狱里待两天,虽不像人们去别墅、野外度周末那样惬意,可这毕竟不像坐牢啊?这分别是把"人性化"发展到了极端。

笔者担忧的是,如此轻松自由的坐牢方式,会不会让人们产生"坐牢并不可怕"的想法?既然坐牢并不可怕,那么犯罪有什么可怕的呢?只要所犯罪过不是很重,受到的处罚仅仅是几年内不能与家人在周末团聚,这个犯罪的"成本"显然不高,如果犯罪的"收益"大于这个成本,相信会有更多的人就会敢于铤而走险。

问题的关键也许正在这里。这几年,各地监狱对待犯人的态度越来越好,越来越温和,即所谓的"人性化"管理。犯人也有基本的人权,这自然不可否认,相比过去对待犯人的态度,尊重犯人的基本权利、实行人性化管理原本是一个进步,但是这种人性化如果走过了头,就会从一个极端走向另一个极端,就会让人觉得变了味儿。犯人毕竟是犯人,他们犯了罪,给社会和他人造成了损失,他们理应为此付出代价,受到应有的惩罚。坐牢就是坐牢,坐牢不仅是为了教育犯人改过自新,更重要是为了警示他人不敢犯罪。如果犯人坐牢如同度周末一般,怎能起到"治病救人"的作用?又怎能"惩前毖后",消除其他人的犯罪念头?

"周末监禁"这种服刑方式,让犯人每周仅被监禁两天,实际上犯人实际接受处罚的时间就短了,所以无异于变相给犯人减轻刑罚,至少有损害国家法律权威性和严肃性的嫌疑。不知地方监狱是否有权这样做。

要尊重服刑人员的人权,这是近年来人们不断呼呼的话题,但如何做,做到什么程度叫"人文关怀"、"人性化"?该文及时指出了在这个过程中的一些不当做法,并分析了这样做可能带来的麻烦,读了使人不禁深思。

当然,有些一直没有解决或一直存在的老问题,会随着社会的发展有了新变化,或问题本身没有什么新变化,但人们对这一问题的认识有了变化,也可以把它再次提出来。

3. 针对性强不强

有些事可能也不是社会普遍关注的焦点问题,但可能是现实中存在的迫切需要解决的问题,从政治生活上看,似乎它是小事,但从百姓生活上看,它又是大事,这样的问题有针对性地提出来,也是很有价值的。要有的放矢,针对当前的现实问题选题,而不是不关痛痒,敷衍了事,做官样文章。评论的现实针对性也要求我们的选题不能泛化为纯学术性选题,而是要侧重于针对现实问题。

例如,《新华日报》评论部主任编辑王向东(笔名金陵客)有阵子发现南京市不允许新街口的中巴开到江宁县,也不允许江宁县的中巴开到新街口,使江宁人从南京回家十分不便。他到有关部门去询问原因,但部门领导都以一个"不行"、"不能"加以回绝。他一气之下写了一篇评论《不要只会说一个"不"字》,引起省市领导的高度重视,行车难的问题最终得以解决,南京垄断中巴经营的历史宣告结束。这样针对性现实问题发表的评论,读者看了点头称是,领导看了非常重视,对于解决问题发挥了非常重要的作用。

选题就是对评论价值的判断(节选)

曹 林

导言——

本文节选自曹林所著《时评写作十讲》,复旦大学出版社,2011年,第58-60页。

作者曹林,《中国青年报》主任编辑、评论部副主任。1978年生于江苏江都,求学于江城武汉,2003年开始时事评论写作,2004年于华中科技大学新闻学院硕士研究生毕业后加盟中国青年报青年话题版,在《南方都市报》《东方早报》、深圳《晶报》等数家媒体开有时评专栏。著有《拒绝伪正义》、《时评写作十讲》。作者多次获中国新闻奖,多篇作品获中国人大新闻奖、中国慈善新闻奖、中国廉政新闻奖。南方周末和搜狐举办的中国时评大赛一等奖,首都青记协举办的评论大赛一等奖。

选题是选文的中心观点,是评论者对评论价值的判断,选题的过程,就是一次评论价值的衡量过程。通过例举胡适放弃热点和焦点,选择"博物馆和图书馆开幕"的文化新闻这样一个"选择和取舍"的典型案例和"冰点新闻"的名称含义说明新闻评论的选题不能被热点牵着走,而是应该进行评论价值的衡量和判断,而选题是与人的价值观、问题意识、擅长的领域、选题的渠道、视野以及所在的媒体、地域有关。此外,选文根据评论选题中存在的问题,指出了应该怎样开阔选题渠道和视野,不扎堆焦点事件,而应该自己发现热点,重视被社会忽略的重要问题。

时评的选题,就是选什么题材、针对什么话题进行评论的问题。每天可以评论的新闻有那么多,有无数值得评论的话题,之所以选这个而不选那个话题,并不是随机和偶然的,而是评论者对评论价值的判断。选题的过程,就是一次评论价值的衡量过程:认为某件事有可评论的空间和应评论的价值,或认为这个话题比那个话题更有评论价值。

选题就是对评论价值的判断

马少华在谈评论选题时谈到这样一个"选择和取舍"的典型案例。胡适在《努力周报》1922年7月17日至23日的《这一周》里这样写道:"这一周的中国大事,并不是董康(当时的财政总长)的被打,也不是内阁的总辞职,也不是四川的大战,乃是十七日北京地质调查所的博物馆和图书馆的开幕。"

胡适的这段文字就旗帜鲜明地表达了自己对选题的价值判断。在一般人看来,贵为财政总长的政府官员被打,内阁的总辞职,四川的大战,这些都是热点和焦点,是公众最关注的事件,应该最有评论价值了。可胡适放弃了这些焦点,而是选择了"博物馆和图书馆开幕"这样一个看起来很不起眼的文化新闻,这就是他的价值判断,他认为相比那些事件,影响到国人精神和思想层次的图书馆开幕更有意义,更能决定中国的前途和命运。

《中国青年报》著名的"冰点新闻",创刊者选择"冰点"为名,就包括这样的意思。他们拒绝跟着那些此起彼伏的新闻热点走,而是选择在一般人看来并非热点和焦点,而是很冷很冰的话题去做新闻。——看起来是冰点,实际上是很容易被人忽略、隐藏着大关怀、涉及每个人利益的大问题。这样的话题一做出来,因为触及社会深层次的问题和每个人的内心,往往会立即成为热点。也就是说,这些新闻人通过自己独特、有观察力的判断,把隐藏的新闻挖掘出来,引领了舆论对某个话题的关注,设置了议程,而不是被那些每天舆论空间中如过眼云烟,今天是热点明天就被其他热点取代的新闻牵着鼻子走。

选题的过程,就是这样一个进行价值衡量和判断的过程。

选题,与选题者一以贯之的价值观有关,他有什么样的价值观,在他的价值观中哪种价值观居于优先地位,他的选题往往就会倾向于哪个方面。正如胡适的那个例子,因为在胡适的价值观中思想启蒙居于很重要的位置,他当然会将"博物馆和图书馆开幕"这种事关思想启蒙和国民教育的新闻当做头等大事。一个研究经济社会的人,会对社会中发生的经济事件有着特别的敏感,他能从这种别人看来很一般的经济事件中看出特别的意味;同样,教育立国者,会对教育话题有着特别的关注。这样的价值观,其实就是一个人在日常的经验和阅读积累中所形成的"问题意识"。

人的价值是多元的,问题意识是不一样的,所以选题自然也就是不同的。社论最能体现一个报社的价值判断,国内各大报章每天的社论选题有时不约而同地选择同一事件,可多数时间是不一样的。比如《新京报》,他们的社论操作思路是,每天下午3点开编前会,每个编辑向主编报当天的选题,然后研究哪个选题最有评论价值,最后确定社论选题。

选题,也与选题者擅长的领域有关。一个对教育话题有所研究、长期关注教育的评论者,他会优先选择教育事件去评论。一个在房地产市场上有许多资料累计、有着自己独到认识的人,房市领域内的新闻和话题会成为他的关注重点。因为,他们写这些话题时,能在评论中提供更高的附加值——也就是在这个话题上知道的比读者更多,看得比一般人更深刻,所以他们能提供更多超越新闻已有信息的附加的判断。这样的选题,是选自己有评论优势的题目。

关于这个方面,我在大学讲课时常与大学生们讲,你们在学校时当然也可以写评论,可在选题时,你们不要动不动就谈国家大事,什么房价高啊,医疗问题啊,这些不是你们所擅长的,你们应该选与校园相关的话题去写。因为你们身在校园之中,对校园事件、校园话题有切身的理解和独到的观察,在这个问题上,你们比一般的评论作者有优势。

选题,也与一个人的选题渠道和视野有关。一个人关注的视野很狭窄。关注的趣味很低级,眼中只有鸡毛蒜皮,只对凶杀、八卦、人咬狗之类的事感兴趣,就别指望他会选那些事关社会发展的大事件大问题。一个人只盯着新闻网站的首页去选题,而没有其他途径,不关注身边的现实,不体贴常人的人情,不深入实际进行调查,不到微博和论坛中了解更广泛的民意,他们的选题就会跟着热点新闻走,跟着许多人一起扎堆去评论某个焦点事件,而不会自己发现热点并引领社会对某个被忽略的重要问题的讨论。

当然,选题也与选题者所在媒体、所处的地域有关。比如,我们《中国青年报》,作为一份旨在"推动社会进步,服务青年成长"的青年报纸,在选题时自然会倾向于选择那些事关青年视角、青年利益方面的话题。而《工人日报》则会选择事关工人利益之类的话题。深圳的报纸,基于读者对身边事情的关注,他们的评论部在操作评论时,就会优先选择本地人更关心的事件作为社论选题,本地一家校舍倒塌,在他们看来,可能比"中国外交礼仪将有大的改革"这个话题更有评论价值。

刻意求新
——新闻评论的立意
范荣康

导言——

本文为范荣康所写的一篇论文,发表于《新闻实践》1985 年 06 期。

作者范荣康(1930—2001 年),江苏南通人,1946 年 6 月加入中国共产党。1948 年 12 月参加革命工作。1948 年毕业于上海民治新闻专科学校。次年入华中新闻专科学校学习。解放战争时期,曾任上海青年文艺联合会会刊、上海联合晚报、上海学生联合会《学生报》编辑、记者,上海军管会文管会联络组组员,西南服务团宣传干事。

建国后,历任重庆《新华日报》记者、工业组组长,1952年12月到人民日报社工作,历任《人民日报》记者、编辑、评论部主任、副总编辑,中国社会科学院研究生院兼职教授。是第六、七届全国政协委员。著有《新闻评论学》等。

选文强调了新闻评论立意的"新",首先,无论是有题有意还是有题无意的评论,或是社论文章,都要明确中心思想,努力写出新意,给人以启发;其次,立意的新,指的是新的思想、新的观点、新的见解,选文通过例举人民日报的一篇具有新意的评论以及论述人民日报新闻评论的"新"的来源,指出对新的思想、观点、见解不能拿来就用,而是要经过酝酿,慎重负责,考虑周全后确定立意;最后,选文指出要从生活中撷取新意,投身于丰富多彩的生活中,不能做"翻案文章"、"游戏文章",闭门造车。

评无新意死不休

新闻评论,题目选定后,最重要的是立意——确定中心思想、总论点和分论点,努力写出新意来。

题和意是有联系的,但不是一回事。有时候是有题有意,题到意到。比如这样的题目《"大锅饭"养懒汉》、《重点工程不可敞开花钱》,就属于有题有意,题到意到,题目定了,中心思想也明确了。当然,所谓有题有意,题到意到,也只是说题目所揭示的中心思想比较明确,总论点比较明确,或者说"主攻方向"比较明确,至于怎么去攻,怎么去评,不可能随着题目有了统统都有了,仍然需要作者去费一番工夫。另一种情况是有题无意,题到意不到。比如说,《一定要搞好整党》、《充分发挥银行的职能》之类的题目,其实只划定了一个评论的范围,题目本身并没有把中心思想带出来。这类题目究竟写什么,主攻方向在哪里,需要在题目所规定的范围内研究确定。再比如,每年的元旦社论、"七一"社论、国庆社论、"五一"社论、"三八"社论和重大会议的开幕闭幕社论,往往也是中心不明,漫无边际,颇为棘手的。这方面的困难在于,党和国家的工作是连贯性的,并不因节日的到来有所更迭,因而很难写出新意。至于会议的社论虽有文件作依据,但这些文件都是要发表的,社论依据于文件,既不能与文件雷同,又不能超越文件的范围,这也是令评论员伤脑筋的。

一般说来,自选题意在题先。作者从生活当中感受到某种问题、某种倾向,觉得应该有所评论,又找到了这方面的材料(新闻),于是,意思有了,题目也有了,有题有意,写起来比较顺手。至于领导同志布置的题目,就布置者来说,也是意在题先。他们总是感觉到实际工作中有这样的问题,需要发表这样的意见,才布置这样的题目。但是,就被布置者来说,由于见闻有限,感受有限,常常"囫囵吞枣",题目是接受下来了,意思并没有搞得很清楚。也就是说,多少有点"知其然,不知其所以然",知道要写这样一篇评论,不知道为什么要写这样的评论。这种心中无数,命题作文的情况,在从文件中寻章摘句选题时,更是常见的。所以,题目确定以后,如果是有题无意,题到意不到,那就首先要解决"立意"问题——明确中心思想。中心思想确立了,布局行文,都不是难事。题意不明,虽天下才子,也一筹莫展。

立意的核心问题是一个"新"字。刻意求新,应该是评论员毕生的追求。许多题目的中心思想并不是不可捕捉的,但有没有新意却是另一回事。像《一定要搞好整党》这样的题目,总脱不了阐述整党的重要性这个中心思想,但是抓住了这个中心思想不一定就有新意。整党的重要性可以列出许多条来,你一一写来,也可能都是陈言套话,了无新意。所以,评论员接手任何一个题目,不管是多么困难的、已经说了多少遍的题目,也要去找出它的新意来。杜甫说,"语不惊人死不休",我们也可以说,"评无新意死不休",一个优秀的评论员,应该努力做到每篇评论都有新意,都能给读者以新的启发。

新的思想、观点和见解

刻意求新,首先是求新的思想,新的观点,新的见解。一篇新闻评论,没有一点新意,说的都是老话,套话,妇孺皆知的话,哪怕这些话,百分之百的正确,也味同嚼蜡,不可能打开读者的心扉。

1984年4月1日,人民日报发表评论员文章《肃清"左"的流毒和纠正软弱涣散状态》,就是一篇很有新意的评论文章。长期以来,在报刊宣传上,在人们的观念上,"软弱涣散"是同"右"联系在一起的。只有反右,才需要克服软弱涣散状态,或者说,克服软弱涣散状态,是冲着右的倾向去的。整党中,进一步肃清"左"的流毒被提出来了。十一届三中全会以来的经验证明,真正做到在政治上同中央保持一致,必须肃清"左"的流毒。而整党中的一个重要课题,又是要纠正领导工作中的软弱涣散状态。这就提出了一个问题:既然要肃清"左"的流毒,为什么还要纠正软弱涣散状态;既然要纠正软弱涣散状态,为什么还要肃清"左"的流毒这个问题,在理论上是说不通的,因为它不合逻辑,在实际生活中却是存在的,因为人们已经习惯于把肃清"左"的流毒同纠正软弱涣散状态对立起来,以为是矛盾的。这篇评论员文章的新意就在于,它明确地把对"左"的流毒斗争不力,也列为领导工作中的软弱涣散状态,指出"不正视'左'的影响,不批判'左'的流毒,不克服'左'的倾向,是非常严重的软弱涣散。"这就把肃清"左"的流毒同纠正软弱涣散这两个提法统一起来,解决了人们思想上一个很混乱的问题,对整党工作的顺利进展起了很好的作用。这篇文章不足八百字,由于有新的观点,新的见解,比起那些洋洋数千言而又毫无新意的长篇大论来,要有用得多。

人民日报新闻评论中的新思想,新观点,新见解,很多都来自中央领导同志的讲话,但这绝不是说,写评论的同志只需要张开口袋,坐等一条条"活鱼"落入网里,就能写出富有新意的佳作来。世界上没有这样便宜的事。不错,中央领导同志的讲话中有很多新的思想,新的观点,新的见解,这是我们撰写评论极其重要的根据。但是,要把这些新的思想、观点和见解,组织成评论文章,仍然需要加以解释,给予论证,从一定程度上说,这也是一种"再创造",同样需要评论员付出自己的劳动。像上述《肃清

"左"的流毒和纠正软弱涣散状态》一文,中心思想来自中央领导同志的讲话,敷衍成文,解释和论证中央领导同志提出的这一新的见解,则是评论员的手笔。一个评论员政治上不锐敏,对中央领导同志的一些新思想、新观点和新见解缺少深切的体会,甚至在思想上是抵触的,就不可能正确地解释和论证这些新的思想、观点和见解。

需要指出的是,评论员在宣传中央领导同志讲话中新的思想、观点和见解时,要持十分慎重的态度,要对党负责,对人民负责,对历史负责,绝不能闻风而动,一哄而起。中央领导同志在内部会议上讲的新思想、新观点和新见解,并不是都可以马上写成文章,拿到报上来发表的。其中有的只是一种酝酿、一种设想,提出来同大家商量,并不需要立即宣传;有的是针对一部分地区、一部分人讲的,并不具有普遍意义;有的属于只做不说,先做后说,多做少说的,也不宜捅到报上来。评论员决不可以因为这些讲话中有新意,只顾自己写文章,不顾社会效果。1984年1月14日贵州日报发表短论《节衣缩食不宜提倡》,就有这方面的教训。随着农村商品经济的发展,一部分农民先富起来了,有钱不敢花、不愿花、舍不得花的情况确实存在。针对这种情况,中央领导同志提出报纸宣传不宜再提倡节衣缩食之类的口号。这本来是一种探讨和商榷,对新闻工作者是一种启示,要求我们去研究新情况、新问题,并不需要、也不适宜直统统地拿到报上来宣传。因为先富起来的毕竟只是极少数人,绝大多数人不是有钱舍不得花,而是没有很多钱可以花。这样去公开宣传,不但脱离群众,而且引起群众反感。像这样的问题,如果考虑周全一些,换个角度去评论,比如说把立意的着重点放在"不要干涉群众的衣着饮食"上,效果可能就不同了。同样的教训,人民日报也有。1984年10月12日,人民日报发表评论员文章《重视生活方式的改革》,把"省吃俭用"、"新三年,旧三年,缝缝补补又三年",也列入需要改掉的陈言套语,提倡"能挣会花",在读者中引起很强烈的反应。尽管以后又发了一些评论文章去补正,想把这个问题说"圆"了,但它的影响已经扩散开去了。这些都说明,报纸上宣传一种新的思想、观点和见解,必须持慎重态度,即便这些新的思想、观点和见解出自领导同志之口,也不能采取简单化的办法,原封不动地见诸报端。

从生活中撷取新意

一个优秀的评论员,要认真学习中央的方针、政策,学习领导同志的讲话,从中悟出新意,准确地、周全地用各种新闻评论形式,进行实事求是的宣传;同时,也要学会独立思考,从生活中汲取营养,自己提出新的思想、观点和见解。不要以为新的思想、观点和见解只是少数人的专利,越是接触实际,越是接近群众的人,思想越活跃,越有自己的见解。评论员应该是思想最活跃、最有真知灼见的人。事实上,报纸评论中大量新的思想、观点和见解,还是来自基层,来自丰富多彩的实际生活。其中一部分是随着读者的来稿,如拂面春风吹进编辑部,反映在版面上和字里行间;一部分是评论员从大量的生活素材中,经过深思熟虑,撷取出来的。

粉碎"四人帮"以后,中央领导同志在军委的一次会上提出,要警惕"风派"、"溜派"、"震派"人物。为此,解放军报发过三篇评论文章,很有新意,给读者留下了很深的印象。1978年2月22日,人民日报发表了一篇署名评论《略论"捂派"》,文章说:"《解放军报》给'风派'、'溜派'、'震派'人物画过像。本文所要剖析的,是兼有这三派人物特征的另外一种人","这种人,既具有'风派'的'转',又具有'溜派'的'滑',还具有'震派'的'闹'等恶劣品质,至今还掌有一部分权力,在那里捂盖子、保自己。因为他们的主要特征是捂盖子,姑且称为'捂派'人物吧。"通篇文章围绕着"捂派"人物的特点和惯用的手段展开去,议论风生,有声有色,对当时揭和捂的斗争,起了很好的作用。这篇评论的新意,就是写评论的同志从生活中存在着的"捂盖子"的现象中提炼出来的。尽管"捂派"的提法不是出自哪位领导人之口,但是它有生活的根据,言人所未言,道人所未道,同样具有权威性。

1985年2月5日,人民日报发表的评论员文章《收起对策,执行政策》,标题本身就是一个警句,很有点发聋振聩的作用。所谓"上有政策,下有对策"、"你有你的政策,我有我的对策",一个时期以来颇为流行。一些惯于钻政策的空子,甚至歪曲政策搞不正之风的人,说起这种话来洋洋得意。还有一些人目睹这种歪风心怀不满,怅然长叹。评论工作者抓住了这种社会现象,针锋相对地提出"收起对策,执行政策",指出钻政策的空子搞对策的人,"把自己摆在国家整体利益的对立面","说得坦率些,就是利令智昏",奉劝他们"收起你那一套对策,老老实实执行党和国家的政策吧"。在今年年初大量纠正新的不正之风的新闻评论中,这是较有新意的一篇。可见,党报新闻评论作为党的喉舌,固然要宣传党的方针政策,包括党的一些领导人讲话中的新思想、新观点、新见解,但这丝毫也不意味着党报评论员只能"现炒现卖"、"上面说什么,自己说什么",不需要有自己的见解。这是对"党的喉舌"的一种曲解。事实上,党的方针政策具有长期的稳定性,并不是十天半个月就有"新的发展",需要党报评论员去作出新的解释和论证,党的领导人也不是三天两头就发表讲话,每讲一次都提出许多新的思想、观点和见解。而报纸上的评论是必不可少的。每天必评,每评必有新意,这就需要评论员发挥主动性和积极性,用自己从生活中撷取的新意,来丰富新闻评论的内容。对于评论员的这种创造性的劳动,中央领导同志历来是鼓励的。近年来得奖的和受到好评的评论作品,大都是这种创造性劳动的成果。

在这方面,需要注意的一个问题是:新意来自于生活,评论员只有投身到丰富多彩的生活中去,才能充实自己、提高自己,使自己变得聪明起来,笔端常寓新意。而闭门作文,不管你怎么挖空心思,冥思苦想,决心要语惊四座,结果常常弄巧成拙。这样的教训,屡见不鲜。比如,"翻案文章",就是常见的一种。前几年,提倡严格财经纪律,报纸上有过这样的文章:《做社会主义的"守财奴"》,殊不知"守财奴"有其特定的含义,它专指那些甘作金钱奴隶的吝啬鬼而言。我们的财会人员执行财经纪律,当花的花,不当花的不花,这同"守财奴"绝无共同之处。任你把社会主义的桂冠加在"守财奴"头上，也不可能给守财奴增光添彩。还有的文章提倡做"一毛不拔的铁公鸡"，这同样荒唐，同样不能表达社会主义国家财会人员应尽的职责和应有的品德。近年来，经济情况稍有好转，人民生活稍有改善，有些同志又做起提倡高消费的"翻案文章"来。有为"吃喝玩乐"翻案的，有为"玩物丧志"叫好的，有为"交际花"唱赞歌的。诸如此类的"花样翻新"，"翻"出来的"新意"，不过是评论员关起门来做文章"做"出来的，脱离生活，脱离群众，同我们所说的生活中的新意可谓南辕北辙。

除了这类"翻案文章"，还有一种"游戏文章"，好像也在那里"推陈出新"，其实反映了文章作者脱离生活，脱离实际，在那里闭门造"新"，关于"老黄牛"和"千里马"之类的评论，就是一例。有一家报纸的一篇评论题目是《"千里马"要学"老黄牛"的品格》。要"马"去学"牛"，意思倒是新到不能再新了，可惜的是，"马"也罢，"牛"也罢，不过是一种比喻。新闻评论固然可以用"喻证法"，但是比喻永远只是比喻，不能成为新闻评论立意的根据。这篇评论硬把两个比喻拉扯到一块，批评有些"千里马"缺少"老黄牛"的优秀品质，使人有一种求全责备、不伦不类的感觉。更为甚者，有些"游戏文章"已经类乎"测字先生"测字了。比如，有篇评论谈人才和发财的关系，就在"财"字上做文章，说"财"字是由人才的"才"和在汉语表示金钱的"贝"字组成，可见自古以来要发财靠人才。这种"论证"，似乎很新鲜，其实太陈旧了。靠这种文字游戏，永远写不出有新意的评论来。如果一个评论员把工夫花在这种"文字游戏"上，这只能表明他的评论已经走向末路了。

新闻评论的"立意"

张骏德

导言——

本文为张骏德所写的一篇关于新闻评论立意的论文，该论文刊发于《新闻战线》2003年第4期。

作者张骏德，1942年3月生，上海嘉定人。1964年7月于复旦大学新闻系（五年制）毕业留校任教。现为复旦大学新闻学院教授、博士生导师。先后开设课程有：《新闻采访与写作》、《新闻评论》、《广播电视概论》、《电视采访》、《广播电视新闻写作》、《新闻业务研究》（硕士生课）、《新闻学传播学研究》（博士生课，合开）、《广播电视专题研究》（博士生、硕士生课）等。曾任新闻系采访写作教研室副主任、广播电视专业主任等职。目前任复旦大学信息与传播研究中心副主任、新闻学院学术委员、学位委员等职；是上海市学位委员会学科评议组成员，上海市新闻高级专业技术职务任职资格审定委员会论文审定组成员。个人专著与合著的出版书籍19本,发表论文200多篇。其中个人专著《现代广播电视新闻学》被上海市教委评为1997年度市高校优秀教材;学术论文《论采访中的心理感应规律》、《论广播电视业的法制化管理》分别获第七届、第九届《中国新闻奖》论文二等奖。

选文首先强调了新闻评论立意的重要性,作者认为,新闻评论的立意是确立评论文章的基本观点与主要思想内容,是诸论点的总和,统率着诸论点,在评论写作过程中具有决定意义。立意贵在"准"、"新"、"深",这是该文的基本观点,作者也主要从这三方面展开论述,作者先分别表明自己对立意"准"、"新"、"深"的含义理解,然后通过例举个别事例来说明这三点的具体内涵,以加深读者的理解及阐明自己的观点。比如,作者用"哈尔滨东北虎伤人的处置问题"这一新闻来说明立意的"准"指的是评论基本观点正确、切合实际,符合法制与政策思想,又恰如其分,合乎情理;接着通过例举《富人怕上"排行榜"》的评论文章阐明新闻评论立意的"新"是指见解新颖、论点新颖,能给读者以思想启迪,给实际工作以新的启示;最后还强调了立意的"深",是要把评论涉及的基本道理与中心论点分析透、论述透,作者通过对第7届中国国际新闻奖评选中荣获一等奖的人民日报评论《两种历史观的较量》的分析说明了这一观点。

新闻评论是新闻媒体对当前重大的新闻事件或重要的社会问题发议论、讲道理、明是非的一种议论文体,它是新闻媒体发挥正确的舆论导向作用的重要社会公器。而新闻评论的"立意",正是作者对所评述的事物或问题,提出自己的看法,发表自己的见解,也就是确立评论文章的基本观点与主要思想内容。

对于"意",我国唐宋八大家之一的苏轼有过很好的解释,他说:"儋州虽然百家之聚,州人之所须,取之市而足,然不可徒得也。必以一物以摄之,然后为己用,所谓一物者,钱是也。作文亦然。天下之事,散在经、子、史中,不可徒使,必得一物以摄之,然后为己用,所谓一物者,意是也。不得钱,不可以取物,不得意,不可以用事,此作文之要也。"可见这个"意",指的是文章中统摄"事"即材料的中心思想,虽然它并不就是具体论点,但却是诸论点的总和并且统率诸论点,可以说是全文的基调,也是评论写作全过程中的一个具有决定意义的中心环节。

新闻评论讲究有的放矢、就事论理、有感而发,其立意贵在"准"、"新"、"深"。立意贵"准",指评论基本观点正确、切合实际,符合法制与政策思想,又恰如其分,合乎情理,这也是保证评论的舆论导向正确的必要条件。例如2002年10月3日冰城哈尔滨市爆出一大新闻:东北虎林园一只6岁雄性东北虎将园内一名工作人员当场咬死。对这只东北虎如何处置?有三种意见:1. 处以极刑(枪决或注射大量麻醉剂安乐死);2. 终身监禁;3. 送回基地(横道河子猫科饲养繁育中心)。对东北虎伤人事件的正确评论应是法律界人士的意见:惩罚东北虎于法无据,我国尚无一部关于动物损害自然人生命健康或财产应实施惩罚的法律规范;而且,东北虎属于国家一级保护动物,依《野生动物保护法》的有关规定,在一般条件下,其生命、健康及生存环境都是不可侵犯的。当然,如果发生老虎袭击本人或他人的事件,当时本人与他人可以对老虎实施必要的正当的反击。但是在事情过后,再惩罚或处死老虎,只能是人类对野生动物的报复,变成违法的了。也有群众指出,老虎本性就是要吃人的,不能怪老虎,只能怪动物园管理不严,今后要亡羊补牢。这也是正确的评论。最后东北虎林园的领导决定,将伤人的东北虎单独"禁闭"一段时间,使其接受心理医生的调养,再回归种群,并参与种群繁殖。

评论立意正确与否,经常会反映到政治思想领域,因此除了坚持依照法律规范外,还要始终坚持四项基本原则,坚持党的现行方针政策。前不久,有人散布"不宜把'文革'称为'十年浩劫'"的思想观点,理由是"文革"十年中也有卫星上天、氢弹爆炸等好事发生。北京日报发表了评论《"十年浩劫"的提法不妥吗?》对此提出质疑。作者贺华泉在文中指出,《关于建国以来党的若干历史问题的决议》已经为"文革"定性,称为"给党、国家和各族人民带来严重灾难的内乱"。那么,对于这样一场持续十年之久的灾难性的社会大动乱,称之为"十年浩劫"有何不可?在"文革"十年中,我国是否纯然一团漆黑?当然不是。卫星上天、氢弹爆炸,等等,都值得称道,但这些都不能代表"文革"十年国家的整体状况。对此应当实事求是,应当承认那的确是动乱的十年,浩劫的十年。我们党承认了"文革"是一场灾难性的内乱,做出了历史决议,威信不是降低了,而是增高了。很明显,这篇评论的立意是正确的、高瞻远瞩的。

立意贵"新",指的是见解新颖、论点新颖,能给读者以思想启迪,给实际工作以新的启示。新年伊始,阮鉴祥同志在新民晚报《夜光杯》栏目上发表了一篇评论《富人怕上"排行榜"》,对中国富人们怕上排行榜的思想原因进行透视,提出新的见解,对各地的税务部门提出新的建议。该评论全文如下,可供赏析:

美国《福布斯》杂志去年的"中国首富排行榜"已于10月底公布,但在公布前,曾遭遇前所未有的尴尬,大多数被选中的"候选人"均对《福布斯》说"不"!

作为每年度都要公布世界各国"首富排行榜"的《福布斯》,曾受到中国富人们的青睐,不少富人以能跻身其上而自豪不已,但如今却有点像躲瘟疫般避之唯恐不及。究其原因,就因为一上"排行榜",即成为当地税收部门的重点监察对象,而不少富人偏偏又经受不起监察。当年的牟其中,今日的刘晓庆,都因为上了"排行榜",却又在监察中被发现有严重偷逃税行为,而受到追究甚至锒铛入狱。有此"车鉴",焉能不令某些外表气壮如牛、内里心虚如鼠的富人对"排行榜"望而生畏、敬而远之呢!

依法纳税是公民的基本义务和神圣职责,富人们收入高,理应多交所得税。然而在现实生活中,不少富人的偷漏税成了家常便饭,症结之一在于我们对富人纳税缺乏有效的监督机制:他每月收入多少,属不属富人,该不该多交税,似乎谁也讲不清楚。现在好了,既然他上了"山姆大叔"公布的"首富排行榜","铆"牢他想必不会有错了。于是,"排行榜"便成了富人们的"紧箍咒",以往趋之若鹜,现今却退避三舍了。

各地的税务部门能够从"首富排行榜"中受到启发,瞄准重点监察对象,进而顺藤摸瓜,查出偷漏税的"硕鼠",自然不无功绩。但这仅仅依靠老外的"排行榜"来决定对富人是否实行监督,似乎显得信息不灵,失之主动。必须意识到,荣登老外"排行榜"的毕竟是凤毛麟角,而众多"漏网"的逃税富人正逍遥自在地"没事偷着乐"呢。看来,除了加紧改革税收机制外,税务部门平常应搞好调查研究,这既是对国家负责,也是对富人的爱护。

评论的最后部分,观点鲜明,语重心长,抱着对国家对人民也对富人高度负责的态度,令读者感到清新明目,可读性强;对各地税务部门改进工作也是一个很好的建议与启示。

立意新,同时要求运用新的论据、新的事实材料,并寻找新的立意角度。例如当今中国农村中还存在"重男轻女"的落后意识,个别老农认为"只有生儿才能传宗接代,生女都是外人家的"。有篇评论《假如世界上母亲都生儿子》,提出一个全新的思考角度,因为传宗接代必须由男女双方完成,假如世界上母亲都生儿子,不生女儿,那才真正要"断子绝孙"。这同样给人以新的启迪。

立意贵"深",就是要把评论涉及的基本道理与中心论点分析透、论述透。或者说,新闻评论立意的深刻性取决于分析的透辟性。从认识论上讲,就是要透过现象揭示本质,着力分析它的内部联系,尽可能对事物的变化与运动有规律性的认识。去年在第7届中国国际新闻奖评选中荣获一等奖的人民日报评论《两种历史观的较量》,对当时日本国内的一场舆论战进行评论:一方是《朝日新闻》,坚持正视历史、检讨反省侵略的态度,主张按历史本来面目写历史教材;另一方是右翼势力代表《产经新闻》,极力为"大日本帝国"歌功颂德,丑化与攻击正确的历史观为"自虐史观"。人民日报的国际评论把这场论战上升到"这是日本进步史观同'皇国史观'进行的又一次较量",并郑重指出:"日本对这一历史的认识关乎受害国的民族情感,关乎亚洲各国对日本的信任程度。日本用什么样的历史观教育后代,关系到日本今后是坚持和平发展道路还是可能重蹈军国主义道路的问题。"可谓一针见血。

最后需要强调的是,讲究新闻评论的立意,实际上是讲究新闻评论的策划,所谓"意在笔先",这是任何新闻媒体的评论工作都应十分重视的。

立论的方法(节选)

王兴华

导言——

本文节选自王兴华所著的《新闻评论学》,浙江大学出版社,1998年1月(2008重印),第78-85页。

作者王兴华,1939年10月生,浙江黄岩人,1964年毕业于杭州大学中文系,后留校任教。现为浙江大学新闻传播学院教授,曾兼任浙江大学宁波理工学院新闻系执行主任、法律与传媒分院副院长,浙江工业大学之江学院人文科学系主任。现为学院新闻传播学专业责任教授。长期从事新闻理论与实务,古典文学的教学和研究,已公开发表各种学术论文60多篇,出版专著《宣传学引论》(1994)、《新闻评论学》(1998)、合著《新闻学概论》(1995)、《中国散文发展史》(1996)、《范文正公选集译注》(1997,台湾三民书局)等。近年来涉及广告学理论研究,有《大众传播功能和广告真实性》、《宣传工作的一些理论问题》等论文选入《中国广告年鉴》等。主持国家教育部研究课题《新时期新闻人才培养模式与实践研究》,获国家级优秀教学成果二等奖、省级一等奖。

选文主要讲述了新闻评论立论的方法。首先,作者认为不同类型的新闻评论采用的立论方法是不同的,重要的解释性和说明性的新闻评论可以采用落笔切题,直截了当的立论方法,选文列举了《丢掉幻想,准备斗争》、《别了,司徒雷登》等经典新闻评论作品以及《人民日报》社论《中国改革开放的新阶段》来说明开门见山地在文章一开头亮出观点的立论方法,又用《有些案件为什么长期处理不下去》、《高尔夫乃是"高而富"》等案例来说明通过揭露矛盾,提出论点,可以使评论更有针对性。其次,运用由头引出论点,是新闻评论写作常用的基本方法。通过列举多个采用新闻事实,由新闻由头引出评论的案例向我们说明了巧用由头,在立论过程中借以引出和确定议论的头绪和方向,使全篇议论理从事出,顺理成章,避免空洞和泛泛而谈的这一方法;而通过提问或设问的方式引出论断也是一种重要的立论方法,用提问或设问的方式引出论断,能使立论的方法多样化,可以避免过于直露,而给人以强烈的印象;最后,选文阐述了通过辩论的方法得出结论这一立论方法,这种方法从揭露矛盾入手,摆出双方的观点,经过辩论得出结论,有助于立论有的放矢,尖锐泼辣,旗帜鲜明,在明辨是非中坚持分析说理,最后得出的结论令人信服。

立论的方法,是提出论点、论断或结论的具体方法。这是一门艺术,有必要认真加以研究。在评论实践中,常见的立论方法有这样几种。

一、重要的解释性和说明性的新闻评论，常常采用落笔切题，直截了当的立论方法

大凡文章的开头，有繁笔、简笔两种基本方法，简笔开头，就是开门见山的方法。新闻评论的开头，一般地要开门见山，也就是落笔切题，直截了当。文章一开头就直截了当地亮出观点，这种评论的主要论点或结论，不在中间，也不在结尾，而是在开头，使人产生悬念，然后围绕论点展开议论。

《毛泽东选集》第四卷有《丢掉幻想，准备斗争》、《别了，司徒雷登》、《为什么要讨论白皮书》、《"友谊"还是侵略》、《唯心历史观的破产》等五篇文章，都是毛泽东为新华社写的对于美国国务院白皮书和艾奇逊信件的评论。这些评论揭露了美国对华政策的帝国主义本质，批评了国内一部分资产阶级知识分子对于美国帝国主义的幻想，并且对中国革命的发生和胜利的原因做了理论上的说明。是我国新闻评论的经典作品。

美国国务院关于中美关系的白皮书以及艾奇逊国务卿给杜鲁门总统的信，在现在这个时候发表，不是偶然的。这些文件的发表，反映了中国人民的胜利和帝国主义的失败，反映了整个帝国主义世界制度的衰落。帝国主义制度内部的矛盾重重，无法克服，使帝国主义者陷入了极大的苦闷中。

（《丢掉幻想，准备斗争》）

美国的白皮书，选择在司徒雷登业已离开南京、快到华盛顿、但是尚未到达的日子——八月五日发表，是可以理解的，因为他是美国侵略政策彻底失败的象征。

（《别了，司徒雷登》）

以上两篇评论的开头，都提出了高瞻远瞩、气势宏大、至关重要而又令人鼓舞的论断和结论，直截了当，直入正题。

《人民日报》于1992年6月8日发表的一篇社论《中国改革开放的新阶段》。一开头说："以邓小平同志今年年初巡视南方发表重要谈话为标志，中国改革开放进入一个新的发展阶段。抓紧有利时机，进一步解放思想，转变观念，加快改革开发步伐，力争经济更好更快地上一个新台阶，是当前全党的战略任务。"评论的主要观点和结论，不在中间，也不在结尾，而是在文章开头就直截了当地提出来，然后围绕这个主要观点展开论述。这是新闻评论常用的立论方法。

评论的开头，一般地应该开门见山，直入正题，并不是说开头的第一句话就必须亮出论点。文章应该写得有变化，可读性强一些，因此评论的开头也是千变万化的。《黑龙江日报》1985年1月6日社论《走，玩赏冰雪去》是一篇获奖评论。开头是这样的："昨天，农历小寒，北方进入严冬。省城举办的首届哈尔滨冰雪节，给严寒下的冰城人民带来了雅兴，带来了新的欢乐。正是新年伊始，快事一桩，可喜可贺。"这篇社论是为该报当天头条新闻《冰雕玉砌水晶城，火树银花不夜天——哈尔滨冰雪节隆重揭幕》而配写的，刚过元旦，时值小寒。社论开头所描绘的时节氛围与社论的主题，都与新闻报道非常切合。然后提出评论的主要观点，展开论述，也是符合落笔切题要求的。

新闻评论有时用揭露矛盾的方法，提出论点，这种方法能够使评论的论点富有针对性，是非鲜明，引人深思。例如《福建日报》1982年2月7日的社论《有些案件为什么长期处理不下去》开头一段：

有些问题群众看得很清楚，干部也有很多议论。问题的性质已经非常明白，但是就是处理不下去，为什么？

又如《光明日报》1993年10月30日署名评论《高尔夫乃是"高而富"》开头一段：

在当前各种各样"热"中，有一种"热"似应浇点冷水。那就是"高尔夫球热"：我国若干地方不顾实际需要，正盲目修建高尔夫球场。

前一篇评论发表在80年代初期拨乱反正、纠正"四人帮"造成的冤假错案的时候，问题提得十分尖锐，可以引起各级党政领导和广大群众的深思。后一篇评论发表在1993年下半年经济过热，正处在宏观调控时期，问题提得非常及时，针对性很强。

二、运用由头引出论点，这是新闻评论写作常用的基本方法

无论是社论、短评、专栏评论等都可以采用这种运用由头引出论点的方法，尤其是配合新闻报道而发表的评论，这更是一种基本方法。由头，不仅具有引子性质的论据，而由此引发议论，又以此作为结论的论据之一，它还是文章思路的引线，是立论的依据和中介。因此，评论开头引用由头，接着解释新闻事实就很自然地引出论点，然后展开议论。

《人民日报》1980年6月15日，就山西省昔阳县"西水东调"工程下马的新闻报道，发表了一篇编辑部文章《再也不要干"西水东调"式的蠢事了》。评论的开头一段：

山西省昔阳县的"西水东调"工程，搞了四五年，投工近五百万个，耗资近几千万元，最近终于下马了。这是农田水利建设中一个极为沉痛的教训，很值得我们深思。

评论开头引用"西水东调"工程下马这个事实作为立论的依据，加了"终于下马"四个字，就很自然地引出"这是一个极为沉痛的教训"和"很值得我们深思"的论题，下面的文章就是解释和说明为什么是一个极为沉痛的教训，以及我们应该深思些什么的问题，这样，评论就既不是就事论事，也不会空发议论了。

《人民日报》1983年4月13日发表本报评论员文章《评朱毓芬之死》，开头一段：

我们还没有从蒋筑英、罗健夫病逝的痛惜中平静下来，又惊悉四十八岁的女工程师朱毓芬服毒身亡。她死在自己热爱的岗位上，死在委屈和悲愤中。蒋筑英、罗健夫死于不可治愈的疾病，人们尚且提出这样的问题：为什么不在生前给他们提供好一些的条件，以延长他们的生命？朱毓芬死于非命，人们更有理由提出：是谁把她逼上绝路？应该怎样避免这样的悲剧？

这篇评论是为配合女工程师朱毓芬自杀身亡的新闻报道而发表的。评论开头概括地引用新闻事实为由头,很自然地提出"是谁把她逼上绝路?应该怎样避免这样的悲剧?"这样一个尖锐而严肃的论题,接着文章就有理有据地说明和回答这样两个问题,问题说清楚了,文章也就写好了。这篇评论值得我们重视的,还有即使是严肃庄重的社论、评论员文章,同样可以运用叙述、议论和抒情等多种表达方式,并使三者结合起来,即交代了新闻根据又自然地引发出评论,同时又自然地抒发了评论作者强烈的感情倾向。这篇评论员文章被评为当年全国好新闻,得了奖。

绝大多数配发的短评和专栏评论文章,往往是引用由头而引发议论的。列举三例以见一斑。《光明日报》1993年10月12日评论员文章《筑起信念的堤坝》:

本报今天发表关于少数部、局级干部贪污受贿犯罪的调查,令人触目惊心。这些身居高位、曾有过光荣历史的人演变为人民的罪人,其教训,至深至重,至惨至痛。尽管这些犯罪者在我们队伍中是极少数。但是,由于他们的地位和以权谋私的严重性质,他们的犯罪活动对于改革开放的事业,对于党和国家的威望,对于党风与社会风气,影响特别恶劣。

评论的观点很重要、很严肃,但并不是从观念出发,而是从新闻事实引出的,是由头引发出来的议论,并且采用了边叙边议,夹叙夹议的方法。

《经济日报》1996年4月17日,发表长篇通讯《走近徐虎》,同时配发一篇评论员文章《追求更高的人生价值》,开头一段:

徐虎,房管所维修工,一位再普通不过的普通劳动者,在极为平凡的岗位上创造出了不凡的业绩,怎不令人肃然起敬。

徐虎被人们誉为90年代的雷锋、时传祥。应该说,他是当之无愧的。但徐虎又不完全同于雷锋、时传祥。

这篇评论开头,先从作者对徐虎的评价和赞美落笔,然后自然引发出议论和论题。因为是为当天本报发表的一篇通讯而配发的评论,新闻的事实具体而详细,读者往往先读通讯再看评论,因此评论这样开头就很得体。

1995年6月间,台湾国民党的李登辉以"个人身份"访问美国,在康奈尔大学发表了一篇演说。新华社于1995年7月23日、7月24日、7月25日、7月26日,连续发表新华社评论员和人民日报评论员署名的四篇评论员文章。李登辉在康奈尔大学发表演说的事实和演讲词内容,就是这四篇评论的事实由头,是评论李登辉的依据,也是评论员文章立论和论证的主要依据之一。

例如7月25日评论员文章《推行"台独"的政治迷药——三评李登辉在康奈尔大学的演讲》,开头一段:

李登辉在美国康奈尔大学发表的自白,不乏染着悦目色彩的政治迷药,其中之一便是"主权在民"。……"主权在民"这四个字,过去也被李登辉当作口号讲过,但他在过去阐明这个口号的内涵时,总是前后颠倒,含混不清。这次,他避开过去声称的"主权是个危险的单词"一类话,把"主权在民"落实到岛内"走向民主体制的政治改革"上,并且还要"帮助海峡这边"实现政治民主化,使"中国统一在民主自由和均富制度下"。人所共知,李登辉在岛内施行的并不是什么民主制度,想把他那一套搬到海峡这边来,也只能是一场空想。他在岛内一步步"落实"的,不过是如何把权力集中到自己手里,以及为实现"台独"铺平道路。

　　这一段评论的主要论点是驳斥李登辉的所谓"主权在民"的实质,分析所用的论据当然包括李登辉过去所说的话,更重要的是李登辉在岛内的所作所为,但李登辉在美国康奈尔大学发表演讲的事实和李登辉演讲词里关于"主权在民"的内容仍然是评论员之所以要发表评论的由头以及评论文章借以立论的主要依据。巧用由头,在立论过程中往往可以借以引出和确定议论的头绪和方向,使全篇议论理从事出,顺理成章,避免空洞和泛泛而谈。

三、通过提问或设问的方式引出论断

　　毛泽东同志擅长运用反复问答的方式引出结论,给人以强烈的印象。1939年6月12日,国民党第二十七集团军根据地秘密命令,派兵保卫新四军设在湖南平江的通讯处,残杀新四军参议涂正坤同志、八路军少校罗梓铭同志等6人。同年8月1日,延安人民集会追悼平江惨案死难烈士,毛泽东同志在会上作了题为《必须制裁反动派》的演说。演说开头一段就是采用自问自答、反复问答的方法进行揭露:

　　为什么要开这样的追悼会呢?因为反动派杀死了革命的同志,杀死了抗日的战士。现在应该杀死什么人?应该杀死汉奸,杀死日本帝国主义者。但是,中国和日本帝国主义打了两年仗,还没有分胜负。汉奸还是很活跃,杀死的也很少。革命的同志,抗日的战士,却被杀死了。什么人杀死的?军队杀死的。军队为什么杀死了抗日战士?军队是执行命令,有人指使军队去杀的。什么人指使军队去杀?反动派在那里指使。

　　采用反复提问和问答、自问自答的方式引出结论进行揭露,越问越深,越揭越透,直到把事实的真相完全裸露出来。这里指的是反动派就是蒋介石集团。这种方式好比剥笋,剥了一层又一层,直至真相裸露,这实际上就是古人所说的剥笋法。

　　又如毛泽东同志1963年5月在修改《中共中央关于目前农村工作中若干问题的决定(草案)》时赠写的一段话,即《人的正确思想是从哪里来的?》开头一段也是用的提问式:

　　人的正确思想是从哪里来的?是从天上掉下来的吗?不是。是自己头脑中固有的吗?不是。人的正确思想,只能从社会实践中来,只能从社会的生产斗争、阶级斗争和科学实验这三项实践中来。人们的社会存在,决定人们的思想。而代表先进阶级的正确思想,一旦被群众掌握,就会变成改造社会、改造世界的物质力量。

　　文章首先从提问开始,紧接着用两个否定反问句自问自答来相承,从而强烈地把读者引入正文的阅读。

谁不希望生活在绿树成荫的环境里？谁不希望我们的祖国山林茂密、草木繁盛？开展全民义务植树活动，是扩大我国森林覆盖面积，保持生态平衡，改变我国的自然面貌，美化环境的一项有力措施，是我国人民热爱祖国、建设祖国的实际行动，是裨益当代、荫及子孙的好事，也是建设社会主义精神文明的一项重要内容。

这是《人民日报》于1982年3月12日第一个植树节时发表评论员文章《大家都来描绘绿色画卷》的开头一段，用的是两个设问句。用假设和发问的方式从反面提出问题而又不需要正面作答，这可以用在立论的开头，也可以直接用在标题中，如《假如都像徐永山》(中国农民报)1980年4月20日、《如果所有的母亲都生男孩》、《何来"侍讲学士"》、《知假买假索赔有理吗？》，等等。用提问或设问的方式引出论断，这可以使立论的方法多样化，可以避免过于直露，而给人以强烈的印象。

四、通过辩论的方法得出结论

这种方法从揭露矛盾入手，摆出双方的观点，经过辩论得出结论。这有助于立论有的放矢，尖锐泼辣，旗帜鲜明，在明辨是非中坚持分析说理，最后得出的结论令人信服。

例如《人民日报》1983年2月6日发表评论员文章《评"我们打天下，知识分子坐天下"》，同年3月26日评论员文章《再评"我们打天下，知识分子坐天下"》。首先指出"我们打天下，知识分子坐天下"这句话是错的，然后从"天下是怎么打下来的"、"依靠谁才能坐天下"、"打天下与坐天下"的关系等几个方面进行辩论。指出"打天下"离不开知识分子，"坐天下"更离不开知识分子。最后指出知识分子已成为工人阶级的一部分，更不应该分彼此，"坐天下"也不是做官当老爷，而是要治理天下，建设国家，为人民服务。今天，信任和爱护知识分子，改善他们的工作和生活条件，更好地调动广大知识分子的积极性，对那些德才兼备、年富力强的知识分子委以重任，完全符合工人、农民的立意，符合整个国家和全体人民的立意。

实际生活中常常会出现各种矛盾，存在着各种不同的思想认识，党的方针政策在贯彻落实过程中也会存在着各种阻力，甚至会出现一些流言蜚语，各种错误的思潮也会乘时而生乘势而蔓延；在国际关系中也会有各种斗争，争论和辩论是避免不了的。作为新闻评论就要敢于正视矛盾，善于运用各种立论的方法尤其是通过辩论进行立论，以扶正祛邪，正确地引导社会舆论。

研究与思考

=延伸阅读=

1. 赵振祥:《新闻评论的立论》,见《新闻评论学》,九州出版社,2012年版。
2. 殷俊等:《媒介新闻评论的选题与立意》,见《媒介新闻评论学》,四川大学出版社,2005年版。
3. 贾春光:《谈新闻评论选题的三个结合》,《新闻传播》,1997年第4期。
4. 范荣康:《有的放矢——新闻评论的选题》,《新闻战线》,1985年第4期。
5. 顾建明:《中美新闻评论立论方法的比较分析》,《新闻爱好者》,2007年第10期。
6. 王昕:《新闻评论选题的契机》,《新闻与写作》,2001年04期。
7. 郑天放:《找魂——谈新闻评论立论的几种方法》,《西部广播电视》,2013年08期。

=问题与思考=

1. 什么叫选题?选题在评论写作中的地位怎样?
2. 什么叫立意?它在评论写作中的地位如何?
3. 立意与选题的关系如何?有何区别?
4. 好的评论选题应具备哪些条件?
5. 立意贵在求新,其内涵是什么?

=案例分析=

案例阅读指导:

个人评论写作的选题思考,是最普遍的选题思考。它们分散于每一个偶然或者持续地投入新闻评论写作的人的头脑中,难以以一概全,但仍然有规律性。本案例是一篇业余作者偶然想到的选题,但是这篇作品却产生了持久的影响,并使这位作者从此走上了新闻评论之路。本书选其于此,以供学习者借鉴。

案例《国旗为谁而降》这篇评论发表于1998年12月2日,当年夏天,中国发生了特大洪水,死亡人数达3 656人。根据《国旗法》的规定:"发生特别重大伤亡的不幸事件或者严重自然灾害造成重大伤亡时,可以下半旗致哀。"但是在该评论发表之前,国家并没有按照《国旗法》的规定给死者下半旗,当时作为大学法律系学生的作者郭光东敏锐地发现这一问题,在其向朱镕基总理写快件无果之后,将信件改为评论,希望能刊登在报纸上以引起注意,使国家能为普通民众下半旗。据作者在后来的采访中自述,他在原信的基础上,增加了德国为100人下半旗的事例做反证,对下半旗的法理做了进一步的阐发,并从历史、文化方面进行挖掘,于是形成了后来的见报稿。由于该选题的敏感性和政治风险,该评论刊发的过程中并不是一蹴而就的,作者在向一家报社寄出后,并没有得到及时的回应,于是作者将文章投给《中国青年报》的"冰点时评",《中国青年报》的编辑把当时作者用的标题"被遗忘的法条"改为"国旗为谁而降"后才将该篇评论发表。

该评论一经发表,就引起了很大关注并在后来产生了很大的影响力。由于这篇评论的提醒,1999年5月12日,中国政府为在以美国为首的北约袭击我国驻南斯拉夫联盟共和国大使馆中牺牲的三位同志下半旗致哀,而这是中国第一次为普通民众下半旗致哀;而从这篇评论发表之后,国务院在决定下半旗时,文告中会多出"根据《中华人民共和国国旗法》第十四条的规定"这样一句话;另外,在这之后,让国旗为普通民众而降的呼声每年都会反复被人提起。

一个好的评论选题,实际上应该暗合了社会公众可能尚未清醒地意识到的普遍思考和期待,这种思考和期待,往往在等待着一个人通过一篇新闻评论来说破,通过对一个具体事物的判断来反映出普遍的问题。① 该案例是我国第一次通过新闻评论使一个法律条文深入人心,使"国家应该给灾难中丧生的普通公民降半旗,以此表达国家对普通公民的重视"这样一种观念和诉求深入人心。

成功的评论选题是作者积极思考、专注思考与新闻事件相结合的产物。正是作者在1998年洪灾过后的思考和他的法律意识结合在一起,使他"发现"了《国旗法》第十四条的规定和它的意义。而这个案例的选题其实与许多真实的评论选题一样,是必然因素和偶然因素相作用的产物。偶然性因素是事件发生时的一些时机事件,必然碰巧接触到《国旗法》相关的条款;必然因素则是作者的知识结构和积极、敏感的态度。

国旗为谁而降?
郭光东

东北的灾民早已在雪前住进了温暖的地窖子;九江大堤决口封堵处也于近日开始拆除重筑。洪灾过后,诸多善后事宜有条不紊地进行,但现在回想起来,有件事被忽略了:按照《国旗法》第十四条的规定,为九八特大洪灾的死难者下半旗致哀。

1990年颁布的《中华人民共和国国旗法》第十四条第二款规定:"发生特别重大

---

① 马少华、刘洪珍:《新闻评论案例教程》,中国人民大学出版社,2008年,第36页。

伤亡的不幸事件或者严重自然灾害造成重大伤亡时,可以下半旗致哀。"今年我国发生洪水的河湖之多,时间之长,水位之高,损失之大,为历史罕见,更为《国旗法》颁布以来所仅有,当属"严重自然灾害";洪灾中,人员死亡达 3 656 人,当属"造成重大伤亡"。尽管《国旗法》对严重自然灾害造成重大伤亡时下半旗规定的只是"可以",不是"应当"、"必须"。但如果一次灾害死亡 3 656 人还不能适用这一法条的话,不知这一规定几时才能派上一回用场。

事实上,国旗不仅是国家主权和民族尊严的象征,也是民族精神和民族凝聚力的体现。而下半旗正是一种由中央政府以全体国民的名义举行的哀悼仪式。它不但能给予死难者的亲人以莫大的精神慰藉,再次体现抗洪斗争中全民族的强大凝聚力,而且更有助于增强每个公民的国家观念和爱国情感,使人真切地感受到自己是祖国大家庭的一员,从而激发为国奋斗的热情。

遗憾的是,我国还从未有过为一般民众下半旗的先例。古代的礼制,其实质是正名分,巩固等级制度。《礼记·曲礼》曰:"礼不下庶人",一直是西周以来的一条重要原则。及至现代民主政体确立,"礼"理所应当下及"庶人",因此我国现行《国旗法》规定,除了国家重要领导人逝世应下半旗外,对国家作出杰出贡献的人、对世界和平或者人类进步事业作出杰出贡献的人逝世,以及因不幸事件、严重自然灾害造成重大伤亡时,也应或也可下半旗致哀。这项立法反映了社会进步,无疑使我国的降半旗制度走上了民主化、规范化的轨道。

但从目前实践和人们的观念看,下半旗的对象还仅限于逝世的国家重要领导人,其他几类对象尚未予以充分重视。比如,在洪灾刚过的 9 月 21 日,我国依法为不幸因病逝世的杨尚昆同志下半旗致哀;而 3 656 名普通民众在洪灾中死难则几乎与此同时。

值得一提的是,就在我国洪灾前的 1998 年 6 月 3 日,德国一列高速列车出轨,酿成德国近 50 年中最惨重的铁路交通事故,100 人死亡。事故次日,德全国降半旗致哀。两相对照,没能为 36 倍于德铁路事故死亡人数的我国洪灾死难者降半旗,我宁愿看成是有关部门的一时疏忽。倘若今后再有我们不愿其发生的重大伤亡,请切记关注《国旗法》的相关法条,以下半旗的仪式寄托全国人民的哀思,体现国家对普通公民生命的珍重。

(案例参见《中国青年报》"冰点时评",1998 年 12 月 2 日)

=案例分析=

案例阅读指导:

新颖性是新闻评论立论的要求之一,这指的是评论的立论、判断要有新见解,富有新意,给人启迪,评论员通过新的视角、新的高度、新的思维方式来确定着眼点或侧重点,才能展示其独到之处。

评论文章《瓦斯原本不"吃"人》的写作背景是:2004年11月14日上午,江西丰城建新煤矿,发生了一起特大瓦斯爆炸案,49名矿工不幸遇难。这么严重的矿难必然引起政府、人民的广泛关注。

以往的有关瓦斯爆炸案的评论文章大多数是直接批驳瓦斯矿井爆炸事故中的人为因素,或是呼吁要加强安全意识,评论可谓千篇一律,毫无新意。而《瓦斯原本不"吃"人》立论的新颖之处在于不是直接对人为因素进行批驳,而是通过为瓦斯"脱罪"而反衬出人为因素的不合理性,最后指出最为根本的因素依然是人。人对简单道理的知而不行,没要严格按照瓦斯治理规则操作,才让瓦斯拥有了能疯狂吞噬一切的"条件",酿造了一起起的瓦斯矿难。同样是对瓦斯爆炸事故的评论,作者通过转变论述的角度,引导着受众去思考而不是把自己的观点强加到读者身上,读者的思维也能从对瓦斯的责难转向对人为因素的深入思考。

瓦斯原本不"吃"人

祝俊初

11月14日上午,江西丰城矿务局建新煤矿,一起特大瓦斯爆炸事故发生,49名矿工不幸遇难。对此,省政府发布紧急通报,称"损失特别惨痛,教训特别深刻,影响特别恶劣",要求涉瓦斯矿井中有应抽放而没抽放、未安装安全监控系统或系统运行不正常等问题的,一律停产整顿,限期达标(新华社南昌11月15日电)。

三个"特别",特别触目惊心。如果,存在瓦斯爆炸隐患的矿井,在这样的触目惊心发生之前"停产整顿,限期达标",多好。

"中国煤矿的自然条件灾害比较严重,特别是瓦斯灾害比较严重,中国煤矿一半以上都是高瓦斯矿井,所以煤矿每年事故当中有70%—80%是属于瓦斯事故。"这句话,是国家安全生产监督管理局新闻发言人黄毅10月23日在国务院新闻办公室举行的记者招待会上讲的,他表示这是我国煤矿的安全现状尚无根本性改变的首要原因;这个会上,同时透露了这样一个数据,今年1—9月,我国发生煤矿伤亡事故2 802起、死亡4 620人。此后,我看到的再一则有关消息是,该局提出:到2007年,煤矿安全事故死亡人数要从现在每年7 000人减少到5 000人内(《人民日报》11月3日)。

按照瓦斯事故比例,对照上述"过去时"、"将来时"的矿工死亡人数,谁都不难计算出瓦斯"吃"人的骇人胃口。这是一道再简单不过的计算题,小学生就能做得无误,可是,谁忍心对人的生命从鲜活到逝去作这样冰冷的计算,特别是在"将来时"角度?假若,对瓦斯的不定时"吃"人,我们真的无可奈何,那么我们是不是早就理当除此之外别无选择:关闭所有瓦斯矿井?煤炭再是"乌金",但与无价的生命,又怎能比较?

事实上,我们没下令关闭所有瓦斯矿井。因为事实上,瓦斯原本并不"吃"人。

对此,今年最惨痛的孟南庄矿难后,全国总工会的专家汤淳曾指出"瓦斯引发各起事故,大都需要井下瓦斯的积聚和明火火源的出现这两个条件";对此,国家安全生产监督管理局二司司长王树鹤表示得更明白,各矿若严格按国家500多条现行规章制度执行可避免事故,其中瓦斯事故只要严格按瓦斯治理规程操作则可完全避免(人民网4月8日,"人民视点")。

可完全避免,却时常发生,带血的问号嵌在中间。瓦斯不过是一种气体,谁给了它疯狂吞噬一切的关键的"条件"?矿主为利所驱、无视法律法规、不顾安全隐患、投入不足、设施悬空、管理不严、制度不全甚至违法开采等,有关地方政府持财政增收压倒一切的态度,对隐患睁眼闭眼或有关职能管理部门玩忽职守而在检查、监督、执法方面不到位等,矿工缺乏科学常识特别是安全生产常识、违反劳动纪律、违规作业、违章操作等,以及上述各方安全生产意识普遍淡薄,是我们屡屡写在带血的问号后面的答案。否则,许多人的生命本不该逝去。

有人说,知而不行源于当事各方对政绩、利润、工资的追求,是"生活压力"战胜了"死亡威胁",从而心存侥幸、铤而走险。虽不无道理,可仍是表象,当事各方"要钱不要命"(自己的、他人的)的底处,是无条件敬畏生命理念的匮乏。重人性、重人道、重人权的人类首要伦理,若不能广泛根植人心、普遍内化为大脑自觉,行动中常识常忘就免不了是常规常态。

瓦斯原本不"吃人",原本不是恐怖的代名词,那么这一次,在这家设备优良、机械化程度高、享有"中国江南第一大矿"之誉的大型国有煤矿,又是谁给了它"吃"人、制造血腥的关键的"条件"?又是谁,该对其压根负不起责的49名矿工的生命被无情剥夺走负责?!

想起曾经的应对SARS,从掉以轻心到高度重视,结果就是两样——应对瓦斯,是不是也该吸取其中的教训和经验呢?只有把"人"字在心底写大,瓦斯才不会在矿井"吃"人。

(案例参见《中国经济时报》2003年11月18日)

=研究实践=

1. 请根据自己或他人的新闻评论选题的经验,在借鉴其他学者对新闻评论选题来源总结的基础上,尝试总结新闻评论选题的来源,并从这些来源中做出几个选题。

2. 选取最近发生的一件新闻事件,结合自己联想到的材料(包括典籍材料、典型事件、权威人士的观点、影响广泛的或者权威性的新闻报道等)选择一个角度,尝试用一些好的立论的方法,撰写一篇800字左右的评论,并思考要如何使得自己的立论达到新、深、准的要求。

第八章 新闻评论的论证方法

导 论

有了选题和立意,就确定了一篇评论的主题和中心思想,接下来就要论证,证明论点是正确的,论证是一篇新闻评论能不能写好的关键。所谓论证,就是用论据证明论点,用分论点证明总论点,通俗来讲,就是"摆事实,讲道理"。在逻辑学上,则被称为"用已知为真的判断去确认另一个判断的真实性或虚假性的思维过程"。

论证就像劈柴,顺着纹路劈柴才会顺利,论证越恰当,论点和论据之间的逻辑联系就越紧密,观点和材料就越能得到统一,中心论点就越是突出,文章的说服力就会越大。一篇新闻评论做到了这点,就是有了严密的逻辑性和深刻的论证性。在新闻评论的写作中,要实现有效的论证,就需要讲究论证方法。论证方法指的是揭示论点和论据之间的逻辑关系的方法,也就是摆事实,讲道理的方法,新闻评论的论证方法是多种多样的,而常见的论证方法有下列几种:类比论证、对比论证、反驳论证、假设论证、列举论证等。大部分学者将新闻评论的论证方法分为两大类:立论和驳论,立论的论证方法主要有类比论证、对比论证、列举论证。

列举论证

列举论证,又称举例论证,是指通过列举个别典型的事例,运用归纳法进行论证。新闻评论如果通过列举典型的具体事例,来证明自己观点的正确性,会具有较强的说服力,所以该论证方法在新闻评论中用的比较普遍。

列举论证,是运用典型事例来证明论点的方法,它所列举的事实,必须典型而确凿,与论点有着必然的联系,表述时也需要高度概括,留主干,去枝蔓。所以运用列举论证问题时需要注意:1. 引证的原理必须正确,不能断章取义;2. 不能引用过多,以别人的观点代替自己的论述;3. 要注意具体分析,不能只是简单推理。需要说明的是,列举论证中的事例只是一种论据和证明,不需要将"五 W-H"(时间、地点、人物、事情经过、原因与怎么样)等事实要素全部讲述清楚,只需要挑选主要的事实要素加以概括就可以,不必详细描述具体情节,而是应该将重点放在分析、归纳和说理上面。在具体运用该论证方法的时候,可以先列出具体事例,然后做出总结以作为论点;也可以先写出论点,然后列举事实来证明论点。

比较论证

比较论证是一种由个别到个别的论证方法,它通过把具有相同特征的事物,或同一事物在不同时间、地点、条件下的不同表现进行比较,以有力地证实某个论点的正确或错误。通常将它分为两类：一类是类比论证法，另一类是对比论证法。

类比论证

"类比"，就是将不同时间、不同地点的一类事物的某些相同方面进行比较。类比法是通过比较进行逻辑推论的方法。评论写作时，采用类比法论证，将类似情况作比较，并由此推论：既然这种情况产生某种结果，类似情况也应当产生同样的结果。需要注意是，类比论证重在取譬连类，是运用与所评论的新闻事实形同质似的其他事物来佐证和深化评论的观点的一种论证方法，使用这种论证方式要注意以下几个方面：首先，类比要注意形同质似，尤其是要注意质的相近，而不是表面上的相似。形似往往是类比的前提，而质似则是评论主题得以深化的条件。正如刘勰在《文心雕龙》中所说："比类虽繁，以切至为贵。""切至"就是贴切，形质俱佳的类比对写好一篇评论是非常有帮助的。[①] 其次，只有当两个比较的事物在重要方面相同，才可以推论，而判断类比方法是否用的合适的一个重要的标准，就是看它是否是对人或事物的重要方面的相似点进行比较，只有这样，推论才是有意义的。最后，使用类比论证还需要注意推理的步骤，推理过程不能跳跃的太厉害，不然即使原来的类比能够靠得住，也不能使所得出的结论具有力量，让读者接受。

对比论证

"对比"是将两种性质截然相反或有差异的事物进行比较。对比论证有两种方法：一是将同一人或事物在不同的时间、地点的不同情况进行比较，即现在与过去的对比，或称纵向对比；二是将发生在同一时期、同一区域性质截然相反或者有差异的人和事物进行比较，即好与坏、甲事物（人）与乙事物（人）的比较，或称横向对比。

新闻评论使用对比的方法，有利于明辨事理，阐明论点，并使论证具备很强的说服力。但在使用比较论证法时，需要防范以下两个问题：1. 论证说理不能仅仅停留在赘述同类故事上，分析也不能仅仅靠罗列种种现象来实现；2. 论证需要对具体事物的具体分析，而不能仅是抽象的原则道理或是几句结论性的语言。

反驳论证

反驳，就是用一个或一些真实命题确定某一证明的论题或论据虚假，揭露某一证明的论证方式无效。[②] 反驳论证是为了驳斥某种谬论或观点，澄清与此有关的事实真相，或澄清某种认识。反驳论证可以采用直接反驳的方法，也可以采取"以子之矛，攻子之盾"的反驳的方法，好可以运用对比的方法。[③] 反驳论证是驳论的一种方式，它往往从侧面、反面、从历史和现实的经验中，选择论点，驳斥对方，以论证自己观点的正确性。

[①] 赵振祥：《新闻评论学》，九州出版社，2012年，第79页。
[②] 梁庆寅主编：《传统与现代逻辑概论》，中山大学出版社，2000年，第249-251页。
[③] 周建明：《新闻评论写作——理论与实例》，中共中央党校出版社，2000年，第73页。

新闻评论是由论点、论据、论证三大要素构成的,反驳只要从这三方面着手,驳倒其中之一,就达到了驳倒对方论证的目的。

第一,直接反驳论点。即对对方论点的片面、虚假或谬误进行直接反驳。反驳论点可以直接对论点进行驳斥,通过引用一个或一些真实的命题做依据,并借助一定的推理形式来证明对方的论点是虚假的,从而使对方的立论不成立,也可以使用归谬法,先假定对方的论点是正确的,然后依着这一观点进行逻辑推理,最后得出一个明显荒谬的结论,从而达到否定对方论点的目的。反驳论点是各类反驳中最彻底的、最有逻辑力量的反驳。

第二,对论据进行反驳。反驳论据是指引用一个或一些真实的命题做论据,并借助一定的推理形式来证明对方的论据是虚假的。错误的论点常常是建立在错误的论据之上,如果证明了对方的论据是虚假的,就表明对方的论点因缺乏论据的支持而没有得到证明,这样的话,其论点的真实性就值得怀疑了。论据的虚假一般包括两种情况:一是假证,如果论据是来源于误传、谣言、歪曲报道等的"假证"就会使得论据不可靠;二是假象,由于错误地运用,而使确实的事实证据变成"假象"。

第三,对论证方法进行反驳。即揭露论证逻辑上的错误,指明从对方的论据不能推出所要证明的论题来,对方所采用的论证方式是错误的,是违反逻辑规则的。如果评论中存在大前提与小前提及结论之间的矛盾、偷换概念、论点与论据相矛盾等问题,就可以抓住这些要害进行反驳。所以当对方的论点和论据都是真的,但是论证方法不正确的时候就可以对其论证进行反驳。

假设论证

假设论证就是针对所举事例,从反面进行假设,进而推论论据的真实性、可靠性,从而有力地论证中心观点。

从相反的方面进行假设,常常能发现事物的尖锐矛盾所在。在论证过程中,适当地使用假设,对评论观点的辨析及论证是很有作用的。运用假设推理对所列举的论据进行分析,把事物之间的因果关系讲出来,来证明自己的观点。如果举的例子是正面的,那么就应从反面来假设分析;如果举的例子是反面的,那么就应从正面来假设分析。此分析法常用"假设……情况会怎么样呢?"引出与所举事例相反的情况展开论述。

选 文

评论的论证

[美]约翰·赫尔顿　王泰玄摘译

导言——

　　本文节选自约翰·赫尔顿所著的《新闻工具的评论写作》,美国 1973 年出版,由王泰玄先生摘译。

　　作者约翰·赫尔顿,为美国新闻工作者,新闻学教授,著有《新闻工具的评论写作》、《美国新闻道德问题种种》。

　　译者王泰玄为中国人民大学教授,1935 年生,曾为中国人民大学二分校 79 级新闻学班的任课老师,教授新闻采访、新闻写作课程,著有《外国著名报纸概略》、《报坛群星外国新闻史名人传略》,译有美国约翰·赫尔顿的《新闻工作的评论写作》。

　　选文是《新闻工作的评论写作》中关于评论的论证的内容,文章开篇通过美国德拉蒙德的例子说明评论文章要想使观点确立,为人接受,不是靠权威的,而是靠论证;接着在文章中阐述如何做好评论的论证,首先,要用材料论证观点,评论的论点是建立在实事求是,准确引用论据的基础上的;其次,评论还有一些论证方法,选文主要谈及了类比论证、因果论证,还有针对在议论过程中,是只正面论证自己的观点好,还是把有关问题正反面的看法统统摆出来,然后再去确立自己的观点好这个问题,对正面说理与"正反结合"的论证方法进行了说明。

靠"权威"还是靠"论证"

　　无论是在面对面的论辩中,还是在给公众通讯工具所写的评论中,要使自己的观点确立起来,为宣传对象所接受,可以采取各种不同的方法。

　　有人单纯依靠"权威的力量"。这有如专制政权让民众接受说教一样,直截而生硬。另外有人所凭借的也是"权威力量",但是比前面一种做法,多一点儿说理的因素。例如专栏作家对某个问题提出一种解释或说明,希望读者由于他个人的声望而加以接受。

　　1971 年夏天,在宣布尼克松总统即将访华之后不久,一位受到普遍尊敬的专栏作家罗斯科·德拉蒙德写道:

　　"目前,中国最需要的是什么?

我相信答案就是：

1. 毛泽东和周恩来最需要的是，防止苏联对中国发展中的核武库进行一场先发制人的袭击，以免中国的核设施在其足以抵御这样一次袭击之前被摧毁。

2. 他们企图说服日本人，不要发展核力量。为了达到这个目的，他们要对日本创造出一种充满善意和信任的气氛，使它不感到危险。

3. 既然"文化大革命"的混乱已经过去，红色中国想从它的自我孤立状态中摆脱出来，在国际事务中发挥更大的影响。

看来很清楚，北京相信与美国建立更正常、更紧密的关系，将有助于它达到以上三项目标。"

德拉蒙德的评论，字里行间也包含了若干论据和论证的成分，但是德拉蒙德对他论断的情况（毛泽东主席心里想些什么），事实上是不可能知道的。他只是向读者提出了论断，而并没有充分的论据和论证支持他的看法。他希望读者由于相信他对国际事务分析的权威性而接受他的观点。他的希望不会落空，至少在相当多信任他的读者身上是这样。

但是，大多数评论作者在读者中并不具有像罗斯科·德雷蒙德那样高的声誉。他们不能期望光是说说"我认为这样"或"我认为那样"，就能使读者接受他的观点。一般的评论作者不能依靠"权威"来确立他的论点。正如一位作者所指出的那样："假如一位评论作者想要使他的话语给人留下印象，甚至打动心灵，最好别摆出像摩西或门肯那样权威的架势。当然，他真有他们两人那样的才智可以是例外。美国的民众对种种言过其实的宣传是不会轻易相信的。"

以材料论证观点

所以，对于我们既不是摩西、门肯，甚至也不是德拉蒙德的一般评论作者来说，要想让自己的评论，给读者留下印象，必须依靠别的方法来确立论点。有时主要依靠论据立论，列举大量材料，并对这些材料进行说明，从而使读者由此得出一定的结论。

假如评论所涉及的是应当不应当改选州长，那么列举出他任期中的所作所为，并加以总括，就可以得出具有说服力的结论。

又假如，一位评论作者，在读者中并没有像雷德蒙德那样高的威望，而他要确立这样一个论点：共产党中国的领导人之所以邀请尼克松总统访华，是出于他们对于俄国可能袭击其发展中的核装置的关心。他就应摆出一系列的论据：中苏边境摩擦日益加剧；俄国飞机侦察位于沙漠里的中国核装置的情报；中国进行核武器试验的时间表，以及由西方雷达和地震观察站监听到的情况。

主要建立在论据基础上的论点是否有说服力，取决于几个因素。

首先，假如论据是事实性材料，那么，就要看这些事实是否确凿可靠，而不是由于作者硬给它们贴上了真实性的"标签"。

其次，假如论据属于意见性的材料，就要看这些意见是否来自读者所信赖的权威。对于像改善苏联和美国之间的关系前景的问题，援引一位摇摆舞音乐明星的看法，很难构成有说服力的论据。

第三，评论所引用的，无论是事实性材料，还是意见性材料，或者两者兼而有之，作者的概括是不是实事求是？在论证中，作者只是一味挑选对论点有利的材料，而有意忽视其他材料呢，还是认真地衡量了各方面的材料，然后得出应有的结论？

第四，作者引用的材料是否准确？有没有歪曲或篡改？有没有为了论证自己的观点而对原始材料作出不应有的改动？这样的情形是发生过的。例如，1969年下半年一条关于盖洛普民意测验的新闻，其导语是这样的：

"（新泽西州普林斯顿讯）星期一晚，尼克松总统赢得了百分之七十七的听众对他演说中提出的越南政策的信任票。百分之六的听众反对总统提出的结束越南战争的方案。其余百分之十七的听众没有表态。"

第二天，一家报纸的社论写道："美国舆论在支持尼克松总统的从越南有秩序地撤军政策上，有了明显的加强"，"盖洛普民意测验表明，每四个美国人中间有三个人赞同尼克松方案"。

乍一看，好像社论作者是从新闻中引用了一个"过硬"的材料。但是稍一推敲，就露出了破绽。因为民意测验所说支持总统方案的百分之七十七的美国人，是指"星期一晚上听总统越南政策演说中的人"，而社论说的却是"每四个美国人中的三个人……"，两者并不是一码事。

这一类的所谓"论据"，是站不住脚的。评论中企图用这样"冒牌货"来作为立论根据，它的作者自然要信誉扫地。

作为论证基础的证据，一定要确凿可靠。

然而，光用论据写成的好评论是很罕见的，绝大多数的评论都要使用一种或几种论证方法。

类比论证

评论作者可以采用类比法。这种论证方法是将类似情况作比较，并由此推论：既然这种情况产生某种结果，类似情况也应当产生同样的结果。

关于这个问题，哈罗德·F·格雷夫斯和伯纳德·S·奥尔特西在《从事实到判断》一书中是这样论述的：

"类比法是通过比较进行推理的方法。两个事物假如在重要方面相同，我们就可以推论，它们在别的方面也可能相同。比如说，丹特斯彻家庭发现纽堡郊区适宜于他们居住，那么，与他们有着相同收入和爱好的朋友马隆内斯家庭，也会认为这里是他们居住的好地方。又如，在第蒙特建造一座六间一套的房屋的费用为14 000美元，那么，你可以推想，在工资和材料价格与第蒙特相当的另一个地方，建造一处数量、规格相同的房屋,其费用也应在 14 000 美元左右。

　　检验类比法运用得是否恰当,一个重要尺度就是看它对人或事物相似点的比较,是否属于重要方面。"

　　上述作者说,只有当类比中的相似点属于重要方面的时候,其进一步推论才有意义。但是即使原来的类比能够站得住,其所作的结论也不一定很有力量。因为这中间还包含着一个推理的步骤问题,如果"跳跃"得太厉害了,读者接受不了,那么这样的说理不可能有力。

　　此外,即使所类比的相似点属于重要方面,而且据此而作的推理步骤,读者也能领会,你所作的类比,仍有可能没有什么价值。关于这一点,布什在他的《社论的构思和写作》中写道:

　　"检验主要的不同点,可以帮助我们发现不正确的类比。在任何比较中,都有它的相似点和不同点。类比的合理性,要看相似点和不同点之间哪一个更重要一些。无论什么时候,只要不同点的重要程度超过了相似点,那么,为着论证需要而采用的类比,就失去作用。"

　　现在我们再拿丹特斯彻和马隆两家的例子来印证这个道理。前面已经说过,由于有着相同的收入和爱好,两个家庭都把纽堡郊区看作他们居住的理想的地方。但是,这里包含着一个没有说出来的假设条件,那就是两个家庭同属于一个种族。现在再假设,要是其中一家是黑人,一家是白人,而且假定纽堡郊区的种族关系十分紧张。在这样的情况下,两家是否还会一样把这个地点看成他们居住的乐土呢? 结论当然是否定的。

因果论证

　　在评论写作中,揭示原因和结果之间的联系,也许是最常用的论证方法了。许多社论或者专栏评论,假如对它们抽象、概括、"浓缩"到最后,人们可以看到这样的"公式":"X 是 Y 的原因",或者是"A 已经发生了,B 在不久也一定会出现"。

　　因果论证有两种表现形式。一种是从目前的结局出发,去追溯形成它的根源。这是从结果到原因的证明方法。另一种是从已知的原因出发,去推测它将产生的后果,这是从原因到结果的证明方法。

　　举例说明。假设一次具有重大影响的总统初选刚刚结束,评论作者根据投票的总的情况撰文分析某个候选人失利的原因:或是由于他在竞选的关键时刻发表了一篇错误的公开声明;或是因为竞选的经费不足,候选人的形象不能在电视中更多地出现;或是由于他的竞选对手具有超人的魅力。作者在评论中先写出选举的结果,回过头来再分析造成结局的原因。这就是从结果到原因的论证方法。再假设一种情况。一次总统竞选运动正趋于结束,实际的选举尚未开始。评论作者对选举的结局进行预测。他们对观察到的一系列因素(竞选中各个方面的情况)加以分析,力图从这些因素中推测出今后可能出现的结局。这里所采用的是从原因到结果的论证方法。

因果论证，无论是从结果追溯到原因，还是由原因推测到今后的结局，最重要的一点是要具有内在联系。火车发动了，向火车站外驶去，一位旁观者声称火车的前进，是由于他用力挽动的缘故。那当然是滑稽可笑的，因为两者之间并没有必然联系。评论作者要防止这样的毛病。我们再以总统竞选为例。评论作者无论是论断候选人之所以失利，是由于这一步或那一步的失策；或是根据竞选运动中出现的种种征兆，进而预言某一候选人可能落选。不管是哪一种情形，论证中出现的因果联系，必须是合乎逻辑的，合乎情理的。

因果论证的验证

格雷夫斯和奥尔特西在《从事实到判断》一书中提到的约翰·斯图尔特·穆勒的两项规则，有助于评论作者检验他进行的因果论证是否正确。

穆勒的第一项规则。某一现象产生之前，如果只有一个先行情况，那么，这个先行情况就是产生某一现象的原因。但是，如果在某一现象产生之前，有两个或两个以上的先行情况，就无法断定哪个先行情况是产生某一现象的原因。这时，可以对产生相同结果的几个不同场合的先行情况进行对比，从而确定产生某一现象的原因是什么。其公式可表述如下：

A, B, C 和 D 是产生 R(结果)的先行情况，
A, F, C 和 G 是产生 R(结果)的先行情况，
B, K, C 和 L 是产生 R(结果)的先行情况；

在这三个场合，C 是 R(结果)产生之前唯一每次出现的先行情况。因此，C 一定是一个必要的先行情况，而且是产生 R 的原因。拿穆勒的话来说，它"或者是产生结果的原因，或者是产生结果的部分原因"。

穆勒的第二项规则是"差异法"：在第一种情形下，产生了某一结果，在第二种情形下没有产生某一结果。在两者的先行情况中，有一项先行情况不同，这项先行情况肯定就是产生不同结果的原因。用公式表述如下：

第一种情形，A, B, C 和 D 是先行情况，产生了 R(结果)；
第二种情形，A, B 和 D 是先行情况，没有产生 R(结果)。

两种情形相互比较，可以看出 C 必定是产生 R(结果)的原因或部分原因。

正面说理与"正反结合"

公众通讯工具研究人员提出了一个颇有意义的问题，那就是在议论过程中，是只正面论证自己的观点好呢？还是把有关问题正反面的看法统统摆出来，然后再去确立自己的观点好呢？

为了弄清这个问题，进行了许多研究，得出的结论是这样的：

1. 读者对象如果在观点上已经倾向于自己，那么，采取正面论证的方法，要比同时把各种对立的观点都摆出来为好。因为读者对象已经站在"你的阵营"方面了，你还去提出许多反面的东西，那只能引起怀疑，削弱说服的力量。

2. 对于知识程度低的读者对象来说，也以采取正面论证的方法为好。但是，评论作者如果要影响知识程度较高的读者对象（包括在目前阶段尚未接受作者观点的人在内），那么最好把正反面的观点都摆出来。作者将反面观点摆出来后应当加以批驳，以确立自己的观点。作者不要回避矛盾，故意装作看不见这些对立的观点的样子。这样做，并不高明，因为他所面对的是有头脑的读者。那些读者平时对公众通讯工具的宣传很关心，知道大多数问题存在着分歧的意见。

"宣传家"总想采用有利于自己的片面的说教方法，评论作者不宜袭用它。把各种观点都摆出来，不仅有利于在现在说服有头脑的读者，而且还因批驳了反面观点，给读者注射了"预防针"，今后他们遇见了类似的反面观点，便具备了"免疫力"。

总之，评论作者如果能在评论中摆出反面观点，加以批驳，就能使读者对象不再受这类观点的迷惑。相反，评论作者只是习惯于正面论证自己的观点，而对反面的观点置之不理，那么，有朝一日，当这类观点在别的报刊或广播电台冒出来的时候，一些读者倒是很乐意地去阅读或倾听它们的。

文章中引用反面观点，然后驳倒，比"漫骂"更有力量。另外，光是抨击论敌的动机，虽然在某种程度上也能打击论敌的威信，但是还不如驳斥他的观点更为有效。

比较说理（节选）

秦珪　胡文龙　涂光晋

导言——

本文节选自秦珪、胡文龙、涂光晋合著的《新闻评论教程》，中国人民大学出版社，1998年版，第146-152页。

作者秦珪、胡文龙、涂光晋都为中国人民大学新闻学院知名教授，主要研究方向为以新闻采写、新闻编辑、新闻评论等新闻业务为主的实务新闻学。

胡文龙，1933年生于浙江镇海，1956年毕业于复旦大学新闻系。后在中国人民大学新闻系、北京大学中文系任教。现为中国人民大学新闻学院教授。主要讲授"新闻评论写作"、"新闻评论专题研究"等课程。出版的专著有《现代新闻评论学》、《小言论写作方法系列谈》；主编的教材有《新闻评论教程》、《新闻评论》；合著的教材有《新闻评论学》、《新闻评论写作》、《报纸编辑与评论》、《新闻评论写作经验选编》。

涂光晋，女，1951年生，中国人民大学新闻学院教授、博士生导师，中国人民大学新闻与社会发展研究中心执行主任。兼任中国高等教育学会新闻学与传播学专业委员会秘书长、常务理事，北京市新闻工作者协会常务理事，教育部马克思主义理论研究和建设工程"新闻评论"第一首席专家等。主要研究领域为新闻评论学、公共关系学；主要讲授课程有新闻评论、公共关系概论、新闻评论研究、公共关系理论与实务等；主要著作有《时代之"声"——新时期中国新闻评论研究》、《广播电视评论学》等。

选文主要说的是评论论证中通过两种或两种以上的比较分析来论证论点的比较说理方法，文章从纵横比较法、对照比较法和类比法三个方面展开，通过例举《解放日报》、《人民日报》中的有关评论，阐释了以事物发展的不同历史阶段的联系和比较的纵向比较；以此事物与彼事物，个别事物与一般事物之间的横向比较；将相反、相对的两种事物、两种人物、两种见解、两种做法或同一客观事物的相反、相对的两个方面放在一起进行论述的对照比较法，以及将有相似特点的事物放在一起比较，从而将它们共同的实质突出显示出来的类比法。

比较说理

比较是认识和说明事物的有效方法。比较说理，就是通过两种或两种以上的比较分析来论证论点，就是运用马克思列宁主义的辩证方法从事物的普遍联系、发展变化和对立统一中去正确理解和揭示事物本质的一种说理论述方法。

比较说理的具体方法有：纵横比较、对照比较和类比等。

一、纵横比较法

纵横比较法就是纵横联系和比较的分析方法，也就是从时间和空间上历史地全面地来认识客观事实，发现客观事物的内在联系的科学的分析方法。这种具体分析的科学方法，也即是革命伟人毛泽东于1942年在延安整风运动中提出"古今中外"法，他还将这一方法具体运用于他的政论写作的实践中。为了提出和论述一个见解、一个论断，他常常从事物的历史发展过程、事物之间的相互关系、事物的内在基本特征和事物当前具体情况来论证，从而指明问题的性质，给予解决的办法。

（一）纵向比较

即以事物发展的不同历史阶段的联系和比较，从而揭示事物所处的历史地位以及它的本质意义和历史趋势。

例如，毛泽东于1942年10月12日发表的为延安《解放日报》写的时评性社论《第二次世界大战的转折点》，成功地运用纵向比较的方法进行说理，不仅揭示了斯大林之役的历史地位而且指明了二次大战的发展趋势，间接精辟，高屋建瓴，给人以深刻的启迪。社论的结尾写道：

拿破仑的政治生命，终结于滑铁卢，而其决定点，则是在莫斯科的失败。希特勒今天正是走的拿破仑道路,斯大林格勒一役,是他灭亡的决定点。

这一形式,将直接决定到远东。明年也将不是日本法西斯的吉利年头。它将一天一天感到头痛,直至向它的墓门跨进。

文章由昔日(1815年)拿破仑溃败于比利时的滑铁卢之役巧妙地联系到今日(1942年)希特勒败北于苏联斯大林格勒一役,在历史事件和历史人物同现实事件和现实人物的历史的比较和推理之中,不但深刻地显示了斯大林格勒战役的历史意义,而且还揭示了法西斯罪魁希特勒尽管猖獗于一时,终究难逃自取灭亡的必然下场。行文至此,作者的思绪立刻又从纵的比较推想到横的联系,由欧洲联想到亚洲,由德国希特勒联想到日本法西斯的前途,由苏联抗德的初捷联想到我国抗日的必胜前景。总之,读了这篇社论有助于消除人们的悲观情绪,增强在党的正确领导下抗日战争必胜的信念。

(二) 横向比较

即以此事物与彼事物,个别事物与一般事物之间的比较。它是识别是非优劣、论证论点和揭露或分析现实事物之间的矛盾的一种有效的说理方法。

例如,《人民日报》社论《回答一个问题——翻两番为什么是能够实现的》(1982年10月18日),在运用比较说理方法方面可谓颇具特色。为了论证党的十二大提出的奋斗目标:1981年到2000年的20年间,以平均每年增产7.2%的速度争取工农业总产值实现翻两番是有可能实现的,以鼓起人们的信心,消除人们的怀疑。社论不仅运用纵比的方法进行论证,同时还恰当地运用横向比较的方法进行具体分析论证。文中有这样一段:

再从国外的资料看,苏联社会产品总产值从1956年到1975年的20年间翻了两番,每年增长速度为7.5%,苏联的经济发展速度被认为不是很快的。我们设想的速度低于苏联达到的速度。日本的经济发展速度被认为是比较快的,从1957年到1970年,只用了十多年的时间翻了两番,每年增长速度为10.4%。后来由于受到世界资本主义经济危机的影响,速度下降。我们设想的速度也低于日本达到的速度。可见,我们的计划是以我国的实际情况出发的,不是什么"高指标"。

通过中外之间的客观事实的这种横向比较论证,无疑有利于消除人们的思想疑虑,增强人们为实现这一光辉的奋斗目标而开拓奋进的信心和勇气。

在实践中,横向比较经常和纵向比较相互结合起来运用,从而达到相辅而行、相得益彰的效果。

二、对照比较法

对照比较法是新闻评论写作中常用的行之有效的说理方法。恰当地运用它,有助于揭露矛盾,褒贬事物,明辨是非,开掘事理。

具体操作时,可将相反、相对的两种事物、两种人物、两种见解、两种做法或同一客观事物的相反、相对的两个方面放在一起进行论述,已形成是非得失的对照和高低优劣的反衬,进而在相互联系和比较中展开由表及里、有破有立的分析说理。它的优势和效能突出表现在显示赞誉价值,强化针砭效应,明辨是非利弊,增强说理论述的鲜明效应。

《人民日报》评论员文章《论言行一致》(1995年6月8日)正是从正反对照中展开说理论述的。现将此文摘要如下:

孔繁森同志最可宝贵的精神之一,就是言行一致。

他说:"我是党的干部,服从组织安排。"他不仅这样说,而且全心全意、切切实实地这样做。1992年末,他第二次进藏即将结束,家中母亲年老,妻子生病,孩子在读书,回到家乡去,谁也不会说什么。可是当党组织希望他到环境更加艰苦的阿里地区任职时,他立刻毫不犹豫地到了阿里,而且尽最大努力带领群众开发建设阿里,直至牺牲在工作岗位上。他还说:"每一个党员干部,都应当与群众同甘苦、共命运。"1994年初,阿里遭受罕见的暴风雪灾害。在零下20多摄氏度的风雪中,孔繁森同志冒着自己要倒在雪原上的危险,把身上的毛衣毛裤脱下来,送给一位藏族老阿妈穿。孔繁森同志这种精神,鲜明地体现了我们党言行一致的光荣传统和优良作风。

我们党之所以在群众中享有崇高威望,之所以能够领导全国各族人民取得革命和建设事业的伟大胜利,重要原因之一,就是言必信,行必果,言行一致,说到做到。群众对党的态度,评价党的干部,不是光听你怎么说,主要的还是看你怎么做。我们要动员和组织千百万群众为实现党的纲领、路线、目标、任务而奋斗,党的干部特别是领导干部必须言行一致,身先士卒,带头去干,努力落实。在长期的革命和建设实践中,我们党的大多数干部正是这样去做的,所以才取得了群众的拥护和信任,才能把革命和建设事业不断地向前推进。如果说的是一套,做的是另一套,怎能带领广大干部群众实践党的基本理论和基本路线,担负起建设有中国特色社会主义的重担呢?每一个领导干部,都应该充分认识言行一致的重要性,向孔繁森同志学习,坚持言行一致,反对说一套做一套。

现在,就有少数领导干部言行不一。听他们讲话,看他们的文章,都是正确的,然而看看他们的行动,就不是那么回事了。有的人口头上说要与中央保持一致,而实际上却采取实用主义态度,搞上有政策、下有对策的那一套;有的人嘴上讲实事求是,实际上热衷于表面文章,虚报浮夸,弄虚作假,欺上瞒下;有的人口口声声全心全意为人民服务,当人民公仆,实际上却以权谋私,追逐个人名利地位,对群众疾苦漠不关心;有的人在台上讲反腐败,台下却挥霍公款,贪污受贿;有的人表面上赞成使用干部要任人唯贤,实际上却封官许愿,大搞任人唯亲,等等。有这些行为的人,虽然在干部中是少数,但在广大群众中造成了很坏的影响。他们败坏了党的优良作风,妨害了党的路线、方针、政策的贯彻落实,削弱了党的凝聚力,对此,必须加以纠正。

言行不一,是党性不纯的表现。这些问题表明,有些干部在思想上还没有树立起正确的人生观、世界观。他们忘记了全心全意为人民服务的宗旨,或者只不过打着"为人民服务"的旗号,骗取信任、荣誉和地位,实际上经营私人的或小集团的利益。为了端正和提高党员的思想认识,各级党组织要组织广大党员干部认真学习邓小平同志建设有中国特色社会主义理论,严格党内生活,增强党内生活的思想性和原则性,使党的各级干部真正拿起批评与自我批评的武器,以孔繁森同志为榜样,从世界观、人生观入手,寻根溯源,首先解决好在贯彻党的宗旨方面存在的问题,做一个"表里俱澄澈,心迹喜双清"的人,做一个永远忠诚于党和人民事业的人。

显然,此文贵在从正反对照中展开说理论述,在赞誉和针砭的结合中深化了论题。作为对比说理的方法,在一定意义上说,正是显示是非曲直的"鉴别剂"。高尚与卑鄙,勇敢与怯懦,正义与邪恶,为公与自私,孰美孰丑,在对照之中泾渭分明。为此,在赞誉先进或者针砭时弊时,倘若有意识地运用对比说理方法,就会有助于显示赞誉价值或者强化针砭效能,就会有助于明辨是非利弊,增强说理论述的鲜明效应,就会有助于促使人们的认识由事物的表层深入到本质,由感性认识升华到理性认识的更高境界。

三、类比的方法

类比和对比同属行之有效的说理论述的方法。不过,两者所要达到的目标和效能却有所不同。

类比,就是将有相似特点的事物放在一起比较,从而将他们共同的实质突出而又机智地显示出来。如果说对比旨在将性质各异的客体放在一起对照,以形成是非得失的鲜明反差,侧重于求异,那么,类比则是重在对形式各异、性质类似的事物间的有机联系和分析比较,以显示其相似之处,侧重于求同。

列宁写过一篇短评《社会民主主义的宝贝儿》,就是用的类比分析方法。全文如下:

受到《解放》杂志欢迎的斯塔罗韦尔同志继续在新《火星报》上忏悔自己(因不理智)参加旧《火星报》的罪过。斯塔罗韦尔同志很像契诃夫的短篇小说《宝贝儿》中的女主人公,起初宝贝儿和一个戏院老板同居,她说,我和万尼其卡要上演严肃的戏剧。后来她和一个木材商人同居,她说:我和华西其卡对木材税这样高感到气愤。最后她和一个兽医同居,她说:我和科利其卡要给马匹治病。斯塔罗韦尔同志也是这样。"我和列宁"责骂过马尔丁诺夫。"我和马尔丁诺夫"在责骂列宁。可爱的社会民主主义的宝贝儿呀!明天你又将投入谁人的怀抱呢?(《列宁全集》中文2版,第11卷,283页,北京,人民出版社,1985年。)

列宁于文中所揭露的斯塔罗韦尔(原名波特列索夫)曾任《火星报》负责人之一。他原是合法马克思主义者,后来和革命的马克思主义有了联系,参加了《火星报》工作。可是后来又倒向了反对列宁的孟什维克一派(即新《火星报》这一派),并且为自己支持过列宁而表示遗憾。列宁在文中用类比的方法幽默地嘲讽了他在政治上出尔反尔的动摇性和投机性。而与之类比的人物恰恰是俄国人民所熟悉的文学作品中的典型形象,即契诃夫著名短篇小说《宝贝儿》中的女主人公奥莲卡。列宁以奥莲卡类比斯塔罗韦尔,以文学形象类比现实生活中的机会主义者,不仅形象地显示了斯塔罗韦尔的出尔反尔丧失原则的可悲行径,而且暗示其最终必然逃脱不了奥莲卡式的命运:举目无亲,被生活所遗弃,以此促其猛醒。

  由此可知,类比是一种启发人们进行积极思维和逻辑思维迅速做出判断的说理方法。用于论辩中则是一种有效的揭露方法。它把两个形式不同但本质有相似之点的对象恰当地加以联系比较和分析推理,便于引起人们的联想和推断,从而认识其本质。

  当然,类比评析的效应,不仅突出表现在揭示事物的实质,而且,还表现于发挥激励与鼓励效能。人们读毛泽东的政论名篇《愚公移山》,为什么会从中获取无穷的激励和感染的力量呢?其原因之一,也正是因为文中充分启动了类比的激励机制和鼓动效能。文章首先叙述了古代的寓言故事"愚公移山"。随即以愚公决心移山的艰巨目标、坚强毅力和决心作为类比实体,面对当时中国人民正面临的艰巨而又光荣的革命任务做出了出奇制胜的类比联想和发挥。

  文章在类比之中展开了驰骋自如的联想和发挥,形象而又深刻地指出了中国革命的伟大目标,坚定不移地表达了中国革命的必胜信念。

评论的逻辑(节选)

曹　林

导言——

  本文节选自曹林所著《时评写作十讲》,复旦大学出版社,2011年,第143－154页。

  作者曹林,《中国青年报》主任编辑、评论部副主任。1978年生于江苏江都,求学于江城武汉,2003年开始时事评论写作,2004年于华中科技大学新闻学院硕士研究生毕业后加盟中国青年报青年话题版,在《南方都市报》《东方早报》、深圳《晶报》等数家媒体开有时评专栏。著有《拒绝伪正义》《时评写作十讲》。作者多次获中国新闻奖,多篇作品获中国人大新闻奖、中国慈善新闻奖、中国廉政新闻奖。南方周末和搜狐举办的中国时评大赛一等奖,首都青记协举办的评论大赛一等奖。

  选文为《时评写作十讲》的第八讲《评论的逻辑》,在这讲中,作者主要讲述了评论艺术中最基本的"理",即方法论层面上的"逻辑",也就是将论据和结论联系起来的论证过程和方法。新闻评论家范荣康在其著作《新闻评论学》中说:"不管新闻评论有什么特殊性,作为一种议论文体,它的论证过程,也就是逻辑推理过程。"选文首先例举了评论"法学家和他们的长期郁闷"来说明什么是评论的逻辑,然后讲述了论证中常用的演绎、归纳、类比三种论证推理方法。用经典的三段论范式案例论述演绎推理,用自身经历的"名车恐怖主义"说明归纳推理,最后用多个例子阐释类比推理及容易犯的"以喻代证"的逻辑错误。

评论是一种讲理的艺术,在我看来,这种"理",起码包含三个层次,其一是理性,其二是逻辑,其三是伦理。理性是知识论上的,逻辑是方法论上的,而伦理则是道德层面对这个职业的规范。三种"理",最基本的"理"应该是方法论层面上的"逻辑"。

看评论,一般人都注重看评论的结论,看评论者对一个事件或人物的判断,这是外行人阅读评论的习惯。而在内行人眼中,作为判断的结论当然重要,但他们更注意的是方法论,即作者通过什么"方法"得出这个结论的,论据能不能支撑结果,论证和推理合不合规则,引用的事实是不是真的,等等。如果"方法"不对,结论再怎么符合公众的期待,都不是一篇成功的评论。

这种将论据和结论联系起来的论证过程和方法,就是逻辑。

一、一个典型的逻辑谬误案例

为了使大家对评论的逻辑有一个基本的认知,先引用一篇文章:

法学家和他们的长期郁闷

11月27日上午,中国人民大学法学院教授、《中国法学》主编、中国法学会民事诉讼法学研究会会长陈桂明先生,因病医治无效在北京去世,终年50岁。这是继54岁的蔡定剑教授之后,又一位中年法学家因为癌症英年早逝,在微博等网络论坛里引发了众多网友的叹息与惋惜。有网友感慨:做法学的,难免长期抑郁悲愤,积劳成疾,继之以英年早逝。悲乎!

法学家易郁闷成疾甚至致癌?这种判断显然纯属臆断,没有科学依据。轻易下这样的结论,更多是一种感慨,算不得科学结论。至于这种感慨本身该怎样认识,还是值得琢磨一下的。

应该看到,随着社会对于法治的重视,法学也日益成为一门显学,很多法学家成为这个社会的香饽饽:从政、挂职、搞法制讲座、接受媒体采访、各种司法考试辅导班……可谓热火朝天一派繁忙景象。但另一方面,很多知名法学家的确有郁闷的一面,因为他们对于法治水平的期待更高,对法治困境认识得更透彻,所以忧虑也就要更多一些。笔者就曾在不同场合分别听到过陈桂明先生对于法院独立性不强、人为因素干预民事诉讼的忧虑;听到过清华大学王保树先生对一些"负一定责任的官员"对于法治态度的漠视表示感慨……

笔者感觉对法治状况感觉"忧虑"的学者们都有一个相似的来源,那就是权力对于法治的挤压。比如为了政法系统政绩大搞"公审公判",比如政府悍然给法院发公函指导法院某某案子应该怎么判,再比如有的地方官员拿"维稳"这个幌子大搞"稳定压倒法治"的非法截访……这使得如江平先生这样的老法学家也感慨,虽然"总的对中国的法治的前景,还是抱乐观态度的,但是不能够排除在一段时间之内,在一定的政策引导下,法律出现倒退的情况"。

这些现状确实值得我们反思:光是立法条文数量的大大增加,以及依法治国的口号喊得很响,还不足以构成我们对于法治的信心。面对远远谈不上完美的法律水平,该做何态度?不排除有些法学家欣然接受现状,甚至如鱼得水自得其乐;但也有大批法学家像江平先生说的那样,"对于一些倒退现象指出来并一再地呐喊",因为"一个搞法律的人如果允许法治倒退是很悲哀的事儿"。这样的选择,或许也就注定了"郁闷"的如影相随。

回过头来再看"法学家容易郁闷"这个命题,你会觉得它百分之百是个伪命题吗?它就一点意义也没有吗?诚然,蔡定剑、陈桂明两先生的疾患可能各有具体原因,但梳理这个时代的法学家们的郁闷可以发现,根源还是在于权力的泛滥与不受约束,在于各种形态的"权大于法",而这些,已经不只是"加强法治建设"就能完全解决的,有很多需要继续发展民主政治才能约束。这样再次证明,"民主与法治"是一体双翼,缺了哪个都不可行。

案例分析

这是一篇很典型的不讲逻辑的文章。我明白这篇文章作者的意思,是想借"法学家英年早逝"这个新闻由头,发一番对中国当下民主法治环境下不尽如人意的感慨,可是,你这篇评论的新闻由头是"法学家英年早逝",跟"法学家的郁闷"有什么关系呢?恐怕没有逻辑关联。法学家英年早逝,只是个案,作者只看到了近年来的两起,一两个人的早逝不能推断出这个群体总体的特征。这个群体的英年早逝,从数理统计上看,并没有其他群体明显。法学家的郁闷,也是一个想当然的伪命题,法律涉及每一个人的利益,法制不健全,不仅法学家郁闷,每个生活在这种法律环境下的人都可能郁闷和压抑,法学家不会比普通大众更郁闷。

文章显然贯穿着这样一条逻辑链条:因为中国法治不健全,所以从事法学研究的法学家们很郁闷;因为他们很郁闷,所以更容易英年早逝。虽然作者在文章中一再回避这样的推断,可他将这几个问题联系在一起说,以"英年早逝"说"法学家的郁闷",暗示和引导着读者朝这样的逻辑去思考。不然的话,无法解释为什么将这几个命题放在一起说。逻辑的问题,有时候无须明言,它隐含在命题的选择和联系中,将哪几个命题放在一起说,那几个命题之间的联系,就表明了作者的逻辑的判断。

作者一再强调"这种判断显然纯属臆断,没有科学依据。轻易下这样的结论,更多是一种感慨",说明作者也是知道这样的判断是很不合逻辑的,但他还是将这种不合逻辑的感慨表达出来。这是很多初学评论者写作时都会遇到的一个问题。即如何将一个模糊的想法在理顺逻辑之后表达出来。你可能会灵光乍现,隐约觉得这是一个问题,其间可能存在着某种联系,但又觉得自己无法将这种逻辑理顺,觉得两者的关系比较牵强,仅仅是一种很模糊的联系。这时候,你一定不要轻易就下笔,不能自己脑袋一团糨糊时就开始下笔写作,并企图用情感和道德去将含糊掩盖起来,诉诸情感或者修辞掩饰逻辑上的问题,那是掩饰和遮盖不了的。你只能正视逻辑,谨慎地推理和论证,理顺逻辑后再下笔,用清晰的逻辑和流畅的论证为读者讲道理。

逻辑,是人的一种抽象思维,是人通过概念、判断、推理、论证来理解事物的思维过程。从这个定义来审视,《法学家和他们长期的郁闷》一文中充满着逻辑上的谬误。比如概念,形式逻辑要求概念须具有同一性,要么是指称个体,要么是指称全体,作者新闻由头中的法学家都是指两位具体的法律学者,而到了后面,都是指称一个群体了;还有作者所谈的"郁闷",先是说"(法学家)对法治困境认识的更透彻,所以忧虑也就要更多一些",然后在论证中将这种普遍的"忧虑"偷换成"郁闷",最后又偷换成病理性的"压抑",暗示是这种压抑造成法学家的英年早逝。比如判断,逻辑要求每做出一个判断都要给出依据,作者做出了好几个判断,都没有给出依据,比如"法学家英年早逝"这个判断上,就没有数据支撑这个判断。推理和论证就更不合逻辑了,因为你无法在他所提出的这几个命题中找到联系。

作者写作时是脑子中一团糨糊,读者也看得云山雾罩不知所云。其实,法学家的郁闷这个话题,完全可以换个新闻由头来谈,就"一两位法律学者英年早逝"这个由头谈很不合适,因为其间并没有联系。时事评论,往往是阐释那些你由某个新闻由头激发的思考,这样的联系要求由头与评论间有某种逻辑关联。

评论是一种致力于说服人的文体,如何才能让人信服和接受你的观点呢?你必须讲理,这个理是什么?就是逻辑!逻辑是一种交叉的共识,或者说是一套实现交流和达成共识的规则,不同的人可以有不同的价值观,不同的立场,不同的政见,但为了可交流,需接受一套共通的关于讲道理的规则,那套规则就是逻辑。价值观不同没问题,但不同价值观的人是可以坐下来一起交流问题的,因为大家都信守逻辑。

逻辑无涉价值,它是一套比价值更优先的元规则。

逻辑学是一门比较负责和繁琐的学问,听听这些概念你的头就会很大了,什么复合命题、联言推理、相容与不相容的选言命题、假言推理、模态命题,等等。不过,评论是一种公民表达的文体,它对逻辑的使用牵涉不到这么复杂的概念,论证时常用的逻辑也就集中在几种基本的推理上:演绎、归纳和类比。

二、演绎推理

演绎推理,是一种最常用也是最古老的论证法,又叫"三段论"推理,是从普遍性结论或一般性事理推导出个别性结论的论证方法,这是一个从普遍到个别的推理过程。演绎推理的核心可以归结为三段:大前提,小前提,结论。

经常被当作演绎推理一个经典案例的是毛泽东在《为人民服务》中的一段论证:人总是要死的,但死的意义不同,中国古时候有个文学家叫做司马迁的说过:"人固有一死,或重于泰山,或轻于鸿毛。"为人民利益而死,就比泰山还重;替法西斯卖力,替剥削人民和压迫人民的人去死,就比鸿毛还轻,张思德同志是为人民利益而死的,他的死是比泰山还要重的。

这个逻辑过程可以归纳为三段:

为人民利益而死,就比泰山还重。　　　　　(大前提,众所认同的共识)
张思德同志是为人民利益而死的。　　　　　(小前提,都知道的事实)
他的死是比泰山还要重的。　　　　　　　　(由已知判断得出的结论)

演绎推理是评论写作中用的最多的一种方法,因为这种三段论式的推理最符合一般人的思维、认知和判断习惯。宏观上的演绎逻辑过程是:学过某个政治学或经济学理论,将这个理念和理论应用到对某个新闻事件的判断,在这个新闻事件上根据理论推出一个结论,把理论作为判断的依据。

马少华先生在授课中用逻辑学的专业术语将这个过程表述了出来:把新闻事件当作"小项",通过某个"中项"与普遍的知识经验(大项)相连,从而对新闻事件做出具有某种性质的"个别判断"。

经常被评论家们用到的演绎推理范式有:

绝对的权力导致绝对腐败。
(大前提,阿尔顿勋爵关于权力腐败的至理名言,也被现实经验所证明)
某官员掌握的权力缺乏公众监督,属于绝对的权力。
(小前提,新闻报导提供的事实)
所以这绝对导致官员的腐败。　　　　　(结论)

市场经济首先需要法治保障人权和产权。　　(大前提,政治经济学理论)
中国致力于建设市场经济。　　　　　　　　(小前提,政府提出的目标)
所以有必要首先完善法治,建设有中国法治的市场经济。　(结论)

法律规定私有财产神圣不可侵犯。　（大前提,法律中有规定）
强制拆迁侵犯了公民的财产权。　　（小前提,新闻事实）
所以强制拆迁是对法律的践踏。　　（结论）

评论者的知识结构都是,掌握了一些碎片化的学科理论和一些普遍的知识、经验、常识、一般原理等,然后用这些一般原理去分析新闻事件。这样的知识结构和评论的思维习惯,决定了演绎是他们用得最多的推理方法。

三段式是演绎推理最常用的格式,一般演绎都可以还原成这种最原始的三段论。不过现实论证中不一定都会循规蹈矩地遵循这种格式,可以有变化。但无论怎么变化,必须符合三段论的结构特征：三段式有且只有三个概念,而不能出现四个概念。一般的逻辑教材都会告诉你：一个具有三个命题的推理,如果其中有四个概念,那就是错误的三段论,不符合演绎推理。

看看下面这个评论家的文章中经常出现的判断：

人民是国家的主人,他是人民,所以他是国家的主人。

表面上看,这个判断只有三个概念,人民、他、主人,似乎是三段论,其实不然,这句判断实际上出现了四个概念,前面一个"人民"是集体概念,而后一个"人民"是非集合概念,所以推理是不成立的,这就是典型的"四概念错误"。

再看下面这句话,也在评论家们的文章中经常可以看到：

作为公仆的官员应该更有公共道德,他是官员,所以,他必须更有公共道德。

这个判断的问题出在哪里呢？两项大项"应该更有公德"和"必须更有公德"所表达的是两个不同的概念。前面说的是"应然",结论中偷换成为"必然",我们所熟悉的"偷换概念"和"转移命题",犯得一般都是"四概念错误",前提中是"应然",结论中偷换为"实然"：前提中是"集合概念",推理中又偷换为"非集合概念",逻辑推理最重要的一个原则是"同一律"：在同一思维过程中,概念不能混淆和偷换,要保持同一性,外延和内涵都要相同,论题要保持同一,不能前面说 A,后面就变成 B 了。

网上有个笑话,将"不能当将军的士兵,不是好士兵"恶搞成"不想当厨子的裁缝,不是好司机",搞笑之处就在于违反了同一律,评论中经常有这样的概念偷换。

演绎推理是最容易犯的逻辑错误,就是前提的错误。错误的、虚假的前提,根本就推不出正确的结论。比如评论员盛大林先生的文章《南方科大"去行政化野心"注定落空》,他在这篇评论中的一个分论点是：南方科大本质上是公立的,公立就难以去行政化,难以办成世界一流（这个判断本来就是错误的,后来有评论作者通过翔实的资料证明,世界许多著名的一流大学都是公立的）。他举的例证就是香港科大。他说：

香港科技大学建校只有十几年,就已经跻身全球高校前 50 强,这被认为是世界高教史上的奇迹。南方科大的目标,就是建成深圳版的香港科技大学。然而,两校之间却有着质的区别,即南方科大是公办的,而香港科大是私立的。香港科大的最高决策机构是校董事会,完全独立于政府系统之外。学校的这种性质及其体制,也正是现代大学制度得以建立的基础。

他的判断是:南方科大想向香港科大学习,建深圳版的香港科大;可香港科大是私立的,南方科大是政府办的;所以,南方科大不大可能办成像香港科大那样的世界名校,无法去行政化。这个判断的前提就是错误的,因为,香港科大的网站上明明介绍,香港科大是一所政府办的公立大学,作者想当然地认为那是私立的。

三、归纳推理

归纳与演绎是一个相反的逻辑过程,是从个别性知识推出一般性知识的推理,如果说演绎是抽象的过程,则归纳是一个经验的过程,演绎所用的那些大前提,一般性的原则、常识和理论,多数是人们在日常生活的经验基础上归纳出来的。

鲁迅先生1933年7月15日在《申报月刊》发表过一篇叫《经验》的文章,文中说:"大约古人一有病,最初只好这样尝一点,那样尝一点,吃了毒的就死,吃了不相干的就无效,有的竟吃到了对症的就好起来,于是知道这是对于某一种病痛的药,这样地累计下去,乃有草创的记录,后来渐成为庞大的书,如《本草纲目》就是。"神农遍尝百草,一代代经验积累下来成为具有推导性的一般性知识,《本草纲目》就是一个归纳的过程。

经验主义和理性主义的很大分歧正在于对归纳和演绎的不同看法,经验主义认为,知觉是知识的起源,一切知识源于经验和实验,经验之外的东西都是不可知的,故推崇归纳法。而理性主义则认为,感觉很不可靠,很多时候只是表象,且具有欺骗性,所以得知于直觉观察的经验无法被确认为知识,理性主义者主张全面放弃感觉,专注于从理性推理中寻觅真正的知识,所以推崇演绎。其实,将两者割裂开来的二分法是不科学也不符合现实的,两者往往相辅相成,在不同的知识形成中往往起着不同的作用,并不是非此即彼。

亚里士多德在《工具论》中说得非常好,论证的出发点是一般,归纳的出发点则是特殊,但是,不通过归纳,我们就不可能认识一般。

归纳推理在评论写作中也是用得比较多的一种方法。时评作者每天都关注很多新闻,久而久之就积累了很多信息,能从这众多的新闻事件和信息中找到联系,并将这种联系提升为某种规律性的理论或者结论,或者能从众多新闻事件中发现某种共同性的规律,这就是用的归纳法。

比如我写过一篇文章叫《潜滋暗长的"名车恐怖主义"》,用的就是归纳法。我是从某段时间发生的一系列名车撞人事件中归纳出"名车恐怖主义"的:

继上次人大校园宝马撞人案,上上次长沙宝马撞人案,上上上次哈尔滨宝马撞人案,上上上上次南都记者采访宝马撞人案惨遭殴打,上上上上上次什么什么肇事案后,最近连续两起霸气十足的"名车肇事案"在贵阳发生了！10月4日凌晨零点20分,一辆车牌号为贵AA8888宝马车拒不交钱强闯收费站,面对收费员的阻拦打伤收费员；13日凌晨零点35分,一行人在贵阳黔灵西路被一辆贵A66××8的白色宝马无故轧着左小腿,其家人在找司机评理时遭到高压水枪"扫射"。

生活在这个社会中,听惯了那些名车飞扬跋扈的故事,看惯了同自己一样无助的人被欺负的故事,内心深处有了对名车入骨的恐惧,他们对名车避之唯恐不及——当社会中流行着"但愿今天上路别碰着宝马车"的问候的时候,当名车嚣张事件在我们身边愈演愈烈的时候,我们知道,平头小民在骄横名车前面的恐惧有多深了。对照"恐怖主义"的定义,对照一些名车的所作所为的"恐怖活动",对照老百姓内心中对那霸气十足庞然大物的恐惧,我们会看到,"名车恐怖主义"不是一个脱离现实的耸人听闻之言,它实实在在地游弋在我们的生活中。

从一系列名车撞人事件中总结出"名车恐怖主义"这种带有规律性的结论,用的就是"不完全归纳"。不是说每辆名车都那么嚣张和蛮横,而是想说,社会对不断肇事的名车已经形成了一种恐怖的情绪。

评论写作的归纳,多属于这种"不完全归纳推理",根据对一类事物的部分对象的考察从而得出有关该类事物的一般性结论,而不是"完全归纳推理"：对所有个别对象进行穷尽的考察,从而做出一般性结论。时评作者的视野很有限,很难穷尽所有,论证的过程也很难像科学及做实验那样充分和严密,所以只能作"不完全归纳"。

四、类比推理

类比推理又称为类比法,它是根据两个或两类事物在某些属性上相同或相似,而其中一个或一类事物还具有另外某些属性,由此推出另一个事物也具有这些属性的推理。

它的逻辑模式可以表述为：A对象具有a、b、c、d等属性,B对象具有a、b、c等属性,A与B是一类事物,所以,B也有d属性。

评论写作也经常会用到类比法,因为这种逻辑比较直观和形象,容易让人接受。由人们熟悉的某种事物,推理出某种人们陌生的,但与此类似的事物具有人们熟悉的事物身上所具有的那种属性。

比如评论家常常就会拿西方发达国家的案例与国内的情况进行类比,国外的议员能自由地批评政府,我们的人大代表代议制,功能上与西方议员是一样的,纳税人选出来代表人民去监督政府花钱的,所以,我们的人大代表也应该敢于批评政府。

香港的廉政公署之所以能有很强的反腐能力,因为它是一个独立的、不受行政机构干预的机构,我们的纪委监察部门与廉政公署的功能是类似的,所以,也应该有独立的权力。

从这两个推理,就可以看出类比法的问题了：类比推理需要中介和桥梁作为过渡,同类事物,毕竟不是同一事物,所以在这个过渡过程中会有一种假设,即假设同类事物身上具有相同的特征和属性。其实,很多时候这种假设是不存在的,同类,并不一定属性就会相同。它们并没有必然的关系,至多只是或然、应然和偶然的。所以,类比推理推出的结果具有很强的或然性,或者,只能作为一种应然的要求。

就拿中国人大代表和西方的议员的类比来说,功能上确实是一类的,但中西政治体制不同,这决定了人大代表和西方议员很多属性是不一样的。西方三权分立之下,议员和政府是对抗性的关系。而中国的政治体制,则使其缺乏这种对抗性的关系。这样的类比,至多只能提出"人大代表应该向西方议员学习的应然要求",而无法推出必然性的要求。廉政公署与纪委的类比同样如此。

正因为类比之中存在那种可能前提并不存在的假设,这样直观形象的逻辑推理法,很多时候隐藏着较大的推理风险,很容易变成一种概念偷换和诡辩。

马少华先生在分析这一点时。提到了金岳霖先生对类比法的观点:类比法的可靠程度取决于两个或两类事物之间的相关程度。如果相同的属性与推出的属性之间相关程度越高,那么,类比法的可靠性就越大。从类比法的形式看,类比法无法保证相同属性与推出属性密切相关,因此,类比法的可靠程度是不高的。

狮子和老虎虽然都是食肉动物,但它们的习性有太大的差异;飞机和拖拉机都是机,但两种机是无法相提并论的,类比就存在很大的障碍。所以,类比的可靠性,强烈依赖于两者的相似性和相关性上。毕竟,类比的是两个不同的事物,有时类比所想论证同一的,恰恰是不同的地方。比如将中国的人大代表与西方议员相类比,体制的不同早决定了他们功能的差异。

人们常常会将类比与比较混淆,其实两者间有很大的差别。类比,是为了推理出具有某种相同属性的结论。而比较,则是为了区分两者的异同点。比如,拿中国人大代表与西方议员进行类比,是为了推出中国人大代表应有与西方议员同样的属性。而拿两者进行比较,则是为了寻找相同和不同之处,对两者进行区分。

更经常犯的逻辑错误是将类比等同于比喻,这就容易陷入"以喻代证"的逻辑谬误中。类比,是一种逻辑推理;而比喻则仅仅是一种修辞,意在生动形象地描述某个形象。比如,将美丽的眼睛比喻成秋波,是想形容眼睛之清澈和明亮。而类比,不是为了形容和描述,而是为了推出某个结论。类比是在相似的事物间进行,而比喻则是并非同类的事物。

以喻代证是评论作者常犯的逻辑错误,将比喻这种修辞当作一种论证手段,在大专辩论会上可以用这种诡辩去忽悠人,可在正经的评论写作中就不能了。任何比喻都是蹩脚的,以喻代征,其实就是偷换概念和论题,明明说的是 A,通过某个比喻,就将概念偷换到 B。

比如我在与人的观点交锋中,就遇到过这种以喻代证。2010 年两会的时候,因不喜欢记者提敏感问题,时任湖北省省长的李鸿忠抢了《京华时报》女记者的录音笔,这个当然是对舆论监督的恶劣侵犯,不过记者在采访中似乎也有小瑕疵,当李鸿忠问记者是哪个报社的,记者说是"《人民日报》的",后来才知道是"《人民日报》旗下《京华时报》的"。我在微博中提出了这个小瑕疵,立刻有评论作者气愤地反驳我:强奸案发生后,讨论被强奸者当时究竟穿的是件什么衣服,不无聊么?

这就是典型的"以喻代证"偷换概念,省长和记者的冲突跟强奸案是一回事吗?"说自己是哪个单位的"与"被强奸时穿什么衣服"是一回事吗?我说,当一个人用很多比喻,而不是就事论事在逻辑上跟你论争时,他在理性上往往无法自圆其说,不得不借助比喻来偷换概念,或者迎合某种情绪,或者打道德牌,这就是诡辩。

这样的诡辩有时候颇能迷惑大众,一个朋友说得很好:人们只会选择他们能够理解、愿意相信、喜欢相信的东西,而不会选择虽然更好、更正确但他们不能理解、不喜欢的东西,所以,很多时候真理敌不过谣言和花言巧语,修辞胜逻辑。

大众喜好归大众喜好,评论家是不能迎合这种大众喜好的。逻辑学告诉我们,使用类比推理时一定要注意以下几点:其一,用以类比的相同属性应当尽可能多;其二,用以类比推理的前提中的属性应当是本质属性;其三,要注意用以类比的两个或两类事物的差异性。

关于比喻与类比论证的区别(节选)

马少华

导言——

本文选自马少华所著的《新闻评论教程》,高等教育出版社,2007年。

作者马少华,曾长期从事新闻评论的写作和编辑,在西北某报做过驻站记者,又在《中国青年报》担任多年"秉笔应命"的评论员。后来与同事和朋友一起创办了"大嘴小嘴都说话"的言论版。现为中国人民大学新闻学院教授、硕士生导师,从事新闻评论教学。研究方向也以新闻评论为起点,涉及人们意见交流的各种方式,比如辩论和论争活动。主要著作是《新闻评论教程》和《新闻评论案例教程》。2008年获得中国人民大学教学优秀奖和中国人民大学先进工作者称号。

选文主要讲的是比喻和类比论证的区别,作者通过例举一些学者对喻证法的表述和态度,阐述比喻不是论证方法,只是一种修辞手法,一种表现方法的观点。在马少华看来,比喻只是一种修辞方法,虽然比喻能很好地说明道理,但是并不是一种论证方法,且从现代形式逻辑的标准看,"喻证法"具有不确定的风险。

(注:由于很多新闻评论教程中都有提到比喻论证的方法,马少华的这一观点及

其论述很有独到之处,比喻到底是不是一种论证方法?为丰富读者对比喻和类比论证的认识,故将此文选录。)

关于比喻与类比论证的区别

容易与类比推理这种论证方法相混淆的就是"比喻"的修辞方法。

列宁说:"打比方不是证明,任何比方都是有缺陷的"。

英国逻辑学家斯泰宾在《有效思维》一书中说:"一个隐喻引出来的论据必然是一个很坏的论据。""如果拿'国家之舟'这么一个修辞格里所包含的类比作为论据,那么这个论据的逻辑力量就完全要看:一方面,政府的地位是否可以比作船上的员工;另一方面,选民是否可以比做船上的乘客。在我看来,在这些互相比较的事物之间并没有什么有意义的相似之处。"

范荣康《新闻评论学》讲论证中的几种毛病,其中之一是"以喻代论":"这是近年来新闻评论写作中的一种值得注意的偏向。本来,喻证法是一种论证的方法,通过恰当的比喻,能够使论证更加生动。但是比喻毕竟是比喻,可以用喻证法作为一种辅助的论证手法,却不能用比喻来代替论证。"

应该说,历史地看,比喻确实起过非常重要的论证作用。"古人认为比喻是说明道理的最好工具,自先秦以来,历代学者都将用比喻当作辩论取胜的法宝。"(冯广艺:《汉语比喻研究史》)最典型的例子就是《国语·召公谏周厉王止谤》中"防民之口,甚于防川"的一整套比喻,都是为了说明不能堵塞人民言路的道理。我国古代丰富的比喻论证资源在当代仍然有着重要影响。所以至今有些学者讲授新闻评论的教材中往往有"喻证法"之说,也有人称为"比喻论证":"喻证法就是用比喻来阐明事理,即用同一类型的通俗、浅显、人们容易理解的事理,来论证比较深奥、复杂、人们不易理解的事理。"(邵华泽:《同研究生谈新闻评论》)

但是,按照现代形式逻辑的标准,我们通常说的比喻与类比论证是有区别的。在两位美国学者爱德华兹·S.英奇(Edward S. Inch)和巴伯罗·沃尼克在《批判性思维与交流:论说中的推理应用》一书中说:"从逻辑的观点看,比喻并不具有可验证的价值。但是可以用来形象地阐明观点,或者令接受者以不同的眼光看待事物。"

其实,即使是一些承认"喻证法"的学者也承认这种论证方法的不确定性风险。方武认为:"比喻性材料本不是论据,但有时作者却又将论点建立在这种比喻性的材料上,这样实际上就是以比喻代替论据。""比喻论证中的喻体,归根到底只能使被论证的论点的含义更易于理解,一般不能直接证明论点的正确性。"(方武:《议论文体新论》)

一般来说,比喻不是论证方法,只是表现方法。

我们现在可以考虑这样一个问题:如果你要对人类圈养动物的行为在道德上进行全面的批判,你提出这是一种"奴隶制度"。那么,在这个层面上,究竟是一种比喻,还是一种类比论证？如果作为类比论证，它的论证强度又如何呢？

我们再来思考另一个论证：

汉代唯物主义思想家王充这样来论证"人死神灭"：

人之死，犹火之灭也。火灭而耀不明，人死而知不惠，二者同一实，论者犹谓死有知，惑也。人病且死，与火之且灭何以异？火灭光消而烛在，人死精亡而形存。谓人死有知，是谓火灭复有光也。（《论衡》卷二十一《论死》）

在上文中，"人"与"火"之间，是论证的关系还是比喻的关系？作为论证，它是否有效？其有效性在哪里？

假设论证（节选）

赵振祥

导言——

选文选自赵振祥所著的《新闻评论学》，九州出版社，2012年版，第83－91页。

作者赵振祥，1963年生，内蒙古赤峰人，1986年本科毕业于内蒙古大学汉语言文学系，1990年12月吉林大学中文系研究生毕业，获硕士学位，之后曾供职于新闻媒体从事新闻编采工作，1999年6月毕业于上海师范大学文学研究所，获文学博士学位，并赴厦门大学新闻传播学院任教至今，2008年获教育部"新世纪优秀人才"称号，曾任厦门大学新闻传播学院副院长。现任厦门理工学院副校长。兼任教育部高等学校教学指导委员会新闻传播学类专业教学指导委员会委员，中华全国新闻工作者协会特邀理事、中国新闻史学会"台湾与东南亚华文新闻传播史研究委员会"会长、福建省新闻学会副会长、福建省林白水研究会副会长、菲律宾《世界日报》特约评论员。主要研究领域为：媒体关系、新闻理论、新闻业务。出版《新闻评论学》、《唐前新闻传播史论》、《传播与保密》、《菲律宾华文报史稿》等多部著作；主持过国家社科课题《台岛舆情监测与引导机制研究》、福建省重点课题《媒体关系学研究》等。

选文阐释了反向论证、列举假设和归谬假设三个假设论证方法。每个论证方法下，都是通过对相关评论文章的简单说明，来阐明什么是假设论证，以及假设论证方法的运用及其作用。反向论证是从事物的相反方向进行假设，评论文章以假设开篇，后面辅以真实的佐证，就能深化主题。列举假设是将各种可能情况列举出来，并逐条否定剔除，最后确立剩下的一种假设为正确选择，选文选用了使用列举假设的《宋楚瑜到底意欲何为？》一文阐释该假设论证方法。最后选文选择了评论文章《"废龙"还需要废掉什么？》、《"大联合政府"的连环错！》来说明归谬假设，选文指出先假定对方的观点是正确的,然后依着这一观点进行逻辑推演,最后得出一个明显荒谬的结论,从而实现对对方论点的否定的归谬法也是一种假设论证方法。

一、反向论证

从事物的相反方向进行一下假设,往往能看出事情存在的尖锐矛盾。在论证过程中,适当地使用反向论证,可以揭示出事物的深刻本质。请看下面这篇文章,题目是《科学的败诉》:

我对何棹麻教授说:"如果我是李洪志或是他的'高参',你可倒霉了!"他问:"怎么说?""我不唆使信徒们闹事,而是叫他们向法院起诉你……""对,对!"教授大叫一惊,"那我可真的糟了!""是的。"我笑起来,"法院一立案,你就进了汪洋大海。你年逾古稀,身体干瘦,又没有钱,更没有后台,经得起折腾吗?即使你胜诉,也早已拖得气息奄奄,如果判你败诉,则气也能把你气死了。"我猜他一定出了一身冷汗了。

何棹麻在天津出版的《青少年科技博览》1999年第4期发表了一篇《我不赞成青少年练气功》。这是天津教育学院的一个刊物,发行量很少,何教授的文章也才1 400余字。文章点了"法轮功"和李洪志的名,但特别注意摆事实讲道理,然而仍引发了4月25日发生在中南海周围那个惊动世界的事件。本文开头的话是笑话,但又不是玩笑。我们能不能设想一下,假如"法轮功"不围攻这个围攻那个,特别是不围攻中南海,而是"依法"向法院起诉何棹麻和《青少年科技博览》,情况又会怎样?

早在"法轮功"事件发生前一年的1998年4月9日,《光明日报》载《专家学者呼吁:用法律手段保护科技反伪斗士》——"反伪斗士"需要"保护",说明他们的"反伪"义举可能受到"法律手段"的打击。请看文章开篇:"近年来,一些科技、新闻工作者在科技领域坚持'打假'、'反伪',却被推上了被告席,推行伪科学、反科学变得既'有利'又'有理'。""有利"、"有理"的人当然应该"胜诉",于是他们确实"胜诉"了。上诉报道列举了"邱式鼠药"、"超浅水船"两个案件,只是因为这两个案件的一审错判在二审中被纠正过来了,坚持科学文明的人在精疲力竭经年累月之后总算"胜诉"了,事实上还有这样的好人在类似的案件中连"惨胜"也没有得到。

最后作者归纳出了自己观点:"邪教在中国发展到如此重要的地步,某些执法机关难辞其咎。"打击邪教"必须努力提高执法机关的素质,严防司法腐败。"文章以假设开篇,随后附以真实的佐证,最后导出了这一令人惊醒的结论。假设论证对于本文展开论证,深化主题起到了重要作用。

二、列举假设

所谓列举假设,就是将各种可能情况列举出来,并逐条否定剔除,最后确立剩下的一种假设为正确选择。例如针对 2012 年台湾地区领导人选举前,宋楚瑜带领橘营进行的竞选行为,中评社在联合报上发表了一篇评论,用的就是列举假设:

宋楚瑜到底意欲何为？

(中社评台北 2011 年 11 月 9 日电) 许多人都在问:宋楚瑜到底在想什么？他到底要什么？

能够想象的选项是:一、他想当"总统"。二、想在"立法院"成立亲民党党团。三、想当"行政院长"或海基会董事长。四、想拉下马英九,助蔡英文当选。

联合报社论指出,首先,宋楚瑜绝无可能当选"总统"。以目前选情来看,蔡英文至少应有超越 45% 选票的实力；因此,宋楚瑜若要当选,非但要超越马英九,且要将马的得票压低至 10% 以下,他始有可能超越蔡英文的至少 45% 而当选。这是宋楚瑜亦自知绝无可能之事,所以他的目标绝非当选"总统"。

六月间宋营开始动作之初,是以"当选三席'立委'/组成'立院'党团"为目标,如果这就是宋楚瑜要的,则他当不必采"弃马保台"如此偏激的路线。因为,宋营的主要票源毕竟是在泛蓝,而在单一选区中,橘军欲在"弃马保台"的旗帜下胜出,恐非易事。再者,宋营特意挑几处蓝绿紧绷的选区提名,其意显然不在自己人当选,而是要拉下国民党的候选人,助民进党候选人当选,以降低国民党在"立院"的席次,便利选后操作。因而,宋的"弃马保台"路线,究竟是"母鸡带小鸡"或"母鸡踩死小鸡",恐怕亦是尚待观察。平允的评论是:如果宋要的只是"成立党团"而已,他其实有其他许多路可走,不必非要与绿营同走"弃马保台"之路；如今走上这条路,反而使"立委"参选人四处碰壁。

那么,宋要的是在选后出掌海基会或任"行政院长"吗？即使这种想象原本或有万分之一成真的可能性,如今亦已因宋几个月来的操作而化作泡影。因为,不论国民党或民进党胜选执政,皆不可能任用人格形象扭曲至此地步的宋楚瑜；而即使任用,人格扭曲至此的宋楚瑜也难安其位,不要看今日民调或有支持他出任"阁揆"者,但届时民意绝不可能容他。莫说国民党若胜选,已不可能任用宋；绿营在 2005 年不能接受"扁宋会",难道如今能接受人格形象更加扭曲的宋楚瑜？再者,以宋楚瑜如此人格形象,北京又岂能以平常心面对这位"海基会董事长"？

综上所论,宋楚瑜绝无可能当选"总统"；他若只是想组成"立院"党团,则不必采如此偏激的路线；而他在这段期间将自己的人格形象扭曲至此地步,实可谓已经自我否定了选后主政者受其挟制而任用他出掌要职的可能；那么,宋楚瑜如果执意参选到底,他唯一最可能实现之目的,就是"拉下马英九/扶上蔡英文"。因为,照目前紧绷的选情来看,宋楚瑜只要获得 3%～5% 的选票,即可能保送蔡英文胜选。

宋楚瑜确实玩得太过头了。他一手用"弃马保台"拉民进党为他连署；另一手想用背后两排"国旗"装去挖蓝营的选票。这或许是令人瞠目结舌的权谋演示,却也是一个狰狞人格的公开展演；宋也许自以为得计，却必被蓝绿双方多数民众所轻蔑，亦失去了未来在台湾及两岸扮演任何重要角色的信任度。至于传出国亲两党仍待"协商"，但以宋楚瑜的诡诈反复，谁敢冒着被他反噬的风险与他"协商"？

吴伯雄说得对，这次"大选"只有马英九当选或蔡英文当选两种可能，不会有第三种结果；这应是多数人的共同见解，亦当是宋楚瑜所心知肚明。宋如果参选到底而造成蔡英文当选，他如何面对那些穿"国旗"装的年轻人？而蔡英文若当选，她又如何能与宋楚瑜组"联合政府"？这真是机关算尽，莫要误了卿卿的性命！

宋楚瑜现在应当做的是好好沉淀下来，重新为自己的历史评价找寻可大可久的定位。且听绿营名嘴已将他称作"蓝营的汪精卫/绿营的吴三桂"，宋楚瑜还能妄想蔡英文若当选能为他带来什么政治奇迹？

三、归谬假设

归谬法也是一种假设论证。归谬法是先假定对方的观点是正确的，然后依着这一观点进行逻辑推演，最后得出一个明显荒谬的结论，从而达到否定对方论点之目的。

北风所写的评论文章《"废龙"还需要废掉什么？》一文以戏言的形式，依其言而证其伪，论证了"废龙"说得荒唐和不可行。联合新闻网 2012 年 1 月 10 日刊发的《"大联合政府"的连环错！》就民进党在 2010 年大选前提出的筹组"大联合政府"一事，列出四条假设，一一归谬，最终得出了这一主张根本无法实现的结论。

研究与思考

=延伸阅读=

1. 吴庚振：《论述（上）》、《论述（下）》，见《新闻评论学通论》，河北大学出版社，2001 年。
2. 赵振宇：《新闻评论的论证》，见《现代新闻评论》，武汉大学出版社，2005 年。
3. 王振亚、李舒：《新闻评论的生成过程及源流》，见《新闻评论与电子媒介》，中国广播电视出版社，2004 年。
4. 李法宝：《论证：怎样说理》，见《新闻评论：发现与表现》，中国传媒大学出版社、中山大学出版社，2005 年。
5. 刘颖：《论证手法的运用》，见《定格有序——议论文写作技法》，湖南人民出版社,2006年。

6. 方武:《议论文的论证》,见《议论文体新论》,安徽大学出版社,2003年。

7. 马少华:《类比须防不同类,归谬莫到不相干》,见《新闻与写作》,2009年第7期。

=问题与思考=

1. 新闻评论的基本论证方法有哪些?彼此有什么异同?
2. 什么叫论证?论证在评论写作中有何作用?
3. 驳论的具体方法有哪些?各有什么特点?
4. 论证方法的表现形式有哪些?

=案例分析=

案例阅读指导:

材料是评论的论据,评论中的材料有事实性材料和意见性材料,评论在论证中为了阐明论点,需要摆出事实和引用材料。

评论论证的过程虽然是个逻辑推理的过程,是个讲理的过程,但是有时候有些东西是很难靠理说清的,有些论点必须靠事实去论证,在论证中,善于摆出事实,可以使看起来相当复杂的问题迅速简单化,使抽象的论点具体化;又有的时候,一些论点难以摆出事实来阐明,只有引用意见,以理论理。

论证的过程,往往既要摆事实,又要引意见,有虚有实地去阐明观点。

1984年1月20日《人民日报》发表的李德民的短评《"清水衙门"有"赃官"》,采用了归纳论证的方法,列举一系列的典型材料,论证了现实中侵占和挪用教育经费这个带有普遍性的严重问题,振聋发聩,令人信服。

人们对客观事物的认识,是通过实践活动,接触一个个具体事物,得出许多个别性判断,然后由此得出一般性结论,从而揭示事物的本质的。归纳论证符合人类认识活动的规律,是通过若干个个别事例,概括出它们的共同属性,综合它们的共同本质,从而得出一个反映普遍规律的论点的方法。但是人们在进行归纳时不能穷尽所用的事,这就要求所选事实具有典型性。该评论选用的六个事例都出自权威性的《人民日报》、《光明日报》以及省级党报,是有据可查的新闻事实,具有不容置疑的真实性、可信性。评论开篇向读者推出了两个互为对比、同一地点相隔四个月发生的事例:1983年8月,吉林省白城市大岭公社勤俭小学的校舍因无钱维修,即将倒塌,学生无法上课;1984年元月,白城市原教育局长刘永海因挪用教育经费65万被开除党籍并撤销行政职务,然后归纳出一个分论点:共产党不能要这样的党员,人民政府不能要这样的官,而这个分论点是一个与结尾的中心论点遥相呼应的伏笔,为结尾处解决问题定了基调。评论接着又一连举了四个事例来证明,每个事例都包含构成因果关系的两方面内容,即由于某些人侵占挪用教育经费。致使当地的教育事业受到破坏。几个事例的时间说明挪用教育经费的问题由来已久,积习难改,事例的发生地点证明这一现象的普遍性。文章所举的事例以主题为主线,排列而下又有序地串联在一起,条理分明,表现出紧迫严肃的感情色彩,既引发了议论,又论证了观点,给人以论据充分,构思巧妙、举重若轻的感觉。

文章结尾处笔锋一转,水到渠成地谈到对"赃官"的处置问题,画龙点睛地指出:对"清水衙门"的"赃官"不能放过,最后这一中心论点与开头的分论点相呼应。

一篇新闻评论想要引起读者的共鸣,必须从现实生活中选取材料,进行归纳论证,避免言不及义的空谈泛论,《"清水衙门"有"赃官"》一文的对归纳论证方法的使用,加上典型的案例,才使得论证有理有据,使人信服。

"清水衙门"有"赃官"

李德民

去年8月,人们曾为报纸上一幅照片而愤慨;今年元月,又为一条消息而鼓掌。去年的照片是,吉林省白城市大岭公社勤俭小学的校舍因无钱维修,即将倒塌,学生无法上课。今年的消息是,白城市教育局长刘永海被开除党籍并撤销行政职务。他当两年多教育局长,挪用教育经费65万元,其中1.64万元被他用来私建住宅。

看看小学的断壁残垣,想想刘局长的独门独院,人们得出的结论只能是:共产党不能要这样的党员,人民政府不能用这样的"官"。

翻翻近几年的报纸,还可以找到一些刘永海式的人物。请看:

山西省大同市教育局挪用教育经费为该局主要领导盖了一栋150平方米的住房,还围了300平方米的院落,成了全市有名的"独家独院"。而该市有的小学教室已快倒塌,有的中学想给教师买必要参考书都拿不出钱。(见1980年7月21日《光明日报》)

江苏省坯县教育局一年多里挪用中小学教育经费近9万元,用于该办公楼、宿舍楼和请客送礼。而该县许多中小学校舍年久失修,桌椅严重不足。(见1981年7月21日《人民日报》)

浙江德清县文教局挪用教育经费42万多元办工厂和建宿舍楼,其中为领导建的一栋是5间一套的高级楼房。而该县学校设备简陋,危房倒塌砸伤学生的情况年年发生。(见1982年9月10日《光明日报》、《浙江日报》连续报道)

四川广汉县文教局长挪用教育经费盖宿舍,其中"局长楼"是单户室内楼梯。为盖楼甚至"动员"小学校让出操场作房基。小学校舍残破,有的教室墙壁有窗户大的窟窿。(见1983年4月15日《人民日报》)

把这四起挪用教育经费的事和刘永海作个比较,只有五十步与百步的差距,并无性质的不同。那么,这四个地方对问题又是怎么处理的呢?报道中似乎都用的"模糊语言",有的说是作了"深刻检查",有的说是"已搬出新房",最厉害的要算"准备给纪律处分"了。比起对刘永海的既收"党票",又摘"乌纱帽",叫人感到不公允!刘永海的这个结局,是自作自受,没谁会认为委屈了他。

教育部门素有"清水衙门"的雅称,可是如果"赃官"在里面掌权,清水也会被搅浑。这种人"靠山吃山",管教育就吃教育,甚至连教室的粉笔钱、灯油费,连娃娃们的作业本、小板凳都不放过,实在贪婪!在查处他们问题的时候,如果因为他们是"清水衙门"中人就轻轻放过,"清水衙门"将永远也清不起来。

(案例原载于1984年1月20日《人民日报》)

=研究实践=

1. 将新闻评论论证的几种方法进行整理,试着找几篇评论文章,尝试分析文章使用了哪些论证方法,并分析该方法的使用是怎样有效地实现评论的效果的。

2. 在熟悉新闻评论的论证方法之后,尝试使用一种或几种论证方法,写一篇评论文章,并思考为什么使用这种论证方法,是否论证有效。

第九章　新闻评论的布局谋篇

导　论

新闻评论的标题

作为新闻评论的外观,标题是最先被人接触到的部分。标题是新闻的眼睛,"题好文一半"就是这个道理。对于新闻评论而言,好的标题可以"先声夺人",引起受众的兴趣。新闻评论的标题是概括或提示评论的议论范围、中心论点或基本倾向的简短文字。新闻评论的标题写作要求:

首先,观点新颖,引起受众兴趣。例如,每年的毕业季,毕业生的种种聚餐、狂欢,为的是在毕业前抓住最后的机会好好的维系感情,建立关系。《中国青年报》在8月20日发的《聚的是回忆,散的是青春》一文是在对应届毕业生的调查的基础上写就的,旨在对当代大学生的功利性社交提出有力的批评。其次,标题与主体内容和风格相一致。新闻评论的标题写作采取什么样的风格依文章的总体风格而定。例如,《新华每日电讯》针对当下高校的行政腐败之风写的一篇评论文章《铲除高校贪腐土壤需坚定去行政化》,这则标题庄重严肃,旗帜鲜明,与文章的内容和风格很好的融为了一体。同样也是该报纸的一篇文章《无"秘"有"谣"》,从文章标题来看,幽默诙谐,一针见血地指出当下反腐过程中出现的问题,眉毛胡子一把抓,杯弓蛇影,草木皆兵的自我慌乱状态。文章的评论部分幽默风趣,笔调舒畅,读来令人舒服。最后,标题制作遵循简洁明了原则。文章的标题要在规定的空间(字数)内提供充足的信息量;标题内容风格便于受众接受、记忆和理解;标题内容要力求概括,简洁明了。比如,2007年7月13日《中国青年报》的《改革要养成与民众分权的习惯》。同样,2006年4月15日《财经时报》的《慢了半拍》等。

引论写作

引论即新闻评论的开头,它是整篇文章提纲挈领的部分,担负着提出问题或表明观点的作用,它给读者以鲜明的"第一印象",直接影响到读者的阅读兴趣。万事开头难,新闻评论的开头尤其难。古人云:立片言以居要,乃一篇之警策。开头难,难在把调子定好,难在写出新意来。好的开头应当有两个特点:一是开门见山,二是引人注目。开门见山和引人注目是统一的,开门见山,不是险峻的悬崖,而是一幅山水画,很开阔,有气势,吸引人。

评论的开头没有固定的模式,根据写作的内容和所论的对象,要反复琢磨,仔细推敲。常用的原则和方法有以下几种:一是以新闻由头开头。二是亮出驳论。三是由情况带出问题。四是摆出问题引导读者思考。引论一般遵循两个基本原则：一是点明论点，二是暗示作者立场。引论部分所要达到的目的是帮助读者抓住要领，易于领会全文，吸引读者读完全篇。

正论写作

一篇好的评论，首先要有引人注目的论点，再就是要有一针见血的说理。论证，揭示了了论点与论据之间的逻辑关系。具体说，论证就是将推理应用于论证中所形成的推论方式。论证三要素——论点、论据和论证方法。新闻评论的论证方法是多种多样的，这里着重介绍两种基本的论证方法。

立论，就是正面提出某种观点或主张，并阐明此观点或主张的正确性、必要性、重要性，以肯定、确立为主要目的的论证方式。立论因其正面论述的方式和特点，在选题比较重大的评论形式中是采用最多的。立论以立为主。常见的有喻证法、例证法、比较论证、因果论证。

驳论，是针对与自己的观点相对立、相矛盾的观点加以反驳或批判，以否定为主要目的的论证方式。驳论主要用于论战、揭露、批驳、批判、剖析等，是在政治、思想、理论和学术上驳斥错误观点、澄清是非、激浊扬清、扶正祛邪的重要方法。驳论以破为主。驳论中常采用的方法有直接反驳、间接反驳、两难法和归谬法。

在论证过程中除了要掌握好论证的三要素之外，还要注意一些其他的问题：

论证宜简约。新闻评论也是新闻的一种形式，首先必须要有新闻的特点，必须适应受众速度的要求。特别是涉及重大事件的选题，论证不可面面俱到，要着重论证，一阵见血。不然的话，受众就会迷失在你的旁征博引中，最终会无心卒读。达到这样的要求要做到善于取舍，删繁就简；言之有物，切忌空话、套话；突出重点，不必面面俱到。

用事实论证，事理并重。俗话说："事实胜于雄辩。"精心挑选受众关心、熟悉的事实性材料，这是最有力的论据。新闻报道客观事实，评论是在客观事实的基础上发表主观意见。新闻的力量在于摆出事实，评论的力量在于讲出道理，有理才可以服人。道理不仅要讲的出来，还要讲的精彩。事与理并重，指的不仅仅是在论证过程中注意选择应用具有说服力的事实性论据，还包括注意发掘具有典型性的事实本身蕴含的道理，真正做到事实胜于雄辩。

评论有度，留有余地。讲到这个问题是要提醒新闻评论的作者在对事实作出判断和评价时，不要走极端，不要把话说得太满，要留有余地。写新闻评论时应该想到的是代表媒体，而不是代表个人发表言论。能否正确地划清不同性质事件的界限，恰当地掌握言论的分寸火候，是衡量一个评论员是否成熟的一个重要标志。

结论设计

结论是评论的重要组成部分，不可认为评论的主体部分已经完成就认为结论部分无足轻重了。好的结论可以为文章增色，而失败的结论甚至会破坏全文的风格，给人"狗尾续貂"之感。古人做文章主张"凤头、猪肚、豹尾"。"凤头"指文章开头要精致而有灵气;"猪肚"指文章的内容丰富饱满;"豹尾"指文章的结尾雄壮有力。评论的结尾亦如开头一样有多种样式。一种为"总收式",在文章最后阶段将全文内容一网收尽,画龙点睛。一种是"首尾呼应"式,起到强化结论的作用。一种是"延伸式",在文章的结论处提出新问题、新情况,或预测事件发展的新趋势,起到丰富和深化文章原有内容的作用。一种是"奇峰突起"式,于文章结尾处笔锋陡转,于"山重水复"中另辟蹊径,然后戛然而止,令人回味无穷。一种是"号召"式。结尾处发出号召,便能震撼人心,发人深省。

选 文

气韵与意蕴(节选)

薛中军

导言——

本文节选自薛中军等著的《新编新闻评论》,上海交通大学出版社,2008年版,第129—138页。

薛中军,女,博士学位,上海大学教授,作协会员。主要专著有《中美新闻传播研究》、《女性创作传播的"语境"阐释》等。在《中国传媒报告》、《采写编》、《作品与争鸣》等刊物上发表各类学术论文三十余篇。

选文节选自《新编新闻评论》的第十章的内容,讲述了新闻评论的谋篇和布局,包括新闻评论标题的制作,正文的建构和收笔的艺术。审美是无处不在的,任何事物都具有审美特征。新闻评论的美,分为内容和形式之美,两者有机结合构成新闻评论的整体美,体现一定的气韵与意蕴。按照新闻评论的结构划分,新闻评论的美分为标题美、主体美、结尾美等不同的美。新闻评论的总体美要求新闻评论人对每个层次组成都要讲究美的追求,进行美的创造。

本文引用大量的事例详细解释了新闻标题在制作过程中对美的追求。新闻评论的标题有外在美、内蕴美、简洁美。外在美指新闻评论人通过对话语的有机组合架构所呈现出的一种外观之美,也是话语按一定修辞要求进行排列组合所显现的一种特征之美。内蕴美与新闻评论标题话语的内在思想、情感、意味有关,蕴藏在评论标题的内在组成和外在结构中,是新闻评论标题深沉的含蓄之美。新闻评论标题的内蕴美,通过人们的审美认知有所反应,体现为多元多重的取向和构建,比如通过比喻、拟人、借代、反语等虚实互补、一语双关等手法的运用,形成一种厚重的人文内涵等等。简洁美主要体现在两个方面,即言简意赅、词达意明、完整全面、概括集中。新闻评论标题相对评论事体的全篇而言,是纲举目张的。

文章中指出,新闻评论的正文所起的作用就是对议题拓展、回答和解释,完成对论点的论证。新闻评论入题部分,常常表现为对新闻事实的陈述或点评;新闻评论主体则表现为对论据的提供,以及完备的细节材料或背景材料的运用等;新闻评论的结语,补充、深化思想,令读者明白评论事宜。本选文中对新闻评论写作中的背景做了详细的阐述,还引用大量的案例来解释说明,这是选择本文的最大原因。

审美是无处不在的,任何事物都具有审美特征。

新闻评论的美,分为内容和形式之美,两者有机结合构成新闻评论的整体美,体现一定的气韵与意蕴。

按新闻评论气韵与意蕴之美的构成层次划分,可主要分为标题、主体(正文)、结尾等不同的美。各个层次按不同特征构建与组合,使新闻评论的整体美具有不同的样貌。

新闻评论的整体美,并非只是新闻评论几个层次或组成部分的机械组合。新闻评论的整体美大于新闻评论层次美的总和,其气韵与意蕴的外延具有灵动的有机性,与人们高度的审美反应认知息息相关。

系统论告诉我们,任何整体都由一定的系统构成,离开系统就构不成整体,没有整体也就无从谈系统,而系统离不开要素的支撑。新闻评论气韵与意蕴的整体美,反映在新闻评论写作上,要求新闻评论人对每个层次组成都要讲究美的追求,进行审美创造,尽力体现美的本质,以激起受众的审美反应。

第一节 作为标题的"话语"

常言道:题好文一半。不言而喻,新闻评论要完成好的传播效果,标题首先要吸引人,要能唤起人们的阅读兴趣。可见,准确、生动传神、简练精辟等都是新闻评论标题不可缺少的审美要素。

标题研究作为新闻理论研究的一个重要组成部分,一直受到学界、业界的充分重视。从早年徐宝璜、邵飘萍等人的新闻学著作,到现当代出版的各类新闻学著作,几乎都设专节或专题讨论标题。

有比较才有鉴别,要知道什么是好的新闻评论标题,必须从分析研究新闻评论标题入手,这也是能写出好的新闻评论标题的前提和基础。探讨新闻评论标题的确立,从欣赏标题之美入手,揭示新闻评论标题的美学特征和美学意蕴,研究它的意义、作用、要求等问题,具有重要意义。

从审美角度出发,新闻评论的美体现在:

一、外在美

新闻评论标题的外在美,是指新闻评论人通过对话语的有机组合架构所呈现出的一种外观之美,也是话语按一定修辞要求进行排列组合所显现的一种特征之美。从外在来看,新闻评论标题主要分为单题、复合题。单题,可能是一个字、一个标点、一个词或一个词组,一句或两句话等。复合题则由引题、主题和副题按不同排列组合方式共同构成。无论单题还是复合题,新闻评论标题都显示一定的外在美特征。它们灵活多样,或单薄或厚重;或整齐一律,平衡对称;或错落有致,自由变化。总之,新闻评论标题讲究用语的灵动与丰富,要醒目而富含吸引力。比如:

水!
该哭!
望"洋"兴叹!

一句话新闻评论标题显示整齐一律的美感特征。比如:

弘扬和培育民族精神的时代价值

有时,一句话新闻评论标题还通过语音文字符码的相同或重复,形成一致性和气韵性交融的外在美感特征。比如:

伟大的胜利伟大的转折

这则标题的叠字,以话语符码内蕴的延续体现为文字"外表的一致性"[①],说得更明确一点,就是文字的有规律重复,不仅使新闻评论标题具有一种节奏美,而且还形成一种气势美。

两句式的新闻评论标题,一般体现为平衡的对称美,比如:

素质为本
教育为先

这个评论标题,上下话语符码数目相宜均等,形式结构对称,各部分之间相称相关多彩而富于变化,突显有序、稳定意味的审美效果。

---

① 黑格尔:《美学》商务印书馆,1981年,第173页。

再比如:《科技日报》曾发表一篇用最新资料告知人们吸烟危害、戒烟必要的新闻评论,标题离奇引人,极富意味。标题如下:

既要钱　又要命

该新闻评论标题语言构成内涵丰富,具有对立统一性和相互对比性,突出评论事实,强调评论意义,极富灵动多变的审美意蕴。

符合类型的新闻评论标题,即引题主题结合或主副题结合型等等样式的新闻评论标题,显示错落有致的美感,体现话语组合、话语多变的丰富性美感特征,于"有整有乱,乱中见整,形成不齐之齐,无秩序之秩序"①中见真谛。比如:

发扬光荣传统　站在时代前列
——写在"五一"国际劳动节

该新闻评论标题,主题和副题在各自语境中体现内容和意味,形成一定的节拍,显示着于无序中见有序的运动美感。

二、内蕴美

从新闻评论标题的话语意蕴来看,评论标题分为虚题、实题。虚题,指在意义理念上泛化的不相关具体个体对象的标题,用来揭示本质,深化寓意,表达作者情感愿望等。实题,则是具有明确意思,意味直接、具体、直观的标题,表达意思明了,突出重点等特征。评论作者作题时,大都考虑该用虚题还是用实题,或者是用虚实结合题来达到虚实互补效果等。比如,下面的几个新闻评论标题,各具特点:

"石佛"的境界(虚题)
假冒国际名牌更要打(实题)
走出"黄宗羲定律"的怪圈(虚实结合)

评论标题的虚或实,或虚实结合、互补,主要体现在多种修辞手法的运用上。比如比喻、借代手法:

打击黑窑主更不可放过"保护伞"

---

① 王世德:《美学词典》,知识出版社,1986年,第45页。

再比如运用拟人手法：

白塔寺在叹息

运用引用手法的：

"先天下之忧而忧　后天下之乐而乐"

运用对比手法的：

期待从"以考为本"到"以人为本"
要"务实"也要"务虚"

运用对偶手法的：

执行三中全会路线　坚持四项基本原则

运用重复手法的：

"食文化"莫把文化"食"了
"治嘴工程"光用"嘴"不行

倒装和反语手法的：

如此草台班子
如此"村规"

  这些新闻评论标题各具特色，显示不同的内蕴，不仅别致，在审美心理上，也最容易使人产生遐想效果，使新闻评论的思想深度和艺术感染力大大增强，引发人们关注与思考，从而使读者愿意阅读评论内容，深化评论传播效果。

三、简洁美

  新闻评论标题，位于审美认知反应的首要层次，简洁美的凝练显达会带来冲击力很强的审美印象。新闻评论标题的简洁美体现在两个方面：言简意赅，完整全面。新闻评论标题，只有简洁凝练且有意蕴，才能充分吸引读者，最大限度地调动读者的阅读兴趣,激发读者的阅读热情。事实证明,优秀的新闻评论标题,是精彩动人的,引人关注。优秀的新闻评论标题,不仅能更多地进入读者的接受视野,还总会引领读者被它那磁石般的审美吸引力和感染力所打动、所折服。

第二节 正文的建构与追求

新闻评论正文,追求深刻厚重的丰实之美,它是对新闻评论标题的阐释与表达,是对新闻评论旨意的展开、承接、说明,使读者对评论事体有所把握,有所认知。

新闻评论的丰实美,缘于所使用材料的充足丰富,以及各个组成部分建构的严谨、合理、科学。一般取决于三个组成部分的构成,即评论入题部分、评论主体部分、评论结语部分。它的审美特征与该文本的形式与构成有密切关系。

新闻评论入题部分,常常表现为对新闻事实的陈述或点评;新闻评论的主体则表现为对论据的提供,已经完备的细节材料或背景材料的运用等;新闻评论的结语,则与补充、深化思想,让读者对评论事件有充分认知的意旨有关。

进入新闻评论正文,展开、承接、说明进行论证,几个部分无不与新闻背景相连。所以新闻背景的交代写作是正文不可缺少的重要组成部分。

背景概念引用到新闻评论写作中,主要指新闻评论点评的客体对象背景。笔者以为,从新闻评论具有一定时效性来看,新闻评论的背景主要体现为新闻价值效应的衬托之美。

不难发现,按照辩证唯物主义哲学观,从相互联系的观点认识世界、感知世界,自然、社会的所有事物都既作为独立的个体存在,又作为普遍联系的共体存在。所以,每个事物都是和别的事物联系着的。同样,每个新闻评论对象,首先也是作为具有独立性特点的事物而存在的,但同时又与一定的历史条件、现实环境的别的事件相关联。这种与每个评论对象相关联的历史条件、现实环境等,在新闻评论写作中就构成了一定的背景材料。

背景材料运用的巧妙、恰当,不仅可以起到烘托主题、显示重点的作用,还有助于作者和读者完成沟通与"对话",达到一个共同的意境与目标。要注意的是,切不可将评论背景的重要性强调过头而失去本身定位,喧宾夺主。从根本上讲,新闻评论背景,始终处在陪衬地位而非主体地位。在新闻评论的层次美中,背景始终是一种衬托之美而非主体之美。从某种意义上说,评论背景材料与主要评论事实的关系,就好比是绿叶与红花的关系。有新闻评论的衬托,评论事实所蕴含的精彩内容格外清楚的展现在读者面前,评论的论点、论据、论证才更严谨科学地体现出来,但绿叶切忌太多把红花掩盖掉。

优秀的新闻评论人在使用评论背景材料时,总能紧紧围绕主要评论事实或主题而进行,显明精致,恰到好处。

比如,下面这篇新闻评论,通过交代背景后,提出议题,展开论述。全文如下:

守法者无义务为违法者背书

王 琳

老师发现课堂缺席率太高,最常用的一招就是即时做思想教育,但这种招数几乎不会奏效,因为想来的已经来了。这些出勤学生想听的是课程内容,而不是纪律要求。对没来的学生来说,老师在课堂上讲太多的纪律他也听不到。本来应针对缺席者的训斥,却演变成了对那些一心求学的学生宝贵时间的耽误。

类似例子,在行政管理中更为常见。比如一些地区最近决定,春节期间,所有烟花爆竹生产厂一律暂停生产,待元宵节之后恢复,据说这是"为了确保不发生重大安全事故,让市民度过一个欢乐祥和的春节"。

这样的决策其初衷不可谓不好,但问题是,如此停产通知该发给哪些厂家呢?如果是合法的烟花爆竹生产厂家,它们的安全保障措施已经做足了,有何理由要求它们在春节这样一个最佳的销售时段放弃生产?如果是非法的厂家,恐怕不用专门等到春节才让它"暂停生产",更谈不上"元宵节之后再恢复生产"!这些不合法律规定、不遵守安全生产规范的厂家,应当在发现之日起就即刻停产。

一些地方政府习惯在行政管理中搞"一刀切",往往是因为日常行政执法的疲软,当违法者的违法行为非但没有引起相应的责任追究,反而带来了利益时,"违法有利守法吃亏"的思想就会像瘟神一样迅速蔓延。当一个行业违法占了上风,行政机关想要加强管理总觉难以入手,"一刀切"也就成了简便易行之策。

"一刀切"的逻辑悖论显而易见:如果"停产停业"针对的是合法厂商,没有法律依据,更何况,这些生产厂商已经合法,"停产停业"也不能让他们更守法。而如果"停产令"是针对非法厂商的,发现一个查处一个比集中停产会更有效。从理论上讲,"停产令"并不比法律更管用,也不以法律更有意义。连法律都不遵守的生产厂商,又如何确保让他听你这个"停产令"?

对违法者的责任追究不能伤及守法者的正当利益,这应成为行政执法,尤其是政府部门建规立制时的一道红线。以制度之名要求一群守法者集体对违法者背书,守法者何其无辜!就像那些不懂教育智慧的老师在课堂上勃然大怒:"怎么还有几个学生没来,这节课我不讲了,那么自习吧"。[①]

可见在新闻评论写作中,背景材料是作为写作主旨的支架和依托而存在的。

事实上,在新闻评论写作中,即使在某一环节运用背景材料很多,甚至在量上看似已超过评论要旨话语符码本身,但它也不过是为多侧面、多角度地展开议题,用以衬托评论议题或补充说明评论中心思想,而不是喧宾夺主地去取代评论要旨。在这些新闻评论中,评论议题及其要旨仍然居于主导地位,材料背景则始终居于从属地位。

---

① 《新民晚报》,2007年2月15日,"今日论语"专栏。

总之，新闻评论的正文要丰实而充裕，在展开论证时就少不了例证、引证、比较、引申、提升等方法的运用，希望大家在实践中能细细把握体会。

第三节 收笔的"开放"与"召唤"

新闻评论收笔，是新闻评论写作的最后程序和部分，主要指新闻评论的结束段或结束句，讲究创造一种"事已毕而意深远"的效果，追求画龙点睛的功效，凸显深化意蕴，启迪智慧，统领全篇，展现深远余韵美的力度。

新闻评论的收笔，不强求一律，更不能一概而论，万紫千红才各具风姿。总体上来说，不同的新闻评论，收笔方式各不相同。然而，言有尽而意无穷是新闻评论人所共求的美感享受。笔者将收笔方式按类划分为三类，一类是"开放式"，一类是"闭合式"，一类是"复合式"。

"开放式"收笔，意即结论思维是多元发散式的。这样的收笔并不在全篇结束时做出结论，而是以问题、质疑、思索性话语结束，唤起读者与作者共同的进一步思考。这种收笔是当代"创新"思维在结语中的体现，通过语气、用语、修辞的不同，演化成各式各样的结语，应用极为普遍。1982年5月，《人民日报》发表署名评论《谈穷说富》，其结尾具有令人深思的启示之美，就是一种"开放式"收笔：

只准颂穷、不准谈富的时代过去了，中国人民想富、能富的好日子开始了。这是不可逆转的潮流。我们要理直气壮地谈富，也要实事求是地说穷，谈富不忘穷的现实，说穷要看到富的前途，这才能普遍由穷到富。①

"闭合式"收笔，意即结论思维是回环相扣的，与论题对应。这样的收笔一般在全篇结束时作出统领性结论，进行扣题。这种方式属传统类型收笔，应用也极为普遍。例如，2003年"非典"时期，《人民日报》发表新闻评论《民工，担起你的责任》，收笔是"闭合式"扣题。全文如下：

民工，担起你的责任
一 驰

据报道，5月3日，安徽省宣州市宣州区东桥村非典防治人员在规劝一名从疫区回来的民工王某在家隔离观察时，遭到王某及其家人的辱骂和暴力威胁。后当地民警、联防队员赶到时，王某和家人仍极不配合，甚至围攻民警。目前王某及其家人已经被依法惩处。

在防治非典的非常时期，王某及其家人不接受当地卫生防疫部门隔离安排并导

---

① 《人民日报》，1982年5月18日。

致暴力冲突的事件不能不引起我们的思考。

长期以来,游离于乡村和城市之间,生活在城市边缘的民工一直是社会广泛关注的一个群体。党和政府采取了一系列措施,努力改善民工在城市中务工和生活环境,尤其是在这次非典疫情中,各级政府纷纷采取措施,进一步改善民工生活条件,做好民工的非典防治工作,同时组织人力物力帮助民工家中抢种抢收,想尽办法解决他们的后顾之忧。民工们的后顾之忧被解除了,那他们又该做些什么来回报社会呢?

党和政府十分重视非典在农村的防治工作:为了切断一切可能的传染源,各级党组织和政府都呼吁民工不要返乡,暂留原地。在这个突如其来的危难时刻,一切都要顾大局,以大家为重,舍小家,为大家,更何况这些措施也都是为了民工们的根本利益而采取的。

同时,我国传染病防治法也对我们社会每位公民提出了如下要求:在中华人民共和国领域内的一切单位和个人,必须接受医疗保健机构、控制措施,防治非典是一项系统、复杂的社会工程,无论是政府、社会,还是每个人都必须依法担负起相应的责任,民工自然也不例外。

当然,上述现象是极为个别的,大部分民工在这场灾难中都听从政府的安排,支持政府的措施,并且在这场抗击非典的战役中做出了自己应有的贡献。小汤山医院的火速建成,当中就凝聚着民工兄弟们昼夜奋战的辛勤汗水。

危难时刻,民工兄弟,担起你的责任来![①]

"复合式"收笔,意即"开放"、"闭合"融而为一,兼而有之。它往往不下结论扣题,也不在结语时只限于某一方面或趋向的定论,而是"召唤"读者生发更多的联想、探索等。例如,1997年2月,《人民日报》发表新闻评论《如果不是邓小平……》,结尾具有内涵丰富之美,采用的就是"复合式"收笔方式。

是的,在邓小平去世后,我们冷静想一想,如果不是邓小平,今日中国、今日中国人民将是什么样子?历史当然是人民创造的,中国也总是要变化、发展的。但是在这个过程中,邓小平这样杰出领袖所发挥的作用是非凡的,也是公认的。邓小平生前对毛泽东主席有个高度的评价:"没有毛主席,至少我们中国人民还要在黑暗中摸索更长的时间。"今天,我们悼念邓小平,也同样满怀深情的思考:没有邓小平,至少中国人民还要在混乱、愚昧和贫穷中摸索更长的时间。对于这个道理,如果说在他生前人们已有认识,那么,在他身后,感情和理性,则使人们的认识更为清晰,更为深刻。这就是伟人的力量。[②]

[①]《人民日报》,2003年5月14日。
[②]《人民日报》,1997年2月24日。

诚然,没有绝对的事物,新闻评论的收笔方式也是如此。笔者总结的三类收笔只是相对而言,只是在一种研究的视角下而言,是为大家学习掌握新闻评论的写作技能提供一定的方便。其实,新闻评论究竟要采取什么样的收笔方式要"顺其自然",不可循规蹈矩牵强附会,否则也就失去初衷,失去它要表达独特思想意旨的意义。

不言而喻,新闻评论虽属议论文体,多以概念、判断、推理为基础进行议论,但它也具有叙事功能。一篇上好的新闻评论佳作,总是力图用最简洁的话语来论证观点。也就是说,高明的新闻评论人,叙事但又不局限于叙事,他们通过叙事告诉读者表象的事件,但同时给予读者比事件本身更丰富更深刻的东西。总之,要恰到好处地显示新闻评论的余韵美,就应注意讲究收笔的严谨、细腻、有力,不可拖泥带水、空话连篇地画蛇添足。

谋篇与布局(节选)

李法宝

导言——

本文节选自李法宝主编的《新闻评论:发现与表现》,中国传媒大学出版社、中山大学出版社,2005年版,第158-191页。

作者李法宝,教授。复旦大学新闻学院新闻学博士,北京师范大学艺术与传媒学院影视艺术学博士后。曾在报社和电视台从事新闻业务工作,获得过省级新闻奖;后投身新闻教育事业。在几间大学任过教。已出版的专著有《新闻写作的艺术与技巧》、《新闻传播方法论》、《影视受众学》、《电视竞争策略》等10部。

从章节安排上看,与传统的新闻评论教材就有很大不同。传统的结构也分上下两部分:前一部分讲新闻评论的一般理论问题:从选题到结构、标题、语言;后一部分讲具体的评论样式体裁:从报纸社论讲到编者按,再到广播电视评论等其他媒体评论。而李法宝的书除分属上下两篇的"选题与立意"、"论证"、"体裁"及广播、电视、网络三种媒体的评论是传统教材中已经提及的内容外,其余同样分属上下两篇的"评论价值的建构"、"受众"、"易懂:增强新闻的可读性",都是具有现代传播学背景的新的内容。即使在传统的"谋篇布局"(即结构)一章中,也用"首因效果"、"近因效果"这些传播学中使用的概念和原理来说明开头与结尾的不同效果。

所选文章为谋篇布局,重点讲的是新闻评论如何开头、如何结尾、如何展开论述,详细而清晰的解释了新闻评论如何写作。新闻评论开头的方法与原则,作者提出了六个方法:以新闻由头开头、由情况带出问题、亮出要批驳的论点、把结论放在开头、回答读者问题、提出问题吸引读者寻找答案等方法。评论的开头遵循两个原则：点明文章主旨；对作者的立场作出初步暗示。作者也提出几种"豹尾"式的结尾方式：鼓舞式、归纳式、引人思考式、创新式、展望式等。新闻评论的结构要首尾呼应，自成一体，不可前言不搭后语，读完令读者一头雾水，不知所云。文章指出，新闻评论的结构要有逻辑性，文章的论证结构有悬念式结构、递进结构、对比结构、书信体结构，同时还有具体的案例佐证，令读者读来清楚明白。

第一节 万事开头难：精心撰写引论

引论，也就是新闻评论的开头，它是整篇文章提纲挈领的部分，担负着提出问题或表明观点的作用，它给读者以鲜明的"第一印象"，直接影响到读者的阅读兴趣。

新闻评论究竟应该如何开头，是没有固定格式的，但是根据写作内容和所论对象，要反复琢磨，用什么方式，用什么语言，表达什么感情，甚至还要考虑到整篇文章的层次结构、节奏快慢等。

开头要落笔切题，开门见山，反对下笔千言，离题万里。引论最好开门见山，尽快地进入主题，使读者看了开头的几句话，就看到一点眉目，引起读者的兴趣，进而迫不及待地把全文看完。开门见山的办法很多，但最常用的有以下几种：

（一）以新闻由头开头

这是常用的典型的开头形式。有的是根据当天刊登的新闻写的，有的以最近的新闻热点为由头写的……这种方法较为方便，提笔便来，比较自然，不给人以硬做文章的感觉。但这种开头需要注意的是，引用新闻宜简不宜繁，把准备加以评论的主要之点引出来即可，太繁琐了就雷同于新闻，读者不耐烦看。

昨晚，邻居一个青年在闲聊中考我：今早电视播放的游行队伍，你看有什么特点？我茫然不知所答。他接着说：你看到游行队伍中有个横幅写着"小平您好！"的字样吗？这就是特点呀！啊！原来如此。聪明聪明！

"小平您好！"的字样虽然不怎么样；在他名字的上头也没有冠上几个"伟大"的颂词，但看起来却使人倍感亲切。人们都猜想它不会是奉命行事的佳作，而是热心青年自发的独具匠心的创造。言为心声。这也是心声，也是反映亿万人民政治情绪的心声。看来这位不知姓名的小伙子，祝愿的显然不只是对小平同志个人，同时也是对党中央的一系列富民强国政策的一种诚挚的祷告。

（《羊城晚报》1984年10月2日，微音）

在中华人民共和国成立35周年庆祝活动中出了一件新闻：北大师生游行经过天安门城楼时，队伍中突然举出了一个横幅，上面写着"小平您好！"作者敏感地发现了这四个字中的含义——群众对改革开放以来党的方针政策的拥护，立即撰写出评论，引起了读者强烈的共鸣。

十一届三中全会以来,党中央领导全国人民正本清源,确立了实事求是的政治路线、思想路线、组织路线,制定了建设具有中国特色的社会主义现代化强国的宏伟目标,推出了一系列改革措施,使得社会安定,人民生活改善,中国在国际社会中的地位大大提高。而这一切都与邓小平同志的作用分不开。因此,对邓小平同志的祝愿,就是对党中央的祝愿。作者由横幅中没有冠上"伟大"一类的词推理出,北大师生所为不是"奉命行事",而是"亿万人民政治情绪的心声"。应该说,作者的推理是准确的。

《"小平您好!"》这篇评论的所有议论,都是从"小平您好!"一事中生发的,但并不感到论据不足。主要是作者所选的事实倾向性十分鲜明,事实与论点之间有着必然联系,事实能直接说明论点,故而收到了"以一当十,以少胜多"之效。

从新闻由头说开去的开头方法,现在用得很多。因为用得太多了,就缺少新鲜感。所以在使用这种方法时,还可以精心设计,加以变通。

这种办法,把新闻由头内含的意义提到一个高度,然后再加以论证,引人瞩目。或者把新闻由头同评论所要否定的错误观点组合在一起,摆在文章之中,具有很强的针对性和鲜明性,对读者很有吸引力。

(二) 先列情况,由情况带出问题

情况有具体,也有概括的,摆的问题有多也有少,入题有快有慢,这种写法的好处是比较方便,比较自然。难的是,情况摆多了,容易淹没主题;情况摆的少了,主题引不出来;摆的情况太一般,引不起读者的兴趣。在运用这种开门见山的方法时,也可以设法加以变通,避免一般化。譬如,1998年11月1日《河北日报》发表了题为《迎着老百姓的方向走》的评论。文章写道:

"彭市长,你别往正门走,有一群上访的人正堵在那里。""那我从哪儿走?""后门。""后门要是也堵了呢?"工作人员被武安市市长彭学增问得哑口无言。他来到上访群众中,提高嗓门喊道:"我是彭学增,大家要反映什么情况,请说吧!如果时间短,我就地答复;如果时间长,请大家先回去,留下几个代表到办公室来。"上访群众听了市长这番话语,憋在心里的气消了一半,围得水泄不通的大门顷刻畅通无阻,而后大家心平气和地酝酿代表人选。

"刘县长,你们快改道吧,有几个村民要截车。"易县县长刘建军从呼机上读完这条"十万火急"的信息后,命令司机加速,把车开到村民要设卡的凌云册乡路口等候群众。过了一会,远远地走来一个村民,问清刘县长是在等他们之后,急忙招呼后面的人,"呼啦"一下,涌来一大帮。大家听说刘县长已在此等候他们多时,深受感动,一再催促县长快赶路程,他们的事回乡里找乡长说去。

这是我省农村工作中的两组"特写镜头",情节不复杂,但发人深省。

人们会被这篇评论的开头字里行间渗透着一片"真情"所打动：无论是彭市长、刘县长在上访群众和截车村民面前所表现的"情"，还是上访群众和截车村民在彭市长、刘县长面前所表达的"情"，都是那样质朴、那样纯真，完全发自内心，完全出于真情。这是党群鱼水情的体现，这是党的好作风的传承。这一切，都是评论作者笔端饱蘸激情、如实反映真情的结果。而且，这篇评论作者敢于触及热点，又不炒作热点，可以说把握平衡，分寸适度。

这篇评论阐述了带着感情做好群众工作的重大政治主题，有很强的时代感。评论的写法也很有特点。作者从两个感人的正面事例入笔，提出了当前干群矛盾、农村稳定的尖锐问题，直面现实，条分缕析，追本溯源，道理讲得中肯、服人，有思想深度。这篇评论写热点但不炒作热点，有很好的疏导、引导作用。

评论的开头把情况和论点结合起来，先来一句斩钉截铁的话，这就比一般地摆情况醒目得多。这篇评论选用了一封农民的信，来摆情况，具有第一手资料独具的新鲜感，比由评论作者来概述情况，更能吸引读者。由此可见，先摆情况的开头方法也是很有讲究的，可以摆得很鲜明、很生动，开门见山、引人入胜，也可以摆的很一般、很沉闷，令人不知所云。

（三）先把要批驳的论点亮出

这是论战型评论常用的方法，这种开头方法具有很强的战斗性。党报的评论主要用于解决人民内部的思想问题，这里没有刀光剑影，不需要剑拔弩张。但是，作为新闻评论开门见山观点的一种方法，把对方的一些错误和模糊认识摆在评论的开头，仍然是可行的。这种开门见山的办法具有很强的针对性，一下子就抓住读者。

（四）把结论放在前头

这种把结论摆在前头的开门见山的办法，用得很普遍，只是因为有些评论谈的是比较具体的问题，有些结论也很一般，就缺少那种振聋发聩的效果。

（五）回答读者的问题

树立新的择业观

冯并、张曙红编辑同志：

很多地方都有这样的情况，一方面是有人没事干，一方面是有事儿没人干。有的城市大规模清退农民工，可腾出的岗位城里人还不愿上。为什么会出现这种情况？

——读者

——"有人没事干，有事没人干"，据我们了解，是带有普遍性的现象。这种现象说明，解决下岗职工的再就业问题，不仅要靠政府部门的努力，靠全社会的支持、配合，重要的还要靠职工自身的观念转变。

（《经济日报》1998年2月13日）

1998年初,中央根据经济工作会议精神,加大国企改革力度,加快下岗分流再就业工程步伐。经济日报编辑部选准题目,在一周之内,完成五篇相关论文。

本文是关于下岗分流再就业的一组评论中的第一篇。这篇评论的开头采用了信件的格式,即由读者来信向编辑部提出问题,然后作者再根据读者的提问有针对性地回答读者的问题;而且评论的语言比较平实,尽量摆脱评论气和说教气。这篇评论发表时间早,时效性强,影响也比较好。

(六) 摆出问题,吸引读者寻找答案

用这种办法开头要十分注意问题的提出,它必须是读者确实关注的问题,才有生命力,而不是作者闭门造车出来的问题。先把问题摆出来,可以避免先摆情况容易产生的叙述过多、冗长累赘等缺陷。

开头要尽量避免老套。开头要点题,不等于不能议论风生、谈古论今、抒发感情,用以表现主题。评论开头引古喻今,意味深长,富有吸引力和说服力。但运用古语、诗句也要恰到好处,不落俗套。也有的文章一开头,就来几句富有哲理性的话,一下把读者的心抓住,促你思考,使你不得不看下去。

评论的开头一般遵循两条原则:① 点明本文的论旨;② 对读者的立场作出初步暗示。但有些评论也有采取更为直截了当的做法的。开头所要达到的目的,主要是能够帮助读者抓住要领,易于领会全文,或者是能够引人入胜,使人乐于读完全文。

第二节 挺拔有力的"豹尾":悉心写好结论

评论的结尾从表述的内容来看,大致有三个方面的作用:总结全文的内容;重申作者的观点;提出与评论相关的内容。结尾主要是帮助读者明确题旨,加深认识,或者使人读了饶有余味,增强感受。

常言道:文无定法。同样,新闻评论的结尾也可以有各种不同的写法。

许多文章的结尾不理想,显得很一般化、老套化,文章写到最后就没劲儿了、平淡了,使人感到作者已经筋疲力尽了。好的结尾应该起到归纳、点睛、升华并使人回味的作用。结尾是文章在充分阐述主题之后的一个归纳,是对主题的升华,精彩的几句结尾,一下子就使读者掌握了全文要点,这是论说文的特点,与新闻报道有所不同。结尾要能引起人的联想,读了全文之后,想一想作者的用意,自己从中得到什么启示,平淡的结尾则会减弱这种联想的效果。

(一) 鼓舞性、号召性

结尾发出号召,便能震撼人心,有千钧的力量。

党的"十五大"为我们规划了跨世纪的宏伟蓝图,这就是下世纪第一个10年实现国民生产总值比2000年翻一番,使人们的小康生活更加宽裕,建成富强民主文明的社会主义国家。回顾50年峥嵘岁月,我们豪情满怀;展望新世纪的锦绣前程,我们欢

欣鼓舞。让我们更高地举起邓小平理论的伟大旗帜，紧密地团结在以江泽民同志为核心的党中央周围，团结一致，同心同德，开拓进取，艰苦奋斗，把建设有中国特色社会主义事业全面推向21世纪，为实现中华民族的伟大复兴而奋勇前进！

伟大的中国共产党万岁！

伟大的中华人民共和国万岁！

伟大的中国人万岁！

（《人民日报》1999年10月1日）

《祖国万岁》是为国庆50周年而写的社论。新中国50年，具有里程碑般的纪念意义。50年辉煌，50年探索，值得总结的经验非常丰富。报社领导高度重视国庆50周年社论的撰写，和作者一起研究社论的思路和写作大纲，提出了许多重要的指导性意见。

这篇社论总括了新中国50年的成就和经验，构思有相当大的难度。首先，作者从中国共产党颂、社会主义颂、人民颂三个方面阐发50年的基本经验，线条清晰，概括准确，视角独特，构思完整。其次，社论对坎坷曲折的叙述上也显示出很强的政治意识和理论素养，既不回避失误，更着眼于探索的艰巨性、复杂性，由此而得出的结论对人们有很深的启发。第三，整篇文章蕴涵着激情，凝练生动，有节奏感，从头至尾都洋溢着对祖国发生巨大变化的由衷赞美，表达着对祖国深沉的热爱。"祖国万岁"的主题阐述得很集中很充分。

（二）概括、归纳式

这常在指导工作、介绍经验的评论中用。如1949年7月31日新华社社论《我们是能够克服困难的》一文的结尾："我们是能克服困难的，不管什么样的困难也不怕。"阐明立场的评论也常用这样的结尾。而《衡阳失守后国民党将如何》的结尾是："一切问题的关键在政治，一切政治的关键在民众，不解决要不要民众的问题，什么都无从谈起。要民众，虽危险也有出路；不要民众，一切必然是漆黑一团。国民党有识之士甚思之。"

（三）引人思考

毛泽东的政论出手不凡，既反映了他博大精深的思想，又体现了高超的表达艺术。他的评论结尾，不落俗套，别具一格，每每会有神来之笔。如1949年8月为新华社写的评论《别了，司徒雷登》的结尾：司徒雷登走了，白皮书来了，很好，很好。这两件事都是值得庆祝的。

这个结尾别出心裁，含而不露，以冷静、轻松的语气结束全文，言有尽而意无穷，给人以思索回味的余地。同时，结尾也有幽默感，留给人两个思考题：这两件事为什么值得庆贺？这两件事之间又有什么联系？这样的结尾进一步深化了评论的主题，而且在诙谐幽默中把读者的感性认识推向理性阶段，真正发挥了"豹尾"的作用。

（四）创新式

评论结束时再次强调它的中心思想也许是比较好的方法。但是应当使它写得令人耳目一新，给人以新的启示，比如适当地运用比喻、形象手法，有时能达到这个目的。结尾要避免那些令人生厌的陈词滥调。这样的结尾能使读者的认识不停留在文中所述说的事物之上，而是有进一步的提高，由点及面，由小见大，使文章起"解剖麻雀"的作用。

一个有经验的编辑说："结束一篇社论唯一正确的方法是圈上一个句号。"一旦论证结束，该议论的议论了，行文自然地达到了高潮，大多数评论看来可以或者应当就此打住。但是，这时有些人总不免要想加上些花里胡哨的东西。应当抵制这种诱惑，因为"画蛇添足"的后果是可悲的，它只能给人一种矫揉造作或拖沓累赘的感觉，以至于使读者从阅读前面部分而获得的好印象也打了折扣。

（五）或展望前景，或揭示真理，或慷慨陈词式

这种结尾，贴切自然，充满哲理，很有感召力。

写好新闻评论的结尾，一定要注意3条：结尾与标题和开头一样，都是全文有机的组成部分，都是为主题服务的，要照应全文，要首尾呼应；必须用心写作，不落俗套，避免空话、套话，尽可能写得生动一些；因文而异，有些评论言尽意止，就不必硬加个尾巴，有些评论开头提出了问题，结尾应有所交代，有些评论是驳论，结尾就不宜用号召式，应采用贬斥式等等。

新闻评论是画龙点睛的文章，而"睛"有时恰恰点在尾巴上。新闻评论的结尾宜实不宜虚，结尾要有内容，切忌大而无当的空话；新闻评论的结尾力求精练，避免重复啰嗦，宜自然而忌生硬；新闻评论的结尾也忌拖得很长，尾大不掉，结尾最好有精辟的句子使主题思想升华。

第三节　结构：体现评论的逻辑性

评论结构安排得好，也可以增加文章的生动性和可读性。新闻评论写作"定体则无"，是说新闻评论没有固定的框框，但它"大体须有"，是指保持新闻评论的基本特点和写作规律。结构问题，就是文章的布局问题。古人说："言之有物，言之有序"。物是文章的内容，讲的是真知灼见，立意鲜明，论证周密，论据确凿。序，是文章的布局，讲的是结构严谨，层次分明，波浪迭起，循序渐进。

在评论的结构设置上，主张按照事物的内部联系，按照论述的逻辑思路，按照读者的认识规律精心构思，精心结构，使之思维严密，逻辑严谨，方法多样，力求引人入胜。新闻评论的结构形式多种多样，常见的结构形式有：

（一）悬念式结构

新闻评论可以学习新闻特写或舞蹈演员"延缓兴趣"的手法，即在开头勾起读者的"悬念"之后，再把重要的内容逐渐地展现出来。

评论的开头设置疑团、布下悬念,然后再依据客观事物的实际发展情况,解释疑团与悬念。新闻评论是来回答问题的,所以,有的时候也通过问一个问题来作为评论的开头,以抓住受众的注意力,然后步步论证,层层深入,把事情讲得清清楚楚。

悬念式结构的评论在传者和受众之间建立起了桥梁和纽带,是实现一对一关系的一种手段。疑问式结构单单是一种手法,以此来激发受众的兴趣并提示评论后面有加以考查的问题,这才是传者真正的意图,这种结构会让受众产生一种亲切感。

(二)递进结构

递进结构形式是按照事物发展或人们认识事物的逻辑顺序安排层次的。因为事物深刻的含义并不存在于事物的表面,而常常包含在事物的内部深处,只有深入挖掘,层层递进,才能发现它。因此采用这种方法谋篇布局,可以使整个节目有明显的发展线索,并做到循序渐进,层层深入。

递进式结构的特点是将若干事实,按照性质归类,然后分层分段叙述,层层递进,层次与层次之间、这一事物与那一事物之间,存在着密切的因果关系。它一般运用于问题比较复杂、含义比较深刻的问题。

(三)对比结构

对比结构形式大多采用逆向思维的方式进行,也就是把两个性质相反或差异较大的事物联系起来,进行谋篇布局。这种结构形式可以采取多种多样的对比来表现同一主题,也就是说,既可以采取单位与单位之间的对比,也可以采取个人与个人之间的对比;既可以采取不同时期同一事物之间的纵向对比,也可以采取同一时期不同事物之间的横向对比;既可以进行归类性对比,也可以进行发散性对比。通过对比,形成反差鲜明、震撼力大、说服力强的效果,从而使新闻评论更能发人深省、令人回味。

一个事物看起来比自身更好还是更坏,取决于参照物的情况。对比效应的应用可能十分微妙,却能够产生强大的效果。对比效应的研究告诉人们,对比的选择会产生截然不同的效果。根据前后不同的情景,可能让事物和方案看起来更好或更坏。

对比主要有两种方式:古今对比和横向对比。前者又称之为纵比,是将同一事物在不同时间、地点的不同情况进行比较,即现在和过去比。后者是将发生在同一时期、同一区域性质截然相反或者有差异的事物进行比较,通过这样的对比,对错误的或者差的事物予以否定,对正确的或者好的事物予以肯定。

(四)书信体结构

书信是日常生活中人们最为常见的一种应用文体。书信从它诞生起,历经数千年而不衰,其根本原因就在于它是人们传递信息、交流思想的重要工具。在互联网时代,书信仍然首先是社会交际、传播信息的重要工具。书信的格式比较固定,它一般包括五个部分,即称呼、正文、结尾、署名和日期。在书信中,人们总是自觉或不自觉地流露出隐藏在内心深处的行动动机来,书信的作用在于"向人们揭露重大事件下面渺小的一面",并提醒人们:"它一度曾经是实际生活"。

经济新闻评论的谋篇结构(节选)

闻　学

导言——

　　本文节选自闻学著的《经济新闻评论:理论与写作》,武汉大学出版社,2007年版,第155—173页。

　　作者闻学,教授,文学硕士,硕士研究生导师,1989年毕业于天津师范大学中国现代文学专业,1992年担任讲师,1998年晋升副教授。主要讲授《新闻评论学》、《新闻报道专题研究》、《中国现当代文学》等课程。出版专著《经济新闻评论:理论与写作》,在《管理世界》《新闻界》等期刊发表论文20余篇。主要科研方向是媒介经营与管理、新闻评论学、海派作家作品研究。

　　节选的本章节内容着重讲述了经济新闻评论的标题、引论、正论和结论的写作,主要阐述了经济类新闻评论的谋篇布局和写作特点。本选文意在给新闻评论的学习者提供一个视角,讲述作为新闻评论的其中一种类型的经济新闻评论的写作方法。本章内容的安排简洁明了,分别讲述了经济新闻评论标题的艺术、开头、评论结构、评论结尾。

第一节　经济新闻评论标题的艺术

　　标题是指报刊上新闻和文章的题目,通常特指新闻的题目(《辞海》)。俗话说:题好文一半。正如安岗所说:"标题是什么?当一个记者从事采访活动,他看到一些问题、现象和事实,在写作中把事实概括起来,就形成了标题。实际上,标题就是一篇文章的主题,它是文章主题的最简明、最有力、最好的体现。"[①]

　　评论的标题是中心论点精练而又概括的文字体现。好的标题能够迅速吸引受众的眼球,在海量信息中凸显出来,富有传神而又提纲挈领的功用。《实践是检验真理的唯一标准》在发表前,标题经过反复斟酌,先是《实践是检验真理的标准》(胡福明,时任南京大学政治系教师),后改成《实践是检验一切真理的标准》(马沛文),最后改成《实践是检验真理的唯一标准》(张义德,时任《光明日报》理论部哲学组编辑),标题的改动过程也正是当时对于"左倾"思潮的清算过程,也是人们思想冲破各种樊篱探求何为真理的时候。强调标准的唯一性正是针对当时的"两个'凡是'"的思想束缚,该文的发表引发了一场轰轰烈烈的关于真理标准问题的大讨论,拉开了新时期第一次思想解放的序幕,冲破了"两个'凡是'"的思想禁锢,其中包括冲破了对社会主义理

[①] 彭朝丞:《新闻标题学》,人民日报出版社,1996年,第10页。

解上的禁锢,开辟了中国改革开放的历史新纪元。①

一、新闻评论的标题与新闻报道标题的区别

(1) 新闻标题以事实为根据,内容要具体或虚实结合;评论标题自由一些,以观点、态度为依据。

(2) 新闻标题一般有主题又有辅题,结构较复杂;新闻评论的标题结构比较简单。

(3) 新闻标题的语法要求比较严格;新闻评论标题语法上没有严格要求。

二、经济新闻评论标题的特色

1. 经济学术语
2. 数据说话

第二节　经济新闻评论的开头

经济新闻评论要吸引眼球,除了好的标题,就是文章一开篇就能语出不凡,有个人的真知灼见,具有阅读的价值。破题的方法有:

1. 议论话题,辨别是非

一段时间来,我国不少专家或官员都爱讲"不少西方国家的高福利制度已引发很大的社会问题"这句话。对于数周来因法国政府出台《首次雇用合同》而引发的青年人抗议浪潮,有作者撰文认为,一个不可忽视的原因就是高福利体制的制约。35小时工作制、法定长假、免费医疗以及住房补贴等,这种高成本的"养懒人"制度越来越令国家和企业不堪重负。法国政府不得不压缩公共赤字,调整税收,削减福利。然而,要让人们放弃既得利益并非易事。(见于4月3日《国际在线》或3月31日《人民日报》)在我看来,西方发达国家和我们虽然都面临福利问题的困扰,但在根源和追求的目标上却是风马牛不相及,不问时代和背景,"三言两语下结论"的思维方式,不管是否有故意影响我国福利改革走向的动机,都不是慎重的,都会在我国引起误解。

(资料来源:岳建国:《专家学者拿欧洲福利说事很无知》,《东方早报》,2006-04-04)

该篇评论以"法国政府出台《首次雇用合同》而引发的青年人抗议浪潮,就有国内作者撰文认为,一个不可忽视的原因就是高福利体制的制约"作为开头,"认为西方发达国家和我们虽然都面临福利问题的困扰,但在根源和追求的目标上却是风马牛不

---

① 陈宝成:《用实践检验改革方向》,《新京报》,第2版"时事访谈"第2期。

相及",指出"不问时代和背景、'三言两语下结论'的思维方式,不管是否有故意影响我国福利改革走向的动机,都不是慎重的,都会在我国引起误解"。欧洲等高福利国家,高福利带来了一系列弊端;而我国却是广大农民没有福利待遇的二等公民现状。作者清醒地指出不能因为"不少西方国家的高福利制度已引发很大的社会问题"而无视我国福利制度的建立和改善。

2. 新闻事件,体现时效

阎卡林谈到:言论的开头怎样写?除了开门见山提出问题外,我还主张言论的开头能单拉出来发消息。就是说,所评的事本身就是新闻,就能吸引人。这样,就更加能引人往下看了。譬如1995年2月22日见报的《怎样看待恢复票证》一文,就是这样开头的:

最近一段时间,全国先后有二十多个城市相继恢复了粮本、粮票、油票及肉票等票证。在合肥,政府已重新启用粮本,对市民的口粮实行定量限价供应。上海市民年初则普遍领取了油票,凭此票每人每月可购买500克含有政府补贴的低价食油。在江西及四川的一些城市,消失数年的"鸡蛋换粮票"的吆喝声,近来又在街头巷尾响起。

现在看起来,这篇文章的开头部分就完全可以单拉出来发本报讯。所评的事本身就有较强的新闻性,这样,稿子的可读性就更强了。[①]

3. 开门见山,吸引读者

《南方周末》发表的经济时评《北京移动降价幅度低于预期》一文,针对信息产业部中国移动北京地区手机资费下调方案,进行了分析评点,指出中国移动降价是迫于消费者和社会舆论的压力和信息产业部的监管。

2006年5月11日王学庆在《南方周末》发表了一篇题为《北京移动降价幅度低于预期》的评论,这篇评论写的是消费者比较关心的手机资费问题,总的来说,比较全面客观地分析了北京地区移动手机资费下调的原因和相关因素,文章开篇是人们关心的话题——手机资费降价,触及现实,富有新意,具有时效性,易于吸引读者注目。文中针对北京地区手机资费降价进行了具体分析论证,运用具体的数字和上海、山西进行对比分析,点明"为什么接近八成的北京消费者对下调后的手机资费水平仍不满意"、"促使中国移动下调北京地区资费的力量"等原因,较全面地论述了手机资费调整的前因后果及仍旧低于预期的现状。全篇评论叙议结合,情理交融,变化有致,辞达理举。

[①] 阎卡林:《一点思索和思考》,《每周经济观察精粹》,中国人民大学出版社,1998年,第27页。

4. 选取事例,树立榜样

选取事例,树立榜样,触及现实,是新闻评论的生命力之所在。而能否讲究时效,把握时机,又与评论带来的影响力的大小至关重要。

5. 设问开始,挑开问题

"特急"!——一份由五部委联合会签,旨在规范各类打捆贷款的文件悄然发至各大银行。在该文件抬头的表述中,人们看到的是宏观调控决策部门的焦虑。该文件出台之日为2006年4月25日,距离国家统计局公布一季度运行数据不过数日。

银行给地方政府控制的企业或项目贷款或可称之为"红顶贷款"。这种贷款用好了其实无可厚非。如一些市政项目的建设,有一定公共品的属性,经营得好可以有比较稳定的收益。如果地方财政一时囊中羞涩,借力银行信贷造福一方,本可皆大欢喜。但是这种联姻不能过于宽泛,不应该享有特权,特别是同样应该以商业规则为准绳。

(资料来源:李学宾:《"红顶贷款"为何屡禁不绝?》,《中国经营报》,2006-05-12)

第三节 经济新闻评论的结构

一、主体结构

主体,也叫正文,是新闻评论展开部分,是分析说理的建构主体,主要体现为层次与层次、段落与段落之间的逻辑联系,也就是常说的各个分论点与中心论点之间存在的内在联系,即古人常讲的"起、承、转、合"。"文似看山不喜平",结构力求变化有致,曲折起伏,按照文章内在的逻辑规律,一般有五种段落结构安排:

1. 归纳论证结构

归纳论证也叫事实论证。这是一种从材料到观点,从个别到一般的论证方法,是从对许多个别事物的分析和研究中归纳出一个共同结论的推理形式。使用这种方法,一般是先分论后结论,即开门见山提出论题,然后围绕论题逐层运用材料证明论点,最后归纳出结论。这种结构的方法,比较符合人们的思维认识规律。运用事实论证进行论证时列举的事实可以有两种形式,即概括总体性事实和枚举个别事实。概括总体性事实的说服力在于事实所体现的普遍性,它是对事实的总体或全局的全面性统计或概括。采用枚举个别事例的论证方式,不要求全面周到,只需枚举几个事例即可。枚举事例要求有一定的典型性,同时也要考虑到经济原则,尽可能不要同类重复。

2. 并列论证结构

在论证思路中,或是把分论点并列起来,或是把论据并列起来,这样就是并列式。

并列式结构模式一：引论（提出论点）；论据1＋分析论证；本论（证明论点）论据2＋分析论证；并列论证3＋分析论证；结论（照应全文）。

3. 递进论证结构

递进式结构即文章各层次之间层层深入、步步推进的关系，各层的前后顺序有严格要求，不能随意改动。这是议论文经常使用的一种结构方式。递进式的文章一般有三种格式：一是将中心论点进行分解，分成几个分论点，这些分论点之间的关系是由浅入深、由简单到复杂。层间可用诸如"不仅……而且……"、"……况且"等关联词语过渡，同时又以此反映层次间递进的关系。二是按照"提出问题，分析问题，解决问题"的思路安排论证结构，即围绕中心论点回答：是什么，为什么，怎么办。三是针对某些不好的现象，分析其危害，挖掘其产生根源，指出解决问题的办法。即"摆现象、析危害、挖根源、指办法"的格式。

4. 比较论证结构

比较论证是一种由个别到个别的论证方法。通常将它分为两类：一类是类比法，另一类是对比法。运用比较方法，重要的是在表面上差异极大的对象中识"同"，或在表面上相同或相似的对象中辨"异"。正如黑格尔所说："假如一个人能看出当前即显而易见的差别，譬如，能区别一支笔和一头骆驼，我们不会说这人有了不起的聪明。同样，另一方面，一个人能比较两个近似的东西，如橡树和槐树，或寺院与教堂，而知其相似，我们也不能说他有很高的比较能力。我们所要求的，是要能看出异中之同和同中之异。"[①]

（1）类比论证。类比论证是根据两个对象在某些属性上的相同或相似，推论两者在其他属性上也有相同或相似。类比论证属于或然性推理，是一种从特殊到特殊、从个别到个别的推理方式，其结论不一定为真，只有一定程度上的可靠性。在某些情况下，有时无法获得更确切的论据。运用类比论证，有时是有效的。

运用类比论证需注意以下几点：第一，要使用同类对象进行类比。世界上具有某些相同属性或相似属性的事物是无穷多的，有的根本是风马牛不相及的，对它们进行类比，就缺乏说服力。第二，避免单独运用类比论证一种论证方式。最好是与其他的论证方式结合使用，使之起一种补充和丰富的作用。第三，要注意结论的可靠程度。除非个别很有把握的情况，否则结论一般只是一种可能性。在表述上要把握住分寸，不可绝对化。

（2）对比论证。对比论证则是一种求异的思维方式，它侧重于从事物的相反或相异的属性的比较中来揭示需要论证的论点的本质。对比论证方式的运用范围很广，因为可以进行比较的事物很多，中与外、古与今、大与小、强与弱等，都适合于进行比较，在比较中分析和阐明了两者的差异，对立之后，是非昭然，自然就能够确立论点

---

① 黑格尔：《小逻辑》，商务印书馆，1995年，第253页。

了。对比可以是两个对象之间的比较,也可以是同一对象自身前后不同阶段之间的比较,前者称为横向比较,后者称为纵向比较。运用纵向对比的论证方式,不能停留在形式逻辑的静态判断的层面上,否则,有时会显得说服力不够。

运用对比论证要注意几个问题:第一,比较的双方要具备可比性。第二,要建立合理的参照系。要进行比较,就必须具有合理的共同参照系,没有共同的参照系,两者就无法进行比较。所谓参照系指的是用来衡量和确定双方优劣长短的标准,这样的标准必须具有客观性,否则比较的结论不一定可靠。

5. 正反论证结构

对比论证,就是通过正反两个方面的比较来论证观点的方法。

易宪容在分析2007年国际金融市场带给国内金融市场的冲击时认为:"强势的国际金融机构与金融组织会通过正式或非正式方式进入中国,千方百计地分享中国经济成长成果,甚至会借助于中国金融市场开放或不开放的时差,轻易地从中国金融市场获利。同时,弱势的国内居民所持有的金融资产却很难分享国际金融市场的成果。"

第四节 经济新闻评论的结尾

一、止于当止

文章言尽而意止,就可以嘎然而收束,没有必要另写一段结束语,否则就成为蛇足了。有些评论需要有结束语,那就应当重笔撰写,否则也可能成为虎头蛇尾。评论结尾部分的基本要求是简短有力,不落俗套。首先是简短有力,干净利落,不拖泥带水;其次是避免空话、套话,不落俗套,尽量写得生动一些,能给读者以启发。

二、结尾的方式

1. 概括式结尾

好在政府已经深刻意识到这种"侵权式繁荣"只可能是短暂的繁荣、虚假的繁荣,正着力创造一个良好的市场秩序环境,并进一步完善知识产权保护的法律体系。只有通过法律手段和政府的严格监管,通过企业创造自主品牌和消费者自觉打假拒假,才能从真正意义上铲除滋生"侵权式繁荣"的温床。

(资料来源:朱冰尧:《秀水假名牌案敲响侵权式繁荣警钟》,《市场报》,2006-04-26)

点明主旨,经济繁荣要落实到企业的研发技术和自主创新上来,造假卖假,这种虚假的繁荣必然带来民族工业的短期自杀性行为,铲除这种滋生"侵权式繁荣"的温床,必须依靠法律和政府的严格监管。

2. 褒抑式结尾

尽管浙江省统计局对 GDP 代价的分析,还是初步的。由于技术上的原因,有些"代价"目前还无法核算,GDP 的实际负面效应,比上述"分析"还会大些。但是,这丝毫不影响它的示范意义和导向作用。笔者相信,浙江省政府的做法,一定会得到各地各级政府的积极响应,从而推动科学发展观落到实处。

(资料来源:张登贵:《算一算 GDP 的代价》,《宁波日报》,2004 - 12 - 15)

《算一算 GDP 的代价》作者对于浙江省政府的做法,给予肯定和赞扬,并希望推广到全国得到各地各级政府的积极响应,从而推动科学发展观落到实处,并在褒抑中突出了文章的中心思想。

3. 点睛式结尾

"在一个利益共同体中,绝大多数的调整都是使部分人受益部分人受损,基本不存在人人受益的情况。而这种调整能否得到认同或执行,在于利益各方能否达成可以接受的新的平衡。笔者认为,改善医疗收费结构是大势所趋。"

(资料来源:梁剑芳:《改善医疗收费结构是大势所趋》,《中国青年报》,2005 - 06 - 02)

上文作者做出了不同的分析,指出医疗收费改革的目的,并不仅仅是降低看病的费用,更重要的是调整医疗收费结构——看小病的费用上升,看大病的费用下降。结尾重申其中心论点:任何消费结构的调整都不是满足人人的愿望,但改善医疗收费结构是大势所趋。

4. 含蓄式结尾

"西方记者报道:中国正一步步谨慎地却是坚定地踏进充满竞争的商品社会。
风来了,浪来了,扬起风帆吧。小舟驶入汪洋,就不必企盼和眷恋平静的港湾。我们别无选择。"

(资料来源:詹国枢:《话说不稳定感》,《经济日报》,1988 - 02 - 26)

《话说不稳定感》的文章结尾,詹国枢饱含激情呼唤:"风来了,浪来了,扬起风帆吧。小舟驶入汪洋,就不必企盼和眷恋平静的港湾。"这种号角般的语言揭示了谁要做生活中的强者,谁就不能在躺在安乐窝里坐等时机,"不稳定"正是生活提供给我们奋发的契机。作者情动于中而发之于外,经济评论的写作风格,不等于干巴巴毫无生气,也可以激扬文字,展现个人特色,抒发一己情怀。余音袅袅,呼唤中国改革的到来不以任何个人的意志为转移。

新闻评论的结构(节选)

周永固

导言——

本文节选自周永固写的《新闻评论学原理》,武汉大学出版社,1997年版,第223-255页。

周永固先生1955年入北京大学中文系新闻专业学习,1958年随专业并入中国人民大学新闻系,毕业后长期从事新闻工作和新闻教学工作,对新闻评论写作做过深入的研究,并为培养研究生、本科生编写了大量的讲义和教材。这本书就是在讲义、教材的基础上完成的。

本文节选的《新闻评论的结构》为本书的第九章内容,分三节内容阐述了新闻评论结构的意义和要求、原则和形式、具体方法和技巧。本文较为权威和全面的讲述了新闻评论的谋篇布局。结构完整、严密,层次清楚,波澜起伏,是评论文章对结构的重要要求。要安排好评论的结构,必须遵循一些结构的基本原则,比如说结构要反映出人们对客观事物的正确认识和认识过程,结构服从、服务于论点的论证,要适应不同评论形式的特点和要求,从内容出发,不要公式化等。评论文章的结构常见的类型有分综式、剥笋式、递进式、阐析式、反证式、对比式、反驳式和评议式。文章又具体讲述了评论的开头、正论和结尾的具体操作方法,阐述详细,例证丰富。

评论的结构是评论形式的重要要素。"形式指把事物的内容诸要素统一起来的结构或表现内容的形式。"①这句话很好地揭示出结构是形式的重要要素。

我们通过对论题及相关材料的分析研究,提炼出评论的大小论点,选好论据,进行论证,就面临着一个安排结构的问题。我们只有安排好结构,才能做好论证并完成评论文章。

新闻评论对安排结构有许多要求、原则和方法。如果没有达到这些要求,没有遵循这些原则和方法,结构就安排不好,评论的质量就收到严重影响。我们在这一章,专门对评论结构的要求、原则、一般形式和具体方法,进行一些具体研究。

---

① 冯契主编:《哲学大辞典》,上海辞书出版社,1992年,第228页。

第一节 评论结构的意义和要求

一、评论结构的意义

评论文章的结构是评论文章的内部构造,也就是材料和各部分内容的组织和安排。它要求将材料和各部分内容按照一定的规则组织起来,成为一个层次清楚、逻辑严密的有机整体。

评论形式的要素是体裁、结构、语言。而评论的结构是评论形式的主要要素。评论的结构受评论体裁的影响很大,但从根本上说,评论的结构是由评论的内容决定的。

内容比较单纯的评论,结构不难安排。当然,要安排得很好,也不是轻而易举的。内容复杂的评论,要将结构安排得很好,就不那么容易了。要安排好结构,首先需要对问题进行深入的分析研究,对问题获得正确深刻的认识。这是最基本的。第二,要懂得评论对结构的要求,结构的原则和方法。第三,需要反复研究,周密思考,要考虑怎样开头、怎样突出论点、分几个层次几个段落、怎样结尾,比较长的评论,要列出提纲,而且要反复地修改、补充。我们只要认真去做,就能将评论的结构安排得很好。

二、评论文章对结构的具体要求

结构完整、严密,层次清楚,波澜起伏,是评论文章对结构的重要要求。我们在安排结构时,一定要充分注意评论对结构的这些要求,并努力做到。

1. 结构完整、严密

新闻评论的结构,一般分为开头、正文、结尾三个部分。开头是提出论点、论题的部分,正文是分析问题、论证论点的部分,结尾是解决问题、总结全文、提出希望、发出号召的部分。结构完整,就是一篇评论文章要有开头,有正文,有结尾。不能无头无尾,又不能有头无尾。

有些新闻评论形式的结构比较特殊。如有些编者按和编后,只有几句话、几十个字或百十个字,而且不分段。也有些编后和署名短论只分为两段,第一段提出评论对象,第二段进行分析议论。其实它们的结构同样有开头、正文、结尾三部分。它们虽然没有独立的结尾段,但是结尾是有的。有的意尽言止,自然结束;有的最后一两句话带有结束全文的作用,这实际上就是结尾部分。有些篇幅较长的评论文章,也没有独立成段的结尾,只是在正文最后一两句或几句话有总结全文的作用。

结构严密最基本的一个方面,是论据和论点要有必然的联系。一篇评论有一个总论点,作为论据的若干分论点或小论点,一定要和总论点有必然的联系。这些分论点或小论点也要和证明它们的具体材料及小观点有必然的联系,这样结构就会严密。

结构严密的另一个重要方面,就是开头、正文、结尾以及正文各部分之间要有必然的联系。开头摆出论题,提出论点,正文就要分析问题,论证论点,结尾就要解决问题或总结全文。这样,开头、正文、结尾之间就有一种必然的联系。正文各部分之间要按照论据内在的逻辑联系进行安排,使各部分之间有一种必然的联系。这样,评论的结构就会严密。

2. 层次清楚

层次清楚,就是将评论文章的内容分成几个相对独立的部分,它们既有内在的联系,又有相对的独立性。作者按照问题的内在联系一层一层地有先有后地展开论述,说明道理,论证论点,使读者很顺利地读下去,能很清楚地明白作者讲的道理。

评论文章划分层次有两种方法。一种方法是根据论证论点的要求,分清分论点或小论点的关系,按照分论点或小论点的逻辑联系有先有后、层层深入地进行安排,每个分论点或小论点及其论证就是一个层次。另一种方法是按照对论题进行分析的层次来安排。这里又有两种情况:一是对论题从几个方面进行分析,有几个方面就是几个层次;二是对论题由浅入深地分析,每一层深度就是一个层次。各个层次之间既有内容上的联系,又有相对的独立性,这样层次就清楚。

3. 波澜起伏

"文似看山不喜平",结构安排得波澜起伏、富有变化,就会吸引读者沿着作者的思路看下去,从中受到启发、教育。所以,波澜起伏也是评论文章对结构的一个重要要求。

评论文章以论题或全文论点作为思想线索,但是对问题的分析和论点的论证并不是直线进行的。要使人相信自己的论点,就必须深入分析,进行论证。分析问题、解决问题,就有一个由浅入深的过程,论证就有一个层层讲道理的过程,自然就有高潮,有跌宕,有发展,有变化,结构就表现为波澜起伏了。

比如一些内容比较复杂的评论文章,开头提出论题,先作简要的说明,然后再一层层地议论,一层层地提出问题、回答问题,一层层地说明情况、分析原因,最后提出解决问题的主张。还有许多评论,先摆出论题,提出论点,然后层层分析进行论证。作者在论证中,既讲正面道理,又批驳错误观点;既用事实证明,又用比喻论证,用多种论证方法,层层深入地把道理讲深讲透。这些评论文章的结构就表现为波澜起伏。

许多内容比较简单的评论文章,在结构上也要尽可能做到波澜起伏,也要有高潮,有跌宕。可以选用一段精彩文字、一段深刻的论述作为一篇评论文章的高潮。高潮可以放在开头、中间或篇末。在行文中,有疑问、有激情、有不同的语气,波澜迭起,议论风生,就有一种吸引人的力量。

总之,评论结构要安排得波澜起伏,一是要从内容出发,二是要善于分析问题,善于说理,三是要懂得结构的技巧。将结构安排得波澜起伏,就有利于层层深入地分析问题论证论点。这样的评论就会有深度,就会具有一种吸引读者的力量。

第二节　评论结构的原则和形式

一、结构的基本原则

要安排好评论的结构，必须遵循一些结构的基本原则。

1. 结构要反映出人们对客观事物的正确认识和认识过程

现实生活中的事件和问题，总是有它的现状、成因和发展过程，有它的外部联系和内部联系。人们认识一件事情或一个问题，总是先把这件事或者这个问题摆出来，然后对它进行深入的分析，从而揭示问题和事物的规律性。

新闻评论应该将我们对于问题的由浅及深的认识过程条理清楚、层次分明地反映出来，以达到正确地反映现实生活中的问题，反映对问题的正确认识的目的。因此，提出问题，分析问题，解决问题，就成了评论文章反映对客观事物的正确认识的最基本的顺序，就成了评论结构的最基本的顺序。

总的来说，我们对事物和问题认识得越清楚，结构就会安排得越好。

2. 结构要服从、服务于论点的论证

评论的论点是一篇评论的灵魂和统帅，我们写评论的目的，就是摆事实讲道理来证明它，使人信服。我们安排结构的目的，就是将材料安排得很妥当，能条理清楚、层次分明地论证论点。因此，安排结构必须服从论点的论证，要为论证论点服务。这是新闻评论安排结构的又一条重要原则。

新闻评论安排结构，既要反映出人们对客观事物的正确认识和认识过程，又要服从、服务于论点的论证，这两者不是矛盾的，而是统一的。这两方面的要求都做到，结构才能安排得好。

3. 评论结构要适应不同评论形式（体裁）的特点和要求

新闻评论有社论、评论员文章、短评、编者按、编后等多种形式。采用什么评论形式，是由问题的大小和重要程度决定的。评论的是重大问题、重大事件，其意义重大，就用社论的形式；内容重要，但评论的是某项具体工作中的问题，就用短评的形式；对新闻报道中某个具体问题进行评论，就用编后的形式。

评论的结构和评论形式关系密切。结构一般受评论形式的制约，评论形式不同，结构形式也就各具特点，不完全相同。一般社论的结构，与短评、杂文的结构就不太一样，社论结构比较复杂，而短评的结构就比较单纯，杂文的结构则较为灵活，富于变化。至于有些编者按和编后的结构就更为特殊，经常不分段。所以，安排结构，既要从评论的内容出发，又要从评论的形式出发，采用与之相适应的结构形式。

4. 安排结构要从内容出发，不要公式化

从根本上说，安排结构要从内容出发，因为评论的结构是随着思想内容的不同而变化的，有什么样的思想内容就有什么样的结构形式。

我们可以将评论的结构形式，归纳总结出几种基本类型，这是安排结构的一些基本规律,对我们安排好结构很有意义,作者即使采用相同的结构形式,因为评论的思想内容各不相同,评论的具体结构也就不会完全相同。

安排评论结构,要从思想内容出发,不能不顾内容生搬硬套现成的结构形式。事实上,对结构形式的套用,主要是由于作者对问题缺乏具体深入的分析和深刻的认识,没有形成自己独特的思路,只好套用一下现成的结构公式。

总之,安排结构最主要的是对问题须有深刻的分析、深刻的认识,然后从内容出发,找到最恰当最新颖的结构形式。评论的结构,只要能条理清晰、层次清楚地表达思想内容和论证论点,就是好的结构。

二、评论结构形式的常见类型

安排结构要从评论的形式出发,更要从评论的内容出发,但是评论结构的安排也不是没有规律的,实际上是有它的一些基本规律的。比如评论的各种结构形式就可以归纳概括为几种常见的类型,这就是评论结构的基本规律,认识这些规律对安排好结构是很有意义的。这里需要注意的是,即使使用某种结构类型,也要从评论的具体内容出发,灵活运用,这样评论的结构就不会成为千篇一律的公式化的东西。

现将评论文章结构形式的几种常见类型介绍如下:

(1) 分综式结构

这种结构形式是按照提出问题、分析问题、解决问题的顺序安排的。一般是先提出事情或问题,然后对事情或问题分成几个方面、几个部分,或几个层次进行分析,最后加以综合,得出结论(论点)。这种结构形式的层次,有并列的关系,有递进的关系。

(2) 剥笋式结构

这种结构形式也是按照提出问题、分析问题、解决问题的顺序安排的。但是各层次之间的关系,是层层深入的,像剥笋一样,由表及里,由现象到本质,一层层地说透道理。各个层次之间的关系是层层深入的关系。

(3) 递进式结构

开头摆出论题,提出论点,然后从几个方面摆事实讲道理,一层层讲清论点成立的理由,证明论点。各层次的关系,基本上是层层深入的关系。

(4) 阐析式结构

提出问题,点明论点,针对问题,用党和国家的方针政策,一层层地进行分析,一层层地阐明党和国家的方针政策,讲清道理,论证论点。

(5) 反证式结构

这是正面论证与反驳相结合的结构形式。有的先证明一个正面论点,然后又针对错误观点进行反驳;有的先反驳错误观点,再证明正面论点。

(6) 对比式结构

这种结构形式,有三种情况:一是通过正反两种情况的对比论证论点;二是从两个或几个方面进行正反情况的对比,论证论点;三是既有正反两种情况的对比,又从几个方面进行正反情况的对比。各层次的关系有对比的关系,有并列的关系。

(7) 反驳式结构

这种结构形式是按照反驳错误论点的层次安排结构。总的原则是先提出错误论点,或错误言论的要害问题,然后针对错误言论或其要害下笔。它或者从几个方面直接反驳错误论点,或者用反证法反驳论点,或者通过反驳论据、论证进行反驳。各层次之间的关系,有的是并列的关系,有的是层层深入的关系。

(8) 评议式结构

这种结构形式,一般开头先举出一件事情,或一个具体问题,然后进行简明扼要的分析和评论,揭示事物的意义、本质,或者引出一个深刻的道理。一些短小精悍的署名评论,常用这种结构形式。

第三节 结构的具体方法和技巧

要将评论文章的结构安排得层次清楚、结构严密,除了遵循结构的要求和原则外,还必须掌握一些具体的方法和技巧。了解和掌握这些具体的方法和技巧,对安排好评论的结构有重要意义。

一、开头的方法和技巧

写评论文章,一开头就要摆出论题,或提出论点,然后才能进行分析论证。所以,评论的开头是评论文章结构必不可少的有机组成部分。这就是说,开头与后面的内容要衔接得很紧密,和下文要成为一个有机整体,而不是外加上的一项帽子。写好评论的开头,有利于作者思路的展开,对安排好结构有重要意义,而且对吸引读者阅读,也有重要意义。因此,我们要重视评论的开头,并尽力将开头写好。

要写好评论的开头,就需要了解评论对开头的要求。

评论的开头,最重要的就是开门见山。所以,评论的开头常需要加上一些必要的说明性的文字,如交代一下背景,说明写作的缘由等。

评论的开头还要尽可能写得新颖、生动,具有一种吸引人的力量。评论的是新问题、新事件,或提出的是新论点,把它们放在评论的开头生动地表达出来,开头自然会新颖、生动。

评论的开头还要写得简短。开头要用言简意明的文字来表达,不能写得太长。短小精悍的短篇评论,开头最好不要写得比正文还长。

要写好开头,最重要最根本的方法,就是首先要对评论的事件、问题有深刻的认识,并确定一个明确、恰当的全文总论点。这样才能根据论证的需要,安排结构的需要,找到一个最恰当的开头。

评论文章的开头,常用的有以下几种:

(1) 摆出论题,直接提出全文论点。
(2) 说明写作缘由,点明论点。
(3) 提出问题,并说明问题的重要性。
(4) 叙述典型事例,作为评论对象。
(5) 摆出要评论的错误言论。
(6) 从理论原理开头。
(7) 从叙述形势开头。
(8) 赞扬先进事物,提出现实生活中的问题。
(9) 用寓言、笑话、故事开头。

二、使评论层次清楚、结构严密的方法和技巧

1. 划分好层次与段落

划分好层次与段落是使层次清楚的一个重要方法。要划分好段落,首先要划分好大的层次,再从段落的总体匀称出发,作更细的划分,期间要注意特殊段落的使用。

2. 做好过渡与照应

过渡和照应是使评论文章前后内容连贯、结构严密的重要方法。一篇评论文章,如果缺乏必要的过渡照应,文章的层次、段落就会各自为政,不相连贯,影响思想的表达和对论点的论证。所以,在安排评论结构时必须注意这个问题。

要写好过渡,必须对层次段落之间的内在联系非常清楚,知道它们之间是否需要过渡,然后再考虑用恰当的方法进行过渡,以显示它们的内在联系,使思路得到顺利发展。

论述问题由总说到分说,或由分析到综合,或由一层意思转换为另一层意思,往往需要过渡。一般用过渡段或过渡句过渡。

评论文章的思想内容在前后不同的地方遥相呼应,以显示文章前后的内在联系,就是照应。照应运用得好,就能使评论文章脉络贯通,结构严密,成为一个有机整体。一般来说,评论文章常用的照应有论点照应、论题照应、首尾照应,以及内容与标题照应等几种。

三、结尾的方法和技巧

评论的结尾是评论的有机组成部分,是作者思路发展不可不止的终点,是评论内容的自然结束,不是可有可无的一条尾巴。新闻评论的结尾一般有两种情况:有一个独立的结尾段和没有独立的结尾段。要写好评论的结尾,需要注意以下三点:一是要根据评论内容和形式的需要来写;二是结尾的内容扣题要明确;三是结尾要简短有力。

结尾的写法很多,常见的有以下几种:

(1) 总结全文,明确论点

有些评论文章,为了使读者对全文的内容有一个明确的印象,往往在结尾处把全文的内容归纳一下,简单明了地说一说。一些比较长的评论文章,常常需要这种结尾。

(2) 总结全文,深化论点

这种方法,不但能进一步明确文章的中心论点,还能深化论点,使论点更加具体深刻。

(3) 启发、鼓舞读者

有些评论为了使读者接受文章的思想,振奋精神去工作、去战斗,或者进一步去思考问题,往往用饱含热情或含蓄的语言去启发、鼓舞读者。

(4) 提出希望,发出号召

一些重要的评论文章,一些论述工作任务的重要评论文章,为了给读者一种强有力的感应,促进读者积极行动起来,常在结尾时提出希望,发出号召。

(5) 用含蓄、讽刺或贬斥的语句结尾

有许多评论反面人物、反面事物的评论,常常用含蓄、讽刺或贬斥的语言结尾。

(6) 意尽言止,自然结束

有许多评论,特别是众多短小精悍的评论,经常是内容讲完了,文章就结束了,不需要另来一个独立成段的结尾,这就叫"意尽言止,自然结束"。但是文章最后的一两句或几句话,一般都有总结全文的作用,可以说,这就是评论的结尾部分。

总起来说,评论的结尾是千变万化的,没有两篇评论文章的结尾是完全相同的。我们要写好结尾,必须根据评论的内容、形式的发展和需要来写,不能生搬硬套。

研究与思考

=延伸阅读=

1. 丁发章:《新闻评论教程》,复旦大学出版社,2002年版。
2. 赵振宇:《现代新闻评论》,武汉大学出版社,2005年版。
3. 李法宝:《新闻评论:发现与表现》,中国传媒大学出版社、中山大学出版社,2005年版。
4. 中央电视台经济部编:《经济半小时》,中国经济出版社,1998年版。
5. 闵凡路:《闵凡路评论集》,新华出版社,1996年版。
6. 王振业:《广播电视新闻评论》,北京广播学院出版社,1997年版。
7. 蓝鸿文:《新闻采访学》,中国人民大学出版社,1984年版。
8. 【美】康拉德·芬克:《冲击力:新闻评论写作教程》,柳珊、顾振凯、郝瑞译,新华出版社,2002年版。

9. 丁淦林:《中国新闻事业史》,高等教育出版社,2002年版。

10. 林晖:《新闻报道新教程:视角、范式与案例解析》,复旦大学出版社,2005年版。

═问题与思考═

1. 学习和掌握新闻评论标题的写作艺术,针对时下的热点问题,试着写几个评论标题。

2. 新闻评论的正文论证方式有哪些?试通过案例阐述论证过程和论证方法。

3. 本章内容中关于新闻评论的结尾已给出了几种写作方式,还有哪些结尾方式有待于补充?

═案例分析═

案例阅读指导:

本篇文章的标题采用的是疑问的方式,对于校车沦为公厕这个大家普遍关心的问题更进一步问责,引起读者的阅读兴趣。引论部分是以新闻事件为由头展开论述,对《新京报》的报道内容精简概括引用,引出本文要评论的问题是浙江温岭市城西街道有个芷胜庄村的校车沦为公厕的事件,开门见山,直截了当。正文的论证部分是首先亮出要批驳的观点,"温岭市教育局安全管理科王科长解释称,'经排查,温岭14家农民工子弟学校中,9家已有自己的校车,其余的也基本都认为不需要添置。'王科长表示,这其中还有一个原因:当地近年重新划分学区后,学生的交通半径减小,对校车的依赖程度也相应减弱。这就是该局不批发许可证的原因。"紧接着作者提出,"果真如此吗?未必。笔者从相关媒体报道中获悉,温岭市的校车并未饱和。据《青年时报》2012年2月11日报道,温岭高桥小学刚开学就遇到了租用的校车停开的烦心事。"作者用采访调查到的事实驳斥了温岭市教育局安全管理科王科长的解释。文章的结尾处,作者重申了自己的观点,倡导建议式,"笔者建议温岭教育局赶紧会同商会、学校及交管部门,尽快制定如何处置这52辆校车的方案,让它们早日投入运行。"

校车成"公厕",谁之责
王学进

浙江温岭市城西街道有个芷胜庄村,其空地上齐刷刷停了52辆崭新校车,而且一停就是近1年。这批校车是安徽驻台州商会投资约2 000万元购置的,原计划在温岭成立一家校车公司,以解决农民工子弟学校学生的接送难题,也不求盈利。但因

为没获得温岭市教育局许可,长期闲置在这里,结果成了一些人解决内急的"公厕"。(新华网8月28日)

这些校车都是标准的"长鼻子",其安全性能极高,是许多地方梦寐以求的"宝贝"。但在温岭,竟成了一堆不值钱的废铁甚至是"公厕",让人好不痛心!

温岭市教育局安全管理科王科长解释称,"经排查,温岭14家农民工子弟学校中,9家已有自己的校车,其余的也基本都认为不需要添置。"王科长表示,这其中还有一个原因:当地近年重新划分学区后,学生的交通半径减小,对校车的依赖程度也相应减弱。这就是该局不批发许可证的原因。

果真如此吗?未必。笔者从相关媒体报道中获悉,温岭市的校车并未饱和。据《青年时报》2012年2月11日报道,温岭高桥小学刚开学就遇到了租用的校车停开的烦心事。与当地很多学校一样,高桥小学也是家长和当地公交公司达成协议,租用公交车来接送孩子,但因为接送车条件跟不上,这学期停用了。另据温岭人大网2012年3月3日报道,郑玲华代表在市两会上提出,"我市现在报批过的接送车共有40多辆,接送率达30%~40%。为了扩大办校规模,跨区招生、黑车接送、超载等成了不少学校的必用手段,尤其是一些农民工子弟学校,我就曾经看到一辆农民工子弟学校的校车里装了82名学生。政府应坚决取缔不合格黑车,强制拟定学校招生范围,避免跨区招生,同时及时添置合格校车。"另据温岭市教育局一位副局长透露,截至当年,温岭市符合标准且报批过的接送车,一共有41辆,而整个温岭市共有20万名中小学生。

其实,不仅农民工子弟学校缺乏标准校车,就连温岭中学这样的公办高中也存在校车危机。去年年初刚开学,当地公交公司就取消了接送该校学生上下学的业务,因为相关部门对公交公司进行考核,要求公交车必须在原先规定的线路上运行,这让全校师生叫苦不迭。(台州在线2013年3月5日)可见,王科长以校车已满足需要为由拒绝安徽驻台州商会的许可证申请,实在站不住脚。

近年来,不断发生的校车惨剧,一次次刺激国人神经。社会各界为此大声疾呼,政府要加大购置校车投入,尽可能给中小学配齐配足标准校车,加强校车安全管理。国务院也于前年公布了《校车安全管理条例》,提出国家建立多渠道筹措校车经费的机制,并通过财政资助、税收优惠、鼓励社会捐赠等多种方式,按照规定支持使用校车接送学生的服务。对照《条例》制定的校车使用许可规定,温岭市教育局没理由拒绝安徽驻台州商会的申请。

显然,52辆崭新的"长鼻子"校车落到今天的尴尬境地,责任在教育局。

综上,笔者建议温岭教育局赶紧会同商会、学校及交管部门,尽快制定如何处置这52辆校车的方案,让它们早日投入运行。

(选自《中国青年报》2014年8月29日)

=研究实践=

1. 找寻一篇谋篇布局很典型的新闻评论文章和一篇谋篇布局较失败的新闻评论文章,简要评析一下两篇文章中标题、段落、层次、结尾等方面的优劣之处。

2. 2014年的这个8月,被网友称为"女大学生的黑色八月",针对该类事件撰写一篇评论,可以就某一事件撰写,也可以就媒体报道的一系列事件撰写。

第十章 新闻评论的语言与文采

导 论

前面曾提到过,新闻评论按照其所依托的媒介的不同,一般应包括报纸新闻评论、广播新闻评论、电视新闻评论、网络新闻评论等不同类型,这些不同媒介新闻评论的外在风格各有其异同。就其共同点而言,新闻评论的文风既包括对其新闻技术上求真、求实、求快、求新、求简的要求,又包含道德政治等非技术上的要求。而文风具体化的表现,即为新闻评论的语言。因此,文风上的要求都可以体现在新闻评论语言的运用和表达之上。[①] 新闻评论的语言随着社会的发展也在不断地改变之中,不同媒介的新闻评论语言的构成和特点也有所差异,但是其基本的、核心的特性却有着一定的稳定性——准确性、说理性、生动性是构成一篇好的新闻评论所必须具备的语言的基本标准。新闻评论的语言的准确性具体体现在新闻评论的命题要准确,要经得起推敲、站得住脚;新闻评论的由头要准确,即新闻评论所依据的事实、背景都必须是真实准确、没有水分的;新闻评论的分寸要准确,即对事物的量和度的把握要恰到好处;新闻评论的分析要准确,分析要实事求是,讲清道理等方面。说理性就是要学会巧妙运用新闻评论的语言,以深刻的思想、充分的论证和科学的结论,来做到以理服人。生动性,是相对于新闻评论的严肃的主题和内容,对文章的形式和语言所提出的要求。力求新闻评论语言和形式的生动性,要做到深入群众、深入生活、深入实践,以通俗易懂的论事说理方式来呈现新闻评论的主题和内容。[②]

新闻评论的语言运用直接关乎评论的表达效果,评论的语言风格又与新闻评论的体裁、媒体的整体定位等密切相关,不同的媒介因受众定位不同,内容取向不同,评论的语言风格也会呈现出不同特点。因此在新闻评论的写作中,不能将语言风格绝对化,要因事而异、因人而异、因体而异、因媒体而异。[③] 总的来说,要写出一篇优秀的新闻评论文章,应兼具内容与形式的完美统一,把握好语言的运用和文采的呈现,集新闻性与思想性于一体。当前学界对于新闻评论的语言的总体要求主要体现在以下几个方面:

第一,严谨灵动,言为心声。新闻评论的写作中也可以用比喻、形容、拟人等一些

---

① 殷俊等:《媒介新闻评论学》,四川大学出版社,2005年,第279页。
② 邵华泽:《新闻评论写作漫谈》,长城出版社,1986年,第80-140页。
③ 韩立新:《新闻评论学教程》,郑州大学出版社,2008年,第184页。

修辞手法及文学笔法,但虚构的文学是万万不可的。在运用夸张、比喻、引证等手法时要注意恰如其分,不失准确。新闻评论贵在真实,不容假想虚构。

第二,深入浅出,以理服人。将深刻的思想与通俗易懂的语言相结合是当下新闻评论追求的风格。要做到通俗易懂,首先要了解受众的认识规律和接受能力,善于运用群众语言。

第三,周全有致,巧妙论理。新闻评论的论证过程要张弛有度,游刃有余,话不可说的太满,要为自己留有余地,不失辩证法。新闻评论人要因时因事而变,灵活巧妙的论证。只有这样才可以显现评论语言的逻辑性。

第四,形象具体,情理结合。把说理的逻辑性和形象性结合起来,将抽象的道理形象化,使新闻评论的内容容易被受众所接受和理解。善于运用比喻,可化抽象为具体;使用抽象化的语言,直接描绘客观事物;恰当使用名言警句、古诗词、著名典故等,增强形象性和说服力。新闻评论要在深刻理解评论事件的基础上有感而发,用带有感情的笔触描绘出理性的画面。要寓情于理,动之以情,晓之以理,情理结合,给受众以理性愉悦的同时带来审美的快乐。

第五,简洁凝练,朴素真情。道理实在,言之有理;论题集中,篇幅适度;字斟句酌,简洁凝练。

第六,形象深刻,寓意深远。评论用语句斟字酌,力求"语不惊人死不休"的效果。新闻评论人还要在信息传播的过程中达到"言毕而意无穷"。

选　文

媒介新闻评论的语言(节选)

殷　俊

导言——

本文节选自殷俊主编的《媒介新闻评论学》,四川大学出版社,2005年版,第278-311页。

殷俊,重庆工商大学教授,博士生导师,浙江大学、福建师范大学兼职教授。兼任《重庆晨报》副总编辑,中国新闻史学会传媒教育实践基地主任。主要著作有《跨媒介经营》、《媒介新闻评论学》、《外国新闻传播史纲》、《城市新闻学》等,主编四川省重点图书《21世纪文化产业前沿丛书》、《中国搞笑新闻传播学书系》、《新媒体研究系列丛书》等。

本文作者将新闻评论语言的基本特征归纳为准确性、简明性、生动性、哲理性等。在考虑到新闻评论语言所借助的媒介的不同，其语言的形式和内容也会借助不同的介质的特征表现出来，各具特色，影响和改变着受众的认知方式的情况下，作者随后着重介绍了不同媒介的新闻评论语言所具有的不同的特点，即报纸新闻评论、广播新闻评论、电视新闻评论和网络新闻评论四类不同媒介的新闻评论语言的特点。同时作者也提出了可以通过向群众学习口语、向名著学习、借用古人的名言警句以及借鉴时代新名词等途径来丰富新闻评论的语言。

新闻评论是一种具有新闻性、政治性和群众性等显著特征的文章。具有鲜明的政治性、强烈的新闻性、广泛的群众性、严格的科学性，所以在语言文风上，与消息、特写等其他体裁往往呈现不同的样态。新闻评论所依托的介质不同，形成各个评论的外在风格不同。但是，一方面，新闻评论的文风是具有稳定性的，无论承载哪种媒介都应有一个优秀新闻评论文风的公认标准。新闻评论的文风既包括对新闻技术上的要求：求真、求实、求快、求新、求简；也包含道德、政治等非技术的要求。文风是一个抽象的概念，再具体一点，文风的直接体现就是新闻评论的语言。文风的技术和非技术要求都可以体现在语言的运用和表达上。因此，要研究新闻评论的文风，首先就要分析新闻评论的语言要素。新闻评论的本质属性又限定了评论的语言的基本特征。另一方面，新闻评论工作者也是在新闻评论的框架中来评述事实，因此，无论从新闻评论语言的本体论，还是方法论上来看，新闻评论语言都要牢牢把握新闻评论的四性，新闻评论的四个基本特性是新闻评论语言和文风的基本点。

一、新闻评论语言的基本特征

新闻评论的语言规定性经历了一个很长的发展阶段，是随着文风的不断改进逐渐形成的。评论语言随社会的发展不断分化和统一，也始终保持着自己一个稳定的、共同的特性：准确性、简明性、哲理性、生动性，这是构成新闻评论语言的核心特征。

（一）准确性

评论的语言要准确，这是评论语言特征的基本点，离开了准确性，一篇新闻评论不管如何生动，都是没有意义的。

新闻评论语言的准确性包括对事实准确的语言描述和表现观点语言使用的准确。对事实准确的语言描述，又包括对事实细节的语言准确描述和对事实总体概括的语言准确描述。

新闻评论是抽象思维的表现形式，虽然在评论中会有部分叙述、描写的内容，但是评论的语言更加是对现象背后的本质的反映，因此，新闻评论在语言表现本质内涵的时候，就更加需要推敲文字，提炼语言。

新闻评论语言讲究准确性,首先就要从语言的特性入手,了解语言的特性,是避免评论写作过程出现语病的必需,是保证新闻评论新闻语言准确性的前提。

评论语言准确首先要注意动词和副词的准确使用,因为动词和判断词表明了一种毫不含糊的意思,而副词又限制了动词的程度;其次,虚词的使用,语言的搭配也需要准确。

评论语言的准确性是我们去谈其他特性的基础点。没有了准确传递信息的新闻基本特性,何谈简明性和抽象性呢?

(二) 简明性

"意则期多,字则求少"、"短些,短些,再短些"、"言简意赅"这些都是对新闻语言的基本要求,新闻评论语言也必须遵循这一原则,而且,在现今评论的发展中,更需要评论语言简洁明了。评论语言的简明,就是要用恰当的篇幅,把评论的内容准确而生动地表现出来。评论的内容要精彩,语言文字又很简单,不说废话,不舞文弄墨,以词害意。当然简明性并不等于短,更不能简单地说评论越短越好,而要"量体裁衣",该长就长,能短则短,尽量用短小的篇幅表达丰富的内容。20世纪80年代以来,新闻评论开始呈现小型化的发展态势。进入新世纪,新闻评论小型化的趋势进一步加强,表现在社论的小型化和小言论受重视两个方面。当代著名报人范敬宜写作了大量的评论,他的评论鲜有长篇大论,基本上都是千字,有的甚至寥寥数行(编者按语)。季羡林曾这样评价他的文章:"没有半句假话、大话、空话、废话、套话。"这种优良的新闻传统,对于我们身处信息爆炸时代更有借鉴意义。所以,新闻评论要短小精悍,击中要害,而不是动辄洋洋洒洒两三千字不能少。评论要贴近受众,刹住这种长风。如今读者都很忙,写评论,只有唯陈言之务去,尽量把评论写得精粹些,才能抓住受众的眼球,评论才能发挥其"旗帜"、"灵魂"的感召力。时评的繁荣就是新闻评论语言必须符合简明性的最好明证。

(三) 哲理性

"说理"是新闻评论的重要特征,因此要求新闻评论的语言要一针见血,不能绕来绕去,只停留在事物的表面,否则就只能隔靴搔痒,抓不到问题的关键和要害,丧失评论的魅力所在。

哲理性,并不是要玩文字游戏,满篇充斥着观点和思想,长篇的理论和精神。重要的主题、宏大的内容、深刻的思想,其表现都依附在特定的事实和特定的事件上。要在对新闻充分的述评中,自然表达作者的观点,揭示新闻的本质,阐述新闻的主题。而要真正对事实挖掘得深,新闻工作者就应该要多思考、多分析、多角度的探讨,看到问题的关键,把握事实背后的真相。

评论文章的高低,关键在于掌握的信息量。"道理"是需要信息量来支撑的,也就是我们常说的"举例子"。但是,若仅仅停留在举例子的层次,也就是一般的议论,是无法达到权威。所谓权威,首先是你得比别人知道得多,而且你还得把你知道的合理地组合起来。只有好的逻辑和方法,才能够把掌握的信息有效地组合起来,进而形成权威结论。

一篇精彩的评论,就是要先声夺人,观点新颖,剖析深刻,语言犀利,抓住内核,只有这样,才能够彰显评论文字语言的魅力。但是,强调新闻评论语言的哲理性,是在观点深刻基础上,有内容的哲理性,不能仅停留在语言表面,正所谓要"言之有物"、"言之成理"。《冰点时评》责任编辑童大焕认为:要追求评论的独立价值。时评属于新闻,但不能依附于新闻而存在,它与新闻的关系,以"若即若离"为最高境界。在一些时候,时评说出新闻背后的事实真相,对一件刚刚发生的新闻做出事实判断或者价值判断。更多时候,时评的"时",是"时事"的"时",但更是"时代"的"时"。所以它不追求热点,实际上是在冷静观察;它不纠缠于个别事实,实际上是在观察整个时代。

(四) 生动性

新闻评论是"论战的艺术",一篇好的新闻评论不仅仅需要独特的思想内容、说理方式,也需要文采和辞章。梁启超就主张写文章时要"耐驳"和"动听"。孔子也说过:言之无文,行而不远。

毛泽东在关于文风的论著中提到要建立具有中国民族特色的马克思主义文风,即新鲜活泼的、为中国老百姓所喜闻乐见的有中国作风和中国气派的文风。因此毛泽东的评论文章善用比喻和联想,以及恰当的旁征博引,妙趣横生。文风和语言生动性是中国优秀新闻工作者应当具备的共同特征。

新闻评论语言要生动,新闻评论语言的生动性体现在现今"三贴近"的要求之下,就显得尤为重要了。"三贴近"的贴近生活,就是深入到火热的现实生活和人民群众的日常生活中,反映客观现实,把握现代社会主流,从生活中挖掘生动事例、汲取新鲜营养、展示美好前景,激励人民群众齐心协力、奋发图强,为创造更加美好的新生活而共同奋斗,使宣传思想工作更加入情入理,充满生活色彩,富有生活气息。贴近群众,就是深深扎根于群众之中,想群众之所想,急群众之所急,办群众之所盼,以群众满意不满意、高兴不高兴、赞成不赞成、答应不答应作为根本出发点和落脚点,更好地代表广大人民群众的根本利益,使宣传思想工作更加可亲可信、深入人心。[①] 社会的发展,新闻媒介的传播环境也发生变化,由政治话语独霸转向经济话语为主、知识大众化的环境;公众与媒介之间泛政治化转为更多的经济利益和信息服务的商业关系。由《南京零距离》引发的对公共新闻的关注,民生新闻的崛起,也反映了哈贝马斯"国家——公共领域——市民社会"的三元分析观点:市民社会通过公共媒介在公共领域中形成舆论。因此,新闻评论语言要注重市民大众的需求。新闻评论的语言,往往是通过老百姓的语言阐述国家的政策,评述当下的社会现象,做到言近旨远,深入浅出,

---

① 李长春:《宣传思想工作要在"三贴近"上取得新进展》。新华网,http://www.xinhuanet.com(2003年4月3日)。

让群众容易理解,让群众爱看。

二、不同媒介的新闻评论语言具有不同的特点

语言借助媒介传播,媒介也需要语言与文化和社会发生关联,因此,也就是说媒介介质不同,"延伸"的方向类型不同,新闻评论语言的形式和内容也会借助不同的介质的特征表现出来,各具特色,影响和改变受众的认知方式。[①] 媒介本身技术属性的不同和不断变化的社会能动属性,不仅使每一个新闻媒介的新闻评论语言不同,而且给同一新闻评论的语言带来新鲜的气息和多变的风格。

(一) 报纸新闻评论语言的特点

报纸,从梁启超的报章体到现在的《冰点时评》、《方舟短评》等,经历了一个长久的发展历史。包括报纸在内的平面媒介,作为纸质媒介,有报道形式相对单一、缺乏图声并茂、时效性逊于广播和电视、受众群体收到文化水平的限制等局限。但是平面媒介的受众选择性强,可长期保存等方面也为其提供了发掘深度的可能。

平面媒介的两方面特点决定了报纸在现今激烈的媒介竞争中,要充分发挥对新闻事件的深度解释、分析和述评,向读者揭示电视媒介不能直接感觉和认识的事物的深层的东西。

因此,平面媒介的新闻评论的语言系统构成元素是:以文字为主要的语言形式,辅以漫画、图片。也就是说主要运用文字的力量来实现新闻评论。平面媒介的新闻评论语言侧重以抽象语言符号系统,文字提高了人们抽象思维的能力,便于人与人之间记忆的传递,也拓展了人类交际的时间和空间。但同时文字语言具有传播的局限性,因为文字符号与具体事物的分离天生是一个缺陷,"一个脑袋通过自由联想和另一个脑袋接触并追踪其思路时,未必能实现彼此的熟悉"。[②]

平面媒介的新闻评论语言因为构成要素单一,所以在文字语言的深度上要比其他媒介更有优势。一方面是因为媒介限制,另一方面是因为专其一项,自然比其他媒介做得更好。当然,"读图时代"的到来,平面媒介在评论的表现形式上重视图片的运用,其中用漫画来辅助评论,新闻摄影图片得到充分利用,因为漫画通常本身就具有很强的启示作用,新闻图片则是给人以强烈的视觉冲击从而引发思索。国外言论版有一个普通的形式要素——图像,除了在我国个别报纸言论版上借鉴的漫画之外,不少国外报纸的言论版都有作者的照片,有的言论版甚至言论配有新闻图片。

(二) 广播新闻评论语言的特点

广播被很多人认为是放入"博物馆的灰姑娘",在电视、网络崛起的20世纪逐渐被人遗忘,但是新媒介的出现并没有让广播消亡,广播反而作为声音媒介的媒介特性

---

① 麦克卢汉等:《理解媒介:人的延伸》,商务印书馆,2000年,第1—3页。
② 伊尼斯:《传播的偏向》,中国人民大学出版社,2003年版,麦克卢汉序言第4、167页。

得到了更大的发展。

当人们对声色和新鲜的追求厌倦的时候,物质性的表层东西被满足的时候,人们会更多地寻求精神的交流。广播传播的本质不仅仅在于提供给听众娱乐和游戏,更重要的是强调贴身性与个性化,给予听众情感关怀、精神慰藉以及人文关怀,这些是广播与其他电子媒介竞争的优势。广播语言包括有声语言以及音乐、音响等,其中最重要的是有声语言。广播有声语言是介于口头语言和书面语言之间的一种语言。既有口头语言的生活性和口语化,也具有公开性、示范性、引导性、通俗性等书面语言的特征。

广播新闻评论语言主要是有声语言,既包括抽象语言系统中的播音语言和现场语言,也包括具象语言系统的现场音响和音乐语言,其实这些有声语言在电视中都有,不同的是广播新闻评论是更加回归到人与人交流的本质上去,广播新闻评论的语言回归到口语和对话的本身,大量地运用音响语言,采用"开放式"的直播评论形态,即指事先了解了听众的思想状态,在节目过程中,与外界及时进行信息交流的广播电视形态。

(三) 电视新闻评论语言的特点

电视新闻评论是新闻评论体裁与电视媒介结合的产物。电视新闻评论与报纸新闻评论有很大的不同,报纸新闻评论虽然也是依托事实的,但是评论与事实往往是泾渭分明的,评论主要用概念进行判断推理,从而摆明态度,做出结论。电视新闻评论则是充分发掘电视镜头的现场感,把人们带入真实情景中与记者一起思考。观众看到的事实画面是最有力的论据,对事实的深入调查过程,就是把抽象寓于形象,融逻辑于现象的推理过程。

电视新闻评论语言的特点,电视新闻评论语言符号系统包括抽象语言系统和具象语言系统。前者包括播音语言、现场语言、屏幕文字、画内文字;后者包括形体语言、表情语言、色彩语言、图表语言、现场音响和音乐等客观性具象语言,以及线条、光线、影调、色彩、角度、景别等主观性具象语言。[①]

电视新闻评论,要在表现手段上适当强调和突出"以视为主"这一侧面,在采访过程中注意捕捉富有表现力的画面,在后期制作中注意画面语言的组合方式和多种视觉符号的综合运用。在"视"字上下工夫,是提高电视评论质量,增强电视评论感染力和说服力的关键。而电视图像"弱概括力"的这一负功能,就要求在从事电视新闻评论创作中,加强理性思维和逻辑思维,不能忽视语言的组织和主导作用。把握好文字和图像之间的关系,既要做到"以话引图",又要做到"以图说话",达到揭示事物本质的目的。即强调电视新闻评论的可视性并不是意味着评论语言就不重要,它与其他媒介的新闻评论一样,重在通过说理来阐述思想、观点和见解。因此,两者必须紧密

---

① 黄匡宇:《电视新闻语言学》,中国广播电视出版社,2000年,第105页。

结合。

(四)网络新闻评论语言的特点

网络一出现,就以它的超大容量和快速传递,迅速成为"第四媒体",而网络新闻评论也逐渐成为人们获取新闻的一个重要的途径。网络新闻是以互联网为介质,来传播新闻信息的。网络新闻集报纸、电视、广播之长于一体,是数据、文本、图像等报道手段的有机结合,因而是立体的、网状的、多维的,有声有色、图文并茂、亦动亦静的。[①]

网络新闻语言主要由文字语言、音响语言(视频播音、视频现场语言、音乐音响)、图表语言、色彩语言组成,具有超文本性、鲜明性、超链接性、可选择性、开放性等特征。[②]

网络新闻评论有新闻网站的评论,也有一些门户网站的新闻评论。前者依托传统媒介的已有资源,借助网络的力量,让新闻评论更加开放地展现在大众之中,因此语言元素较之传统评论丰富多了。后者,因为其自身的受众网民范围层次更加复杂,而且没有太多新闻网站的种种限制,所以门户网站的评论参与者更加的多样,语言也更加的多样。两种类型网站的新闻评论,让评论渗入每个角落,时时有声音,事事有发言。

网络新闻评论语言较之上面三种媒介更加的多元,它可以借助所有的语言符号系统来表现,而且网络的非线性打破了传统媒介的局限。但是,网络也因为技术原因,没有实现完全的全方位化,所以先进网络新闻评论在语言系统上,是存在着缺憾的。然而,网络新闻评论语言最大的特点,就是借助"互联网",发出声音的渠道多元,因此其语言是多样的,各个层次的声音都在上面得到了反映。

三、丰富语言的几种途径

(一)向群众学习口语

口语是传播的最古老的方式,也是传播的本质的回归。我们的媒介,在报道新闻的时候,特别是发表言论的时候,长期用政治性的、宣传性的文书来写新闻、评新闻。民生新闻的兴起,在其基础之上,一种"短小、灵活、轻松、幽默"的电视新闻评论方式发展起来,贴近生活,走进民间,老百姓喜闻乐见是它取之不尽的养料。

(二)向名著学习

名著折射了一个时代的缩影,学会用名著的写作视角来观察世界、发现世界。名著的文笔、文风多彩多姿,是汲取语言的宝库。名著的反复阅读性,可以让我们深入思考,借鉴现今社会。学习名著,实质上是了解名著所蕴含的历史背景,以古喻今。

[①] 林纲:《略论网络新闻语言特色》,《新闻爱好者》,2004年第5期,第5页。

[②] 林纲:《略论网络新闻语言特色》,《新闻爱好者》,2004年第5期,第5页。

名著的语言固然值得新闻评论工作者学习,但名著流传百世大胆的内涵更是关键。

(三) 借用古人的名言警句

中国的传统文化源远流长,古人的名言警句往往又是千锤百炼、精而又精的。古人的警世和醒世名言既体现新闻评论语言的简洁性,也是能够引发思考的,是符合哲理性的特点,同时,运用名言警句,变化常规的语言用词,丰富了语言形式,让文章深入浅出。借助古人的名言警句还可以来解释现今的许多类似的现象,因为往往名言警句有一个相同的文化背景,受众理解起来更加的容易。

(四) 借鉴时代新名词等

新词新语的大量产生和广为流传,是新时期全球化发展中汉语词汇发展的一个突出现象。在新闻语言中,新词新语的出现频率很高,不少新词新语用法正是借助新闻媒介通行起来的。在新闻语言中,必然要用大量新鲜生动的新词新语,这样才能恰如其分地反映社会现实,使作品充满生活气息,展现时代风采;否则,就会相形失色,甚至难以表达。新词新语既包括产生不久,含义、色彩和表现形式都给人以新颖感的那种词语,也包括旧有词语的新含义。①

媒介新闻评论与时代是紧密结合在一起的,因此新闻评论的语言更要吸收新词新语。新词新语往往是在百姓生活中产生,来自生活,因此新闻评论要对新词新语的运用也体现"三贴近"的要求。

新闻评论的语言(节选)

柳 珊

导言——

本文节选自柳珊所著的《当代新闻评论》,复旦大学出版社,2007年8月第1版,第174—184页。

作者柳珊,同济大学传播与艺术学院广播电视新闻学专业教师、副教授,专业主任。复旦大学中文系当代文学专业博士研究生、新闻学院新闻传播学博士后流动站博士后,曾任院长助理、香港城市大学媒体传播系高级访问学者、美国伊利诺伊媒体学院访问学者。著有《在历史缝隙中挣扎——1910—1920年间〈小说月报〉研究》、《当代新闻评论》等书,发表论文多篇。

本文在强调了评论语言的重要性,点明了每一位评论者都有其自身的评论语言

---

① 郝全梅、劳臣:《新词新语与新闻语言》,《新闻战线》,2004年第7期。

的特色的基础之上,给评论爱好者和工作者3个关于新闻评论语言方面的建议:准确第一,幽默是金,永不满足。作者结合实例指出正确地使用语法、句法,以及正确运用词语,是新闻评论语言的第一步,只有具备了一定的语法基础,才能满足成为一名新闻评论工作者的基本条件,脱离了准确的评论语言,关系的不仅仅是一篇新闻评论文章的好坏,甚至可能带来意想不到的可怕的社会后果。幽默是评论语言的又一重要因素,幽默是有思想与智慧内涵的,一篇新闻评论文章有了幽默作为点睛之笔,在彰显理性的精神同时,亦能便于读者的阅读和作者思想的呈现。最后,作者强调了妙语警句在新闻评论作品中的闪亮之处,也呼吁读者们能"博览群书",把阅读和学习写作作为人生中一项永无止境的任务。

  毛泽东在《反对党八股》一文中曾经指出"语言乏味、像个瘪三"是党八股的罪状之一。这句话其实也指出了新闻评论写作的大忌。
  语言不灵,再正确的思想,再有理的观点也会黯然失色,无人喝彩;反之,一些歪理谬见,一旦披上了神圣华丽的语言外衣,就能在社会生活中产生巨大的作用力。作为人类思想和交流的工具,语言具有超出工具之外的价值和意义。20世纪末期语言哲学领域的一个发现是:语言的力量不仅在于"说什么",更在于"怎么说"。因此,每一位新闻评论工作者都要警惕手中这个语言工具,小心谨慎地使用它,尽量让它在人类社会生活中发挥正面积极的作用,而不是起相反的副作用(尽管也许你的初衷并非如此)。
  汉语是全世界使用人数最多的语言,在新闻评论发挥着越来越重要作用的今天,评论语言起着巨大的示范作用。就像有的县委书记曾说:"我是从《人民日报》社论学讲话的"一样,一些年轻的评论工作者通常也有自己的模仿对象,他们也许会说"是王小波(或其他×××)告诉我文章也可以这样写"。
  语言特色是评论工作者个性特征的鲜明体现。每一位优秀的评论工作者都应该做到,人们读你的作品,不用看作者署名,就知道这样的文章非你莫属。就像20世纪50、60年代《人民日报》社论一登出来,尽管署名是"本报编辑部",一些有心的读者却能马上辨别出哪些文章是毛泽东亲自执笔的,哪些是经过了他的笔修改成章的。因为在那个年代,毛泽东的语言是十分独特的。
  什么样的评论语言是最好的?这个问题没有标准答案,也不可能有。因为不同的人会有不同的见解,不同的评论工作者都有各自的语言风格,这个也正是评论语言的魅力之所在。
  关于评论的语言,本书想给评论爱好者和工作者3个方面的建议:准确第一,幽默是金,永不满足。

一、准确第一

评论语言的第一步是要正确地使用语法、句法,以及正确运用词语。笔者不是这方面的专家,而且本书也没有太多的空间来探讨这些基础问题。所以,这里只能假设你已经通过了第一条,有了一定的语法基础,具备了成为一名新闻评论工作者的基础条件。

虽然这里不探讨如何才能使评论语言使用得更准确的技巧,但笔者推荐关心这个问题的评论工作者不妨常常翻翻《咬文嚼字》这本杂志,它的许多材料来源于我们当今社会生活的语言实践,常常针对不准确的语言使用现象做出病理学般的分析探讨,对评论工作者提高自身准确使用语言的能力会有不小的助益。

这里想说明的是,为什么评论语言一定要把准确放在第一位呢?

尽管评论工作者的语言风格千姿百态、各不相同,但就其最根本的底线而言,它们都应该有一个方面的共性,那就是准确。准确是新闻评论语言,乃至新闻评论的生命。一字之差,它关系的不仅是一篇评论作品质量的好坏,更重要的是,它有可能带来难以预料的可怕的社会后果。这样的教训是极其深刻的,而且在我们具体的新闻评论实践中并不少见。资深评论工作者李德民先生曾给我们提供了不少生动有力的事例。

如解放初,《人民日报》在宣传镇压反革命政策时,由于疏忽,一次把"可杀不可杀的不杀",漏写成"可杀不可杀的杀"。那时的《人民日报》是代表中央这一级的党组织发言的,虽然不能直接等同于中央文件,但就社会效果而言,两者之间是有一定的相似性的。如果这样的言论散布到社会上去,后果将不堪设想。以至于李德民先生说"这一字之漏,关系着多少颗人头"!幸亏编辑部及时发表了更正,随后又向中央作出了深刻检讨。

1990年6月12日,胡乔木给《人民日报》编辑部写信,指出了一篇文艺评论的不准确之处。他说:"今日《人民日报》文艺评论版《鲁迅研究中值得注意的问题》一文立意很好,惟其中(第二栏倒9—8行)引用一句'雄关漫道真如铁',作者的解法却与原意正好相反,看了不免难过。(原意'漫道'是'枉道'即'莫道',故下接'而今迈步从头越',即雄关算不得什么如铁;此处则误解为雄关就是如铁,'想捧杀或骂杀都是徒然枉然,故无损鲁迅的硬骨头'。)出现这种硬伤故为作者之失,亦为编者之过。人们会怎样看待和怎样评论呢?希今后务必多加注意。"[①]

这样的读者来信令人警醒。记住,作为一名评论工作者,永远要以内行读者的眼光来审视自己的评论作品,不要轻易放过任何一处细节,任何一个字眼。

撰写重要的政治评论尤要重视语言的准确性。中国有关领导机构在重大政治事

---

① 以上事例均转引自李德民:《评论写作》,中国广播电视出版社,2000年,第133—134页。

件的报道和评论方面十分强调语言的准确性。譬如在1997年7月1日香港回归祖国前，为了规范用语，有关部门就相关的提法、用语提出了明确的意见。

不能称香港是英国的"殖民地"，可说是"英国对香港实行殖民统治"。

不能把香港回归，说成是"宗主国的更换"，更不能说"中国是香港新的宗主国"。

不能称中国对香港"收回主权"、"主权回归"及"主权交接"，应称中国政府对香港"恢复行使主权"、"香港回归祖国"、"收回香港"及"政权交接"。

香港是中国领土不可分割的一部分，在使用称谓时，香港不能和中国并列，不能使用"中港两地"、"中港合资"、"中港交流"一类的提法。有涉及各地与香港合资的企业名称、商店、牌匾及商品的说明，也应按这一要求予以规范。如涉及一些香港当地的名称无法避开，可加引号，如"中港经贸商会"等。

相对香港，不能把内地称为"国内"或"大陆"，在1997年之前可继续称"内地"；对香港同胞内地投资办厂、旅游观光，不能称"来华"，而应称"来内地"。在香港与一些国内并列时，务必称"国家和地区"，如"包括德国、法国、中国香港地区在内的国家和地区参加了此次会议"。

在涉及深圳与香港的地界时，不能称"边界线"，而应称"管理线"。

"一国两制"的构想是从解决台湾问题提出的，首先运用于解决香港问题。因此，不能说"一国两制"是为解决香港问题提出来的。

不能称英国占领以前的香港岛是"一个几乎没有人烟的荒岛"、"一片荒凉的不毛之地"，或称"香港从一个小小的渔村发展为一个现代化大都市"等。这些说法与历史事实不符。在被英国侵占以前，香港地区的农业、渔业、航海业、制盐业和文教事业等已经有了一定程度的发展。史料记载，在1841年英国军队侵占香港时，仅香港岛就已有居民7 450多人，港岛南部的赤柱已是一个有2 000多人的市镇。

经史学界考证，历史上不存在《穿鼻草约》或《穿鼻条约》，英军最初是用武力强行侵占香港岛的。因此，不能说英军占领香港岛前签署过《穿鼻草约》或《穿鼻条约》。

"新界"是英国人的称谓，英文原意为"新的领地"，在使用该名称时，要加上引号。

对香港的一些右派政治团体的名称，引用时要加上引号，如"民主派"、"民主党"、"支联会"等。

由于英方顽固推行彭定康"三违反"的政治方案，破坏了"直通车"。1994年8月，全国人民代表大会常务委员会授权香港特别行政区筹委会按照全国人大有关规定和"香港基本法"组建香港特别行政区第一届立法机构。对此，不能说"'解散'或'废除'港英三级政制架构"，可称"港英三级政制架构到1997年6月30日终止"。

仅一个香港回归问题，就有这么多的讲究和学问，可见，评论工作者要掌握好准确这一原则并不是件容易的事。因此，对自己不是很了解的事物，没有十分把握的说法或词语,评论工作者不妨多查找工具书,多向有关专家请教。这不仅是年轻评论工作者应该养成的良好习惯,而且也是许多资深评论工作者始终坚持的习惯。

二、幽默是金

有人认为,中国人是一个缺乏幽默感的民族,所以中国人写的文章往往正儿八经,没有幽默感。其实,幽默是一种气质修养、人生态度,它跟所谓民族、种族是没有太大关系的。看看网络上、手机里流行的各种笑话、段子,再想想中国的传统艺术相声小品,还有京剧里那些招人喜爱的插科打诨的丑角,我们不难发现,中国人并不是一个天生缺乏幽默感、讨厌幽默感的民族。当然,幽默与搞笑调侃是有区别的。调侃搞笑纯粹是为笑而笑,人们在轻松愉快的氛围中,暂时逃避现实生活的烦恼与压力,获得情绪上的缓解放松。而幽默是有思想与智慧内涵的,它作用于人的理性。评论作品如果能够在彰显理性精神的同时,闪烁着缕缕幽默的灵光,某种程度上也能表达这篇作品以及该作品作者的思想含金量。

"每日秀"(The Daily Show)是美国喜剧中心有线电视网制作并播出的一个政治评论节目,颇受美国观众的欢迎。它每集一个半小时,主持人以嘲讽幽默的口吻评论美国现实社会的诸种弊端。节目还经常邀请一些社会名流到现场做客,其中包括许多政治领袖,主持人与这些政客们一起进行现场访谈,嬉笑怒骂,词锋锐利,使得该节目成了美国公众心目中最尖锐的"政治评论秀"之一。

听一听这个节目中那些尖刻的讽刺语言。提到外交的时候,主持人不无讽刺地说:"一名合格的大使就是知道小叉子是用来吃沙拉的。"主持人还把国会比喻为美国政体的肠胃,而说客们的"唯一工作就是通过劝导和付以薪金让国会不要忘了人民的期望",并特意补充道:"尤其是那种对违反规定的期望。"[①]

你阅读评论作品时,有没有哑然失笑的时候?虽然这种时候可能不多,但相信仍然是有的。连岳讽刺李敖喜欢拿自己的下半身说事:

不过,他最近的惨状倒还真可能证明说了太多性的"报应",快70岁的李敖患了前列腺癌——没有得到证实,极有可能是李敖的敌人制造出的谣言,更有可能是老人家不甘寂寞,吹了吹牛——医生的建议是:把那惹是生非的玩意割掉,永绝后患。如果真的操作了,李敖会成为有史以来最有骨气的阉人。

据说,李敖本人并不多在乎。这是他的本色,虽然老先生近几年来说了许多糊涂话,显示知识结构有些过时(攻击同性恋者是其中著名的事例),但特立独行,撩拨成见,触怒权贵却依然干得漂亮。这其中,当然包括到了70岁,还能旁若无人地谈谈性

---

① 罗晓荷:《最尖锐的政治评论秀》,载《文汇读书周报》,2004年12月27日。

问题,一直谈到自己的下半身成为烈士①。

着重号是笔者加的。看到这里真是禁不住一笑。这样温婉体贴的批评,是招人喜欢的。

还是连岳,不满意某些专家为少数利益集团服务,颇为怨恨地讥讽:

这是一个专业分工日愈细致的时代,隔行如隔山,有些专业问题,确实是要业内专家来说,才能发现症结。比如法律问题,外行去评论,只能振臂高呼一声"法制"了事,等于没说。又比如经济问题,外行陷进去,就更找不到北了。也正是在这种"专业强势"的背景下,方方面面都有专家轻易出卖自己的专业资格,为利益集团代言。有经济学家努力证明中国的房价是只会涨不会跌的;民生物资价格狂飙,而经济学家照样可以说一点都不热。这种情境下的"专家",就像中国古代的妓女,精通了琴棋书画,不是为了别的什么,只是为了卖个好价钱②。(着重号为笔者加)

最后那句话,虽然略显刻薄,但因其智慧般的幽默,还算得上是点睛之笔。

国内另一个值得一提的评论幽默大师应该是王小波。许多严肃得不能再严肃的话题,经他的嘴一说,效果就完全两样了。譬如他曾经驳斥过另一位王先生的大作——《渴望堕落》,讨厌他给知识分子罗织的种种罪名——"亵渎神圣"、"厚颜无耻"、"投机逐利"等。王小波说:

王先生的文章里,我最不能同意的就是结尾的一段。他说,中国社会的精神结构已经千疮百孔,知识分子应司重建之责。这个结构是指道德体系吧。我还真没看见疮在哪里、孔在哪里。有些知识分子下了海,不过是挣几个小钱而已,还没创建"王安"、"苹果"那样的大公司呢,王先生就说我们"投机逐利"。文章没怎么写,就"厚颜无耻"。还有丧失人格、渴望堕落、出卖原则、亵渎神圣(这句话最怪,不知王先生信什么教——着重号为笔者加)、蔑视理想。倘若这些罪名一齐成立,也别等红卫兵、褐衫队来动手,大伙就一齐吊死了吧,别活着现眼。但是我相信,王先生只是顺嘴说说,并没有把咱们看得那么坏③。

相当厉害的反击吧,但并没有任何恶毒凶狠的形容词,嬉笑谈论之间,招招直取人要害,还让你一点脾气都没有。这就是幽默的高明之处了。

---

① 连岳:《李敖的下半身》,引自http://rosu.blogbus.com,2004年10月23日。
② 连岳:《何必去说几十年以后的事?》,引自http://rosu.blogbus.com,2004年12月31日。
③ 王小波:《道德堕落与知识分子》,引自《沉默的大多数》,中国青年出版社,1997年,第70页。

写幽默文章也许看上去很容易,但实际上十分困难。

正如美国辛迪加专栏作家及CBS幽默演员安迪·鲁内所说:"你不能要求什么人写有趣的星期一、星期三和星期五。幽默充其量只是一种副产品,它是在某些严肃事情的过程中产生的。每一次人们刻意地着手去写滑稽东西,几乎都会彻底失败。美国只有三四位作家能在某种程度上经常性地实现滑稽,而他们中最棒的人也有一半时候是失败的。"[1]

还有一位记者曾经这样描述他的一位以写幽默专栏而闻名的美联社同事玻依尔的工作:

无论是醒着还是睡着,哈罗德·文森特·玻依尔每天花22个小时思考,为他的专栏操心,而用时2个小时着手去写。玻依尔在打字机前工作的状态相当恐怖。他说,这是"你拿起冰冷冷的凿子,放在头上开掘起来的时候了"。

玻依尔坐在打字机前,还剩下60或90分钟,他紧绷着,沉默着,僵坐着,极度紧张,对内容和音调仔细地逐字衡量,写着、删改着,调整词句,千方百计在备选的词句中找出合适的句子,以极为简洁的形式把它们最终发掘出来。

他工作时必定抽着香烟,被迫停下来梳梳头,或者像很紧张地盯着球员和那块小小的好球区的投球手那样,深深吸上一口气。玻依尔决不会忘记那块好球区是多么小。

这就是玻依尔,什么也看不见,什么也听不到,在这世上他也没有朋友,是黑暗森林里独处的孩子。这是所有退避、所有延误、所有分心散神都必须结束的地方。这是一堵墙,而玻依尔每天早上都背对着它进行写作。[2]

真是令人痛苦煎熬的幽默创作过程!不仅国外专栏作家如此,中国的幽默大师王小波也好不到哪里去。据说他为《三联生活周刊》写专栏时,每每殚精竭虑,不仅每一篇文章,而且具体到每一个字他都是斟酌再三、反复掂量的。因为幽默的智慧与锋芒往往来自批判,批判作为一种有杀伤力的武器,是很不容易掌握好的,因为一不小心就过头了。所以崔永元说:"其实好的幽默应该是善解人意的。因为,如果幽默没有了分寸,就会拿别人开心。拿别人开心可能也会赢得笑声,但是对被幽默的人造成伤害,甚至造成极大的伤害。所以,如果想要幽默,首先就要有自我牺牲的精神……对,就是说拿自己开涮,端出自己的缺陷或者缺点,让大家觉得可笑、滑稽。"[3]

可是,要进行严肃的文化、政治、经济、社会批判,光拿自己开涮是远远不够的。

---

[1] 《没有幽默,社论版会好一些》,载《刊头》,1991年夏季号,第9页。
[2] 转引自[美]康拉德·芬克:《新闻评论写作教程》,新华出版社,2002年,第169-170页。
[3] 中央电视台新闻评论部编:《实话》,文化艺术出版社,2001年,第91页。

幽默的攻击对象更多的是别人。上面王小波、连岳都是很好的例子。因此，当幽默的语言之箭射出去时，一定要想想是不是有些过了，过了头的幽默不仅起不到幽默的效果，反倒可能伤了自己，暴露了自身的缺陷。

并且，幽默作为一种气质修养、语言能力，是可以后天培养的，崔永元说得很明白：

"幽默看起来海阔天空，其实它只是一条小径，过犹不及，过了，别人会说你滑稽、搞笑、圆滑，甚至贫嘴。幽默没有了分寸，就成了粗俗、低下。掌握这一点，我觉得后天培养特别重要，要有文化知识的积累，而这种文化知识的积累会给人贯穿一种人文精神，让你知道什么叫尊重别人，它的分寸在哪儿。"[1]

三、永不满足

一些评论工作者会认为，评论写得好不好，关键在于有没有好的选题，至于如何完美地遣词造句，并没有想象的那么重要。与遣词造句相比，精巧的构思、令人信服的事实依据、具有说服力的分析阐述乃至引人入胜的故事，似乎都更为重要。没有以上这些元素，评论工作者的文章再漂亮，也无非是一个美丽的失败。他的文字可能会吸引一些受众的注意，但是他们很快就会发现整个作品的华而不实。做得再精美的广告永远都是广告，代替不了广告商品的实质，不是吗？

这真是一个大误区！文字的魅力是绝对存在的，它往往能使一篇评论文章更上一层楼。一个非常普通的选题如果拥有美丽的文章、精美的画面，让受众们回味无穷、久久难忘。大量的阅读经验证明，许多时候作者评论的对象以及他的主要观点都已经被读者们忘却了，但他在作品中曾经说过的某句话却深深地印在了读者的脑海中，时不时跳出来，成为读者自己的语言。这并不是不可实现的梦想，而应该成为每个新闻评论工作者最终的奋斗目标。

曾经荣获过美国报纸主编协会杰出评论写作奖的J·彼得·赞恩这样谈起了自己的成功经验：

我想你应该通过对自己说："我对常规的语言不满意"，来给自己施加压力。

我是一个新闻界人士。但你则应强迫自己找到最有趣的表达方式。我进行自我训练并问自己我的语言选择是什么。

如果你能想出两三个有趣的词，它们便能让人印象深刻，它们能让读者获得一种阅读新鲜东西的体验。

---

[1] 中央电视台新闻评论部编：《实话》，文化艺术出版社，2001年，第92页。

这便是推动我自己去寻找一个有趣的词语的过程,摒弃那些平淡无奇的现成的动词。有时我做得有些过火,以至于看上去有点蠢,但我宁愿继续这样,每个词暂时看上去有点蠢,也不愿归于平淡。①

意大利诗人但丁说:"最好的骏马适合最好的骑手,最好的语言适合最好的思想。"所以,人们希望在每篇评论中都能看到一两句精彩的、令人回味不已的话。这几句精彩的话往往就是一些警语妙句。崔永元主持《实话实说》栏目时,做过一期名为《老同学聚会的滋味》(播出时间 1997 年 7 月 20 日)的节目,其中有这样一段:

崔永元:是不是老同学、老朋友之间有一种说不清的非常奇怪的感觉?
嘉宾:对,一种默契,一种好像是超出一般人的感觉。
崔永元:老同学就是可以去掉你脸上的沧桑,依稀找到过去的影子。(着重号为笔者加)
崔永元给"老同学"下的定义是否让你有所触动了呢?

王小波的文章引人注目,原因之一也是文章中的妙语警句随处可见,他谈论得最多的是知识分子话题,因此他在这方面留下的妙语警句也最多,信手拈几处:

什么是知识分子最害怕的事?……那就是:"知识分子最怕活在不理智的年代(着重号为笔者加,以下同)。"所谓不理智的年代就是伽利略低头认罪,承认地球不转的年代,也是拉瓦锡上断头台的年代;是茨威格服毒自杀的年代,也是老舍跳进太平湖的年代。
……在古希腊,人最大的罪恶是在战争中砍倒橄榄树。在现代,知识分子最大的罪恶是建造关押自己的思想监狱。
……人文知识分子又给思想流氓们造了多少凶器!多少混淆是非的烟雾弹!翻过来倒过去,没有一种知识分子是清白无辜的。②

妙语警句的特点一般是两方面的。一方面包含了某些深刻的哲理,另一方面则通常运用了一定的修辞手法,最常见的修辞手法是比喻。这两个方面均来源于深刻的思想,没有闪光的思想就没有闪光的语言;同时它也来源于评论者个人对生活的敏锐观察和深刻体验,来源于他健康的感情和驾驭语言的能力。
翻翻你自己的评论习作或作品,看看能从中找出多少这样的妙语警句?

---

① [美]克里斯托弗·斯坎伦编:《美国最佳新闻作品集(1999)》,新华出版社,2001年,第 241-242 页。
② 王小波:《知识分子的不幸》,引自《沉默的大多数》,中国青年出版社,1997年,第 36-40 页。

当然,有了妙语警句的评论作品不一定是好作品;反之,没有妙语警句,照样可以是一篇优秀的评论作品。因为,仅仅就评论作品写作的语言探索而言,它既没有止境,也没有定则。

当过记者的美国著名作家海明威提出过一个关于写作的"冰山原理",他说:"我总是努力按冰山原理写作,显露出来的每一部分都有八分之七在水下。"这句话的意思就是要求写作者创作时要话里有话、话外有话。好的写作应该做到每一句话后面还有许多没有直接说出来的话,每一个词里都隐含了大量没有直接表达出来的信息。

马克·吐温赞扬一篇小说写得好,理由是该作品具有"罕见的止于当止于之处的优点"。

此外,好的语言与语言的节奏感、变化感、力量等其他因素都有关系。

总之,评论语言无论经过多少次锤炼修改,都是不嫌多的。怎样写出好的语言,创作出好的作品,是每一个评论工作者终生不懈的奋斗目标。至于实现这一目标的方法,却并不是固定的,一成不变的。不同的人得道成"仙"的方式不一样。然而在这个过程中,古今中外,大多数评论工作者的经验谈似乎均有一个共同之处,那就是阅读。

曾作为驻外记者报道越战的美国资深记者乔·加洛韦说:"如果你不博览群书,你就写不出好作品。""不要给我看你的履历表,"他对求职者说,"给我看你的图书馆借阅卡。"广泛的阅读,包括读小说、散文、记者的作品等,有助于评论工作者学习写作,这是一项永无止境的任务。写作指导教师唐·莫里说:"职业撰稿人绝不单纯学习写作,他们在职业生涯中继续学习写作。一个优秀撰稿人永远都是学写作的学生。"①

希望广大评论工作者不懈努力,在阅读中享受语言的魅力,在写作中享受文字的魅力,从而使自己的作品同样能够焕发出持久的魅力。

语言(节选)

李德民

导言——

本文节选自李德民主编的《评论写作》,中国广播电视出版社,2000年,第120—157页。

作者李德民,1944年出生于河南,1981年毕业于中国社会科学院研究生院新闻

---

① [美]以上引文均转引自梅尔文·门彻著,展江主译:《新闻报道与写作》,华夏出版社,2003年,第7页。

系,曾任人民日报编委委员、人民日报海外版常务副总编、人民日报评论部主任等职务,获韬奋新闻奖,享受国务院专家津贴。

本文节选的内容重点讲述的是新闻评论的语言,在简要论述了语言在新闻评论中的重要地位之后,作者谈及了范荣康对于评论的语言的四点建议和于宁、李德民总结的评论语言的增色八法。随后,又重点阐述的是作者自己对评论语言的具体要求,即准确生动、注意口气、力避套话、纯洁和进化祖国语言。准确和生动是新闻评论语言的最重要的两点要求,撰写重要的政治评论尤其重视语言的准确性。作者指出准确第一,生动第二,既准确又生动的语言,是可信、可爱、可亲的语言。注意口气,作者对其进行了定位,即评论中要"会说话",要做到雅俗共赏,以道理凝聚力量,展现战斗性,同时在坚守原则的基础上要注意语气,要有温暖,从而让评论能达到使人"入脑"的程度,不搞说教,善于概括,以"供参考",做向导。作者还论述了套话之于评论的危害之处,指出除对一些重要政治问题、政治事件、政治人物的提法等应该统一以外,评论员的话要生动活泼一些,处理好准确标准和力避套话、符合中央精神与区别于中央文件间的关系。最后,作者补充强调了新闻评论作为在媒体上广泛传播的一种文章,对于纯洁我国的语言具有重要意义,使中华民族语言进化是我国每一个写文章的人的责任。

语言是评论员面对的一道难关,而一旦努力越过了这道难关,就像从茫茫荒漠步入了五彩缤纷的花园。

据1997年7月22日英国《卫报》报道,世界上总共有1万种语言,其中使用最多的11种语言为汉语、英语、印地语、西班牙语、俄语、孟加拉语、阿拉伯语、葡萄牙语、日语、法语、德语。

使用汉语的人数,在世界上是最多的。评论,特别像《人民日报》这样在中国乃至世界颇有影响力的报纸上作为旗帜发表的评论,其语言的示范作用是巨大的。读者不但注意其论点,也在有意无意之间仿效其语言。有的县委书记说:"我是从《人民日报》社论学讲话的。"有的中学生说:"我是从《人民日报》评论学写文章的。"确有这种情况。

语言在评论中的重要地位

一篇评论,论点要正确,论据要扎实,论证要充分,这是必需的。但论点、论据、论证……这一切都要用语言表达出来。遣词造句,很有讲究。比如,在1997年2月19日邓小平逝世之后,路透社2月26日从北京发了一条题为《中国生活恢复正常》(记者:马珍)的消息。消息中说:"一篇社论赞扬邓小平确保了领导班子的顺利交接,称赞江泽民是邓小平开创的事业的'忠诚可靠、奋发有为的继承者'。""它说,江泽民'不负重托,不负众望'。"路透社消息所说的社论,是当天《人民日报》社论《深切悼念敬爱的邓小平同志缅怀功绩继承遗志共创伟业》)。消息所引用的社论中的话,是社论的精心之作。社论要说"不负重托",也要说"不负众望"。起草者原来只写了"不负重托",报社领导审稿时加上"不负众望"。

实现评论的社会效果,语言作为一个载体和一种表达方式,要讲究。"一句话,千样说。"怎样说,才能入耳,入脑,其中大有学问。古人说:"言之无文,行之弗远",就是这个意思。

对于评论的语言,新闻评论学者是重视的。范荣康①认为:"遣词造句,语言修辞,是新闻评论写作中的一个大问题。一篇评论的语言好不好,不仅关系到它能不能很好地表达评论的内容,达到预想的效果,而且关系到一代人的文风。这是因为新闻评论天天同读者见面,而新闻评论的语言在读者中,特别在青年中有一种无形的示范作用。"对评论的语言,他提出四点建议:

(1) 最重要的是深入浅出。
(2) 评论语言的形象化。
(3) 白话文、文言文和口语化。
(4) 讽刺、幽默和趣味。

于宁、李德民②谈到评论的语言时,提出了评论语言增色八法:

(1) 多用口语。
(2) 把抽象的道理形象化。
(3) 注意句式的变换。
(4) 用好排比句。
(5) 巧用疑问句。
(6) 引用一点人家的话。
(7) 用一点古诗词。
(8) 锤炼警句。

这些看法都是对的,但今天的评论员很难突破语言的难关,似乎很难写出恩格斯的《论权威》、列宁的《天上的仙鹤不如手中的家雀》、毛泽东的《别了,司徒雷登》,也很难写出王韬的《变法》、乔冠华的《条条道路通往柏林、罗马和东京》。分析原因,这首先因为有些评论员只图保险不愿冒险——创新,甘居平庸不求上乘,习惯于使用"通用"、"官方"语言,用多了,也就成为陈词滥调;也因为评论特别是党报重要评论精雕细刻,逐级送审,有些"个性语言"、"特色语言",生动活泼、风趣幽默的语言被划掉了;还因为社会环境影响,崇洋,法古,特别是媚俗,以及一些对社会、对人民极不负责任的"文化人"大量生产"文化垃圾"、"语言垃圾",污染了语言环境,直至污染了新闻评

---

① 范荣康:《新闻评论学》,人民日报出版社,1988年。
② 于宁、李德民:《怎样写新闻评论》,中国新闻出版社,1988年。

论包括党报重要新闻评论。"冰冻三尺,非一日之寒",要突破语言的难关,尚很艰难。

对这个问题,人民群众有强烈呼声,中央领导同志也有明确的意见。1996年9月26日,中共中央总书记江泽民在视察人民日报社的重要讲话中,有这样一段:"要打好业务功底。新闻工作,无论编辑、采访,都需要有业务能力,特别是要有很好的文学修养。现在,报纸上刊登的许多报道,主题好,内容好,语言也很精彩,使人在受教育的同时,也得到美的享受。但是也有一部分新闻作品,不讲究辞章文采,文字干巴巴的翻来覆去老是那么几句套话,也有的哗众取宠,乱造概念,词句离奇,使人看不懂,这种不良文风应加以纠正。要大力提倡新闻工作者苦练基本功。"

在报纸上(也包括电台、电视等媒体),语言确实存在着江泽民所指出的那些问题,有些干巴巴的,有些乱造概念。贫乏、生硬、怪异,是突出的问题。请看来自范敬宜等同志的几则批评意见:

人云亦云,亦步亦趋,赶时髦,追浪头,这也是语言贫乏的一种表现。比如,在一段时间里,报纸上频频出现的这种"现象"、那种"现象",这种"情绪"、那种"情绪",这种"喜与忧"、那种"喜与忧",貌似新颖,实为俗套。(1997年2月18日,原《人民日报》总编辑范敬宜在"值班手记上"的批示略)

有些文化文的文化术语真把读者弄糊涂了。据1998年1月17日《中华读书报》发表陆昕的文章说,当前的文化现象与文化术语千千万万,让人不明白似乎也不想让人明白,且看我从书刊报纸中信手摘抄的一些:海派文化、江南文化、企业文化、厕所文化、快餐文化、贬官文化、废墟文化、术数文化、毛笔文化、精神文化、心理文化、文化灵魂、文化定位、文化态势、文化人格、文化良知、文化感悟、文化良心、文化品位、文化声望、文化智者、文化自觉、文化走向、文化坐标、文化形象、文化个性、文化承传、文化群体、文化思维、文化智能、文化固体、文化本位、文化指归、文化释放、文化垃圾、文化碎片儿等。总之,仁义礼智信与吃喝拉撒睡都是文化的内涵。

出现这些洋名、怪名,出现这些乱七八糟的"文化术语",当然不是新闻媒介的责任,但它们常常见诸新闻媒体,传向社会,流毒甚广。

对评论语言的具体要求

关于评论的语言,提醒三点:准确生动,注意口气,力避套话。

一、准确生动

1982年3月13日,《人民日报》发表评论员文章《大家都来描绘绿色画卷》,照录评论的第三段如下:

请站到绿化祖国的行列里,让我们共同来描绘绿色的画卷,这是祖国母亲对每一个儿女的召唤。当你知道我国是全世界森林最少的国家之一时,你会感到与我们国家的地位是那么不相称;当你知道万里长江已成为世界含沙量最多的四大河流之一时,你会为水土严重流失、自然生态的破坏而担忧;当你听说吞噬这肥美草原的黄沙正在从西北地区向东南逼近时,你会感到再也不能让这种状况继续下去了。我们应该承担起国家主人翁的责任,积极行动起来,用我们的双手,改变林业不能满足现代化建设和人民生活需要的现状。

1983年3月12日,《人民日报》发表社论《加快祖国生态屏障的建设》,摘录评论的第三段如下:

应当充分肯定,根据农民家庭或个人的经营能力,把荒山承包给社员造林,这是社会主义合作经济的一种形式,是我国农民在党领导下发展林业的一种创造。我们一定要尊重群众的这种首创精神,热情地支持这方面的新事物。要明确宣布,林木谁种谁有,个人所造林木有继承权。要及时研究解决存在的问题,真正放开手脚,把农村的大量剩余劳力,把亿万农民吸引到荒山的开发利用上来。在加快荒山造林的同时,要继续恢复发展老的林业基地,搞好老林区的更新造林,建立多种形式的林业生产责任制,积极推行盈亏包干、盈增亏减等分成办法,增强国营林场和集体林场的经营活力,切实保护好现有的森林,杜绝乱砍滥伐。总之,荒山造林的政策要放宽,对现有的林木要管严,坚持一"宽"一"严",不断增加森林植被,逐步把良好的生态屏障建立起来。

比较这两篇评论,要说论点,都是鲜明的,也是重要的。比较而言,《加快祖国生态屏障的建设》的论点还要具体一些,现实一些,而且改革性很强,对实际工作很有指导意义。可是,读起这段文字,却远不如《大家都来描绘绿色的画卷》上口。《大家都来描绘绿色的画卷》以优美的抒情笔调,拨动读者的心弦,引起感情上的共鸣,使评论的论点自然而然地影响读者,像醉人的诗歌,像迷人的散文,不像通常那种板着面孔的评论,却达到了通常评论所达不到的效果。《加快祖国生态屏障的建设》则不同,它是一篇"文件式"的评论,语言准确却呆板,鲜明却生硬,具体却烦琐,有些指令性的词句,如"应当充分肯定"、"我们一定要"、"要明确宣布"、"要及时研究解决"、"要继续恢复发展"。"要"的太多,使人感到生硬和厌烦,是读报上的评论呢?还是党和政府的文件呢?是引导读者自己去思考呢?还是指示读者去服从呢?这是这篇评论语言上的失策。而《大家都来描绘绿色的画卷》所以受到普遍的好评,还被评为当年全国林业好新闻获奖作品,一个重要的原因是语言。若论其他条件,它还不如《加快祖国生态屏障的建设》。

语言问题自然不仅仅是个遣词造句的技巧问题,而是一个重要的文风问题。如果说评论是一个人,那么,他既要讲究心灵美——观点正确,旗帜鲜明,也要讲究容貌美——语言生动,文字精彩。读评论,很难像读诗歌、散文、小说那样引人入胜,因为评论主要靠逻辑思维而不是靠形象思维;评论也不可能像消息、通讯、特写等新闻报道那样有新鲜感、现场感,它要发表的是抽象的意见,不是报道具体的事实。评论的力量在于讲道理,而道理很难像千变万化的事实那样对读者具有魅力。语言的魅力可以弥补道理的"缺陷",使论点引人入胜,也具有新鲜感、现场感。

关于语言的见解多种多样的,具体到对评论语言的要求,最重要的恐怕有两点:一是准确,二是生动;准确第一,生动第二;既准确又生动的语言,是可信、可爱、可亲的语言。

1. 准确

评论是一种发表意见的文体,不管是"代圣立言",还是"为民请命",都要实话实说,不能"假传圣旨"和"谎报军情"。文学作品中的虚构、夸张,在评论中是忌讳的,形容和比喻是可以使用,但要恰当,切忌附庸风雅,弄巧成拙。特别是在解释党和政府的路线、方针、政策时,尤其要准确。历史上有过因一笔之差打了败仗和错写一字丢了状元的传说。

语言不准确,教训很多,社论尤其要注意。

1990年10月31日,《人民日报》发表社论《一项伟大的成就》,第二天,登"更正":最后一段中"这就再次证明,有中国共产党及其人民政府的正确领导",应为"这就再次证明,有中国共产党及人民政府的正确领导"。

多了一个"其"字!评论员这篇社论虽然经过报社几位领导同志和中央领导的审阅,但送给报社领导特别是送给中央领导审阅,主要是请他们把"政治关",甚至只是一种必要的程序。不能要求这些领导为评论员当小学教员,要求他们字斟句酌。《人民日报》的编辑、记者、评论员不是小学生,他们送审的文章,尤其像社论这种代表中央说话的文章,不能像小学生交给教师的作业。他们应该是具有相当政治水平和文字水平的党报工作者。谁不够这个水平,谁就不合格。

11月1日《人民日报》上的"更正",虽然只有火柴盒那么大一小块(当天同一版面上的《陈光毅当选福建省委书记》消息也只有那么一小块),可是,这一字之误给党报造成的损失却不是"一小块",何况头天电视台、广播电台还播出了这篇社论,都多了那么一个刺耳的"其"字!分析原因,不能认为是评论员政治水平、文字水平的原因,党和政府之间的关系懂得,"及其"和"及"之间的区别也懂得,完全是因为马虎。

事有凑巧。11月2日,中央领导同志退回了《人民日报》社论《为完成今年经济发展计划而奋斗》,里面有一句"今年粮食总产量创造了历史最好水平"。水平只有高低之分,没有好坏之别。胡乔木还专门撰文在《人民日报》的"今日谈"专栏谈过这个问题,标题就叫《最好水平》。"今日谈"是评论部办的栏目。好在社论发表前改了过来,不然又是麻烦。当然,这篇社论的错要比上篇社论的错轻一些,说不定还可以"混"过去,不用发"更正"。但是,《人民日报》发行几百万份,面对几百万、几千万双读者的眼睛,出了错,是不能"混",也不好"混"的。党报在海内外有很大影响,不但有政治影响,还有文字影响,如果人家都向《人民日报》学着用"最好水平",那么,《人民日报》的水平也真算"最好"了。

出过"最好水平"的失误,更多的是"广大人民"的失误。"人民"、"群众"、"民众",本身就是多数,就是广大,可是写文章的人,包括领导同志重要讲话、上头重要文件,往往成了"广大人民"、"广大群众"、"广大民众"、"广大人民群众"。电视、广播中更是频频使用。党和政府很重要的文件中,也用过这样的错词、错句。这是很不应该的。胡乔木、叶圣陶多次指出过这个错误。但错多了,上头也错了,似乎就不算错了。

1991年6月6日,为了纪念《人民日报》社论《正确地使用祖国的语言为语言的纯洁和健康而斗争》发表40周年,有关部门召开座谈会。著名的语言学家吕叔湘就书面语问题谈了自己的看法,他说:现在比较常见的毛病是"似是而非"。比如很多作者爱用成语,但是不一定用得恰当。有一篇文章里连着用"声泪俱下"和"泣不成声",自相矛盾。又比如文言文里边有一种句式"什么什么之所以如何如何……"现在常常看见前头没有"什么什么",上来就用"之所以如何如何",不知道文言在这里不是用"之所以"而是用"其所以"。这一类例子不少见。这一类错误的心理基础是崇古。

他说:另一方面的毛病可以说是崇洋。在学术讨论的文章里常常会遇到一种牵丝攀藤、颠来倒去,要看几遍才懂它的意思的外国腔句子。其次,有些在海外使用的字眼,没有闹清楚它的确切意思就随随便便塞进自己的文章里。比如"取向"这个词究竟是什么意思,跟"趋向"是一,是二?我问过几位同志,都说不清楚。又比如新近出现了一个词叫"业者",是指企业家呢,还是从业人员,还是二者兼指,也不清楚。

撰写重要的政治评论尤其要重视语言的准确。很可惜,评论中常有不准确的语言出现,有些是政策性的,有些是常识性的,有些不知是什么莫名其妙的原因造成的。语言上的不准确,普遍表现在评论员随心所欲,乱用词句。有些词句概念不同,有些相近,有些相反,比如:党纪与政纪,法律与纪律,违法与犯罪,逮捕与拘留,罪犯与被告,伏法与服罪,国外与海外,侨胞与港澳同胞,第一与之一,一致拥护与坚决拥护,认真学习与认真审议,强奸与通奸,裁决与判决,拐卖妇女与婚姻自由,封建迷信与宗教信仰,举报失实与诬告陷害,馈赠与行贿,收礼与受贿,个人利益与个人主义,还有,国事与国是、抚养与扶养、工夫与功夫、学历与学力、声明与申明、时事与时势、反映与反应、界线与界限、重新与从新、明显与明确、本事与本领、及格与合格、寥寥与了了,如此等等。这些词句是评论中的"常客",特别是在撰写应急评论时,有些评论员往往手忙脚乱,不加斟酌就用上了。

2. 生动

当然,准确第一,生动第二。生动的目的是为了吸引读者,感染读者,变抽象为具体,化烦琐为简明。生动,不仅是遣词造句修饰评论外貌的技巧,重要的是使通篇具有一种生动的气氛,正像一个人,光有一张生动的脸庞还不算生动,重要的是具有生动思想、生动性格。

研究中外一些重要的政治评论家和他们的作品,使人看到,越是"大手笔",他们的评论语言越挥洒自如,生动活泼,并非"一本正经",更无满口官话,也不谨小慎微。比如,在决定中国人民命运的解放战争时期,毛泽东撰写的评论《别了,司徒雷登》。

二、注意口气

1."会说话"

1996年,《人民日报》总编辑范敬宜在给中国社会科学院研究生院新闻系学生讲授新闻评论课时,专门讲到了"会不会说话"——说话的艺术,强调注意口气。

1988年2月12日,《人民日报》头版发表评论员文章《新春佳节迎亲人》。龙年春节前夕发表的这篇评论,如春风扑面,使人感到温暖。

评论说:"去年11月,台湾当局开放民众来大陆探亲。三个多月来,前来大陆的台湾同胞络绎不绝。众多白头游子在饱经长期的离愁别绪后,终于得以重返故园,父子重逢,夫妻团聚,互诉相思之苦,共享天伦之乐。这一离一聚,含着多少辛酸和甘甜,又绽开了多少人的笑颜。"这一段,没有空洞的政治口号,没有虚情假意的敷衍,有的是骨肉亲、同胞爱,情真意切,自然感人。所以,读者特别是台湾同胞,从这里感受到的不但是评论的温暖,更有中央的温暖了。试想,这篇评论如果不是这样撰写,而是一脸严肃,满口说教,效果该会怎么样呢?

2.雅俗共赏

1995年9月21日,针对《人民日报》二版袁宝华的文章《八十老人说"八五"》和三版评论员文章《和大家算算"水账"》,范敬宜总编辑在"值班手记"上批示:这两篇文章的共同特点,是把很容易写得工作性、专业性很强的问题写得通俗易懂,为读者所欣然接受。前者通过具有特殊身份的八十老人的亲身经历,概述了八个五年计划的制定过程,展示了共和国的发展、成长道路,使人感到非常亲切。后者是配合全国农田水利建设会议的,本来很容易写成应景文章,重复下会议文件、报告的内容,但是何加正同志另辟蹊径,采取谈心的方式,阐述农田水利建设的重要意义,道理讲得很清楚、亲切,为工作性评论如何写得为读者喜闻乐见作了很有益的尝试。

他还批示:如何改变新闻报道和新闻评论"板着面孔"说教的问题和如何改变经济、科技报道专业性过强,"外行看不懂,内行不屑看"的问题,已是新闻界"长胡子"的老问题。现在需要的不是理论上的争论和探讨,而是实践。大家都要心中时刻想到读者,开动脑筋,多想、多试、多试验,把我们的报纸办得雅俗共赏,更受读者欢迎。

3."战斗性"

党报的许多新闻评论,诸如工作评论、业务评论,包括大量的经济评论、教育评论,甚至文艺、体育评论,特别是一些党的机关报的政治评论,多少年来养成一个习惯,就是不分对象地强调"战斗性",好像非此就不是革命的评论,就不是成功的评论。

他们往往忘记了,对人民群众,口气还是温和一点好,不能有"火药味"。

当然,不能笼统地反对"战斗性",也不能一概地反对"火药味"。即使在今天,同坏人坏事做斗争的评论,同反动派论战的评论,包括反对官僚主义和不正之风的评论,还是要写得有战斗性,有火药味。但是,党报的新闻评论,毕竟不限于以上几种,还包括大量歌颂好人好事、阐明正面观点、说服糊涂同志的评论。这些评论就不同于驳论,只有满面春风,和风细雨,才能使人"入脑",才能产生效果。而且,即使写驳论,也不能篇篇声色俱厉,更不能骂骂咧咧。鲁迅先生说过:辱骂和恐吓绝不是战斗。人对我辱骂和恐吓不是战斗,我对人辱骂和恐吓也不是战斗。新闻报道的力量在于摆出事实,新闻评论的力量在于讲出道路,有道理才有力量,才有战斗性。

4. 温暖

还有一种观点认为,评论要内外区别,对海外读者要注意语气,要有温暖;至于对国内读者,似乎另当别论,生硬一点,严厉一点,没什么关系。这也是一个老毛病。不错,为了使海外读者易于接受,扩大宣传效果,我们是要研究海外读者的"口味",争取评论"适销对路"。板起面孔,语气生硬,国内读者也是吃不消的。新闻,无论新闻报道,还是新闻评论,不同于党和政府的文件,更不同于法院贴出的布告,很忌讳"指令性语言",即使评论员是一片好心,但是你的评论不能使人家"入脑",那就没有任何意义。

当然,强调评论的温暖,并不是说可以放弃原则,放弃斗争,也不是说评论要写得甜丝丝、软绵绵的。该坚持的要坚持,该斗争的要斗争,甜丝丝、软绵绵的评论只会使人昏昏欲睡,丧失斗志,那不是好评论。所谓评论的温暖,那是指具体的文章、具体的对象而言的。

5. "供参考",做向导

越是"大手笔",口气越小。《读1956年国家预算报告》是1956年6月16日《人民日报》社论,作者胡乔木。重读几十年前这篇社论,感到这篇社论有两个值得借鉴的特点:一是不搞说教,二是善于概括。借用社论中的话说,就是:"供参考"和"举一隅"。

不搞说教,也就是没有官腔、官气、官架子,作者把自己摆到读者之中,同读者谈心,使读者有平等感、亲近感。在这种平等、亲近的气氛中实现了思想性和可读性的统一,收到更广泛的宣传效果。反之,如果板起面孔,居高临下训导,只能使读者敬而远之,望而生畏。社论尽管是代表编辑部就重大问题发表的权威性意见,但它也只是新闻媒体上的一种文体,它不可能强迫读者非接受这种意见不可。不管是严肃的党报还是轻松的晚报,谁掏钱谁订,订了某一家的报纸,也未必看完它上面的每一篇文章,更未必看社论。胡乔木在修改一篇评论文章后曾谈到,宣传腔必须根除,一出来别人就不爱听,自己使自己失去了宣传的效果。评论文章即使对内也不能采取发号施令的语气,只能提倡和希望,而不能使用命令式。

报纸上的新闻评论毕竟不是政府的布告和文件。评论应该侧重于"诱导"和"启发",多点"民间"气氛,少些"官方"色彩。而它们的论点,还是上头的一贯精神。在社会主义中国,"民间"和"官方"不应是对立而应是一致的。值得我们思考的问题是:怎样使我们的评论在读者中发挥自己的作用?怎样按照马克思主义的世界观和方法论,"启发"和"诱导"读者?怎样使党报的评论多点"民间"口气?

三、力避套话

套话是评论的累赘。十分遗憾,许多论点重要、论证有力的评论,字里行间常夹杂着一套套、一串串烦琐而非简练、枯燥而非生动的套话,浪费了报纸宝贵的版面,也浪费了读者宝贵的时间。人们说,新闻有五忌:假、大、空、套、长。套话是新闻的一大忌,尤其是新闻评论的一大忌。

大量使用套话、经常使用套话,往往是为了使评论准确、标准,每一词、每一句都有出处,或者符合中央文件,或者符合中央领导的讲话,使评论员政治上"保险",不留"把柄",出了什么问题可以不负责任。评论员如果出于这种考虑,大量使用套话,这不是真正地对党对人民负责的态度,而是消极的态度,是应付差事。反对套话,决无要与中央精神相悖之意,而是为了积极、主动、生动地宣传中央精神。当然,对一些重要政治问题、政治事件、政治人物的提法,特别是外交工作以及涉台、港、澳工作中的一些"口径",应该统一起来,评论员不得自作主张。但是重要的是基本精神的一致,基调的一致。在阐明基本精神的时候,评论员不能被一个词、一句话束缚住手脚,胆子要放大一些,要有所发挥,有所创造,使中央的精神更能深入人心。

评论虽说是党和政府的喉舌,但评论员不是党和政府的发言人,评论员的话要比发言人的话生动活泼一些。比如,现在有一个提法已经得到了上下一致的公认:四项基本原则是立国之本,改革开放是强国之路。这个提法与党的"一个中心,两个基本点"的基本路线一致,符合中央精神,也上了中央文件。6月16日,《人民日报》社论《统一全党思想的纲领性文件——认真学习邓小平同志重要讲话》中说:"两个基本点,即四个坚持和改革开放,是我们的立国之本,是我们的强国之路。"6月25日,《人民日报》配合党的十三届四中全会胜利召开,发表重要社论,这个提法上了标题:《坚持立国之本走好强国之路》。其实,当评论员撰写这两篇社论时,还没有在中央文件和中央领导的讲话中见到这个明确提法,可是,学习邓小平的讲话,领会中央精神,就是这个意思,于是就用到了评论中。在提法问题上,评论员是完全可能有所创造的。当然,"立国之本"、"强国之路"今后也不能用得太多,多了也会成为套话。

既要准确、标准,又要力避套话,这是写评论的艰难。评论,特别是党的机关报的政治评论,既要符合中央精神,又要区别于中央文件。处理好这种关系,也是一门艺术。优秀的评论员是艺术家,不是文字匠。

四、纯洁和进化祖国语言

新闻评论作为在媒体上广泛传播的一种文章,对于纯洁我国的语言具有重要意义。而语言,绝非咬文嚼字,它影响着一个民族的文化,甚至关系着国家的统一。任继愈在《从"书同文"到"语同音"》[①]中有个看法:"书同文"对于中国的统一发挥了重要的作用。他认为:中华民族的伟大成就不可胜数,秦汉以后的"书同文"就是一项不朽的事业,怎么估价都是不会过高。秦始皇顺应历史潮流,统一了中国,可惜时间太短,"书同文"没有最后完成。汉朝按照秦朝的设计,继续完成了统一文字的任务。

他还认为:秦汉创建的大一统的政治格局受到中华民族的认同,经历几千年,不断完善,形成中华民族的共同体。维系这样一个大国的统一,主要的文化工具是汉字。有了汉字,才把全国五十六个民族紧紧地团结在一起。假如中国没有"书同文"这样得力的措施,古代中国采用拼音文字,中国将不会是今天统一的格局,也许分成多少个独立割据的小国。

他认为:秦汉以来,中华民族得力于"书同文"。有了"书同文",加强了国家政令统一,增强了民族凝聚力,汉字书写的图书经历几千年的积累,浩如烟海,丰富了人类思想宝库。"书同文"给中华民族奠定了万世不朽的基业。我们有幸承袭了祖先遗泽,我们应有义务为后辈添置一份新的产业——"语同音"。

每一个写文章的人,特别是在新闻媒体上发表文章的人,即使不追求"语不惊人死不休"的高标准,起码也要讲规范。1996年5月23日香港《星岛日报》发表题为《人类语言大量死亡》的文章,值得重视。

中华民族的语言当然不会死亡的,汉字也不会死亡,甚至不可能实现拼音化。这可以肯定。对中华民族语言,使之进化而不是退化,这是我国每一个写文章的人的责任。

研究与思考

=延伸阅读=

1. 段伟文:《网络空间的伦理反思》,苏州:江苏人民出版社,2002年版。
2. 郭镇之:《北美传播研究》,北京:北京广播学院出版社,1997年版。
3. 高鑫,周文:《电视专题》,北京:中国广播电视出版社,1997年版。

[①] 《人民日报》,1996年1月5日,"人民论坛"专栏。

4. 高世明:《实用电视新闻》,北京:中国广播电视出版社,2000年版。
5. 特德·怀特:《广播电视新闻写作与报道》,吴风、丁未、田智辉译,北京:新华出版社,2000年版。
6. 涂光晋:《广播电视评论学》,北京:新华出版社,1998年版。
7. 王振业:《广播电视新闻评论》,北京:北京广播学院出版社,1997年版。
8. 周胜林:《高级新闻写作》,上海:复旦大学出版社,1993年版。
9. 《新闻与传播研究》(中国社会科学院新闻研究所主办)。
10. 《现代传播》(中国传媒大学主办)。
11. 《国际新闻界》(中国人民大学新闻学院主办)。
12. 《新闻界》(四川日报报业集团等主办)。
13. 《当代传播》(新疆日报社主办)。

=问题与思考=

1. 新闻评论语言有哪些特点?
2. 请分别解释文风、新闻文风、新闻评论文风。
3. 如何改进新闻评论的文风?
4. 请比较新闻报道的语言和新闻评论的语言要求有何不同。

=案例分析=

案例阅读指导:

在刚刚过去的8月,发生多起女大学生受害案件,其中一半凶手是黑车司机。8月9日,重庆女大学生高渝因搭错黑车,和司机发生争执被杀害;8月21日,济南女大学生打黑车,被有前科的司机强奸囚禁,杭州女大学生上班途中遇害等,此类悲剧令世人无不痛心。针对此类事件,《中国青年报》发表的《城里人的慈悲与"小村姑娘"的惶恐》一文,用理性的语言、温暖的笔调温暖了世人的心,同时又引起人们的思考。在种种的伤害背后,需要思考的是人与人的沟通、城乡的交流、鸿沟的扩大与人心的虚伪。整篇文章没有空话、大话,而是实实在在的思考与关心。这篇文章的文风清新动人,朴实无华,却又感人至深。

城里人的慈悲与"小村姑娘"的惶恐
曹馨戈

"老家的那个小山村,五六十家人,在这十年来,有七八个姑娘出门,从来没给家里来过信,也无从知道她们去了哪里。她们消失了,就像我们常说的:人间蒸发。"这段文字,是陕西作家丁小村写下的,他写这篇文章的"背景",是因为在刚刚过去的8月中,好几位姑娘遭遇了暂时或永久的"人间蒸发",联系此前的听闻,便有了这篇让人"心有戚戚"的文章。

丁小村的这篇题为《家乡的小姑娘》的文章,传播并不是很广泛,但是,几乎每一个看到它的人,心情都免不了灰暗,为最近那些遭遇不幸的姑娘,为那些走出小村在城市中打拼的姑娘,为那些"人间蒸发"的姑娘……自从重庆女孩高渝"搭错车被害"的事情传出后,再遇到类似的事情,我身边的人们,都习惯性地用"失联"这个词来概括形容。显然,相较于"人间蒸发","失联"这个词要温柔敦厚一些。

在和朋友聊这个话题的时候,我问:最近这些"失联"的女孩,是不是基本都是"小镇姑娘"或"小村姑娘"?朋友说,好像不是的,但这些人是多数。问这个问题,不是我天然地鄙薄小镇及小村姑娘,也不是说这些小地方来的姑娘,由于生活阅历及经验的相对不足,就该遇上这样的糟糕事情,我仅仅是想提醒大家思考一下,在城乡的物质差距逐渐缩小的当下,有没有被我们有意无意忽略的东西。比如,小村姑娘与城市究竟隔膜到什么地步?在丑恶的人性面前,什么才是她们对抗的底气?

那些"人间蒸发"的姑娘,我们无从得知她们究竟遭遇了什么,但是,从最朴素的认知来看,她们的"人间蒸发",肯定有主动、有被动,甚至不排除她们中的一些人,遭遇了悲惨的事情,最后只能"独留青冢向黄昏"。在一些人看来,包括高渝在内的一些被歹人所害的姑娘,自己也是有过错的,因为,20岁左右的年纪,已经是成年人了,应该有最起码的自我保护能力。从道理上讲,确实如此,可是,这个道理,难以让人接受。就好比,许多人都喜欢一脸哀怨、爱使小性子的林黛玉,可真正到了娶老婆的时候,却几乎没有人不愿意将"人情练达"的薛宝钗娶回家,世界就是如此分裂与搞笑。

我只想说一个道理,即,单纯不是过错,简单不是罪过,我们这个社会,理应给单纯的人,安全且美好的生活体验,而不应该让她们被动地把自己装到套子里。最起码,能够给这个群体,在刚开始走出自己的小圈子之时,一个相对安全、相对可信任的氛围与空间。

以前,说到城乡差距的时候,破烂的衣服、城市里手足无措的表情,都能让人清晰地明白,城里人和乡下人有差距、有距离。今天,如果再用这些的眼光来看城乡鸿沟,基本看不到什么了。城里有的,乡村可能一样也不缺;可是,差距永远都不只体现在吃穿用上,心灵的差距恰恰最为遥远,正如那句话,"世界上最遥远的距离,是你站在我面前,我却不认识你。"每一个生活在城市里的人,或许都该问问自己,对那些包括"小村姑娘"在内的乡下人,我们的心灵,和他们究竟有多遥远?我们是否真正对他们一视同仁?

多年前,"我奋斗了十八年,就是为了和你一起喝咖啡"的故事,广为流传。有些人从中读出了农家子弟奋斗的艰辛,有些人读出了无奈乃至悲怆,可是,这句格言一般的故事,背后潜藏的奋斗细节,城乡两个群体的碰撞,以及化解风险与矛盾的故事,却全被掩盖了起来,我们难以知晓,农家子弟遭遇了什么,栽了多少跟头……

对每个城里人来说,呼唤制度的一视同仁,非常轻松;自己坚持不作恶,大多数人也能做到,可是,不是每个人都能让自己的心灵,每时每刻都能保持一种柔软的姿态。然而,小镇及小村的人,无论在哪里都能遇到一幅慈悲的面孔,却不是那么容易了。慈悲与善良,常常能够温暖很多冰冷的心灵,同时这种温暖,也能滋润每一个陌生人的心田。

一个人,无论他来自城市或农村,无论他富贵或贫穷,如果他(她)能时刻被善与爱包裹,如果从来不会有人嫌弃他们的过往与生活背景,我相信,他及她被动或主动"人间蒸发"的概率,都会小很多。

(案例来源于《中国青年报》2014年9月2日)

=研究实践=

1. 选择几篇较为经典的新闻评论文章,分析其中运用了哪些语言技巧?
2. 结合自己阅读经验,尝试对本章所提到的语言的特点和技巧予以补充。
3. 在研究了众多经典的新闻评论的文章之后,试着就当下的新闻热点自己动笔写一篇新闻评论,注意文笔和文风。

大学研究型课程专业系列教材·新闻学类
书　　目

《新闻理论研究导引》　丁和根　编著

　　本教材以"问题"为导向结构全篇，以研究性和参与性为旨趣铺陈展开，希望能引导学习者全面深入地了解本学科必须面对的核心问题，把握其研究的基本现状和研究方法。全书分本体论、实践论、关系论和研究论四大板块共十三章。每章皆有导论，归纳论述本专题的核心内容；代表性选文，呈现本专题值得借鉴的研究成果；研究与思考，提出后续研究与学习的要求。本教材可供新闻学专业本科生和研究生进行理论学习之用。

《新闻采访研究导引》　陈相雨　编著

　　新闻采访虽是一件实践要求很强的工作，但对它的学理思考同样不可忽视。为了使读者能在有限的时间内掌握最具价值的研究成果，本书从新闻采访的本体、主体、客体、起点、采访方法、采访筹划、采访规制等方面，遴选出最有代表性的研究成果，这些成果不仅有名家经典，还有一线新闻采访实践者的精品力作；同时，为了避免遴选出现挂一漏万的现象，编写者还对每个领域的研究情况作了总体述评。虽然遴选过程难免受制于编写者的学术旨趣，但力图为读者提供"性价比"最高的阅读，是编写者最为执著的追求。

《新闻写作研究导引》　丁柏铨　编著

　　这是一本关于新闻写作的具有研究性质的教材，包括"新闻文体"、"提炼主题"、"精选角度"、"优化结构"、"新闻叙事"、"新闻语言"、"创新探索"等七个板块及"余论"。与一般的新闻写作教材有所不同的是，它既包含了作者对于新闻写作的较为系统的学术思考和理论概括，又选引了学界和业界两个方面人士的富于睿智的著述。除此以外，本书还精选了各类新闻精品的个案，并加以简要点评，希望能给读者以诸多启发。"延伸阅读"，则旨在为读者拓展研究视野提供帮助。本书适合于新闻学及相近专业的本科生、硕士生作为教学参考用书，也可供从事新闻业务工作及对新闻写作感兴趣的人士阅读。亲，相信它一定能够让您开卷有益。

《新闻编辑研究导引》 邓利平 编著

新闻编辑强调业务操作,更离不开自己学科体系的理论指导。本书荟萃了新闻编辑的指导思想、队伍建设、受众市场以及与其他学科关系等基本理论,重点选编了新闻编辑的报道策划、稿件处理、标题制作、版面(节目)编排等具体业务的论述,作者包括中外著名学者、资深教授,他们的论述堪称精辟甚至可引为经典,并不因岁月流逝而降低其学术价值。本书各部分有导论、选文评述、延伸阅读、思考实践,以帮助读者更好地领会其精髓。

《新闻评论研究导引》 王蕾 编著

本书选取优秀新闻评论研究论著为范例,从研究者视域切入,引领读者深入了解新闻评论的规律、特征和发展态势,引导读者延展阅读本领域佳作,引发进一步思考,进而拓宽视野。本书选文首选名家权威之作,某些作者虽无名气但确实写得深刻到位的作品,与主题匹配的亦有选用。在导论、选文之后每章都配有"研究与思考"部分,提供延伸阅读书目或文章,辅以问题与思考,并有研究实践供参考。

《中国新闻史研究导引》 陈玉申 编著

本书聚焦于中国新闻史研究中的重要问题,选录有代表性的学术论文,提摄观点要旨,阐释价值意义,使学生对各时期的传媒生态及演变趋向有更加深入的认知。通过对选文的解读和讨论,激发学生进一步探究的兴趣,引导学生在学术层面上思考问题,学习科学的思维方式与研究方法,培育创新意识,提升研究能力。本书不仅可作本科教材,也适宜新闻学专业研究生阅读参考。